厨
玄関
方丈
経蔵

五十嵐隆明

京都 永観堂禅林寺史

法藏館

横山大観『山越阿弥陀図』 明治二十八年（1895）

本図は禅林寺所蔵の国宝『山越阿弥陀図』（鎌倉時代）を模写したもの。

大海を背景に、ゆるやかな山並みから阿弥陀が上半身を現している構成になっている。来迎雲には観音・勢至の両菩薩、その下には四天王と持幡童子が左右対称に立つ。画面左上には大日如来を表す「阿」の種子があることから、この阿弥陀が真言念仏の本尊であったとも推測される。また、阿弥陀の親指の内側には穴があいている。五色の糸を通し、その先を臨終の人の手に握らせ、無事極楽に導いてもらえるようにと祈ったためという。白毫にも穴があいており、後ろから光が透過し、阿弥陀の来迎引接を現出しているといわれる（奈良国立博物館蔵）

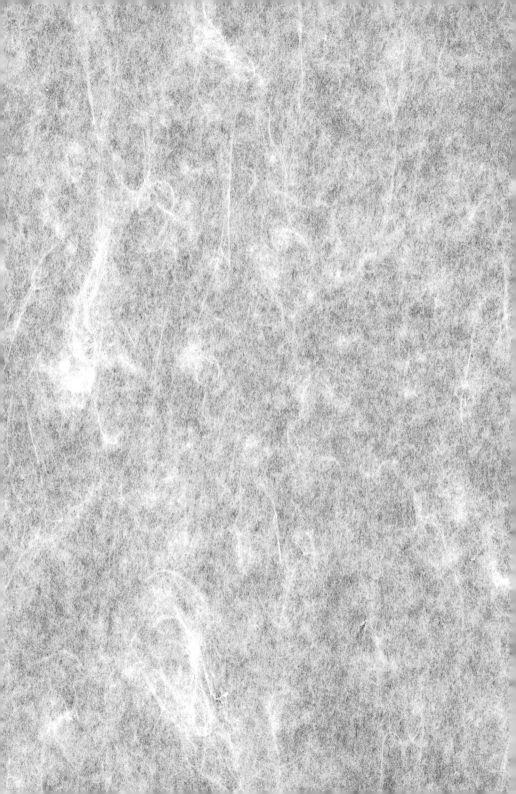

重文 木造 みかえり阿弥陀 平安後期～鎌倉前期 七七・〇cm

みかえり阿弥陀は禅林寺の本尊で、その類型は少ない。来迎印を結び、慈悲深い姿を映し出した本像は、慶派とは異なる鎌倉時代の京都の仏師によるものとされている。光背には飛天が彫られている。

このみかえり阿弥陀について、寺伝は次のような奇端を記している。永保二年（一〇八二）二月十五日の暁更、永観律師は本尊のまわりを行道しながら、ひたすら日課の念仏を称え続けていた。ふと気がつくと、先導する影がある。本尊の阿弥陀如来が須弥壇から降りて、行道しておられたのだ。茫然とする永観に、阿弥陀如来は左に振り返り「永観、おそし」という言葉をかけられたという。本像はそのお姿をとどめたものとされる

重文　当麻曼陀羅図　絹本着色　374.8×391.2㎝　鎌倉時代・正安４年（1302）

阿弥陀仏の浄土の様子を表したもので、浄土宗の主要経典の一つである『観無量寿経』（観経）の教えを絵で説いたもの。本図の構成は、善導大師の『観経疏』（観経の注釈書）をもとにしている。中央に阿弥陀浄土図をおき、向かって左に父王を幽閉した阿闍世王の話、右には極楽往生を観ずる方法を上から下に描く。下には九種の来迎（九品来迎図）が描かれている。なお、当麻曼陀羅とは、奈良の当麻寺に伝わる曼陀羅に由来している。

当麻曼陀羅図　絹本着色　234.4×221.6㎝　室町時代・弘治３年（1557）

禅林寺に伝わるもう一幅の当麻曼陀羅は、室町末期の第三十五世顕貞（けんてい）上人の開眼になる四分の一曼陀羅で、顕貞曼陀羅と称される。裱背の安永五年（1776）の修理墨書によると、弘治３年６月に完成、銘は三条西公条（きんえだ）の筆、寺伝では絵は南都絵師琳賢の筆とする。

本図の図相は、暦仁元年（1238）証空作に仮託される当麻曼陀羅科注と同じで、これを拡大図写したものとの指摘がある。確かに両者の図様は酷似するものの賦彩法などは異なり、当時における転写本制作の経緯などなお検討を要する。

国宝　金銅蓮華文磬　平安後期　高10.4×幅27.8cm

磬は梵音具の一つで、磬架に吊るして使用される。本品はその形、文様ともに、華麗にして優雅で平安時代後期の磬の特徴をよく表している。蓮唐草の文様は左右対称に表現され、左右から伸びた茎の随所に蕾や蓮華が見られる。中央の蓮華がそのまま撞座となり、左右の吊手も蕾に象られている。まさに国宝と呼ぶのにふさわしい気品を湛えた名品である。

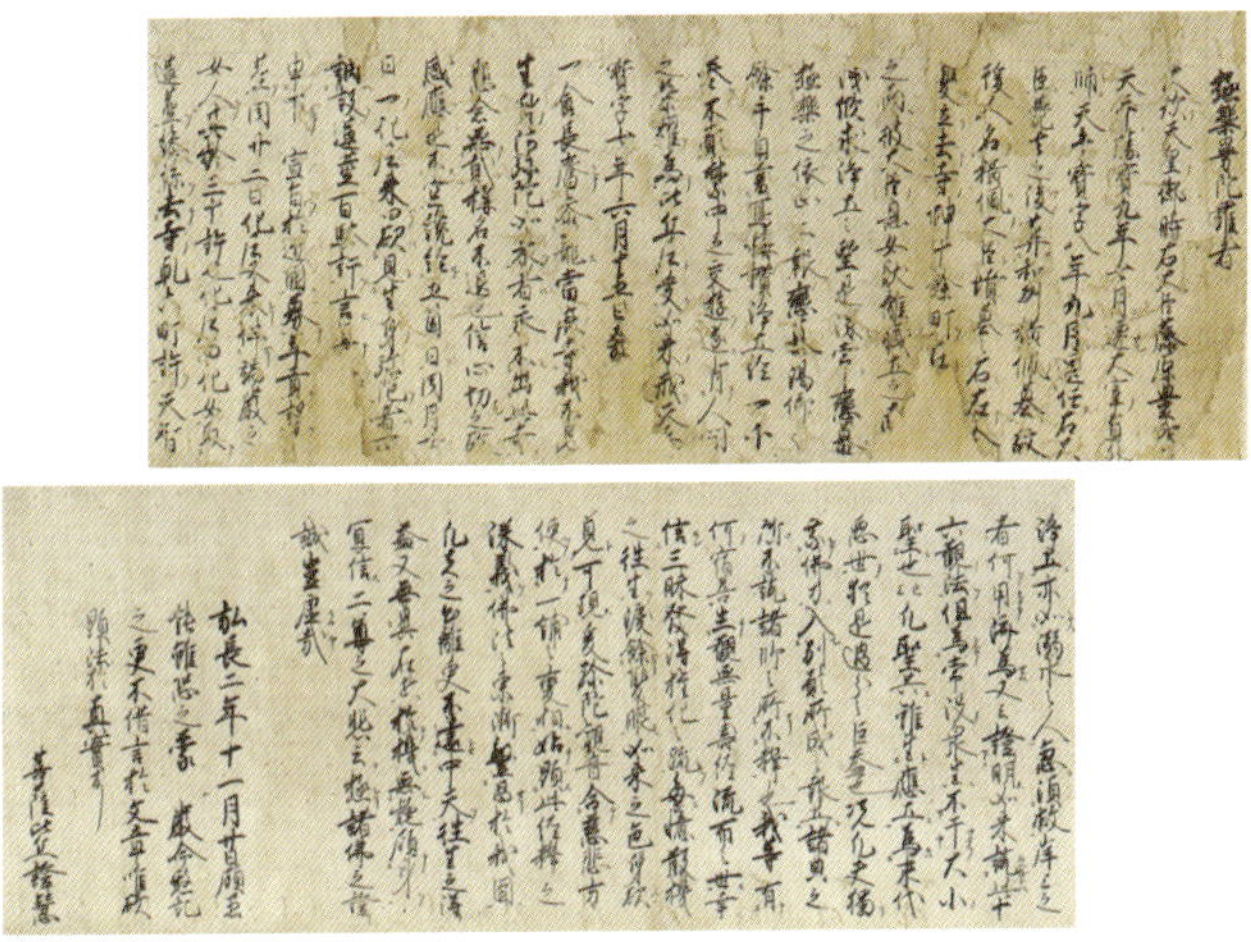

重文　当麻曼陀羅縁起　鎌倉時代　26.5×960.0cm

奈良県の当麻寺に伝わる当麻曼陀羅成立の由来を説いた縁起。漢文体で、当麻寺の建立の縁起、当麻曼陀羅が織られた縁起を記している。当麻曼陀羅縁起には諸本があるが、奥書には、この禅林寺本は道観証慧（1226～85）が弘長二年（1262）に著した、とある。ただし、本縁起の筆跡は証慧が記したとされる大念寺阿弥陀如来像内納入品の筆跡とは異なっている。

重文　阿弥陀来迎図　高麗時代　106.6×48.8cm

阿弥陀来迎図は高麗時代の作。金泥の後光、胸の卍、長い爪、掌の千輻輪相、朱の衲衣に金泥の唐草丸文など、他の阿弥陀如来像との共通点が見られる。ただし、丸文や裳裾の処理にやや形式化が見られる。少し下向き加減になった視線は往生者を意識しているためといわれる。

重文　廿五菩薩来迎図絵扉　板着色
南北朝時代　各56.4×13.0cm（６面）各56.4×11.0cm（６面）

この絵扉は善導大師像の厨子に用いられていたと考えられている。前方左右の三面に観音菩薩と勢至菩薩を含む二五人の聖衆が上下二段に整然と並ぶ。菩薩は、およそ左右に分かれて前方を向いている。観音菩薩は中央で蓮台を捧げ、勢至菩薩は合掌をしているが、それほど目立つようには描かれていない。諸菩薩は琵琶、太鼓、横笛などで妙なる音楽を奏でたり、虚空に舞って、散華を撒いている。

重文　薬師如来像　鎌倉時代

二重の円光を背負い、完備した九重の蓮華座上に、左足を前にして結跏趺坐する独尊の薬師如来を描く。

重文　十界図　鎌倉時代　各133.4×125.2cm

十界は六道（地獄道、餓鬼道、畜生道、阿修羅道、人間道、天道）に四聖界（仏、菩薩、声聞、縁覚）を加えたものをいう。輪廻思想では、その人が前世あるいは現世で行った業によって、死後に六道に生まれ変わったり、死に変わったりを繰り返すとする。禅林寺の十界図は一幅に地蔵菩薩の半跏像を中心に十王と地獄道、餓鬼道の有り様を描く。もう一幅には阿弥陀仏の坐像と傍らの僧形坐像（声聞）を中心に、天道、人間道、阿修羅道、畜生道を配して、人間の苦しみなどを描く。本図は、十界のなかでも六道、特に人間道と地獄道の描写が大半を占める。また、地獄の場面では罪人を救済する地蔵が描かれているのが特徴とされる。本図が示す内容は、『地蔵十王経』と源信の『往生要集』との地獄の様子に合致している。

重文　釈迦十六善神像　鎌倉時代　108.2×54.8cm

本図は、釈迦三尊を中心に十六善神を描く。十六善神は密教の神で、本図は禅林寺に残る密教関係の宝物の代表作として知られている。天蓋のもと、金泥の花丸文を散らした衣を着た釈迦を中央に描き、その下方には文殊・普賢の両菩薩が蓮華座上に立つ。その左右にはおのおの八善神と玄奘三蔵、これを守護する深沙大将を描く。三尊の肉身は黄白色で輪郭を朱線で描き、金の使用は持ち物や金具など一部にとどめている。

重文　十六羅漢像　鎌倉時代　各93.6×40.9cm

インドでは、尊敬に値する修行者を阿羅漢と呼んだ。中国では応供（供物を受けるのにふさわしい聖者）と訳され、羅漢信仰が盛んとなり、多くの羅漢図が描かれた。定型化の進んだ鎌倉時代の羅漢像のなかにあって、禅林寺の羅漢像は異色のものとして知られる。豊かな色彩はもちろん、象や虎に跨ったり、海上を渡る羅漢など他に類例を見ない。一人一人が生き生きとした表情で丁寧に描かれており、非常に完成度の高い名品。

重文　仏涅槃図

南北朝時代　229.4×157.6cm

奈良時代後半から涅槃会の法要が寺院で営まれるようになって以来、日本では涅槃図の制作が盛んになり、近世まで連綿と描きつづけられた。本図では、釈迦が右手を手枕に頭北面西して涅槃に入り、画面の右上からは母摩耶夫人の一行が天上から雲に乗って駆けつけるさまが描かれている。釈迦の入滅を悲しむ大衆や鳥獣を描くため画面は縦長となっている。また、釈迦を頭部の方向から描くのは、鎌倉後期以降の涅槃図特有の形式。

重文　十大弟子像

鎌倉時代　137.6×74.2cm

本図は、中国画を日本で写したものと考えられている。十人の弟子を五人ずつに分け、向かい合ったかたちにしている構図から、本尊は、釈迦あるいは釈迦三尊が中軸に描かれていたのではと考えられる。十人の弟子の衣服は鮮やかな色彩の中国服。後でつけ加えられたものと考えられるが、一人一人の尊者に、短冊型で尊名が記されているのも興味深い。釈迦十大弟子の図像は作例がとぼしく、本図は貴重な名品として知られる。

重文　伝釈迦如来像（阿弥陀如来像）

高麗時代　177.9×106.9cm

阿弥陀如来像は十大弟子像とともに伝来したと考えられている。しかし、表現上の隔たりが大きく、本来一具のものではない。美しい彩色を施した蓮華座上に結跏趺坐する如来は体軀が大きく、掌と足裏に千輻輪相が見える。

重文　融通念仏縁起絵巻

室町時代　（巻上）36.7×1933.0cm（巻下）36.7×2086.0cm

融通念仏の普及や勧進のためにつくられたもので、融通念仏を広めた良忍（1072～1132）の伝記を題材に、融通念仏感得の由来や功徳を描いたものである。正和３年（1314）に原本が成立すると、たちまち広く伝写された。禅林寺の絵巻は、上巻九段、下巻八段の構成になっている。上巻巻頭の後花園天皇、下巻巻頭の足利義政をはじめ一四人の詞書が記され、それによって室町時代の寛正４年（1463）から６年にかけて制作されたことが分かる。寺伝によると土佐光信筆とされる。

重文　融通念仏勧進帳

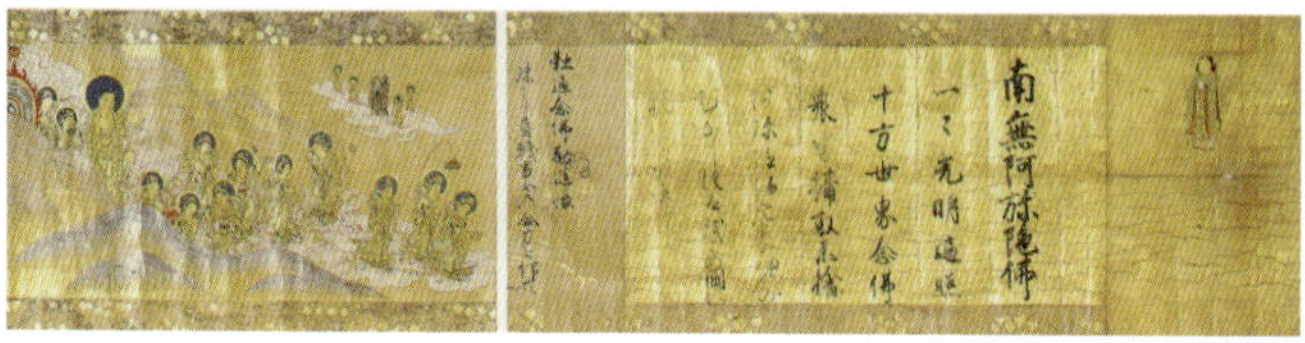

室町時代　33.6×354.8cm

『融通念仏勧進帳』は第二紙に書かれている内題で、これに続いて勧進の趣旨が綴られている。表紙は紺紙に金泥で桐鳳凰文が描かれ、見返しには金地に合掌する童子が小さく描かれている。第一紙には名号に続いて観経の偈と詠歌が書かれ、最後の第七紙には来迎図が描かれている。文安４年（1447）の奥書があり、後崇光院（1372～1456）の筆になるといわれている。

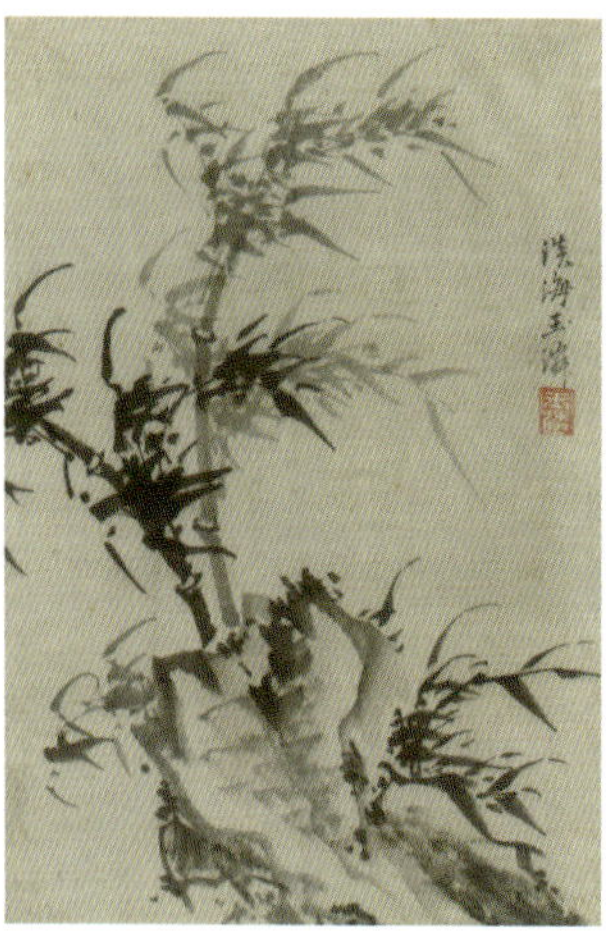

曇空玉潾の墨竹画

江戸時代後期の画僧玉潾の落款がある。近年、古書店で発見した。詳しくは通史編第六章三を参照。

重文　長谷川等伯『波濤図』

桃山時代　各185.0×140.5cm（８幅）　各185.0×89.0cm（４幅）

現在は軸装に改められているが、本来は禅林寺釈迦堂（方丈）の中の間の襖一二面を飾っていた作品。金箔を押した雲形の合間から激しくうねり、かつ大きくゆったりとたゆたう波濤のなかに、速度ある黒皴による鋭利な岩が覗くように配置される。この襖絵には、落款・印章や文献記録などを伴わないが、岩肌に見る特徴的な皴法や岩の形態から長谷川等伯（1539～1610）の筆によると考えられる。波を描く黒線には一種の粘りとも言えるものが感じられ、線と線との間の薄墨による暈は単調にならないよう諧調が効かされている。一時として形を定めない水の動きと光の反射を十分に表現し得ている。また、抑制された墨の使用法と平板な金雲との大胆な組み合わせは、視覚に新鮮な影響を与える。

はじめに

浄土宗西山禅林寺派総本山永観堂禅林寺は、仁寿三年（八五三）、弘法大師の高弟真紹僧都が創建した千百有余年の歴史を誇る古刹である。

その間、多くの龍象を輩出したが、とりわけ平安後期に永観（ようかん）律師いで浄土教を弘めた。

鎌倉初期、平頼盛の息、静遍僧都が入寺、ついで宗祖法然上人、派祖西山証空上人をそれぞれ勧請住職と仰ぎ、その門弟浄音上人が住持となって西山派の基礎を築いた。

衆生済度の教化（け）は、大衆庶民とともに、朝廷、公卿の帰依にも及び、西山派は浄土宗史上重要な役割を果した。

伽藍は、応仁の乱で烏有に帰すが、明応六年（一四九七）、後土御門天皇によって再興されたという。以後、歴代住持をはじめ、当時の先達大徳によって、西山派の檀林、勧学院などを設けて大いに宗風の宣揚につとめた。

今日、内外の典籍、文書から禅林寺に関する史料をみいだすことができるが、『禅林寺』と冠する書籍は、はなはだ少なかった。『本山禅林寺年譜録』八巻、『洛東禅林寺略記』（明和三年、明治期に転写）。古くは寛文年中の『禅林寺歴代前記』、宝永年中『禅林寺歴代後記』（前、後記の命名は霊空是堪に依る）があったが、いずれの書も誤謬、誤漏ありとして宝暦二年（一七五二）霊空是堪が『禅林寺正選歴代記』を考録する。

古文書類もながらく経蔵に埋もれ、一部の学徒が披見するにとどまっていた。近年、東京大学史料編纂所や京都府教育委員会で文書の調査や目録が整理され、平成四年（一九九二）、大正大学宇高良哲教授らの協力で『京都永観堂禅林寺文書』（文化書院刊）が編集刊行された。

ただ禅林寺を通説する刊本は非常に少ない。

大正二年（一九一三）稲村修道編輯の宗祖大師七〇〇年遠忌記念『禅林寺誌』が発行された。内容は、「沿革総記、山内名跡志、歴代略伝、山門沿革・堂舎興廃志・諸仏像縁起等、歴代檀越志、什宝及び古文書類」で帖数六六頁。昭和八年（一九三三）粟野秀穂編輯『禅林寺小史』（二六頁）、昭和十三年（一九三八）髙木真光編輯『禅林寺縁由』（一二頁）も発行された。いずれも禅林寺宗務所の発行である。

今次大戦後は、昭和五十三年（一九七八）淡交社より『古寺巡礼京都(23)禅林寺』（一五〇頁）、平成十九年（二〇〇七）には新版『古寺巡礼京都(7)禅林寺』（一四三頁）が出版された。昭和五十四年（一九七九）、髙橋良和氏が本山参拝者向けにと、私が史料を提供して探究社から『永観堂・禅林寺』（一五四頁）を出版した。平成八年（一九九六）、派祖上人七五〇年遠忌を記念して、大阪、東京、千葉で開催した名宝展の図録として、『京都・永観堂禅林寺の名宝』（二〇〇頁）が刊行され今日に至る。

私は、四半世紀にわたり宗派行政、教学振興、本山の護持運営にあたってきた。そして今までにない画期的な『京都 永観堂禅林寺史』を出版することにした。

この間、禅林寺に関する史料を見聞し、ことに送られてくる多くの『古書目録』に注目、関連する史料を蒐集した。なかには、かつて本山から流出したと思われるものも少なからず含まれていた。また、京都府立京都学・歴彩館で保存されている書類の閲覧やコピーの提供をうけたことで、本著をずいぶん補強することができた。

通史編は、禅林寺の歴史を概論通説した。史料編においては、年表、歴代譜、境内の風光、建物、寺宝、墓碑などの写真版の一部と、古今の図版を提示した。

とりわけ特長的なものは通史編、史料編の別なく組み入れた。その内容は、

・両山諸国末寺鑑　・光明寺本山との分立問題　・裁判記録　・御影堂建立問題　・借地権問題の処理　・法制度と教育制度　・近現代の寺院明細帳　などである。

過去の埋もれた事象を白日のもとに晒らすことを心善しとしない方もあろうが、歴史的事実を伝えたに過ぎない。

なるべく全体像の網羅につとめたつもりだが、私の能力の限界があり十分とはいえない。後世の史家にその欠落した部分を追補、補完していただきたい。

ともあれ、本著は私が宗派、本山に関った四半世紀を集大成した私家版である。

合掌

凡例

一、本書は、通史編と史料編とからなる。
一、表記は原則として常用漢字を用い、現代仮名遣いによるように努めた。ただし固有名詞その他特殊なものについては、これによらないものもある。なお、「佛」は「仏」、「證空善慧」は「証空善恵」、「上地令」は「上知令」、「當麻曼荼羅」は「当麻曼陀羅」、「廃仏毀釈」は「排仏棄釈」で統一した。
一、人名に付する敬称は、原則として省略した。通常用いている呼称は付記した。人名などの一部を省略した場合もある。
一、年号は日本年号で示し、西暦はその下の（　）内に表示した。
一、振り仮名は、『新・佛教辞典』（中村元監修）などを参考にし、必要と思われる漢字にのみ付した。なお出典の引文には一部を除いて省略した。
一、史料などからの引用は原文のままとすることを原則としたが、読み易くするために一部表記を変えた場合もある。
一、本文中の書名には『　』を、文中の引文・談話・術語などの一部には「　」を付した。
一、引用文献はその都度明記したが、煩を避けるために一部省略した。なお、史料編四十七で主な参考文献を列記した。
一、年表はかつて作成した『古寺巡礼京都・禅林寺』『京都・永観堂禅林寺の名宝』を底本とし、一部加筆・訂正した。
一、写真、図版の一部は、かつて関った『京都・永観堂禅林寺の名宝』より転載した。

京都　永観堂禅林寺史

京都　永観堂禅林寺史◎目次

第一部

通史編

第一章　黎明「定額寺・禅林寺」

一、禅林寺のはじまり

藤原関雄の別業

霜のたて露のぬきこそよはからし　山の錦のをればかつちる（『古今和歌集』）

霜と露が紅葉を織り上げるけれど、織ったそばから散っていく。寒気が山全体を染め上げていくさまをひねりをきかせて詠んでいる。よくできた歌だが、紅葉のいのちのはかなさに寂寥感が漂う。この歌を詠んだのが、東山に別業（べつごう）を結び晩年を過ごしたとされる藤原関雄である。その別業が後の禅林寺となった。

藤原関雄の生年は延暦二十四年（八〇五）とも弘仁六年（八一五）ともいわれるが、亡くなったのは仁寿三年（八五三）とされる。関雄の父の藤原真夏（七七四―八三〇）は藤原北家で、平城天皇の側近として活躍した。関雄は真夏の第五子で「文章生をへて承和二年（八三五）勘解由判官、後に治部少輔兼斉院長官。生来閑退を好み、東山の旧居にあって林泉を愛したので、時人これを東山進士と称したという。また琴を好み、草書をよくした」とある。（『古今和歌集』新日本古典文学大系）

関雄の歌は『古今和歌集』にもう一首とられている。それは、

奥山の岩垣もみぢちりぬべし　てる日の光みる時なくて

というもので、「宮づかへひさしうつかうまつらで山ざとにこもり侍りけるによめる」という詞書がついている。

紅葉の盛りに禅林寺を訪れたことがある人ならすぐに分かると思うが、「岩垣もみぢ」とは、日当りのよくない急な崖に、へばりつくように生えている丈の短い紅葉の木をいう。強い生命力と粘りを感じさせる木だが、時おり射す日の光に照らされる一瞬、得も言われぬ美しい表情を見せる。

この歌は、岩垣もみじを自分自身に、日の光を主上（仁明天皇）にたとえた歌という。山荘に籠もって主上にお会いしない間に、さしもの岩垣紅葉も散ってしまった。私もこのように、世間で脚光をあびることなく散っていくのであろう、というような意味になるのだろうか。どういう事情があって出仕をやめたのか、あるいはやめさせられたのかは分からないが、こちらも寂しい歌である。

開山真紹僧都

禅林寺の開山は真紹僧都（七九七―八七三）である。空海の弟子で実恵の遺弟にあたる。智灯『弘法大師弟子伝』巻下（『続々群書類従』三）の「洛東禅林寺開山真紹僧都伝」によると、出自はよく知

られていないが、一〇歳で空海の弟子になり、愛育されたという。その後、最も古い記録は、天長元年（八二四）、二七歳の時、神泉苑で祈雨の祈禱をしたというものである。

『初例抄』上の「権少僧都始」に「真紹。禅林寺と号す。実恵弟子。貞観六年二月十六日転任。時に長者。同十一年転。承和十四年権律師に任ず。五十三。嘉祥元、正に転ず。貞観十九年七月十九日、入滅。七十九」（『群書類従』四二五）とあり、同じく『初例抄』下には、上﨟の権律師を飛び越えて東寺長者になったと記され、空海の弟子の中でも屈指の俊秀だった。

真紹僧都は実恵の跡を継いで河内の観心寺の造営にあたり、二八年の歳月を費やして完成にこぎつけたという。仁寿三年（八五三）十月になって、藤原関雄の東山の別荘を買い取り、一院を建立、禅林寺と名づけた。貞観五年（八六三）、清和天皇（八五〇―八八〇）に上奏し、禅林寺を定額寺とした。遅れて貞観十一年六月、観心寺も勅願定額寺となった。

禅林寺という名前の由来は、実のところはよく分かっていない。禅林寺という名から、禅宗の寺院と勘違いする人がいるが、中国の天台山禅林寺から来たとも、観心寺にあった禅林院に因んだとする説もある。

ところで、定額寺とはどのような寺院のことで、定額の額は何を指すのだろうか。

定額寺とは、東大寺や興福寺などの官寺、国分寺と違い、私に建立された寺院のうち、朝廷が准官寺として扱い、国が統制した寺院をいう。定額寺の歴史は古く、奈良時代には存在し、「諸国の国師と、その当該寺院の衆僧が伽藍で法会の厳修につとめ、その寺院に対する財物、田園等の支配については、その寺の檀越となったものが国司の指導のもとに実務にたずさわっていて、時には国司自身が檀越となる場合もあった」という。（平岡定海『日本寺院史の研究　古代編』吉川弘文館、一九八一）檀越が田畝や資財を寺院に喜捨し、それが寺として成り立つために十分な額である場合に、初めて定額の寺であると認定された。定額寺としての認可を受けると、国から僧の伝法料が支給された。

定額かどうかを判定するのは国司である。つまり、国によって定額寺の数が決まっているのではなくて、条件を満たしていると国司が判断すれば定額寺が成立するのであるから、数が増え続けていくのは当然である。

これにたまりかね、延暦二年（七八三）、朝廷は私寺の建立を禁止した。すでにこの時期、京畿には檀越が建てた寺院が定額寺の扱いを受ける場合が激増、さらに国司の影響力は弱まり、定額寺は檀越たる貴族の祈願寺の性格をもつようになっていた。だが、この禁止令はあまり守られなかったらしい。やがて、真言宗の教線拡大に伴い、寺院の定額化が進められた。また、貴族が創建した寺院に僧侶を迎えた場合、得てしてその貴族の祈願寺や菩提寺となり、氏寺になりがちであった。

真紹僧都がそのように禁を犯して、故藤原関雄の東山の別荘を買い取ることができたのはなぜか。『読史備要』や『禅林寺年譜録』（以下『年譜録』）によれば、藤原関雄は仁寿三年（八五三）二月十四（五）日卒とあり、一方で真紹僧都が関雄宅を買い取ったのは同年十月で、関雄歿後となる。いずれの年月も正しいとすれば、誰が売買に介在したのだろうか。推察すれば、関雄の甥にあたる、臣民初の太政大臣となった藤原良房ではないだろうか。

『中古京師内外地図』をみると、良房は今の粟田口に住居を構えていたようで、おそらく足繁く東山の別荘に出入りし、関雄の末期の処理を託されたのだろう。そして、私寺を定額寺に勅許し禅林寺の寺号を与える働きかけができたのも、時の権力者である太政大臣藤原良房であったと思われる。

太政大臣藤原良房は、貞観五年（八六三）十月に還暦を迎え、その賀宴が天皇主催で東宮内殿で行われた。また、清和天皇は貞観六年（八六四）正月一日、元服し親王以下百官から拝賀の礼を受けられた（以上は『日本三代実録』による）。この相次ぐ慶事の平穏安泰を祈り、天皇の鴻恩に報いるため、真紹僧都は定額寺を賜らんことを表請したのであろう。

禅林寺はどのような性格の定額寺であったのか。「洛東禅林寺開山真紹僧都伝」は、真紹僧都があえて禁を冒して私寺を建立したのは、観心寺が「山中寂寞」にして「住持が久し難く、後代に頽毀」することを恐れて京都に近い所に寺院を建立したいと願い、一つには帝の恩に報いるため、一つには定額寺として「真言法門秘要」を伝え、「師資相伝を不朽」にするために踏み切ったとする。空海の弟子として、京都に進出、朝廷とのつながりを密にし、真言宗を発展させることがその目的であったことは、明らかである。そのためには、檀越に頼ることは許されなかった。

創建当時の禅林寺の経済については、資財帳が残されていないのではっきりとはしない。真紹僧都が定めた寺院の法律、「禅林寺式」によると、真紹僧都の師、実恵は丹波国氷上郡の田を忌日料として禅林寺に施入している。観心寺の修治料の田は真紹僧都が買い観心寺に施入している。同時に観心寺には禅林寺から仏灯料を納めることとしている。したがって、まず、真紹僧都自身が私財を投じ、禅林寺と観心寺を定額寺として認定してもらい、経済が成り立つようにしたと考えられる。

「禅林寺式」に見る理想

貞観十年（八六八）正月二十三日、七〇歳を越えて体力の衰えを痛感した僧都は、弟子の宗叡に観心寺と禅林寺の二ヵ寺を譲る旨の「権少僧都真紹附属状」を認める。（『平安遺文』一五五　宮内庁書陵部所蔵文書）その附属状には、「堂舎幷資財等具在別巻」とあるが、そちらは遺されていないので、残念ながら当時の禅林寺の伽藍や仏像については分からない。

しかし、禅林寺の日常については、貴重な史料が残されている。真紹僧都が定めた寺院の法律「禅林寺式」である。

寺院は、法会を勤修する場であると同時に、僧が集団で共同生活をする場でもある。後者には、僧房、食堂、講堂などがある。集団がごく小さい場合は、師や先輩の目がゆき届くが、人数が増えるとそうもいかなくなり、必然的に集団の指標となるべき規律が必要になってくる。「禅林寺式」は、法会の規定がある式では日本最古のもので、僧侶が護るべき一五ヵ条を示している。

これら一五ヵ条を読むと、断片的な情報ではあるものの、往時の禅林寺の法会の執行、僧侶の組織や生活の現状、伽藍の様子をうかがい知ることができる。それは同時に、集団の秩序維持と経済的基盤に関して真紹僧都が抱く危惧を照らし出す。

一五ヵ条は次のようなものである。

一、長く三摩地礼懺を修して幷に念誦を絶えざらしめぬ事
一、布薩説戒をば闕怠せざる事
一、上堂の時晩上早却すべからざる事
一、施主の法会を行うとき、衆は食堂に集まり平等に食を受くべき事
一、上下和穆（ぼく）して学道護法すべき事
一、大衆集会のとき、衆は威儀を修め清潔にして上堂すべき事
一、新たに具戒を受くれば、六箇年は寺内に住して外に出づべからざる事
一、よろしからざる門徒をして寺務を領知せしむべからざる事
一、顕密両教を弘伝すべき事
一、長く先師忌日の追福を修すべき事
一、長く労して観心寺の仏灯料を送るべき事
一、この寺の僧等宅を設くべからざる事
一、固く上堂の人の履を盗用することを禁断する事
一、聚洛に入りて数日を経る僧等は洗浴後上堂すべき事
一、三宝の施を以て計りて長く財と作し修理に宛用すべき事

それぞれの条に、仏（仏像）法（法会）僧（僧伽、修学）に関して詳しい説明がついている。まず、

第一条に仏、法、僧について総合的な規則を述べ、以下の一四ヵ条でさらに細かく規定がある。

第一条では、真言宗の寺院として「三密教門が最要であること、伽藍には金色の五智如来と金胎両部の曼荼羅を掲げること」とある。以下、「護持国家の祈願と有情の利益につとめること、初夜に三十七尊礼懺のために『尊勝陀羅尼』を誦すること、昼の作法には、鐘で食堂に集合、お経を読んでから食事をとること」などと定められている。この条には「受法の僧、未受法僧、童子、沙弥、門徒」各々のつとめが記されており、僧団の組織ができあがっていたことがうかがえる。また「仏言。雖無諸伎芸、唯有勤精進、仏果大菩提、決定皆成就、精進尊貴」とし、才や芸はなくとも、精進あるのみ。そうすれば悟りを得られると仏は言っておられる、と弟子を励ましている。

第二条は「布薩は仏法の寿命なり」という表現で始まる。布薩は、月に二回、僧が集まり皆の前で自分の罪を告白する懺悔で、日本では鑑真和上が始めたとされる。

「およそ仏弟子たる者、布薩の日には長老から幼い者に至るまで、他の人の懺悔を自分の身に置き換えて慎んで反省しなさい。これを怠けることがあれば、滅法の罪を自ら招くことになるだろう」と強い調子で、決して布薩を怠けることのないようにと戒めている。集団を維持するために、特に上に立つ者に厳しい自己反省が求められているのである。当時、布薩は西堂で行われていたが、西堂で法会があるときは、東堂にその場を移した。

第一条、三条、六条にはお堂への入堂である、上堂に関する決まりがある。第一四条には、聚洛に出かけたときは、洗浴の後、五日を経ないと入堂してはならず、洗浴して世俗の穢れを落としていない僧侶は、礼堂で修行を行うと規定している。お堂の清浄性は、僧侶の清潔、清浄によって守られるが、清浄な僧侶は内陣で、そうでない僧侶は礼堂で法会を行った。これは、お堂の中でも内陣と礼堂では清浄性の差が認められていたことを示している。

第五条では、僧伽で最も重んじられる和合の大切さを説く。そして仏教では、罪を犯しても懺悔すれば第二番目の善人と名づけており、俗典によれば、たとえ過ちがあってもそれを改める人を過ちのない人というとして、懺悔を勧める。

罪を犯した者は、座主と二、三人の長老で教え、諭すのだが、その時、絶対に雑人の前で叱りつけるようなことはしてはならない、それをすると二度と浮かび上がれないから、という。また、目上の者は幼い者を父兄のつもりで導かなければならない。お互いに自分が正しいと主張し、誹謗すれば仏法も僧伽も破滅するという。執事がいくつも罪を犯し、諫めにも耳を貸さないようであれば、彼は永久に罪の海底に沈んでしまうから、大悲の心をもって追放しなさい、と説かれる。とはいっても、どこにも不届き者はいるので、第一三条には罰則が書かれている。上堂人の履を盗用した時の罰則で、童子は仏前で五仏を称礼すること五〇回、沙弥では一〇〇回とされた。それだけ頻繁に履の盗用があったのだろう。

また、第七条にもあるように、僧侶は寺内の僧房に居住して自行化他に励むことが義務づけられていた。受戒後六年間は寺を出ることなく有智有行の僧となるよう励め、とされるのは、師の実恵が朝廷から得た勅許に「授戒の後、六年、高野山に住す」とあるのにならったのだろう。

第一二条は再び僧房に居住するように定めるも、僧房が狭い場合は、寺院の界内の「側辺地」に居宅を設けることを許している。これは貞観十年の段階で、集団の人数が多く、すでに僧房を抜け出して寺の外に居宅を構える僧がいたことを示している。この趨勢は、寺地を分割して寺僧に配分し、伽藍僧房には居住しないことを容認する方向に向かった。

僧伽の確立

以上のような「禅林寺式」から、当時の禅林寺について分かることをまとめると次のようになろうか。

第一に、「余之門徒」「余之宗」という語が見られ、真紹僧都は自分の寺院という意識を持っていた。第二に、法会に関する規定が多く、第三条では、鐘の音に寸分なく合わせて整儀上堂するようにと厳しく言い、守られないと「俗人に不信を抱かれる」と述べ、第四条では法会で施主から食を受けるとき、必ず食堂で食べ、自室に持ち帰って食べるようなことは決してしてはいけないとしている。法会は頻繁に行われていたことが分かる。第三に、禅林寺には、座主、長老、僧（受法と未受法）、童子、沙弥、門徒、雑人がいた。門徒の中から寺務に就く者がいて、なかに執事とされる者がいた。また、真言宗が諸国に派遣した講読僧と呼ばれる僧も存在していた。これは説教師にあたると思われる。僧の数は不明だが、観心寺が定額寺となった時は一五人で、それより多いことははっきりしている。

第四に、真紹僧都の徳により経済的には安定していた。これは第八条では苦労して内財（経教、道具等）外財（田園、屋舎等）を備えたといい、第一五条では「今此伽藍建立以来、年序稍積、仏財漸集」と記されていることから明らかである。

第五に、真紹僧都自身、徹底して精進修行し、弟子にも努力、精進の必要性を繰り返し説く。厳しいだけではなく、慈悲をもって根気強く優しく、智恵をもって熟慮を重ねつつ弟子の教育、指導に心を砕いていたことが「禅林寺式」の中ににじみ出ている。一〇歳から空海の教育を受けた自らの経験がそうさせたのだろう。

自身が天賦の才に恵まれ、しかも努力家である人は、「できない」人のことはなかなか理解できない。しかし、真紹僧都は怠ける者には厳しいが、努力をしてもなかなか「できない」人は長い眼で見守り、過ちを犯しても懺悔をすれば許している。

真紹僧都は、東寺長者を経て、観心寺の造営という大事業を終え、自らの人生の集大成として禅林寺とその集団を育てることを選んだ。物心両面ですべてを注ぎ込んだと言ってよい。「禅林寺式」は、一五年かけて寺を整備し、一から集団をつくり、率い、統制に腐心した経験からつくられたものである。理想と危惧と期待が入り混じった中に、寺院と僧伽への深い愛情が熱く流れている。

集団生活では、小さな諍いでも取り返しのつかない火種となる。特に目上の者が自らを律し、弟子に範を示さなければ、すぐに綻びが広がっていく。そして、集団は指導者のめざす教えにのっとった式を遵守し、その内で修行者を育成していくことによって、自浄能力を保ち、正しく進んでいくことができる。

藤原氏が氏寺として建てた数多くの寺院が、どれほど壮麗な伽藍を誇ったとしても、高僧を招いて大規模な法会を開いていたとしても、やがて廃れてしまったのは、僧伽を育てる指導者がいなかったからである。禅林寺が幾多の苦難を乗り越え、今日の繁栄をみているのは、創建から約二〇年間に真紹僧都が特定の貴族を檀越にすることなく、僧侶を育て確固とした僧伽をつくりあげたことが最も大きいと私は思う。

真紹から宗叡へ

真紹僧都が観心寺と禅林寺を附属したのが宗叡（八〇九―八八四）である。真紹の甥で禅林寺僧正と呼ばれる。初め比叡山で法相宗を学び、天台宗大義を究めた。承和四年（八三七）弱冠二五歳で、東寺に住して学ぶ修学僧の一人に選ばれている。貞観四年（八六二）真如法親王とともに入唐、さらに密教の奥旨を学んで三年後に帰国した。東大寺別当、東寺長者をつとめた。

当時、僧綱（僧正、僧都、律師）の補任には、必ず興福寺の維摩会と宮中の御斎会、薬師寺最勝会の講師をつとめた者しかなれないと決められていたが、密法の伝法阿闍梨は例外で、宗叡も三会の講師を経ることなく、元慶三年（八七九）五月に権少僧都、十月には少僧都、そして僧正と異例の早さで任じられている。少僧都から僧正になったり、法務を飛ばして東寺長者になったのは、宗叡が初例とされている。（『初例抄』上〈『群書類従』四二五〉）

時の清和天皇は宗叡に深く帰依された。天皇は九歳で即位、二七歳で譲位して太上天皇となられた。

譲位の後、様々なお悩みがあったらしく元慶三年五月、三〇歳の時、宗叡を戒師に落飾され、翌年の十二月四日に、洛東の円覚寺で崩御された。西方に向かって印を結んで結跏趺坐し、往生を遂げられたという。

宗性『日本高僧伝要文抄』第一（『新訂増補国史大系』三一）によると、宗叡は太上天皇から衣服や臥具、車などを賜ったが、それらをすべて東寺、東大寺、延暦寺などの諸寺に分けてしまい、何一つ自分のものとはしなかった。また、京都や奈良の大寺に行幸されるときは、いつも付き随ったという。これは推測にすぎないけれども、清和天皇の死期が近いことをさとった宗叡が常におそばにいたのは、ともに入唐したのに別れて帰国することになり、それが永遠の別れとなった真如法親王のことをずっと後悔していたからではないだろうか。

宗叡は思索的人物で、生来無口、食べるものに好き嫌いを言うことはなく、寝るときにも念珠を手からはずすことは一度もなかったという。晩年を禅林寺で過ごし、七六歳で遷化した。富賀鹿蔵『観心寺史要』（大日本楠公会、一九三二）によると宗叡が唐から持ち帰った経書は、一三四部にのぼる。これらは、禅林寺の経蔵に収められ、教相、事相を学ぶ僧侶に大いに資するところがあった。

禅林寺では真如法親王（七九九―八六五）を第三世としている。平城天皇の皇子で弘仁元年（八一〇）九月、薬子の乱で皇太子を廃され、東大寺に入られた。その頃、東大寺には空海がいたため、空海に密教を学ばれた。非常に頭脳明晰な方で求法の志が高く、貞観四年（八六二）宗叡とともに入唐、宗叡と別れてインドへ向かう途中、消息を絶った。元慶五年（八八一）、入唐留学僧中瓘（ちゅうかん）から「親王先に震旦（中国）を過ぎ流沙を渡らんと欲す、風かに聞く羅闍国に至りて逆旅に遷化せらる」と日本へ伝えている。（『日本三代実録』）

この羅闍国は永年にわたり今のインドシナ半島のラオスとされていたが、桑原隲蔵氏や新村出氏などがマレー半島説を主張し以来学界の定説となった。虎害による遷化とされるが、捨身飼虎の経説を敷衍した伝説ではないか。

現在、真如法親王の供養塔はシンガポールの北の海岸、マレーシアのジョホールバル市ジャラン・ケブン・テー通り四八三三―一一四二番地の日本人墓地にある。この方を禅林寺の第三世にいただいたのは、皇子であり、真紹僧都に続く空海の弟子であったこと、さらに宗叡との関係によるものと思われる。

池上寛忠と禅林寺

その後、第四世安載内供から約一四〇年の間、禅林寺の歴代については、はっきりとしない。

その間の禅林寺を知る興味深い史料として、康保三年（九六六）三月五日付で、藤原公忠による、禅林寺に修理料を入れる旨の文書が遺されている。（『平安遺文』二八七「石山寺所蔵虚空蔵念誦次第裏文書」）宛先は「池上御房寛忠」となっている。宇多天皇の孫で、池上大僧都と呼ばれた寛忠（九〇三―九七七）のことである。

寛忠は、石山寺の淳祐から四度の法を受け、双岡に池上寺を創建したことで知られる。この文書から、康保三年には、禅林寺の住職も兼ねていたと思われる。禅林寺第五世深覚（九五五―一〇四三）は寛忠の弟子であり、石山寺の住職は、寛忠、深覚、深観と続いているので、寛忠が禅林寺の住職だったとしてもおかしくない。

寛忠に禅林寺の修理料を寄付した藤原公忠は、三十六歌仙の一人である源公忠とは別人である。『尊卑分脈』によると、平城天皇、嵯峨天皇に近侍、左大臣にのぼった藤原冬嗣（七七五―八二六）の八男左大臣良世の六男で、官位は従六位相当、主殿寮（しゅでんりょう／とのもりょう）の次官で主殿助（とのものすけ）となっている。主殿寮は宮内省の下級官庁で、名門にもかかわらず、一族の中でもぱっとしなかったらしい。先の文書には、六〇歳になったのにまだ恩賞を得ていない。何とかして恩賞を得たい。ついては力を貸してくれ、というようなことが記されている。

慶滋保胤（よししげやすたね）（？―一〇〇二）の『日本往生極楽記』は寛和元年（九八五）頃に書かれたとされ、往生を願う四〇人余りの人が本懐を遂げたさまを記したものだが、その中に寛忠の姉が念仏を称えながら入滅する話がある。寛忠が仏門に入った姉に「往生の時が近づいたので不断念仏を修してほしい」と請われ、念仏三昧を三日間、さらに足らずに諷誦を行い、姉が往生したという。この話から寛忠は熱心な念仏行者でもあったと思われる。

二、貴族の憩いの場

禅林寺と勧学会

慶滋保胤は、平安期の漢詩文の大家で、当代一の学者と称された。文学の才能に秀でていたばかりでなく、阿弥陀仏の信者としても知られ、『日本往生極楽記』の序では「予少き（われわかき）日より弥陀仏を念じ、行年四十より以降（このかた）、この志いよいよ劇し（いそがはし）。口に名号を唱へ、心に相好を観ぜり。行住坐臥暫くも忘れず、造次顚沛必ずこれにおいてせり」と書いている。「造次顚沛」とは、わずかの時間も惜しんで、という意味である。幸田露伴の『連環記』は保胤を主人公にした小説だが、そこでは藤原道長（九六六―一〇二七）が保胤のもとで出家したと描いている。

慶滋保胤は康保元年（九六四）から勧学会を催したことでも知られる。勧学会とは、大学寮の学生と比叡山の僧侶二〇人が春、秋に集い、朝には『法華経』、念仏を称え、夜にはお経の言葉を使って漢詩を作る行事である。大学寮には当時の官僚の子弟が学び、国家試験を受けて出仕した。後に保胤が横川で出家すると、勧学会を発展的に解消させて、源信とともに「二十五三昧会」を結成した。

その慶滋保胤が秋の禅林寺で勧学会をいとなんでいたことが『本朝文粋（ほんちょうもんずい）』（藤原明衡撰『新日本古典文学大系』二七）に収録されている。『本朝文粋』は、平安中期成立の漢詩文集で文章作成の模範にするため漢詩の名文四〇〇余篇を編む。保胤による詩序は「暮秋勧学会於禅林寺聴講法華経同賦聚沙為仏塔」というもので、保胤は「無量の罪障を滅して極楽世界に生れしむるは、阿弥陀仏より勝れるはなし。故に口を開き声をあげて、其の名号を唱ふるなり」と称名念仏を詠んでいる。年代は特定できないものの、康保元年（九六四）から約二〇年間のことである。

同じ『本朝文粋』に慶滋保胤が勧学会を行う仏堂を建立するために、寄進を呼びかける文がある。天延二年（九七四）付で、それによると、勧学会の時期は三月と九月の十五日と決まっているが、場所については定まった所はない。ただ、「親林月林の一両寺なり。件の寺に触穢故障有らば、会の日に及びて以て他の処を営り求む」とある。

親林寺は今の曼殊院の近く下水飲にあり、月林寺は今の曼殊院の地にあったという。これらの寺にさわりがあれば、当日になって他の場所に変更するということだから、自ずから場所は限られてくる。漢詩を詠まなければならないから、風光明媚な寺院が望ましいのは言うまでもない。さらに熱心な念仏行者でもあった寛忠がいた禅林寺が選ばれるのは当然のことともいえよう。また、『今昔物語集』（巻第十九「内記慶滋保胤出家語第三」）によると、保胤は石蔵（今の東山区粟田口）に住んでいたことがあるとされるから、意外に禅林寺の近くにいたのかもしれない。

『本朝文粋』には紀斉名（九五七―九九九）が晩秋の一日、貴族が禅林寺に遊ぶさまを、「林中の宴、水辺のたのしみ、実に盛りなり」として、格調高く謳いあげている。紀斉名は一条天皇在位期の漢詩文家で、詩、散文ともに評価が高い。斉名いわく、

奇しき巌の削り立てるが如きは、縉雲山（中国古代伝説の黄帝が神丹薬を作ったとされる山）の

嵐の色をも恥ぢしむべく、清き泉の飛びそそげるは、白露水の波の声にもまさりて仏寺中の蓬萊島崑崙山とも謂ふべきなり

時に岩の柱によりて閑居し、石の楼に上りて注視すれば、渓の流には紅葉の浮べるありて、蜀江の波に錦を灌へるが如く、柴の籬（かき）には黄菊の残れるありて、崑崙の下鵲（かささぎ）に投げたる玉にも似たり

そして、寺内の様子を、

既にして山中日暮れて仏を迎ふるの使てふ香の煙は飛び散じ、寺内人稀にして塔をまもるの鳥は月下に来り棲めり

と結んでいる。

この詩がいつ詠まれたのか不明だが、紀斉名の生歿年から考えると天元三年（九八〇）以降と考えてよいだろうか。晩秋の禅林寺には、聖域の醸し出す厳粛な静謐さ、清冽な水の流れ、巧みに配された奇岩、紅葉とうちそろい、貴族が水辺で漢詩を作り、歌を詠み、一盞傾けつつ、秋の一日を過ごす格好の場所とされていたのである。

傑僧深覚の登場

この頃、禅林寺に災厄があった。『日本紀略』と『扶桑略記』は、正暦四年（九九三）正月十一日「禅林寺に火事があった」とだけ記し、火災の規模は不明である。『日本紀略』は建物が全焼した折に

は、「焼亡」としているので、全焼したのではないだろう。折りしも、正暦四年から五年にかけては疱瘡が大流行し、都の人口は半減したというほど、悲惨な状況下での罹災であった。（『本朝世紀』正暦五年四月二十一日条）

火事の後に最も早く禅林寺に関する記述があるのは、藤原実資（九五七―一〇四六）の日記『小右記』で、六年後の長保元年（九九九）七月三日である。この日は実資の室で花山天皇の女御だった婉子女王の一周忌に当たり禅林寺で法要を修している。実資はこの法要について詳しく記しているが、僧は法服の僧が七人、その他の僧は六〇人、上達部の殿上人から五位の人まで約五〇人が参列、早朝から午後六時までかかる大法要であった。

禅林寺に火事があった云々という記述はないし、禅林寺にはそれほどの法要が営める堂宇があったのである。『小右記』には僧侶の名が記されているが、そこに第五世深覚の名はない。七僧のなかには、藤原道長の葬送の導師をつとめ、天台座主となった院源の他、「律師珍覚」という人がいて、実資はこの人を「彼寺座主珍覚律師」として、女御を禅林寺に改葬するについて申しつけている（長保元年十月十日条）。どうやら、禅林寺には、深覚の前に珍覚という住職がいたようだが、珍覚については、これ以降、『小右記』に出てこない。

やがて、禅林寺は傑僧として名高い深覚を第五世に迎える。深覚は右大臣藤原師輔の息で、父の師輔は、比叡山横川に楞厳院を創建したことで知られる。藤原道長は師輔の孫で、深覚は道長の叔父にあたる。当時は複数の寺の住職を兼ねることが多く、深覚は石山寺、勧修寺の座主も兼ねていた。しかし、世に禅林寺僧正と呼ばれたこと、『古事談』や『小右記』の記述などから、深覚が主に活躍したのは、禅林寺だったようである。いつ禅林寺の住職になったのかは不明だが、正暦三年（九九二）に東大寺別当、長徳四年（九九八）に権律師、長保四年（一〇〇二）に権少僧都になっている。その後、大僧正、東寺長者、東大寺別当を歴任、八九歳の長寿を保った。晩年は高野山に隠棲したといわれる。

この人の逸話は『古事談』に三話載せられている。悠然、豪胆でユーモアを解する人物だったようである。なかの一話は深覚が長和五年（一〇一六）六月九日に神泉苑で請雨に成功したことを伝える。現在では七月の初めだから、梅雨明けの頃だろうか。

空梅雨だったのか、炎天が続き公卿が諸寺の高僧に祈禱をさせたが、効果がなかった。そこで深覚は、公卿からの依頼ではなく、単身神泉苑に向かった。「もし雨が降らなかったら笑い者になる」と止める者もいたが、深覚は平然と「深覚田畠を作らず、全く炎旱を愁ふべからず。但し国土の人民を思ふが為めにする許りなり。試みに祈請せむと欲ふ」と答え、大雨を降らせ人民を喜ばせたという。

『小右記』には、この請雨成功は何人も目撃者がいて事実であること、深覚は六月九日の早朝、神泉苑に向かい、晩近くになって大雨、雷雨となり、翌十日には禅林寺に帰っていったと記されている。藤原道長も日記『御堂関白記』に、この日の雨は降り方がおかしく「異雨」であったと記している。この他、後一条天皇の病気が深覚の如意輪呪で平癒したなど、霊力が強く、その神験は都にあまねく知られていた。

深覚と実資の交友

深覚と『小右記』の記主藤原実資は、実資が二歳年下で年齢も近く、終生、深交があった。実資は藤原師輔の兄実頼の孫で、莫大な祖父の財産を継ぎ、有職故実の大家として知られる。

実資は深覚を非常に敬い、深覚も実資をよき相談相手としており、政治的なことも含め様々に話をしている。深覚の具合が悪いと聞けば、好物の海苔や若布、大豆など食べ物尽くしの見舞いを送ったことが見える（長元四年七月四日条）。深覚は、長時間の厳しい修法をこなし、八九歳という当時としては異例の長寿を誇った人である。頑健で健啖家だったのだろう。『古事談』によると、お腹の具合が悪くなったのを「法蔵の具合が悪い」と藤原頼通に告げてからかったりしている。

深覚との関係から、実資は禅林寺への経済的支援を惜しまなかった。おかげで『小右記』には、禅林寺に関する記述が散見され、当時の禅林寺の様子を垣間見ることができる。

そのうちのいくつかを紹介してみよう。

●長保元年（九九九）十月十日、十一日

今夜故女御改葬地鎮事、として暁に石卒塔婆を禅林寺に運ばせて、「件事委附彼寺座主珍覚律師」として、実資自身は行かないが、高昭と源守隆の二人にお供えを持たせてやって、婉子女王の改葬を見届けさせている。翌日、二人が禅林寺から帰ってきて、無事に済みました、と報告をしているから、何らかの理由で故女御は禅林寺に改葬されたと思われる。その後も、実資は女御の法事を禅林寺で営んでいる。

●長和二年（一〇一三）八月九日

この日の記述は、禅林寺にお堂を建てる計画があることを明らかにするものである。相変わらず、禅林寺の火災については一切、触れていない。

実資が車三台を連ね、お供三人とともに禅林寺に詣で、いの一番に深覚に挨拶をする。実資にはいささか見たい土地があったので、まず、深覚のところで軽く食事にする。お供の敦頼朝臣が禅林寺の近くに庵を構えていたので、そこから酒や食べ物を取り寄せ、持参したまくわや松茸を皆で食べ終えてから、深覚の案内で寺の中を見回った。

途中、深覚の招きに応じて「禅覚仙」という人物が出てきて実資と話をする。この人物について深覚は「禅覚仙更不逢人、而応招来謁、希有之又希有也」と語る。「禅覚仙」は、『小右記』には、もう一度、「禅覚仙が禅林寺で受戒を許される」という記述がある（万寿二年七月二日条）だけで、どのような者か不詳。深覚の弟子として、人に逢わず、寺から一歩も出ず、それこそ仙人のように修行に励んでいたのだろうか。深覚は、あまり細かなことを言うような人ではなかったから、変わった人物も禅林寺に住まわせていたとみえる。そうして寺内を見回っているうちに、実資はお堂を建てるのに頗る具合のいい場所を見つけ、敦頼朝臣の庵に水と石のあるのを確認して、暗くなってから禅林寺を辞すのである。

これが『小右記』における、禅林寺僧都（深覚）の初出である。当時、深覚は五九歳。

残念なことに、このお堂に関しては、遺されている『小右記』には出てこない。おそらく、実資が深覚のために新しいお堂を建てたのではないかと推測するのみである。これが火事で焼けたお堂の再興だったかもしれない。

●長和三年（一〇一四）十月五日

この日は、卯の刻（朝の六時）頃、総勢一五人ほどで禅林寺を訪れ、酒や食べ物をたらふく用意して、「終日飲食」とある。禅林寺僧都は早くからの参詣に、何度も驚いた様子を見せながら、差し入れを用意してくれ、晩近くになると和歌を詠んで下官に届けさせた。一同はそれぞれ酔いに任せて歌を詠んで返したとある。今なら十一月か、紅葉を楽しんだとみえる。深覚が驚くのは当たり前で朝の六時はまだ暗い。

●長和五年（一〇一六）六月十九日

この日の夜、深覚が実資の元を訪れ、次のように告げる。丈六の不動尊のいまだ半分しかできていないものがあって、初めは東寺に於いて造り奉（うけたまわ）り、次に般若寺に移動奉り、奉安するお堂がないことにより、いろいろ考えていたが、今夜、次のようなお沙汰があったという。その内容は、自分にこの不動尊を禅林寺に奉安することを申しつけ、続いてこの仏像のためにお堂を造り、必ずそのお堂に仏像を奉るというものであった。

深覚にこう言われて、早速実資は手配に動く。翌日には、般若寺の仏像を禅林寺に移動させる計画に着手している。般若寺は右京区の鳴滝にあった真言宗の寺院で、この頃、寺運は興隆していたとみえ、寛仁元年（一〇一七）円融天皇の皇后の葬儀を行ったとあるが後に廃絶。（『寺院神社大事典　京都・山城』平凡社、一九九七）この仏像についても後日談が欠けているので、これ以上のことは不明である。

●長元四年（一〇三一）八月十二日

大僧正（深覚）、威儀師聖命を使はして書状を送らる。「斎院の御書、辞せらるべき事を相加ふる也。下官（実資）に伝示すべし」。報じて云はく、「此の事、人事に非ず。神明の御心に在るべし。就中、伊勢、神事の託宣に依りて行なはるる事有り。左右、申し難きの比也」

この文章は、賀茂の斎院（選子内親王）が斎院を辞めたい、実資にもそう伝えてほしい旨の手紙を深覚へ送り、その返事を威儀師聖命に届けさせたもの。斎院は後日、深覚を戒師に出家した。

威儀師は法会や授戒の時に、衆僧を指導、威儀を整える役目の僧で、聖命は深覚のそばにあって仕えていた東大寺の僧とされる。長久三年（一〇四二）七月二日、聖命は坂上為充と坂上氏の歿後忌日料として、禅林寺に愛宕郡の土地を施入し、深覚が寺印を加えて施入完了としている。（『平安遺文』五九二　三千院文書）聖命は坂上氏であったのだろう。

天皇の七七忌日供養

この時代、一門で中央政権を固めた道長に権力が集中したため、その庇護を求めて、地方の受領階級は、こぞって彼に土地を寄進した。その見返りに道長は地方の政治には何の口出しもせず、放置した。その結果、国家が管理する土地は地方豪族の荘園へと移行していった。国の財政状況は悪化していたのだが、道長の一族は逆に裕福になる一方だったので、何とかしようとは全く思わなかったようである。

しかし、庶民はたまったものではない。巷には疫病が蔓延し死者があふれ、内裏は何者かの放火によって炎上、治安は悪化の一途をたどった。人民のために、政治家として何らかの対策が打たれることはなく、災厄を追い払うための祈禱が熱心に行われた。こうした御霊会は貞観五年（八六三）に初めて行われた後、疫病のたびに盛大に営まれたが、人々が群れてかえって疫病を蔓延させたという。

道長は祖父師輔に倣って、寺院を建立、法華三昧を修し、法華三十講などの仏事を盛大に修し、藤原一門の先祖供養には費用を惜しまなかった。また、晩年、無量寿院と法成寺という大寺院の建立に心血を注いだ。深覚もそれらの法要に出仕している。いきおい、各寺院では貴族による法会が盛んとなり、禅林寺も例外ではなかったと思われる。

天皇の崩御にともない、大寺で七日ごとに忌日法要を営むようになったのは、持統上皇にさかのぼる。『続日本紀』に七七日目の仏事を修したことが見え、（大宝三年二月十七日条）平安時代になってからは、より盛大に行われるようになった。仏事を行う寺院は御願寺が中心となったが、記録によると禅林寺も何度かこの忌日法要をつとめている。

長元九年（一〇三六）五月二十二日、四月に崩御された後一条天皇のための五七日御忌、七七日御忌をつとめる寺院の中に禅林寺の名がある。（『類聚雑例』〈『群書類従』二九〉）後一条天皇は菩提樹院陵（吉田神楽岡）に葬られた。

時代は少し降るが延久五年（一〇七三）五月七日に崩御した後三条天皇の遺骨が火葬後、禅林寺に安置され、三七日から七七日までの誦経が行われた。（『扶桑略記』同年五月十七日条）その後、嘉承二年（一一〇七）、堀河天皇の崩御に際し、四七日と六七日に誦経の七ヵ寺のうちの一ヵ寺であった。また、久寿二年（一一五五）近衛天皇の四七日にも誦経を行っている。

宮大僧都深観

深覚は真言僧ではあるが、東寺長者、東大寺の最高責任者である別当を何度もつとめ、東大寺系の人だった。この後、禅林寺の歴代には、深観（一〇〇一―一〇五〇）、永観（一〇三三―一一一一）と東大寺系の僧侶が続くことになる。

深覚は、長元四年（一〇三一）十二月二十六日に七七歳で大僧正を辞退した。『僧綱補任』によれば、それと引き換えに弟子の深観は律師を経ることなくして、いきなり権少僧都、同日少僧都となった。この異例の補任については『大鏡裏書』下（『群書類従』二五）に「件の深観は花山法皇の皇子たるに依る」とある。また、長久四年（一〇四四）十二月二十八日には権大僧都となっている。この出自によって、第六世深観は宮大僧都、禅林寺大僧都と呼ばれ、一二年間の長きにわたって東大寺別当をつとめた。

万寿二年（一〇二五）八月四日、二四歳のときに東寺で深覚から伝法灌頂を受けたことが、『禅林寺内供宮灌頂日記』（石山寺蔵）により知られる。『小右記』にも同日の条に「早朝、七条袈裟二条、奉禅林寺大僧正御許、今日御弟子花山院御子、灌頂料云々」とあり、実資が袈裟を贈っている。

『本朝高僧伝』によると、永承二年（一〇四七）七月、旱があった。深観は東寺で七日間、孔雀経法を修し、大雨を降らせたという。永承五年六月十五日、四八歳で入滅した。

深観が住職だった頃の禅林寺については、藤原資房（一〇〇七―一〇五七）の『春記』に、法事の供僧とその供料に関して、長暦四年（一〇四〇）の正月と五月に次のような簡単な記述があるくらいである。

「禅林寺の供僧供米の事、彼等の申文を以て左右せらるべき也。暗に定め仰せ難きか」

「禅林寺申す供僧供料の文続文あり。慈徳寺の例に依るべしてへりを申す」

一方、『平安遺文』には、いくつか深観の土地に関する文書が残っている。永承三年（一〇四八）閏一月三日付で、深観に寄進した土地の公験を失くしたので、再発行してほしいとの文書（『平安遺文』六五三―六五五　東南院文書二―一）である。また、深観の歿後すぐに深観が所有していた名張の土地が、醍醐僧都覚源のものとなったことを証明する文書も残されている。（『平安遺文』六八九　東大寺文書四―六）覚源は深観と同じく花山法皇の皇子で、深覚より法を受け、醍醐寺の座主となった人である。このように、寺院の財政は、住職個人の財産や出自によって大きく左右された。

やがて、深観の弟子であった永観（一〇三三―一一一一）が禅林寺に帰山、隠棲する。この人によって禅林寺の歴史は新たな一頁を開くことになる。

第二章　真言から念仏へ

一、中興永観律師

永観遅し

寺院に奇瑞はつきものである。しかし、定額寺として出発し、開山真紹僧都が心血を注いでつくりあげた禅林寺には、創建にまつわる奇瑞譚の入り込む隙はなかった。

仏と人との両方があって、初めて奇瑞が成り立つ。だから、奇瑞譚は全くの作り話ではない。あの方ならそのようなことがあってもおかしくはない、と思わせる高徳の人物がいたことの証明なのである。

人々の尊崇が奇瑞譚をつくり、その譚は繰り返し語られて別の人々の胸に刻み込まれる。その人が奇瑞を起こした寺院には、たしかに仏天の意志と加護が息づいている。

その人の名を永観という。「えいかん」ではなく「ようかん」が正しい。禅林寺の中興であり、今や禅林寺はその人の名をとった通称、永観堂のほうが有名になってしまった。

時は今から九三〇年前、永保二年（一〇八二）二月十五日早暁、阿弥陀堂に動く人影が一つ。夜を徹して、念仏行に励む僧侶がいるのだ。東の空がしらじらとし始めた。ふっと緊張が解けた一瞬、僧は息をのんだ。人がいるはずがないのに、自分の前に誰かがいる。それが誰か気がついて、思わず足が止まった

「永観、遅し」

ふりかえりざま、その方は、まっすぐ永観の眼を見つめられたのである

このとき、永観を励ましたもうたのが禅林寺のご本尊、阿弥陀像でみかえったお姿をとどめておられる、阿弥陀如来である。首を左にかしげ、振り向かれたお姿をうつしたこの仏は、「みかえりの阿弥陀さま」として全国に知られるようになった。

では、永観は最初からこのような念仏行者だったのかというと、実はそうではない。『拾遺往生伝』には、「但馬守源国挙の孫、進士入道国経の男なり。生れて二歳にして、石清水別当法印元命、寵愛して子と為せり」とある。永観の実父、源国経についてはほとんど知られていない。『御堂関白記』によれば寛弘五年（一〇〇八）正月十一日、蔵人（天皇の側近）になったことが知られる。しかし、その後若くして出家、役人生活にピリオドを打つ。どういった理由で国経が遁世したかは全く不明である。永観が生まれたとき、国経は五〇歳を越えていたと考えられている。永観の本名は伝えられていない。生まれた翌年には、何らかの事情で実の親元を離れ、石清水八幡宮の別当、元

命（九七一―一〇五一）に引き取られた。

二歳で別れては実の両親の顔も覚えていないであろうから、肉親との縁は薄い人であった。代わりに、永観を慈しんで育てたのは、養父の元命である。この人は宇佐氏の出身で宇佐八幡宮の別当も兼ねていた。石清水八幡宮は歴代の天皇の尊崇が篤く、別当である元命は大きな権力を持っていたとされる。

『行親記』（平行親の日記、『続々群書類従』五）には、長暦元年（一〇三七）三月九日、後朱雀天皇が石清水八幡宮に行幸した際、元命が別当職を弟子の清成に譲ると聞いて、清成を別当に、元命を検校に叙したという記述がある。幼い永観を養子に迎えた二年後には別当を引退して検校になったということになる。清成は元命の長子（養子といわれる〈大谷旭雄・坂上雅翁・吉田宏哲『浄土仏教の思想七　永観・珍海・覚鑁』講談社、一九九二〉）とされるが、六四歳という年齢で跡継ぎにも恵まれていながら、元命はなぜこれほど幼い子を養子にしたのか。永観は幼少の頃からその神童ぶりは際立っていたというが、二歳ではさすがにそれが理由とは考えにくいから、実父の死がその理由ではないかとされている。

再び『拾遺往生伝』でその後の永観についてみると、八歳で山崎の開成寺の上人に弟子入り、勉学に励むようになる。永観は「一たび聞けば再び問はず」であったばかりか、睡眠中にまで、「屢（しばしば）誦する声あり」という有様に、師の上人は「驚きて曰く、この児（ちご）は前世の行者なり。人もて忽諸（いるかせ）にすることなかれ」と言ったとある。寝言まで経文を誦していたというのだから、天資英明な上に努力勤勉であったことが分かる。そんな人が凡人をはるかに超えた早さで学問を究めていくのは当たり前で、一一歳で深観の弟子になり、一二歳で出家した。永観の「観」は深観の名をもらったものであろう。

深観は永観の器量を見て、称賛するのではなく、「殊に哀れんだ」という。自分の運命を受け入れ、並外れて英邁ゆえに、周囲の大人の期待に完璧に応えてしまう。子どもらしい感情を自分の中に封じ込めて、それでもその大人びた表情に孤独がにじみ出る。そんな少年だったのだろうか。深観は東大寺の別当を一二年間もつとめたので、永観は東大寺で具足戒を受け、三論宗に入った。有慶に師事、唯識因明を学んで、能く法相宗を理解し、『倶舎論』の頌を一日に七十行も暗記したので、「七十行公」と呼ばれたという。俗に「唯識三年、倶舎八年」といわれるから、永観がどれほど聡明だったか分かろうというものである。

東大寺で学ぶ

永観の生涯は大きく三つに分けることができる。出生から東大寺に入るまで、東大寺で若き竪者として名声を得た時代、別所光明山寺（こうみょうせんじ）への隠棲を経て禅林寺に住し入滅するまで、である。

当時、寺僧は特定の寺院と宗に所属、各々を自らの本寺、本宗とした。永観の場合、東大寺と三論宗で、それは終生変わらなかった。三論とは、鳩摩羅什が訳した龍樹の『中論』、『十二門論』と提婆の『百論』の三編の論書のことで、三論宗とは、それらの説くところに基づき、空の思想（すべてのものは何かを縁として生成することによって成り立っているから実体はない）を極め、覚りをひらこうとする。永観がいた東大寺東南院は、貞観十七年（八七五）に空海の孫弟子で醍醐寺の開山、聖宝が建立した。そのため、東南院では三論真言兼学とされ、三論宗の名匠を輩出した。

さて、東大寺でもその異才ぶりを遺憾なく発揮した永観は、わずか一四歳で、東大寺の方広会で竪義をつとめた。

南都では、多くの僧が出仕し経典を講説する勅会が行われていた。南都の三会として有名なのが興福寺の維摩会、宮中御斎会、薬師寺の最勝会である。興福寺の維摩会は、藤原鎌足が『維摩経』を読誦したことで病が癒えたという因縁から始められたもので、三会の中でもこの講師をつとめたものでないと、他の二会の講師にはなれない。そして、三会の講師をつとめた者だけが僧綱に任じられることになっていた。

これらの勅会では論義が行われた。論義というのは、出題者と問者と竪義の三者で構成され、探題（出題者）が題を提示、問者がその題に関して問いかけるのに対して、竪義が答えるというものである。問者は、矛盾や対立する宗義を挙げ、それではおかしいではないかという「難」の形式で尋ねるのが普通で、竪義はそれに対し、矛盾のないように会通して答えなければならない。こういったことから、学侶の試験としても論義が行われることもあった。

永観の竪義デビューは、東大寺で行われた方広会であったが、引き続き同寺の法華会でも竪義をつとめ、研鑽を積んでいく。二〇歳の時に、南都三会の一つ、興福寺の維摩会の竪義をつとめた。これらの論義の内容や出題の数などは不明である。南都の論義は本業の経論疏の中から一題、永観が早く

に熟達したという因明学からもう一題選ぶことになっていた。（栂尾祥雲『日本密教学道史』一九八一、初版一九四二）

天喜五年（一〇五七）二五歳で、平等院で開かれた番論義に招かれる。番論義は問者と竪者の二人一組で行うもので、このときのことを『拾遺往生伝』に『文選』を引いて、

この日言は泉の水のごとく沸き、詞は林の花の如く鮮なり。満座帰服して、翹楚（衆の中でぬきんでた人。『詩経』に基づいた言葉）と以為り

と記している。当日の参加者のなかでも、永観の舌鋒は群を抜いて冴え渡っていたのであろう。その場にいた源師房（一〇〇七―一〇七七）は、驚嘆して永観を鄭重に遇し、平等院内で昼夜に謁見したという。師房は村上天皇の皇孫、具平親王の皇子で、平等院の主、関白藤原頼通の猶子であった関係で、当日も法席にいたのだろう。あるいは、法会の主催者だったかもしれない。当時は右大臣で「文学の宗匠」として世に知られていたらしい。

仏教ではなく文学に通じていた師房が、この自分の半分しか生きていない若い論匠の講説に舌を巻いたというのだから、永観は古典や漢詩の素養がよほど深く、分かりやすく美しい言葉で論じたことが察せられる。主催者や出席者の顔ぶれに合わせて、表現を変え巧みに言辞を選ぶということをしたのかもしれない。永観は唯識や因明学をきわめていたばかりでなく、言語感覚に優れ、文学的才能にも恵まれた人であった。

ただ、どちらかというとこれらの法会は、純粋に仏典の教えを人々に説くために開かれるというよ

り、理解できてもできなくても、論義や講経そのものに国家の安泰を祈ったり、災厄を払うといった威力があるとされる宗教的儀礼と考えられていた。永観がやがて竪義に消極的になっていったのは、こういったことが背景にある。

稀代の名別当永観

永観にとって、薬師寺の最勝会をつとめて僧綱になることは、さほど難しいことではなかった。ところが、永観は屈指の論匠である自分と決別してしまう。

康平七年（一〇六四）、突如、光明山寺に蟄居する。三一歳のときである。光明山寺は今の京都府木津川市棚倉にあった寺院で、平安前期に広沢寛朝僧正が開基となり、東大寺の厳琱（げんもう）が再建したと伝えられる。この寺院は東大寺の別所で後には末寺となった。

別所は平安後期の院政期に、読経や念仏を専らとする聖が住んだ寺である。山野を切り開き、行を修するためのお堂を建て、田を開発して経済的基盤とした。

『拾遺往生伝』は、永観が光明山寺に入った事情を詳しくは記してはいない。ただ、「十八より以後（のち）、研精の隙（ひま）に毎日一万遍を唱へ、毎月に斎戒の修は十五日なり」とされる永観は、本格的に念仏聖として、自行に励むために光明山寺に入ったと考えられる。永観が光明山寺を宗教活動の拠点としたのは、およそ八年間である。その間の活動は杳（よう）として知れないが、誠実にひたむきに自行に邁進していたと思われる。

延久四年（一〇七二）、永観は四〇歳で深観の弟子として過ごした禅林寺に帰る。東南院という庵を結び、そこに住んで禅念の日々を送ることとなる。

禅林寺に籠った稀代の学匠を世間がそのままにしておくはずもなく、永観は何度も公請を受けるが、その後二〇年ほどは、ごく少しの例外を除いて、華やかな論義の場に立つことはなかった。「念仏生活の妨げになるから」と断っていたという。

後年、永観は自著『往生講式』の中で次のように述べている。

人間の八苦、天上の五衰総べて輪廻の間、かくの如きの苦を受くること幾くぞや。只これ一旦の名利の為に恣に衆罪を作りしに由ってなり。今度若し厭はずんば、当来も亦悲しむべし。しかるに名利を求むる者は今生猶安からず

また、同じく晩年の主著『往生拾因』には、自身が名利を厭い、念仏生活に入った理由をもっとはっきりと記している。

三論・法相の教は理奥して悟り難し、勇猛精進にあらずんば、何ぞこれを修せん。聡明利智にあらずんば、誰か之を学ばん

朝家が簡定してその賞を賜ひ、学徒競望してその欲を増す。三密の行に暗ふして、忝くも遍照の位に登り、毀戒の質を飭(ととの)って、誤って持律の職に居す。実に世間の仮名は、智者の厭ふところなり

今念仏宗に至っては、行ずるところは仏号、行住坐臥を妨げず。期するところは極楽、道俗貴

賤を簡ばず。衆生罪重けれども一念に能く滅し、弥陀願深ければ十念に往生す。公家賞せざれば名位の欲を離れたり、檀那祈らざれば亦虚受の罪なし

永観がそうであったように、三論、法相を学ぶのには持って生まれた頭脳の明晰さの上に精進努力が必要である。しかし、論義の席でそれを評価するのは、内容が理解できるはずもない朝廷の人々である。その恩賞に目がくらんだ学徒は、猟官活動に精を出し、本来なら資格のない位に就いている。それに比べて、念仏宗は誰でも修することができ、公家が恩賞を出さないから、名利を求めることもなく、檀那に祈願を頼まれることもないので、報酬を受け取るという罪も犯さなくて済む。

永観の眼から見れば、僧綱に値しない僧が山ほどいたのだろう。そんな僧階が存在するから、名利を求めそれにとらわれるわけで、最初からそんなものはないほうがよいのである。同時に、この文章からは「およそ幼より老に至るまで、経論を披閲して、寝食を忘るるに至りぬ」と称された人の強烈な自負も感じられる。

その自負が具体的に発揮されたのが、康和二年（一一〇〇）五月からの約二年間の東大寺別当の就任である。永観は六八歳になっていた。

当時、前任者の経範と衆徒との間に諍いが絶えず、ついに衆徒が経範の不品行にたまりかねて解任要求を出したので、朝廷が仲裁に入り、経範を停任にした。この難局をのりきるためには、人格高潔で実務能力にも優れている永観しかない、ということになったのである。

もちろん、禅林寺で念仏三昧の生活をおくっていた永観は、朝廷からの要請に頑として応じなかっ

た。当時の念仏の数は一日六万遍にも及んでいたという。『往生拾因』には「伝え聞く、聖あり念仏を業となし、専ら寸分を惜しむ。若し人来って自他の要事を謂へば、聖人述べて云はく、「今火急の事あり、既に旦暮に逼れり」と言って、耳を塞いで念仏して終って往生を得たり」とある僧侶のエピソードが語られる。これがそのまま、偽らざる永観の気持ちだったのかもしれないが、実際は耳を塞いでいるわけにはいかなかった。ついに堀河天皇から綸旨を出されて、東大寺の別当を引き受けたのである。

別当就任資格を得るため、六七歳のときには、やむなく最勝講の出仕を引き受けた。最勝講は、陰暦五月の吉日を選んで五日間行われた法会で、東大寺、興福寺、延暦寺、園城寺の高僧を招き、『金光明最勝王経』を朝夕二座ずつ講じさせて、国家の安泰を祈った。永観は最勝講結願の五月二十八日に権律師に任命されたが、翌日、辞表を出した。律師など何の意味もない、という強烈な意思表示だったといえる。

東大寺別当は東大寺の最高責任者で、伽藍の造営修理、学侶の統率、膨大な荘園の管理者の人事、荘園の統括の責任を負っていた。当初は伽藍の修理の管理者として任ぜられたが、徐々に公請の回数や評価が補任を左右するようになった。今、『東大寺要録』を見ると、

第七十三　律師永観　有慶　深観資　康和二年任
　寺務二年　康和二半　三、四半
同二年冬　勅封蔵修理

同三年　　東塔七重皆修理了
同四年　　食堂登廊修理　同四年辞退

と矢継ぎ早に大規模な修造を手がけ、成功させたことが分かる。ここには、静かに念仏に明け暮れる老僧の姿はない。強い意志と自尊心を持ち、部下を統率し、数字に強く経済に明るい実務者の永観の姿がある。

それだけではない。中村直勝『荘園の研究』（『中村直勝著作集』第四巻、淡交社、一九七八）の「永観律師と百口学生供」によると、「永観は痛く当時東大寺を初め南都仏教界の衰弊を慨き、其の原因の一つは、学徒の学業への勤勉足らざるにあるを察し、将に別当の職を辞せんとするや、康和四年六月一日置文を作り、「吾寺之為大寺者、依諸宗之為広学也（中略）冀以蛍雪之勤、継就花之暁」（※注「東大寺衆徒解案」『東大寺文書』）と言って茜部・猪名両荘を永くその学生供に施入し、殊に茜部荘よりの乃貢を以て学徒の依怙に供する事とし」たのである。これは教育のためだけに用いる費用を確保したという点で、画期的なことであった。

禅林寺での永観

また、『拾遺往生伝』や『古事談』『本朝高僧伝』、鴨長明の『発心集』などの断片的なエピソードからも、永観の人となりは知ることができる。しかし、東大寺別当としての永観の業績や、応徳三年（一〇八六）に東大寺の永観として維摩会の講師に呼ばれたことなどは知ることができるのに比べ、禅林寺における活動は、ほとんど分かっていない。ただ、二つの面から推測できる。一つは、本寺である東大寺では決してできないことを行える場所として禅林寺を選んだのであるということ。もう一つは、永観が東大寺で行ったことが、禅林寺では、禅林寺にふさわしいかたちで行われたはずであるということである。

先の源師房や白河天皇が永観を重んじたことは、史料に残されているほか、天皇や貴族の仏事や法会には、出仕していたと思われる。先に触れたように、延久五年（一〇七三）五月に崩御した後三条天皇の遺骨が火葬後、禅林寺に安置され、三七日から七七日までの誦経が禅林寺の僧によってなされたのは、永観が住職の時である。この時、後三条天皇は譲位されており葬儀は白河天皇によって行われたので、白河天皇と永観との関係によるものだろう。

東大寺別当の綸旨を出した堀河天皇が嘉承二年（一一〇七）に崩御した際も、四七日と六七日に誦経の七ヵ寺の内の一ヵ寺に禅林寺の名があるが、この時も住職は最晩年の永観である。禅林寺を維持、管理するためには、こういった法事は重要であった。

『往生拾因』で「檀那祈らざれば亦虚受の罪なし」と記していたことからも明らかであるが、永観は法会などに出仕して、報酬を受け取ることを罪として潔しとせず、清貧を旨としていた。その徹底ぶりはよく知られていたとみえて、『発心集』にも「（永観が東大寺別当をつとめた時も）深く罪を恐れける故に、年来、寺の事行ひけれど、寺物を露ばかりも自用のことなくてやみにけり」とある。しかし、供僧の分も含め、経費はかかる。そこで、考え出されたのが出挙（すいこ）である。

出挙とは米や金銭を貸して利子をとることで、永観は自分が受け取った報酬を貸して利益を得て、その利益で生活ができれば、法会に出なくて済むと考えたのである。とはいっても、返済が滞っても取り立てるような人ではなく、『発心集』には、返せない人には、念仏を称えてもらって返してもらったことにした、とある。また『古事談』には、法勝寺の供僧として得た供米を出挙し、出仕を断った。これは耕作前に貸し出して秋の収穫期に利息と共に回収するのだが、秋になっても納められず、やはりもう一度出仕することにしたというエピソードが紹介されている。

永観の名声が高く、禅林寺を維持してなお貸せるだけのものは得られていたのだろうが、これなども、数字に強い永観の、世間の評判など気にしない合理的な面が現れていて興味深い。余れば貸せばよい、返ってくればよし、返ってこなかったら、自分が何とかすればよいのである。

温室の創設

東大寺ではできなかったが、禅林寺で積極的に永観が取り組んだことに、貧しい人への化他がある。持病に苦しんだ経験から、境内の梅の木の実を病人にあげて、喜ばれたことがよく知られている。禅林寺の庭には、「悲田梅」と呼ばれる梅の古木があった。春には可愛い花をつけていた。

また、『拾遺往生伝』によると、永観は薬王寺に丈六の阿弥陀仏の像を安置し、温室（うんしつ）と呼ばれる浴室を設け、病人や臨終の近い人に洗浴を施して悦ばれたという。薬王寺の場所については不明だが、悲田院（病人の収容施設で今の北区堀川鞍馬口にあった）の近くにあったとされる。

奈良時代から大寺（大安寺、薬師寺、東大寺）には独立した建物として寺内に温室院が設けられていた。法隆寺は僧房の中に、西大寺は食堂内に置かれた。

真紹僧都の「禅林寺式」にも記されていたが、僧侶は集会や法会の前には、必ず沐浴して心身の垢を落とさなければならないと定められていた。また『仏説温室洗浴衆僧経』という経典には、洗浴の功徳として七つの病を除き、七福の報を得ると説いている。インドで成立した経典であるから、経典に記されている洗浴は蒸風呂によるものであった。

ところで、当時の温室とはどのようなものだったのだろうか。天平十九年（七四七）の『大安寺伽藍縁起並流記資財帳』には温室が三口、それに対して釜、火爐一口となっていることから、この頃の温室はお湯を沸かして浴槽に入れて体を清めるというかたちだったと思われる。

時代が降って永観の頃の温室の構造を示す史料は残っておらず、奈良時代と同じものだったかどうかは分からない。薬王寺だけではなく、禅林寺にも僧侶のための温室はあったはずであるから、その様子を推測するために、永観より少し後の時代の人であるが、重源（一一二一―一二〇六）の例をみてみよう。重源は永観から連なる東南院系列の人で、東大寺大勧進で知られる。

まず、温室の構造であるが、重源が東大寺を再建した時の大湯屋は、鉄湯船（重文・口径二・三メートル）で沸かした湯を、浴槽に入れ体を清めた。永観の温室もそうであったろう。

重源は交通の要所に別所を建立し、どの別所にもお堂と仏像と共に湯屋を建設した。重源が自ら自分の行跡を記した『南無阿弥陀仏作善集』によると、上醍醐寺のほか、七別所の全てに湯屋を設け、そこでは別所建立に携わった人々が汗を流し、疲れた体を癒した。重源は「抑念仏之行業温室之功徳者、諸仏之所嘆、殊勝之善根也」（『鎌倉遺文』周防阿弥陀寺文書〈一一六三東大寺文書も同文〉）と述べ、特に湯浴の功徳にこだわった。阿弥陀寺では一二人の念仏衆、六人の維那、三人の承仕が在住、一二人の僧が十二時中不断念仏を修し、六人の維那は長日、温室の管理を行い、湯屋では念仏が称えられたという。重源の湯屋にかける熱意の裏には、湯の布施を勧進のための庶民結縁の場として利用するねらいがあったからとされる。入浴のような贅沢をしたことのない人々に湯を振舞うのは、東大寺造営の労働力を確保する手段でもあったのである。

重源の例からも温室と念仏には深い関係があったようであるから、永観が念仏を修するために戻った禅林寺の温室でも、複数の僧侶によって念仏が修されていたかもしれない。

ところで、温室の維持には、湯を沸かす費用（湯料）や温室を管理する僧侶の衣食など、かなりの費用を要する。東大寺の場合は、所有する荘園内の水田が寄進された。

『平安遺文』（百巻本東大寺文書八五号、東大寺文書四―七三）には「戒師某作手田売券」が残されている。長治元年（一一〇四）四月四日付で、ある僧侶が東大寺領春日庄と川上庄内にある自分の田の一部を「禅林寺律師御房御寺温室料田」として売却する旨の文書である。『京都永観堂禅林寺文書』（以下『禅林寺文書』と略す）には同じ年の十月、永観が自ら所有する春日庄や川上庄内の四ヵ所の田を東大寺に寄進したことを示す寄進状がある。そのうちの春日庄の田はこの「戒師某」が売却した田と一致する。この年は永観が東大寺別当を辞任した翌年で、東大寺で布薩がほとんど途絶えた状態になっているのを憂慮してその費用や温室料にと永観が寄進したものである。東大寺の別当時に得たものを土地に代えて、すぐに東大寺に寄進したと思われる。

では、禅林寺や薬王寺の温室の費用はどうしていたのだろうか。当時の禅林寺にどれほどの荘園があったか不明だが、先の例からみても、永観は自ら得たものを時には田に換え、禅林寺のために費消していたのではないだろうか。『拾遺往生伝』にはこの辺の事情を次のように伝える。「四十余年、漿粥菓蓏（くさのみ）、時に随ひて施を求めつ。或時は身自ら荷担して、恥辱を顧みず、若し公家の請あれば、称（い）ふに悲田の衆をもてせり」

往生講を営む

永観が禅林寺の中興と崇められるのは、それまでの真言宗の寺院から、禅林寺を念仏道場としたことが大きい。終生、東大寺を本寺とした永観だからこそ、それが可能だったとも言える。永観が主に学んだ三論宗は、教理、教学面を主とし、特別な実践方法をもたなかったことも影響しているかもしれない。

凝然の『浄土法門源流章』には「日域古来浄土を弘むるもの、解義修業その数甚だ多し。その最要なるは即ち智光・昌海・源信・永観・実範・源空、この六祖、この六哲なり」とある。源空は浄土宗の宗祖法然上人（一一三三—一二一二）である。三論宗の永観が含まれるのは、『往生拾因』を著し、往生の方法として励声念仏を宣揚したことによる。

禅林寺に籠って七年後の承暦三年（一〇七九）、永観は四七歳で『往生講式』を著した。講式とは、講会の法式、差定をいう。これは毎月十五日に修する往生講の法式で、講衆がそのやり方にのっとっていけば、自ずと往生を得られるように作られている。永観の『往生講式』は、講式の歴史上、ごく初期のもので、その内容のまとまりといい、格調高い文といい、高く評価されている。形式的なものではなくて、参加する講衆に念仏往生を勧める理想の形としてよく練られ、構築されている。文章は高雅で時に哀切たる調子を帯び、師房が賞賛した永観の文学的才能が結実したものである。

まず、西壁に阿弥陀仏の像を安置、歌頌を称えて着座、表白、神分、勧請と次第、講演がある。この講演が講の中心で、発菩提心門、懺悔業障門、随喜善根門、念仏往生門、讃歎極楽門、因円果満門、廻向功徳門の七門からなる。

往生を願う者は、最初に菩提心を発し、次に知らず知らずのうちに重ねる罪を懺悔し、次に遭い難き仏の教えに遭えたことを喜ぶ。次に、これが最も大切であるが、阿弥陀の本願によって念仏を称えることによって往生できるのだから、ひたすら念仏を称えよとする。讃歎極楽門では、極楽の様子を思い浮かべて讃歎し、因円果満門では、往生の後、浄土で覚りを得るために行に励み、この世に還って化他に励むことができることを喜び、最後に自らの善を衆生に功徳することを勧めるのである。各門の終わりには、『無量寿経』や『華厳経』などの歌頌と三礼、十念がある。最後に、遺教によって往生極楽を教えてくれた釈尊への報謝の頌を称え、廻向文で終わる。

浄土宗の宗祖法然上人は、どんな人も心を込めて念仏を称えれば、たとえそれが臨終前のたった一度の念仏であっても往生できるとした。

永観自身にとっては、念仏は比較的たやすく往生できる修行法であったが、その主な目的は往生の後に修行を積んで成仏することにあった。これが法然上人とは決定的に違う点である。

永観は三論宗の人であったから、その説くところは、「すべてのものはそれ自身で生じることはなく、縁起によって生じるものである」という空の思想、「目に見えるものはすべて自らの心が作り出したもので、仮のものにすぎないのに、衆生はそれを実有と信じ込んでいる」という唯識を基礎としていた。懺悔業障門の「理の懺悔とは一切の業障は皆妄想より生じて自性空なり、自性空なるが故に本不生なり。此の観をなす時妄想の夢覚めて、生死本無なり。衆罪の露消えて輪廻爰に絶えぬ」には、それが如実に現れている。さらに永観は「事理の懺悔に堪へざる者は一心に弥陀仏を念ずべし」と言うが、『往生拾因』によれば、この「一心」の内容は、前述の「空」と「唯識」を踏まえた透徹した理論が理解できて、さらにその上の修行段階を経て到達できるような難しいものとなってしまっている。

しかし、一般の人には不可能な条件づけが念仏になされていたとしても、永観が誰でも救われうる手段として念仏を位置づけた業績は多大である。大衆と交わり、衆生の済度こそ本分と思い定めた人にして初めてできたことである。そして禅林寺で「往生講」を営み、その薫陶を受けた僧が禅林寺に集い、念仏道場を発展させていったことが、その後の禅林寺の歴史を変えたことに変わりはないのである。

天仁元年（一一〇八）九月四日、七六歳になった永観は、禅林寺にごく近い中山の吉田寺で、迎講（むかえこう）を行う。迎講は、来迎会や迎接会ともいい、阿弥陀二十五菩薩の装束や仮面を身につけた講衆が、極楽に見立てたお堂から、群衆に向かって練り来り、浄土に引接する様子を現したものである。現在でも当麻寺や、法然上人生誕の地、岡山県の誕生寺で練供養（ねりくよう）と呼ばれて盛大に行われている。たとえば、当麻寺では五月十四日、曼陀羅堂を極楽に、娑婆堂を人間の世界に見立てて、その間に極楽橋が架けられる。その上を菩薩に扮した信者が来迎し、中将姫を迎えて帰っていく。

『拾遺往生伝』によると、迎講は「四方に馳せ求めて、年ごとに営み設けたるもの」であったらしい。この時の迎講は、大変壮麗なものだったらしく「その菩薩の装束廿具、羅穀錦綺を裁ちて、丹青朱紫を施せり」とあり、『中右記（ちゅうゆうき）』（中御門右大臣藤原宗忠の日記）には「都人皆行く」と記している。

永観は、これが最後の迎講と思い定めていたのか、迎講が終わると装束などを「今年俄に本寺に施入」した。高木豊『平安時代法華仏教史研究』（平楽寺書店、一九七三）によると、吉田寺は興福寺の別所だから、本寺は東大寺か興福寺だろう。

この迎講の三年後、永観は多くの弟子が往生講を修するなか、「眠るが如くに気絶え」た。七九歳であった。

禅林寺第十世とされるのが、珍海（一〇九一―一一五一）である。東大寺に住んで、東南院覚樹に教えを受けており、永観と同じ、東南院出身の三論宗の論師である。

『本朝高僧伝』によると、珍海は鼻が高く、口が大きく、まるで異人のような容貌の人であったと伝えている。画僧としても大変有名で、後に醍醐寺に入って禅那院に住し、醍醐寺座主となった定海に教えを受け、「仁王経曼荼羅図」を描いた。醍醐寺十三代座主、定賢の実弟が鳥羽僧正で、そのよしみで定海が鳥羽僧正から「仁王経五方諸尊図」を借りたときには、珍海がこれを写したことが記録によって知られる。（佐和隆研『醍醐寺』〈社寺シリーズ1、東洋文化社、一九七六〉）

浄土教関連の著書として『決定往生集』や『菩提心集』がある。

二、念仏ひとすじの道

禅林寺の苦境

石山寺には「石山寺一切経」と呼ばれる経典、聖教が大量に保存されている。この「石山寺一切経」の大部分は平安時代の末期（久安四年から保元年間）に念西という僧が集めたものである。これは、ちょうど、永観歿後三〇年から一〇〇年後にあたる。この一切経とともに保管されていた聖教類は「石山寺校倉聖教」と呼ばれるが、その目録が石山寺から出版されている。

それを見ると、表紙の見返や奥付に「禅林寺」あるいは「禅林寺蔵」と記してある聖教が多いことに驚く。ほとんどの場合、奥書に禅林寺若しくは石山寺で禅林寺経蔵本と校了した、と記されており、当時、お互いの寺に伝わる聖教を付き合わせ、新しく書写したが、もとの経蔵には返されなかったとみえる。

現在、禅林寺には聖教類はほとんど残されていないが、初期の禅林寺の蔵には、真言関係の聖教や図像などが相当数、あったことが知られる。宗叡が唐から持ち帰ったものも含まれていたのかもしれない。永観歿後、石山寺と禅林寺との行き来は、頻繁で自由なものだったが、禅林寺では蔵の管理が行き届かなくなっていた。

『平安遺文』の中には、禅林寺に出入りしていた僧侶や、禅林寺の僧侶の手になる文書が残されており、永観歿後に禅林寺が陥った苦境を伝えている。

永暦二年（一一六一）七月六日、覚西という人物が自分の行為を懺悔した文書（『平安遺文』三一五五　石山寺所蔵聖教目録裏文書）がある。この僧は、禅林寺が「造作」している最中、禅林寺に居住していたときに「垂味塗籠戸を鎰(かぎ)無しに、打開て種々の物を盗み取る」所業に及び、それがばれて、自分の住房と、彼いわく「禅林寺の開発の菴室の地」を召し上げられることになったというものである。この文書は石山寺の「聖教目録」の裏に書かれていたので、覚西は石山寺の僧侶と思われる。

治承三年（一一七九）八月十八日（『平安遺文』　尊経閣所蔵東寺文書）の「後白河院庁下文(くだしぶみ)」は、禅林寺の僧がその苦境を切々と訴える内容になっている。やや長いが、読んでみることにしよう。読みやすくするために、適宜改行し（　）で注をつけた。

右、彼の寺の所司等、去る七月〇日付の解状にいわく、

当寺は清和天皇の御願なり、草創年は旧く、久しく薫修を積み、又二箇の末寺有り。近江の国石山寺は観音薩埵（をまつり）衆望が満ちる地なり。河内国観心寺は、実恵僧都が国家を奉祈す

る場なり。仍って各(おのおの)定額寺として、四至内及び所領田薗等に全く国役(こくやく／くにやく)の名を聞かず。

しかるに近代、国宰(くにのみこともち)が地利を貪り、官省符に背き、動(ややもすれば)収公致す。上奏を歴る処、停止宣旨多くもって重畳たり（重畳はありがたいの意）、然りと雖も時を伺うの形勢、全く綸言を畏るること無く、然る間恒例の仏事は日を逐って凌遅(りょうち)し（盛んなものが次第に衰えていくこと）堂舎の破壊は年を歴て弥(いよいよ)盛ん、此の如くの間、河内国に於いて観心寺は、去る天承二年四月、鳥羽院御祈願所の寄進に依り、即ち国衙の妨を停止すべきの由、庁御下文をくだし成られ畢ぬ、今、又彼の例に任せて、此の三箇寺を以って御祈願所とすべきの由、宣下されんと欲す、若し申請に随い裁許有らば、当寺は毎月十五日尊勝陀羅尼一千遍を奉満、石山寺は長日観音供を勤修、観心寺は毎日寿命経一千巻を転読奉り、此の三箇之精勤を以って万歳宝算を祈り奉る。

抑も当寺の所領は山城国須智庄四十余町、近江国音羽庄は僅かに七八町、各最亡（他にこれ以下のものなどないくらい）狭少之地也。然る所当課役は、践祚大嘗会初斎宮（斎王、伊勢神宮に奉仕した未婚の皇女）初斎院（賀茂神社に奉仕した未婚の皇女）、都て勅事院事は雨脚の如くにして、就中近年以来当寺は道場之砌（砌はここでは場所）を以って国役の地とし、石山寺は又四至内に号し、頻りに課役を切宛、観心寺は、一官符之内、東坂を割分収公を企て、罪業を顧りみること冥く、朝政を軽んじるに似ること顕らかなり。

鴻恩を請い望み、天承之例に任せて、庁御下文を下し成られ、件の等の妨、永く停止せらる。てへれば、仏徳不尽と仰せられれば、申請旨に任せて、彼三箇寺を以って御祈願所として、各寺領所宛課之臨時国役及践祚大嘗会初斎宮初斎院勅院事等を停止し、勤行御祈の件等、懈怠無く御宝算祈り奉るべしの状、仰する所件(くだん)の如し、三箇寺所司等、件に依り之を行すること宜しく承知、故(ことさらに)　下す

院庁下文とは、院政時代の上皇が出した下達文書である。この文書は、七月に禅林寺の所司が窮状を訴える解状を出したのに対して、禅林寺、石山寺、観心寺の三ヵ寺を御祈願所とし、臨時の国役や践祚による大嘗会や斎宮や斎院が代わるたびにかけられていた賦課を免除することを達する文書になっている。「当寺は」から「永く停止せらる」まで、この文書のほとんどが禅林寺が訴えた解状の内容である。

治承三年（一一七九）といえば、朝廷では、平清盛の専横が目にあまるようになった頃で、十一月には後白河法皇が幽閉されるから、その直前に出された下文である。

また、前年の治承二年（一一七八）、その前年の安元三年（一一七七）、二年続いて京は大火に見舞われ、寿永元年（一一八二）には、飢饉に襲われ餓死者があふれ、放火や盗みが横行し、京の都は荒廃の極みに達した。

この文書によれば、この頃、仏事が減り、堂宇の荒廃が進んでいた。さらに経済的に苦しくなってきた理由として、荘園制が壊れ始め、荘園にいる国宰が、官省符荘で公事が免除されているにもかかわらず、禅林寺に国役の要求を始めたことが挙げられている。国役は荷物の運搬などの労働課役で、国衙から荘園に課せられた。「道場を国役の地とした」というのは、具体的にはよく分からないが、

永観の時には念仏を称えていた道場がそれどころではなくなってきていたようである。

また、天皇の践祚が頻繁で大嘗会の数も多く、その度に賦課が行われ負担になっていることも明らかになった。たしかに大嘗祭は、崇徳天皇（一一二三）、近衛天皇（一一四二）、後白河天皇（一一五五）、二条天皇（一一五九）、六条天皇（一一六六）、高倉天皇（一一六八）と続いている。前述したように永観が住職の頃には天皇の仏事を修行していたが、その代わりに、何かあるたびに朝廷からは賦課金がかけられていたのかもしれない。それでも仏事がある間はよかったが、それが無くなった後も賦課のほうは残ったらしい。

この文書で当時の禅林寺領の荘園が明らかにされている。長久元年（一〇四〇）、寛徳二年（一〇四五）、延久元年（一〇六九）の荘園整理令の対象にはならず、官符省荘園には留まっていたようである。

荘園からの税や官物を禅林寺に納めるのも滞りがちになってきていたとまでは書いていないが、そもそも荘園自体が小さなものだとも述べている。

これらの土地を『日本荘園資料』でみても、須智庄（しゅちしょう）（綴喜郡）については、この後白河院庁下文以外記録がない。朱智長岡庄（京都府京田辺市）は「禅林寺領、興福寺領」としての記録があるので、後に興福寺領になったらしい。近江音羽庄（高島郡）については、その後様々に変遷したことが知られる。時代は降るが、『大津市史』によれば、永享七年（一四三五）、室町幕府の将軍足利義教は、山徒の護正院に「山門根本中堂造営料所」として音羽庄をあてがい、翌永享八年には、立柱が行われている。だが、造営には全く足りなかったらしく、それから三年後にも播磨国に根本中堂造営料として棟別銭が賦課されている。また、園城寺は豊臣秀吉によって破却されたが、秀吉の死去する直前の慶長三年（一五九八）八月に闕所が解かれた。このとき、寺領として寄せられた中に音羽村（滋賀県高島市）がある。

興味深いことに、この文書では、石山寺と観心寺を禅林寺の末寺としている。先に述べた聖教といい、この文書といい、この頃、石山寺との間にはかなりの行き来があったようである。観心寺についても、天承二年（一一三二）というからこの文書より四〇年も前のことであるが、院庁下文によって祈願所となり、その所領の国衙の押妨が停止された例を引き合いに出している。末寺といっても、今日のような本寺に対する末寺という包括、被包括の関係ではなく、過去に住職が兼務していたことがあれば、時と場合に応じてお互いにそう表現していたのではないだろうか。

苦境のなか、禅林寺は、石山寺、観心寺と足並みをそろえ国家権力と結びついて何とか生き延びようとするのだが、一人の人物が住職となることによって、他の二寺とは異なる浄土宗への道を歩き始めることになる。それが、第十二世の静遍（一一六六―一二二四）である。

静遍の転向

承安五年（一一七五）は日本仏教史に特筆すべきことが起こった年である。どのような人であれ専ら念仏を称えさえすれば、阿弥陀の本願によって往生ができると宗祖法然上人が力強く宣言し、比叡山を下りたのである。これが浄土宗の立教開宗である。

法然上人が立教開宗に至ったのは、比叡山の経蔵で唐の善導大師（六一三―六八一）の著『観経疏』の一節「一心に専ら弥陀の名号を念じて、行住坐臥、時節の久近を問はず、念々に捨てざるもの、これを正定の業と名づく。かの仏の願に順ずるが故に」に目を留め、これこそがすべての人が救われる道だと思い定めたからである。その後、専修念仏を広めること一筋に歩み、建久九年（一一九八）、九条兼実に請われて『選択本願念仏集』（以下『選択集』と略）を著し、浄土宗の宗旨をまとめた。

その頃、平清盛の弟で、源頼朝が助命した池大納言平頼盛の子息に、真言宗の僧侶となった静遍という人物がいた。法然上人の孫弟子にあたる信瑞は、静遍自身が、浄土門に入ることとなったきっかけを次のように語ったと記している。

法然の書いた『選択集』が評判を呼び、浄土門に帰入する人が増えてきた。私は、法然に嫉妬した。『選択集』を徹底的に非難して、念仏往生の道など塞いでやると勢いこんで、紙まで用意して『選択集』を読み出した。ところが、読み進めるうちに、日頃考えていたこととはうらはらに、末代悪世の凡夫の出離生死の道は、念仏にあると思うようになった。やがて念仏に帰すようになり、『選択集』を非難するつもりが、これほど素晴らしい書はないとすっかり魅せられてしまった。嫉妬に目がくらみ、読む前から『選択集』を貶めてやろうと思ったのは自分の大きな罪であると深く反省し、『選択集』を戴いて、法然上人のお墓の前にぬかずき、泣いて過ちを悔謝した（『明義進行集』）

静遍の著『続選択文義要鈔』は、建永元年（一二〇六）、四一歳の時に笠置の貞慶（解脱上人）の下で学んだと語る。その前年、貞慶は「興福寺奏状」を認めて、法然一門を厳しく弾劾、翌年には法然上人が流罪になっている。この時、静遍は貞慶の下にいたわけで、「日頃考えていたこと」はおそらく貞慶のものに近かったのであろう。『続選択文義要鈔』は建保六年（一二一八）に『選択集』の続編として著されているので、静遍が浄土宗に帰入したのは法然上人が亡くなられた建暦二年（一二一二）から数年以内のことである。

静遍の業績は、善導大師の著『般舟讃』を仁和寺の曝涼のとき発見したことである。この書の存在は早くから知られていたが、見つけることができなかったものである。

『続選択文義要鈔』の第三部の冒頭に釈心円（心円は静遍が浄土に帰入後に名乗った名）は、建保五年にある貴所で『般舟讃』を発見し、

> 粗に書旨を伺うに、観経の被釈なり。法事讃の下に小経を釈す如く文義幽深にして首尾に迷ふと雖も、決せんと欲すれば人なし、閣（さしお）かんと欲すれば恨あり、ただ得たるを慶として恣に之を握翫す

と記す。「般舟讃を読んでみたが、書いてあることが深遠で、どう解釈すればよいか考えあぐねる点が多い。こういうことだろうと思いきって決めたいが、誰も読んだことがないから、聞く人もいない。かといって、解釈するのをやめるのは惜しい」と心情を吐露している。

もし、静遍が『選択集』を読んでいなかったら、善導大師の書物に注目することもなかっただろうし、『般舟讃』の発見はなかったかも知れない。

禅林寺に入寺

静遍はその後も、『選択集』を広めることに意を注いだ。『続選択文義要鈔』の奥書には、北白河の嶺殿で講義したとある。北白河の嶺は、北白河殿のことだろうか。北白河殿は、後高倉院（一一七九―一二二三）と妻の藤原陳子（一一七三―一二三八）の別邸で、現在の銀閣寺から北白川天満宮のあたりにあったといわれる。これにちなみ、藤原陳子は北白河院と呼ばれた。静遍が講義をしたのは、建保五年（一二一七）であるから、後高倉院も講義を聞いたかもしれない。

また、承久二年（一二二〇）に九条道家邸で『選択集』を講義したことが、道家の日記『玉蘂』に「自今夜始念仏法門文講讃、以心円上人、静遍僧都是也、講源空上人選択念仏集也、弁才不恥上古人也、今夜一段畢」と出ており、道家は、静遍が弁舌爽やかだったという感想を書き付けている。『密教辞典』（佐和隆研他編、法藏館、一九七五）によると、静遍は後高倉院の命で禅林寺に入寺したとされる。それは、いつのことだろうか。後高倉院は、高倉天皇の第二皇子で、後鳥羽天皇の異母兄にあたる。建暦二年（一二一二）に出家して入道守貞親王と呼ばれていたが、承久の乱で後鳥羽天皇が失脚、子息の親王が即位して後堀河天皇となったために、自分は即位したことがないにもかかわらず、太上天皇として政治の表舞台に引っ張り出されることになった人である。

北白河院の母が静遍僧都の妹にあたるため、後高倉院と静遍僧都は姻戚関係にあった。後高倉院が太上天皇になったのは、承久三年（一二二一）八月であり、静遍はその三年後には遷化したから、禅林寺の住職であった期間は大変短い。承久三年九月付の手紙には「禅林寺静遍僧都」と記している

（『鎌倉遺文』二八三四）から、後高倉院が太上天皇になった直後に禅林寺の住職に任じられたのだろう。なお、静遍は禅林寺に入るにあたって、法然上人を勧請世代として禅林寺の第十一代に迎えたという。

　静遍が貞応元年（一二二二）に高野山常在金剛院で談じた聞き書きが『秘宗文疑要』（『真言宗全書』二二）である。果、理、教、行の四巻に分かれている。田中久夫『鎌倉仏教』（教育社歴史新書、一九八〇）にはこの著の論旨が次のように紹介されている。

「人の機根は万差であるから、教法は区々（まちまち）にわかれている。しかし決定の信心を最上根とするという教説である。密教は信心を最上とするのである。次に愚鈍で薄福な末代の衆生は、修行の器ではないのではないかという問をおこし、次のように答えている。例えば醍醐の妙薬は、罪悪の者を嫌わないように、密教ではただよく信ずれば勝益に預かるとし、深信は成仏の大道であると述べる。また万行は信を根本とするとし、信は菩提心であるという」と、静遍は菩提心と信心は一つであり、密教と念仏は不二であるとした、とある。

　大乗仏教では、誰もに仏性があり、仏になれると説く。しかし、人に本当に仏性があるかどうかは、証明しろと言われて証明できるようなものではない。「仏性がある」と信じるところに仏性があるからである。密教では即身成仏を説く。それは自分が仏になれると信じることである。念仏も阿弥陀仏の力で既に往生が定まっていると信じることである。どちらも信が根本にあって初めて成り立つ。これを指して、静遍は「信は菩提心である」と言うのであって、これが静遍が晩年にたどりついた考え方であった。

禅林寺派に伝わる『法水分流記』は、静遍のことを「未だ必ずしも上人の宗義伝わらざれども、浄土教の学に帰した諸輩」と紹介している。『鎌倉遺文』には、亡くなる直前まで後七日御修法に出ていたことが見られ、浄土と真言との兼学は、最後まで続いていた。しかし、法然上人を信奉する一途な気持ちが、歴代に迎えさせ、『般舟讃』を発見しそれを世に出した。静遍が浄土宗に帰入した後に禅林寺に入らなければ、以後の禅林寺の進む道は、大きく違ったものになったはずである。

禅林寺では、お正月の修正会で大般若転読会を行っている。これは、源頼朝が建久九年（一一九八）に上洛した折、禅林寺に参詣、天下泰平を祈念して十六善神の仏画と大般若経六〇〇巻を奉納したことに始まるとされ、特に江戸時代には、一月、五月、九月の各十六日に盛大に行われ、境内は多くの信者で賑わったといわれている。

この頼朝の奉納は、静遍と頼朝との関係によるものかとも考えられてきた。しかし、頼朝と静遍とは面識はあったかもしれないが、静遍が禅林寺に入った時には、頼朝はすでに死んでいるから、これは当たらない。むしろ、頼朝が園城寺とともに帰依し、伽藍の復興につとめた石山寺との関連によるものかと思われる。石山寺の多宝塔や東大門は建久年間（一一九〇―一一九九）に建立されており、先に述べたように、頼朝上洛の頃は、石山寺と禅林寺の往来が非常に盛んであったからである。

また、静遍は関東で武家の帰依を受けたという話もある。確かに、『吾妻鏡』に「浄遍」という人はいるが、この浄遍が静遍と同一人物であるかどうかは、学者の間でも意見の一致をみない。

貞応三年（一二二四）四月二十日、五九歳で遷化。高野山で亡くなったといわれる。

第三章　証空上人の教え

一、浄土宗西山派の伝統

法然上人の高弟

日本人なら誰でも源頼朝や義経が源氏であると知っているが、源氏は、嵯峨源氏、宇多源氏、醍醐源氏、清和源氏、村上源氏などに分かれていることはあまり知られていない。各々の源氏の名は、皇子が源姓を賜って臣下に降ったことに始まるので、天皇の名がつけられている。頼朝や義経は清和源氏の流れを汲み、村上源氏は久我（こが）、土御門、堀河などで、公家の名門として大臣を輩出した。

静遍は禅林寺の第十三代を法然上人の高弟、証空上人（一一七七―一二四七）に譲ったとされる。禅林寺は、浄土宗西山禅林寺派の総本山であるが、この証空上人（のち光格天皇より弥天・善慧（恵）・鑑知の国師号を賜わる。西山上人、西山国師とも称す）が我が浄土宗西山禅林寺派の派祖にあたる。

証空上人は、治承元年（一一七七）十一月九日、村上源氏の流れを汲む賀州（今の石川県）刺史源親季の長男として生まれた。刺史は中国の官位で、州の監察官にあたる。日本では国司として、地方には出向かず、在京のまま国務に携わった。

証空上人は幼い頃より天性聡明、同じ村上源氏一門であったため、寿永四年（一一八五）三月、八歳で源通親（一一四九―一二〇二）の猶子となった。猶子は相続権を持たない養子である。奇しくも、この年の三月には壇ノ浦で平家が滅亡。京都では、五月に疫病が流行、七月には大地震があった。『方丈記』は、これらで亡くなった人が四万二三〇〇人余りもいたと伝えている。後に内大臣、土御門天皇の岳父となって栄華を極める通親も、この時は権中納言になったばかりの三五歳であった。高倉天皇に仕え、平家の重臣であった通親は、その平家の滅亡に直面し、どのようにして頼朝との関係を深めていこうかと智恵を振り絞っていた頃と思われる。当時、通親には通宗、通具と二人の男子があったが、一族が生き残っていくために、一人でも優秀な子息が必要と考えたのだろうか。

室町時代に書かれた『西山上人縁起』（仁空実導著）は次のように語る。

上人は一四歳にして、出家したいとご両親に申し出られた。実父は上人が嫡子であったため、断固反対したが、上人の意思は固く、決して首を縦にふられない。困り果てた母は、ついに橋占を問われた。橋占とは、橋のそばに立ち、橋を通る人の言葉を聞きそれで吉凶を占うものである。母が一条戻り橋のたもとに立っていると、何とやって来たのは僧で、「真観清浄観　広大智恵観　悲観及慈観常願常瞻仰」という偈を称えて西に向かって立ち去った。これはよくよく仏の道に進まれるのがよい、ということだろうと、両親は泣く泣くあきらめた。

当時、貴族の子の出家といえば東大寺や仁和寺などの大寺に入るのが普通で、当然、周りの者は誰もがそのつもりであったが、当の上人は「これらはさらにのぞむ所にあらず。法然上人の弟子とならんこと我が本意なり。しからずは出家して何の益かはあるべき」と申されたと縁起は伝える。通親は、この時、五男にまで恵まれていたこともあってか、「感涙して」法然上人への弟子入りを許したという。

建久二年（一一九一）といえば、法然上人は五八歳。九条兼実（一一四九―一二〇七）のもとを何度も訪れ、授戒をされていた。また、文治二年（一一八六）の大原問答で、並み居る南都北嶺の学匠を前に一歩も引かず、浄土念仏の法門に関する問答をくり広げたことが評判になっていた。

弟子入りに際し、法然上人は「弟子にしても何も附属するものはないがそれでもかまわないか」と言われたが、それに対して一四歳の少年は「只今参入することひとへに出離解脱のためなり。全く坊舎聖教等の附属を所期とするにあらず。もし又存命し成長するならば、さやうの住処聖教等は自然に儲ることもなどかなからん」と答えた。法然上人はいたく感激され、汝は真実の弟子だと涙を流されたという。

『西山上人縁起』には、最も肝心な出家の動機と師に法然上人を選ばれた理由については、これだけしか書かれていない。「ひとへに出離解脱のためなり」とあるから、「智恵の法然房」と讃えられた法然上人の学問の深さが少年の心を捉え、純粋に学問に打ち込みたいと思われたのかもしれない。「もし又存命し成長するならば、さやうの住処聖教等は自然に儲ることもなどかなからん」とあるのも象徴的である。受け継ぐ寺院や財産のない法然上人の許に弟子入りしたのは、師より弟子の方が経済的に不自由していなかったことを示唆している。そうすると、法然上人の弟子になることにも、通親の意志が働いていたのではと想像してみたくなるが、それを裏付ける史料もそれを否定する史料もない。

建暦元年（一二一一）、証空上人は三四歳の若さで、河内叡福寺（磯長寺）の聖徳太子陵に二重塔を建立、その翌年には水田を買っている。このような費用はどこから出たものなのか。実際のところ、「自然に儲る」とはとても思えないので、すでに通親は亡くなっていたが、これは久我一門の援助によると考えるのが普通ではないだろうか。久我家の荘園は膨大なもので、静遍の父である平頼盛の荘園を引き継ぎ、さらに肥大化したことが『吾妻鏡』に見える。これは頼盛の孫娘が通親の三男通光の子、久我通忠と結婚したことによる。頼朝は平家を滅ぼした後、平家没官領（もっかんりょう）を全て引き継いだが、平頼盛にだけは、その母に助けられた恩に酬い、例外として土地を返却していたのである。

入門後は、常に法然上人のそばにあって、直に法門を授けられた。「其の性俊逸にして、一を聞て十を知る」といわれ、九条兼実に請われて法然上人が『選択集』を認められるにあたって、出典や義を確認する勘文（かんもん）の役割をつとめられた。兼実が法然上人に「上人入滅の後ち、この書に不審の事あらんずるをば、誰人にか決すべき」と尋ねると、「善恵房と申す僧に所存の趣をば悉命し置」と答えられたという。

師の法然上人亡き後は、慈円（一一五五―一二二五）の譲りを受け、西山善峰寺北尾往生院（現在の三鈷寺）に住んだ。安貞二年（一二二八）に徳大寺実基が不断念仏供養料として田を寄進した文書（『鎌倉遺文』三七一四　山城三鈷寺文書）が残されているが、それには「承久三年の冬比より善恵上人の興隆により、彼の往生院において不断念仏を修す」と記されている。さらに、『観経疏』をはじめ、善導大師の書を近畿各地で講義、関東、奥州にまで足を延ばして寺院を開創したほか、当麻曼陀羅の普及につとめた。宝治元年（一二四七）十一月二十六日、洛南の遣迎院で遷化された。

証空上人の説かれたこと

生きて身を　蓮の上に　宿さずば　念仏申す　甲斐やなからん

証空上人の教えを一言で言えば、この歌に尽きる。念仏を申すのは、死後の往生を願うのではなく、生きているうちに往生するためである。生きているうちに往生するということは、生きているうちに『無量寿経』に説かれる「念仏を称える全ての衆生が救われることがなければ、私は仏にならない」という阿弥陀仏の誓いと願力を信じ、心からお念仏を称えることが安心（あんじん）を得るということである。死後の安心は、現生を生き抜く力となる。そうすれば、自分の生命も他の生命も等しく尊び、精一杯善いことをして生ききることができる、またそうしなければならないというのが、証空上人の教えである。それは著書『五段鈔』の結文「念仏の益を明かす」の「官位福禄は是れ一旦の栄へ、誠に上上人に非ず。千乗万騎は夢中の荘（よそお）ひ、実に最勝の守護に非ず。今、念仏行者に於いては、現生に無量劫の罪を滅し、現生に阿弥陀仏を見奉るべし」によくあらわされている。

「信」が「行」に勝るというのが証空上人の教えである。死後の往生を願って、念仏を一回でも多く称えればいいと思うのは、自力で往生しようという心の現れである。阿弥陀仏に任せきる他力の心から自然に口をついて出てくるのが、念仏の正しい姿であり、証空上人はそれを「白木の念仏」と呼ばれた。ただ、他力の前には自力を捨てなければならない。これは非常に難しい。

お釈迦さまが最初は苦行に励んだように、法然上人も初めからそうではなかったように、人は、自分で頑張るという経験を経て、駄目だと分かって初めて何かに到達するのが一般的だからである。また一方では、「学」や「智」も妨げになる。このことを文暦元年（一二三四）に書かれた書状には「凡往生極楽におきては、もはら本願を信するによる、またく学生によらす、又無智によらさる也、信心もしおこらは、有智も無智も、臨終はかならす正念に住すへし」と戒められている。

自己に対する厳しい反省、懺悔があって、初めて自力を捨て去ることができる。そのために、証空上人は戒を護ることも厳しく説かれた。

善恵房と呼ばれて――『明月記』が伝える証空上人

藤原定家（一一六一―一二四一）は『新古今和歌集』『新勅撰和歌集』の選者として知られる高名な歌人であるが、九条家の家司（けいし）でもあった。家司は摂関家などの家の事務を司る職員のことで、本来は官吏だが、私（ひそか）に九条家のため（いえのつかさ）に仕事をすることも多かった。定家は、証空上人より一五歳年長だが、長命だったため、ほぼ同時代を生きたといってよい。定家が仕え、また、自分の出世と子孫の繁栄のために縁を結んで庇護を受けた人たちは、証空上人とも深い関わりがあった。

定家の日記『明月記』には証空上人に関する記述がいくつかある。その中で、後世、証空上人の評判に大きな影響を与えたのが、安貞元年（一二二七）七月六日の記述である。この年の六月、延暦寺の衆徒が法然上人の墓を破却し、隆寛（一一四八―一二二七）、空阿弥陀仏（一一五五―一二二八）、成覚（一一六三―一二四七）が流罪になった。これを嘉禄の法難という。ことの発端は比叡山の定照が『弾選択』を書き隆寛に送りつけたことの始まる。これに対し隆寛が『顕選択』という書物を著して、いちいち反駁を加えたことが比叡山側を怒らせ、延暦寺の衆徒が強訴に及び、困った朝廷が三人を流罪に処したのである。

定家はこの時のことを「善恵房上人（宇都宮随逐の師なり）山門訴訟、其の数に入るの由之を聞く。周章して誓状を書き、且つ公家に進む。妙香院又披き陳べ給ふと云々。吉水の前大僧正帰依、臨終善知識となす。之を以て証拠となすと云々」と書き付けている。山門側が専修念仏の輩として、隆寛、空阿弥陀仏、成覚らと共に証空上人を名指ししてきたので、証空上人はあわてて誓状を書き、公卿に訴えたというのである。そして妙香院良快が、証空上人が慈円の臨終の善知識となったことを挙げて弁護した、とする。良快は九条兼実の子息で慈円の資となり、天台座主をつとめた。『尊卑分脈』には「後に法然上人の弟子為りか」と記されている人物である。

「周章して誓状を書き、且つ公家に進む」ということの真偽であるが、定家の書くことは、人から聞いた話も多く、すべて正しいとは限らない。これは『明月記』だけが記していることで、証空上人が書いたという誓状も残されていない。仮にこれが真実であったとしても定家が呼ぶところの「誓状を書き」の「誓状」の内容が明確ではない。証空上人が、自分と隆寛の考え方とは違うという教学的なことを書き著わしたものであるとも考えられるからである。

隆寛はどちらかというと、日常、なるべく多くの念仏を称えた人が、その功によって臨終に来迎があって往生するとした。これは自力、修行を重視した念仏ということである。念仏の回数よりも、どういった信をもって称えるかということのほうが大切だと説いた証空上人とは大きく異なる点である。「公家に進む」というのも、公家は官僚であるから、官僚を通して朝廷に誓状を出したという意味にもとれる。

『明月記』を読むと、定家は明らかに証空上人によい感情を持っていない。一つには、証空上人と久我通親との俗系に起因するものと思われる。定家は、主家が九条家であったため、通親が九条兼実を失脚させたせいで、四一歳になるまで出世できなかった。このことが彼に長い煩悶と焦燥の年月を生み出したことは確かである。ただ、通親の名誉のために言っておくと、定家は通親が率いる建仁元年（一二〇一）の後鳥羽上皇の第四回熊野詣のメンバーに選ばれ同行した時は感激しており、その旅でも特に通親が定家につらく当たったわけではない。自身も優れた歌人であった通親は、定家の歌の才能を認めていたからこそ、この熊野詣に同行させたのである。また、姉が通親の子息、通具と結婚しており、久我家とも姻戚関係にあった。定家が期待したほど、久我家は彼の出世に寄与してくれなかっただけである。

二つ目に、定家は宗教に関しては保守的な考えの持ち主で、浄土宗や禅宗には否定的であり、教えを理解しようという気持ちはさらさらなかった。定家からすれば、念仏ばかり申している善恵房が、兼実の孫の九条道家（一一九三―一二五二）や西園寺公経（一一七一―一二四四）に敬われている理由が理解できなければ、納得もできなかったに違いない。

歌では誰にも負けないという自負がある。だが貧乏な公家であるばかりに、猟官運動に汲々としなければ出世できない。僧侶にもより高い地位を求めて、隙あらば権力者に擦り寄ろうとする者が多いなか、善恵房はそんなものには見向きもしない。それなのに、この自分が我慢に我慢を重ねてペコペコしなければならない上流公家の帰依を受けている。面白くない。が、羨ましい。

安貞元年（一二二七）八月六日の日記には、西園寺公経の妻北山殿が危篤になったとして、証空上人が呼ばれ、「一昨日より修法護摩（息災）皆結願。偏へに善恵房念仏」とある。おそらく都中の高僧や行者が呼ばれていたのだろうが、そのなかで、証空上人は、念仏だけをひたすら申されていた。ちなみにこれより前の七月二十八日の日記では、北山殿が死を覚悟し、明恵上人のもとで出家、翌日の八月七日には北山殿が亡くなり、臨終には明恵上人が共に念仏したとある。

私は、定家が証空上人に感じる羨望や苛立ち、そして悪意は、証空上人がいかなる時でもあわてず、騒がず超然と静かに念仏を称えておられた姿から生まれたのではと思う。芸術家としての強烈な自尊心と現実との間で苦しんだ定家には同情するが、たまたま、こういう人の手になる文章が残ったために、後世「証空は、公家に泣きついて流罪を免れた」といわれるようになったのは、かえすがえすも残念で仕方がない。

証空上人と九条道家

九条道家が証空上人の檀越だったことは有名である。定家は嘉禎元年（一二三五）五月二十七日に「朝天晴る。殿下一昨日より五ヶ日、善恵房の戒と云々」、同年十二月二十日には「殿下、又西山の善恵房におはしますの由なり」とあきれている。一時期、道家は相当頻繁に証空上人から戒を受け、また、三鈷寺まで出かけていたのであろう。

ただし、道家は財を投じて東福寺を造った人であり、『明月記』によると、明恵上人にも戒を授けてもらっている（安貞元年九月二十八日条）。鎌倉幕府との関係に神経をすり減らし、高名な僧侶なら誰にでも教えを受け、戒を授けてもらっていたというのが本当であろう。これは、道家に限らず当時の公家全般に共通のことであったらしく平経高（一一八〇―一二五五）の日記『平戸記』の仁治三年（一二四三）九月十八日条には「晴、晩頭参殿下、御受戒程也、善恵上人奉授也」と記される。この殿下は二条良実である。そのほか『岡屋関白記』によれば、寛元四年（一二四六）には、近衛兼経にも授戒していたことが知れる。

授戒といえば、証空上人は、後嵯峨天皇（一二二〇―一二七二）にも戒を授けている。この天皇は、通親の長男通宗の娘典侍通子と土御門天皇との間に生まれた皇子で、久我家とは縁続きである。土御門天皇が承久の乱で流罪になった後、通方（通親の五男）に引き取られ、通方の死後、祖母の承明門院在子（土御門天皇の母で通親の猶子）に育てられ、出家する予定であった。ところが、四条天皇が一二歳で早世、鎌倉幕府の思惑で事態は急転直下、二二歳で天皇に担ぎ出された。それまで世間にも忘れられてひっそりと暮らしていた人が急に天皇になったのだから、最初は心細いことも多かったに違いない。若き天皇は何かと証空上人を頼りにされた。証空上人は仁治四年（一二四三）に後嵯峨天皇の勅願寺として歓喜心院を創建している。

『西山上人縁起』の著者、実導（一三〇七—一三八八）は『仁空置文』という遺言を残している。そのなかでこの寺院について、

就中白河歓喜心院者。為奉祈後嵯峨院宝祚。彼始修不断梵網読誦。即為勅願以江州小野庄被寄附彼不断経料所。

と記している。このように、証空上人は晩年に至るまで、多くの貴顕の帰依と尊崇を受けて、活発な布教活動を行った。

二、当麻曼陀羅の発見

証空上人と当麻曼陀羅

証空上人の事蹟と禅林寺の歴史を語る上で、どうしても欠かせないのが当麻曼陀羅の発見と流布である。当麻曼陀羅とは、奈良の当麻寺に伝わる浄土変相図の一種で、それまであまり世に知られてい

なかったものを証空上人が発見し、日本中に広めた。変相図とは経典に書かれていることを描写したものをいう。

最初に浄土変相図について簡単に触れておこう。私たち浄土宗では、所依の経典として絵相に「浄土三部経」（『無量寿経』『観無量寿経』『阿弥陀経』）を大切にしている。

これらの経典に何が書かれているかというと、まず『無量寿経』は阿弥陀仏が法蔵菩薩という名で修行をされていたときに、一切の衆生を浄土に往生させるという四十八の誓願を起こされ、それが達成されたと説く。次に『観無量寿経』では、仏が十六の観法を挙げて、どうすれば浄土に往けるか、その方法を述べる。『阿弥陀経』は前の二つのお経の内容を受けて、念仏を称えれば往生できること、それは諸仏が証明されていることを記し、浄土のありさまを具体的に描いて讃歎する。

この「浄土三部経」に基づいて描かれたのが、浄土変相図である。浄土変相図は、一定の形式にのっとって製作されており、中心に主尊と諸尊、聖衆を置き、楼閣や楽器、蓮池や樹林などで浄土の様子がシンメトリックに配置されている。

中国で浄土教が栄えた隋、唐の時代には、盛んに浄土変相図が描かれた。唐の善導大師は、『観無量寿経』の注釈書『観経疏』を著し、浄土変相図を描くこと三〇〇舗と伝えられる。中国から浄土教が日本に伝来した際に、経典とともに浄土変相図も多数伝えられたが、現存するものはない。

日本でも相当数の浄土変相図が作られたとされるが、原本が今に伝えられるのが、天平宝字七年（七六三）作とされる当麻曼陀羅である。

当麻曼陀羅の他には、写本だけが存在する智光曼荼羅と清海曼荼羅とがある。このうち、南都元興寺の僧智光（七〇九―七八一）が感得したという智光曼荼羅については、その成立の由緒が説話の形で『日本往生極楽記』や『今昔物語集』などで取り上げられ、永観も『往生拾因』で触れている。法然上人も『逆修説法』で「智光曼荼羅とて世間流布の本尊あり」とし、その因縁については日本往生伝を見よと書いているから、証空上人の頃には、智光曼荼羅はよく知られていた。十一世紀には、真言密教の影響を受けて、変相図も曼陀羅と呼ばれるようになっていた。

当麻曼陀羅が伝えられた当麻寺は、推古天皇の頃、地方の豪族当麻氏の氏寺として始まったとされる。奇しくも正式名称を禅林寺といった。九世紀に真言宗の寺となったが、この寺には壮麗精緻な浄土変相図が伝来していた。十二世紀に浄土教が興隆するにつれ、この曼陀羅の価値が見直され信仰が高まると、曼陀羅に感激した人々の寄進が始まり、当麻寺はこれを機に伽藍を修復、寺運隆盛に向かった。それとともに、曼陀羅が作られた由来を伝える縁起が作られ、広まっていった。

その内容は、中将姫が『称讃浄土経』千巻を手写し、生身の弥陀を拝したいと発願。すると老尼（阿弥陀の化身）が浄土の荘厳を見せるから蓮の茎を用意しなさいと告げる。姫が言われたとおりにすると、尼がそれを五色に染め、一人の織女がやって来て一晩で曼陀羅を織り上げ、飛び去ってしまう。姫尼が現れて姫に曼陀羅の説明をした後、自分は西方に住むと言い、四句の偈を残して去っていく。姫はますます行に励んで往生の素懐を遂げたというものである。

室町時代、この縁起には継子いじめの話などがつけ加えられ、内容の潤色が行われて「中将姫物語」として爆発的な人気を得た。また同時期、世阿弥によって能「当麻」や「雲雀山」が作られ、江戸時代には浄瑠璃や歌舞伎の分野でも人気の演目となった。

これらはすべて、証空上人が、それまで当麻寺にひっそりと保存されていた当麻曼陀羅を見つけ出し、後半生をかけて宣揚されたことに始まる。そういう意味では、西山派や当麻寺の発展だけではなく、結果的に当麻曼陀羅を通して、美術や文化の面でも多大な貢献をされたといってよい。

なお、当麻曼陀羅は、原本の傷みが激しくなったので、三度転写された。一度目が「建保曼陀羅」で、建保三年（一二一五）に完成、一度は蓮華王院（三十三間堂）に納められたが、貞応三年（一二二四）に当麻寺に移されたという。室町時代の廷臣、三条西実隆（一四五五―一五三七）が書いた『実隆公記』にこの「建保曼陀羅」に関する記述がある。実物を見た実隆によると、「建保曼陀羅」には後鳥羽上皇の宸筆が見られたという。二度目が文亀年間（一五〇一―一五〇四）の「文亀曼陀羅」で、現在、当麻寺にある。これについても『実隆公記』に詳述されている。三度目が江戸時代の「貞享曼陀羅」である。

当麻曼陀羅と『観経疏』

証空上人が当麻曼陀羅を称揚されたのは、縁起やその美術的価値によるものではないことはもちろんである。智光曼荼羅が『無量寿経』を基に画かれ、曼荼羅の縁に『観無量寿経』の十六観が描かれていないのに対して、当麻曼陀羅が『観無量寿経』と善導大師の注釈書『観経疏』の内容を忠実に再現したものになっていたことによる。そしてこのことは、『観経疏』を含む善導大師の著書を深く理解し、建保三年（一二一五）から嘉禄二年（一二二六）までの長きにわたり、近畿各地に足を運び、講義を重ねていた証空上人以外、分からなかったかもしれない重大な発見であった。

証空上人は、当麻曼陀羅に遭遇した時の喜びを次のように表現されている。

あるとき、当麻寺の見阿という老僧が訪れ、当麻寺には極楽曼陀羅があるので見てほしいと頼んだ。自分は行くと返事はしたが、忙しさに紛れて忘れていた。その翌年、また見阿がやって来て、曼陀羅の縁起文の写しを見せて解釈を頼んだので、弟子とともに当麻寺に行って拝見すると、かねて自分が考えていたとおりに『観経疏』が解釈され、それがそのまま絵相として描かれていることが分かって、感涙に咽んだ。

証空上人と当麻寺との関わりは、明らかになっているだけで二度ある。当麻寺の曼荼羅堂の旧巻柱には田地を寄進した人々の寄進状が墨書されているが、そのなかの寛喜元年（一二二九）のものは、証空上人の寄進状である。また、仁治三年（一二四二）に厨子が改造されたときも、蒔絵の扉が新調されたが、そこに結縁者の名が見える。そのなかに、九条道家の子息で鎌倉幕府の第四代将軍となった源頼経や西園寺公経とともに証空上人の名がある。

さらに、証空上人は当麻曼陀羅を作らせ、諸国の寺院に奉納したとされる。これについては、永享八年（一四三六）に、酉誉聖聡が著した『当麻曼陀羅疏』に詳しく紹介されている。聖聡は増上寺を創建した浄土宗の僧侶で『当麻曼陀羅疏』は阿弥陀の四十八願にちなんで四十八巻に及ぶ当麻曼陀羅の研究書である。

　これによると、まず、証空上人は当麻寺の寺僧分となり、曼陀羅を見る資格を得た後、画師播磨法眼澄円に曼陀羅を写させ、善光寺に奉納した。続いて二幅を転写、宇都宮神宮寺と当麻寺西龍御殿にも納めた。さらに、日本中に流布させようと、一三舗もの曼陀羅を写した。また、後嵯峨天皇のため、あるいは後鳥羽院の后、宜秋門院（九条兼実の娘）の協力を得て、原寸大の当麻曼陀羅を転写したという。これらはすべて、弟子の宇都宮実信房蓮生（一一七二―一二五九）の協力を得たとされる。これらの曼陀羅は現存していないから、すべてが事実であったかどうかは確認できない。しかし、『当麻曼陀羅疏』に詳述されているので、少なくとも似たようなことがあったと思われる。

　三鈷寺にも当麻曼陀羅があり、これを写したとされる当麻曼陀羅が、西山禅林寺派の名刹・岐阜の立政寺に伝わる。この曼陀羅の軸名から、立政寺の開山智通上人が観応元年（一三五〇）に開眼供養したことが知れる。このように、京都の貴族社会は言うに及ばず、証空上人の流れを汲む西山派の僧たちが、当麻曼陀羅を通じてその教えを広めていったのである。

　三条西実隆は、大永四年（一五二四）に伏見から船に乗って四天王寺に参詣した。その折、浄土曼陀羅を見かけて次のように記す。

　　諸堂巡礼。宝蔵にて霊宝どもことごとく拝見。宿縁あさからずありがたくおぼえ侍り。聖霊院にて御影どもおがみたてまつりて、おくのかたみめぐらし侍れば、浄土曼陀羅くち損じてかたばかりなり。これなむ西山上人不断念仏勤行ありし所なるべきと、往事を感じてなみだを流し侍り

ぬ。（『高野参詣日記』〈『群書類従』四二一〉）

『天王寺誌』（一七〇四年より後のこれに近い頃に成立）では、「聖霊院は外陣の東に在り、嘉禎四年（一二三八）に証空上人が浄土曼陀羅を安置し常念仏を勤めた」としている。

実隆は四天王寺で朽ちるがままになっている浄土曼陀羅を見て、西山上人が不断念仏をされた所がこのようなありさまではと嘆息している。実隆の見た曼陀羅が三〇〇年近く前のものと同一の曼陀羅とは思えないが、この実隆の嘆きから鎌倉時代の当麻曼陀羅の隆盛とその後の衰退をうかがうことができる。

禅林寺と当麻曼陀羅

現在、禅林寺には三幅の当麻曼陀羅図と『当麻曼陀羅縁起』が伝えられる。なかでも正安四年（一三〇二）の銘がある当麻曼陀羅図と『当麻曼陀羅縁起』は重要文化財に指定されている。二幅目は、第三十五世実空顕貞（?—一五六四）が描かせたといわれる「顕貞曼陀羅」である。三幅目は、最も小さい曼陀羅で室町時代のものとされる。この三幅の曼陀羅については『禅林寺蔵中画鋪並ニ具度目録』に「大曼陀羅（保元年間）中曼陀羅（顕貞上人の寄附）小曼陀羅（丹州並河志摩守喜庵寄附、恵心僧都筆）」と記録されている。この目録の歴代の記録は、江戸時代の第五十四世霊空是堪（?—一七六一）で終わっている。しかし、是堪以後のことについて少し触れていることから、十八世紀の中頃の記述と思われる。

重文に指定されている禅林寺の当麻曼陀羅図は約三・七×約三・九メートルの原寸大の大きさを誇る。そのため、延徳三年（一四九一）以来行方知れずの「建保曼陀羅」ではないかともいわれていたが、昭和四十九年（一九七四）の修理の際、軸木から正安四年（一三〇二）の銘が見つかり、違うことが判明した。原寸の転写本としては日本最古のものである。（口絵参照）

この当麻曼陀羅図が禅林寺に伝えられた因縁については、後の章で詳しく述べることにして、ここでは禅林寺本『当麻曼陀羅縁起』に触れておこう。正式名称を『和州当麻寺極楽曼陀羅縁起』といい、証空上人の弟子の道観証恵（一二二六—一二八五）が弘長二年（一二六二）に記したという奥書がある。

この縁起には、中将姫という名前は見られず、曼陀羅を感得した姫を実在の人物である藤原豊成の息女とし、禅尼と表現している。元興寺文化財研究所編『日本浄土曼荼羅の研究——智光曼荼羅・当麻曼荼羅・清海曼荼羅を中心として——』（中央公論美術出版、一九八七）によると、藤原豊成という実在の人物の名前が登場したのはこの禅林寺本が最初である。ちなみに、この縁起の全文が『大和志料』に収められていることから、奈良の額安寺に禅林寺本の写本があったことがはっきりしている。

内容は、当麻寺の創建に関わる縁起、当麻曼陀羅出現の縁起の部分はほんのわずかで、大半が証空上人の説に従い、曼陀羅の説相を説くものとなっている。『当麻曼陀羅縁起』というよりは、「当麻曼陀羅解説」と呼べばいいのではと思われるほどである。

『平戸記』には、寛元三年（一二四五）一月二十六日条に、証恵の曼陀羅講説を聞いた記録がある。法要のあと、証恵がなかなか登場せず、申の刻というから夕方の五時、六時くらいから当麻曼陀羅講説が始まったが、終夜に及び、その長さにいささか疲れたらしい。禅林寺本に記されている部分をすべて講説したとすれば、それくらいはかかると思われる。証恵の奥書には「蒙厳命愁記之」とあるから、こういった実践を積んだ上で、あるいは証恵に帰依していた後嵯峨天皇の命によってまとめた当麻曼陀羅の講説の集大成が、この『当麻曼陀羅縁起』と考えられる。

宇都宮実信房蓮生と証空上人

証空上人を語る上で欠かせない人が、弟子の宇都宮実信房蓮生である。俗名を弥三郎頼綱という（通称入道）。宇都宮氏は下野の豪族で、宇都宮二荒山神社の社務職をつとめた鎌倉幕府の有力御家人である。頼綱の父成綱（業綱）も出家して寂心法師と名乗り、深く浄土宗に帰依したという。

頼綱が出家したのは、世俗的な必要に迫られてのことであった。頼朝の死後、北条氏から謀反の疑いをかけられると、噂が流れた五日後には、郎党六〇人とともに出家して、潔白の証しとしたのである。時に三四歳、元久二年（一二〇五）のことであった。だがこの出家は形だけのものには終らなかった。出家の三年後には、法然上人を訪ねて入門したのである。

承元三年（一二〇九）、蓮生が法然上人を訪ねて、出離の要道を尋ねた。滅多にないことではあったが、法然上人は蓮生に対して『観経疏』を全巻通して講義された。蓮生が「上人帰寂の後、教授をへだてん時は、誰れ人をか師範とすべき」と言うと「弟葉多しといへども、まさしく真実の義をさずくるものは善恵房なり、近比は天台止観の法門を学せんために太子御陵に止住せしむるよし」と仰せられたので、蓮生は法然上人に一筆書いてもらうと、早速、出かけた。折りしも止観の談義が終ったところで、まだ多くの聴衆と僧がいた。蓮生は「日本一の智者でおられる法然上人が、自分が真実の本意を伝える人、とおっしゃるからには、定めし余人とは異なる相がある方に違いない」と思い、この人では、と思う僧のところへ行って、法然上人の手紙を奉じると、果たしてその僧が証空上人であった。

『西山上人絵伝』は、蓮生と証空上人との出会いをこのように描いている。以後、蓮生は実に四〇年以上の長きにわたって、証空上人に随逐した。蓮生の弟で、歌人として有名な宇都宮朝業（信生法師）も証空上人に帰依したといわれる。

蓮生は父の代から京都に屋敷を構えており、京都、鎌倉、宇都宮と忙しく過ごしたようである。『吾妻鏡』によると、承久の乱の時は鎌倉に滞在していたし、承久年間（一二一九―一二二三）から嘉禎年間（一二三五―一二三八）は、伊予の国の守護もつとめ、守護は在京と決められていたから、京都にいることも多かったとみえる。『明月記』の嘉禄二年（一二二六）十月十三日条に「偏に法文を学ばん為に」京都に落ち着いたとあるから、この頃から、証空上人と行動を共にすることが多くなったのだろう。

証空上人は当麻曼陀羅の流布や奉納のため、奥州から、信濃、美濃、大和、播磨と旅をされた。それに要する費用などは、蓮生の人脈と財力に依るものと思われる。旅は地方に宿や食糧の手配をする協力者がいて初めて可能になることで、宇都宮一族の力があってのことと思われる。

宇都宮氏の財力がいかほどのものであったかは、建保二年（一二一四）五月七日に、頼朝が園城寺の修造のうち、山王社並びに拝殿を蓮生一人に割り当てていることで知れる。（『吾妻鏡』）また、建長二年（一二五〇）二月十五日、蓮生は、父成綱が将軍より造立を命じられた脇士の観音菩薩の灯明料として、東大寺に大和の水田一町を寄進している（『鎌倉遺文』七一六三）が、これなども、宇都宮氏が代々、いかに富裕であったかを物語る。

蓮生は、宝治元年（一二四七）に証空上人に先立たれてからは、西山の往生院に住み、師の七回忌には、「多宝塔を建て観念三昧院と号し、不断念仏を修」した。（『本朝高僧伝』七十一）これが現在、三鈷寺の本堂にある多宝塔で、そこに蓮生は師の証空上人とともに眠っている。

振り返ってみれば、証空上人はご本人がそれに値するお方であったことは当然としても、俗系にも師にも弟子にも檀越にも恵まれ続けた生涯であった。私たち浄土宗西山禅林寺派の僧侶はそれをも含めて派祖への恩を決して忘れてはいけないと思う。

ちなみに、蓮生は二人の息女のうち、一人を後の内大臣久我通成に嫁がせた。通成は通親の孫で証空上人の甥にあたる。そして、もう一人を定家の嫡子為家に嫁がせた。

この結婚は、鎌倉幕府との結びつきを深めることが自分や子孫の繁栄には不可欠と、定家が強く望んだ。というのも、蓮生の室が北条時政の息女であったからである。御子左家と宇都宮氏とではつりあわないと、為家を西園寺公経の猶子にするという念の入れようで、関東との太いパイプを入手したと誇らしげに語っている。（『明月記』嘉禄二年六月三日条）

蓮生は二尊院の近くに豪壮な別業を構えていた。その別荘の障子に貼るため、蓮生が定家に選歌と揮毫を依頼したことが『明月記』（嘉禎元年四月二十三日条）に見える。後の「小倉百人一首」である。

これは私の推測にすぎないが、定家はたとえば道家や公経を通じて、証空上人から蓮生へ御子左家との縁組をはたらきかけてもらったのではないだろうか。とすれば、証空上人なかりせば、かの「小倉百人一首」も生まれなかったわけである。

三、禅林寺と九条家

道誉と道智

再び、定家にご登場願って『明月記』から、禅林寺第十四世とされる道誉（一一七九—一二四〇）、第十五世の道智（一二一七—一二六九）に関わりのある記述を拾ってみよう。まず、道誉であるが、この人は九条兼実の弟、九条兼房（一一五三—一二一七）の息である。九条兼房は『明月記』で禅林寺太政大臣と呼ばれているので、九条兼房と禅林寺とは何らかの関係があったと思われるが、詳しいことは分からない。

『明月記』には道誉に関する記述が散見される。

正治二年（一二〇〇）九月十二日、定家は、「道誉僧都法印に叙す（禅林寺太政大臣入道御子の宮）」とし、土御門天皇に皇子が無事生まれたとかで、道誉が法印に任じられたと書きとめている。建保元年（一二一三）一月十日には、「申の時許りに、「僧事聞書」を見る。目を驚かす事多し。天台座主権僧正公円・道誉禅権僧正、律師を申し請ふの替へ。例の如き事か」と書く。「目を驚かす事多し。例の如き事か」とは、貴顕の子息だから僧侶としての出世が速いことを揶揄しているのである。また、安貞元年（一二二七）二月二十五日には、道誉が、道家の弟で園城寺・常住院の良尊が僧正になると耳にしたところ、自分の弟子なのに自分を越えるなんてとねたんで妨害運動をしたと書かれている。しかし、この年の三月五日には、良快、良尊、良尊（聚洛院）の三人が正僧正になり、「道誉に於ては超越さる」と記している。

定家という人は、人を褒めるよりも、悪口を書くことが多いが、道誉のことは、親のおかげで異例の出世をしたと嫌っていたようである。『一身阿闍梨補任次第』によると、道誉は弱冠一七歳で一身阿闍梨となり、法眼に叙せられているから、そう言われても仕方がないかもしれない。一身阿闍梨とは、次第順序を踏んで阿闍梨に登っていくのではなく、貴種であるがゆえに伝法灌頂を受けずに宣下された位のことである。『伝法灌頂血脈譜』（『園城寺文書』第七巻）によれば、二一歳で伝法灌頂を受けている。

『明月記』には「禅林寺僧正」と呼ばれる人が三度出てくる。まず建保元年（一二一三）九月九日の日記に「甚雨、一条宮去春出家給ふ。鞠足禅林寺僧正弟子、薨之由之聞く、年十三」とある。一条宮は後鳥羽天皇の皇子である。次が嘉禄元年（一二二五）三月二十六日で「昨日、禅林寺僧正十種供養、人々を請はると云々」とあり、自分は身体の調子が悪く行かなかったと書くが、どうも本音は気が進まなかったようである。次に安貞元年（一二二七）九月二十三日条には、「二十三日。天晴る。時雨灑ぐ。徒然に依り、紅葉早晩の程を伺ひ見る。法勝寺の内の鶏冠の木、未だ半ばに及ばず。僅に染め始む。桜・櫨（はぜ）悉く紅し。禅林寺僧正の御許に詣づ。門を閉す。小門を入りて謁し申す」という記述がある。

この禅林寺僧正は誰かというと、『仁和寺御日次記』には「建保元年九月九日、一条宮薨、御年十三、上皇皇子、道誉僧正弟子」とあるので、道誉と知れる。

定家は、同じ建保元年と安貞元年に、同一人物を「道誉」と「禅林寺僧正」とに分けて、前者については悪し様に書き、後者についてはそうではなく、本当に同一人物のことなのかと首をかしげたくもなる。しかし、今、『明月記』を読むと、二つの記述がすぐに続くので余計にそう思うのであって、実際は何ヵ月か間が開いていることなので、そんなものなのかもしれない。

これによると、道誉は建保元年（一二一三）と嘉禄元年（一二二五）、安貞元年（一二二七）には禅林寺僧正であったことになる。承久三年（一二二一）には、禅林寺に静遍がいたことははっきりしているので、道誉は静遍より前に禅林寺に入り、静遍がおそらく、嘉禄元年の前年の後高倉院の崩御に伴って禅林寺を出た後、再び禅林寺に戻ったことになる。また、『民卿記』には寛喜三年（一二三一）十月九日条に「禅林寺僧正知行伊関庄」と見えるから、この時も禅林寺にいた可能性がある。道誉は仁治元年（一二四〇）九月五日に六二歳で亡くなった。

怨霊とされた道智

道智は九条道家の子で、『尊卑分脈』には僧正、三井の長吏、号禅林寺又常喜院、号狛僧正」という記述が見られる。『伝法灌頂血脈譜』には、文暦二年（一二三五）四月一日、一九歳で道誉より灌頂を受け、「禅林寺、狛僧正、長吏、光明峯寺前摂政息、文永六年（一二六九）三月三日に五三歳で入滅」と記されている。

お隣の南禅寺には道智が怨霊になったという話が伝わる。『天下南禅寺記』（『群書類従』四三一）には、正応年間（一二八八―一二九三）のはじめ、この離宮に怪しいことが起こった。その様々な怪異の原因を「故最勝院僧正道智、昔此の地に棲むを以て世に駒の僧正と称す。その霊此の地を秘惜して障を作す」と記している。南都北嶺の僧や密教の行者がこの怨霊を退散させようとしたが「百計手を拱く」ありさまだった。ところが、道家が創建した東福寺第三世で、南禅寺の第一世となる無関普門がやってきておさまったという。

「駒」は「駒ヶ滝」という滝の名である。最勝院（高徳庵）は南禅寺の東にある塔頭で、今も駒道智大僧正が祀られている。『天下南禅寺記』を読む限り、道智は、普門禅師を称揚するための引き立て役として、また道家の子息であるがゆえに、僧侶の怨霊という不名誉を背負わされた感が否めない。土地に執着したというのでは、怨霊になる理由として薄弱過ぎるだけに、全くもってお気の毒としか言いようがない。ただ、この怨霊話は道智が遷化してわずか二〇年あまり後の話であるから、何かがあったのだろう。

このような南禅寺の史料に対し、園城寺側の説明はかなり異なっており、『三井続燈記』巻第一（『大日本仏教全書』）には、道智の寺領について次のような興味深い記述がある。

洛東南禅々寺亀山法皇旧地為り。亦僧正領為り。今禅刹を作る。既に是れ教門大歆為り。不可不治之に依りて大魔と化成す。常に禅侶を悩ます。又祝融神を作る。南禅を住地と為す者は斯災を遁れんと欲す。必ず当寺九学頭許状を用いる者なり

これによると、南禅寺のある場所はもともと道智の所領があったが、道智の死後、禅寺が建って教門が優勢になったので、怒りのあまり、魔と化して禅侶を苦しめたという。そこで、南禅寺に住するものは、皆、園城寺の九学頭許状を必ず求めたというのである。道智の遷化に関しては、「文永六年三月三日、不動慈救呪を半刻誦し、また大日五字呪を誦して泊然として逝く」と記す。「泊然として」というのだから、死に臨んで僧侶らしく落ち着いて泰然と旅立ったという。

道智の所領が今の高徳庵のあたりにあったことは間違いがないようであるが、この怨霊話には、道智の所領問題に加えて、南禅寺と園城寺との間の権力争いが絡んでいるように思われる。

古来、大津から京都へ通じる道には、仰木越、山中越、逢坂越、如意越、小関越、醍醐越などがあった。このうち、禅林寺に近いのは、逢坂越の他、山中越と如意越である。山中越は、大津の滋賀里から山中町を通って北白川へ抜ける道、一方の如意越は、園城寺から如意嶽の山を越え鹿ヶ谷へ抜ける。

如意嶽は、五山の送り火で知られる通称大文字山である。この如意嶽には、平安時代から園城寺の

別院、如意寺があり、鎌倉時代に幕府の庇護を得て隆盛を迎え、西方院、宝厳院の二つの子院、壮大な伽藍、堂塔が拡がっていた。そのありさまを『寺門伝記補録』第九は、

如意山は長等山最高の処なり。具には如意宝山と名く。又正当山と名く、この峯正く王城の東門に当れり、因て以て名くなり、東は三井の上より西は洛東鹿谷に至て高峯一帯行程およそ三十里、北の方山峯陳列して志賀谷に接し南の垂れ藤尾に止まる、その間堂社僧房鱗次して立つ

と記す。『寺門伝記補録』によると、如意寺は建武三年（一三三六）に園城寺の炎上とともに罹災、応仁の乱で焼失した後は、再建されず、歴史の舞台から姿を消した。室町時代には、その跡に如意越を遮断する目的で山城が築かれたこともある。

如意寺の輪奐の美が消えた後も、如意越は長く使われた。貞享三年（一六八六）、黒川道祐（一六二三―一六九二）が編んだ『雍州府志』には、次のように紹介されている。

東山の頂を如意嶽という。瀑泉、漲り落つ。是れを如意瀑と称す。是れ洛下の奇観なり。此の嶽より直に園城寺に赴く。是れを如意越という。（中略）如意寺の跡、今、如意嶽の東辺にあり。（中略）およそ三井寺に赴く人、大津の道より行くときは、三里余りの行程なり。如意嶽に登り、三井寺に到るときは、わずかに一里ばかりなり

鹿ケ谷の出口から三〇〇メートルも下れば、霊鑑寺に着く。禅林寺はすぐである。鎌倉時代、如意寺を擁し如意嶽を支配していた園城寺は、東山白川付近に支配下の聖護院門跡や若王子神社、実相院門跡などがあっただけでなく、禅林寺や今の南禅寺辺りに所領を持ち、大きな影響力をもっていたと

思われる。

先の『三井続燈記』巻第一の「南禅寺の住持が怨霊を怖がって園城寺の九学頭許状を必ず求めた」という記述、南北朝時代の貞治六年（一三六七）から応安二年（一三六九）にかけて、園城寺と南禅寺が激しく争い、ついには幕府によって南禅寺の楼門が撤去されるという事態に陥ったのも、京都と近江の間の関（逢坂の関、四宮河原、松坂峠）などの管理をめぐる争いが激化したからだが、そういった争いの萌芽が道智の怨霊話には見え隠れする。四宮河原は大津から藤尾を抜ける小関越の関、松坂峠は蹴上より日岡に至る山道である。

『三井続燈記』巻第四によると、道智は仁治二年（一二四一）十一月十一日に、三井寺の長吏に任じられたものの、翌三年七月四日に辞退して実際には拝堂していない。その理由を「御所労に依る也」としている。これには、任命時に二六歳という若さだったことや、当時は山門と寺門との戒壇をめぐる争いが激化していたということもあるだろうが、道智という人は神経質で内省的な性格だったのかも知れない。

道智の父、九条道家は晩年、後嵯峨天皇との仲がうまくいっていなかった。道智に代わって七月十七日に華々しく拝堂したのは、土御門院の子息で後嵯峨天皇の同母（源通親の息、通宗の女）兄にあたる仁助法親王で、「後嵯峨院在位之時、万機を補佐し衆僧を管領した」と評価が高い。（『三井続燈記』巻第二）

道智は三井寺の長吏を辞退した後、寛元元年（一二四三）に後嵯峨院の護持僧となっている。『日本天台宗年表』（渋谷慈鎧編）に「禅林寺道智護持僧に補す」とあることから、仁治三年（一二四二）に禅林寺に入ったと思われる。史料（『尊卑分脈』『三井続燈記』『寺門伝記補録』）に「禅林寺、号狛僧正」とされるから、晩年、隠棲した自らの所領が後の南禅寺となったのだろう。『伝法灌頂血脈譜』には道誉の項にも「狛」と記されているから、道誉も今の高徳庵あたりに住んでいたことがあった。

以上のことから、禅林寺の歴代は道誉、静遍、再び道誉、道智と引きつがれたとするのが自然である。当時は、九条家と園城寺に関わりの深い僧侶が禅林寺に入寺、近くに居を構えていたようである。それも、園城寺の所領が今の禅林寺付近にまで及んでいたことが影響していたと思われる。法然上人とも交流があった園城寺の公胤（一一四五―一二一六）が晩年、禅林寺の傍らに庵居したと伝えられるのもこれを裏付けている。道誉の父、九条兼房が禅林寺太政大臣と呼ばれたゆえんも、その辺に関連があるのかもしれない。

第十六世の謎

大正のはじめに編纂された『禅林寺誌』（稲村修道編　法藏館、一九一三）では、道智の次の歴代を「第十六世　永空正覚上人　左大臣実房公の孫、西山四世の法孫にして両朝の国師たり。正嘉三年（一二五九）九月二日寂、寿七十」としている。

しかし、『尊卑分脈』によれば、永空正覚（一二四〇―一三〇七）の本名は叡澄といい、正親町三条家の初代・三条実房（さねふさ）（一一四七―一二二五）の三男、正親町三条公氏（一一八二―一二三七）の息で、二尊院の住職になり、後深草、亀山、後宇多の三代の円頓戒師をつとめ、徳治二年（一三〇七）六七歳で亡くなった、とされる。三条家は、久我家、西園寺家などと同じく、五摂家に次ぐ家格の清華家にあたり、極官は太政大臣で、禅林寺第五世深覚の父九条師輔の末裔にあたる。『禅林寺誌』が正しいとすると、実房の孫で両朝（統）の国師というのはその通りであるが、父公氏が七歳の時の子ということになってしまう。したがって、正覚が禅林寺の住職であった事実はあったかも知れないが、正嘉三年という歿年は正しくない。

『二尊院縁起』によれば「正覚上人、又後嵯峨院、後深草院、亀山院、後宇多院、伏見院、五代の国師にそなはれり」とある。「五代も無理だろう」と思うのが普通であるが、後嵯峨天皇が亡くなったのが文永九年（一二七二）、伏見天皇が譲位したのが永仁六年（一二九八）であるから、これは不可能とは言えない。この時代は大覚寺統と持明寺統の両統迭立の時代で、たとえば乾元元年（一三〇二）二月十七日の後嵯峨上皇法華八講結願の日、後深草、伏見、後伏見、亀山、後宇多の五人の上皇が顔を合わせている。（『実躬卿記』）

それでは、正嘉三年（一二五九）九月二日に七〇歳で亡くなった第十六世は、いったい誰なのかという疑問が起こってくる。

『尊卑分脈』では、九条兼実の兄、関白藤原基房（一一四五―一二三〇）の子に尊誉という法印がおり、禅林寺と記されている。藤原基房（松殿）は、晩年、清盛と対立して配流になったという。

『寺門伝記補録』第十六には「尊誉は松殿入道関白の子なり、一身阿闍梨に補せらる、建保三年（一二一五）十二月十五日、僧正公胤を拝して三部灌頂の職位を受く、五年順徳院、勅して護持僧に擢らる、時に法印」とある。尊誉の生歿年は不明だが、その出自と一身阿闍梨であったという事実、『寺門伝記補録』第十四で道智が「護持僧に擢げらる、時に年二十七」と記されていることから推測するに、建保五年当時、二〇歳代後半だったのではないだろうか。正嘉三年（一二五九）九月二日に七〇歳で亡くなったとすると、建保五年（一二一七）当時、二六歳である。道誉より一〇歳ほど年下、道智より三〇歳ほど年上となる。

この尊誉については、『群書類従』系譜部『諸門跡譜』の禅林寺の項に、名前が出ている。興味深いのは、この『諸門跡譜』は禅林寺の後に園城寺の塔頭の常住院、さらに如意寺の順で並んでおり、書かれた当時の禅林寺と園城寺の深い関係が表れている。

歿年から、第十六世は正覚でないことは明らかである。また、後に述べるが、禅林寺の財政状況が逼迫し、二尊院の住持が禅林寺の住持を兼ねるのは、十四世紀になってからのことである。もし、『諸門跡譜』にあるように、尊誉が禅林寺にいたとするならば、道誉、道智と同じく九条家出身であること、園城寺の僧であることに加えて年齢的にも可能性がある。この尊誉と禅林寺の関係については、今後の研究に期待するとしたい。

※禅林寺歴代の不詳については、史料編をあわせて参照。

第四章　雌伏……時代の波に翻弄されて

一、足利尊氏の寄進状

流祖浄音上人

証空上人には、非常に弟子が多く、その滅後は四つの流派（東山義・嵯峨義・西谷義・深草義）に分かれた。そのうち、現存するのは西谷義と深草義の二流で、禅林寺がその流れを汲むのが、第十七世の西谷浄音上人（一二〇一―一二七一）を流祖とする西谷義である。

浄音上人は久我（こが）通親の弟、唐橋大納言久我通資の孫にあたる。父の雅清（まさきよ）（一一八二―一二三〇）は通資の二男で蔵人頭、参議をつとめた。『職事補任』（『群書類従』四六）によれば、承久二年（一二二〇）正月二十二日に蔵人頭に補任、翌年四月十六日に参議になっている。

参議兼権中将源雅清が、寺院に所領の領家職を寄進したという文書が残されている。（『鎌倉遺文』二七四〇）雅清は寄進とともに自ら大乗経を五部書写して納めている。これはなかなかできないことで信仰心の篤い人ではなかったかと推測される。雅清はこの三年後に四一歳で出家、寛喜二年（一二三〇）に四九歳で亡くなった。法名を忍寂、号を高野中将入道という。（『浄土伝灯総系譜』下）今、『公家事典』で数多い久我一族の経歴を見る限り、官僚を辞して若くして出家した人は実にこの人しかいない。

父の雅清が久我家の庶流だったせいもあり、浄音上人の生い立ちはほとんど知られていない。『西山善恵上人略年譜』には建保元年（一二一三）「夏五月、前兵部大輔通継師に従ひて出家す。法名は浄音後に仁和寺の西谷に住して法門を弘通す。之を西谷上人と謂ふ」とあり、本名は通継だったことが分かる。

兵部省は軍事を扱う役所で、兵部卿をトップにそのすぐ下が兵部大輔である。「師」は証空上人である。この記述通りだとすると、父雅清が三一歳の時、通継は一二・三歳で出家したことになる。兵部大輔は、名ばかりの役職だったのだろうか。

『浄土伝灯総系譜』下には「浄音上人、諱法興、唐橋大納言孫、宰相中将雅清之子也、於洛西仁和寺西谷而建光明寺、以敷演宗乗、後受証空譲、而住東山禅林寺」と伝える。

いずれにしても、史料に乏しく、出家の理由も分かってはいない。同じ久我一門ということで証空上人の室に入ったと思われる。

その後、証空上人の関東遊化につき随ったとされるが、はっきりとしたことは分からない。『西山善恵上人略年譜』には、承久六年（一二二四）、証空上人から「浄土の精要並に教観の変」を授かったと伝えている。「教観の変」は曼陀羅講説を指すのであろう。

弘長元年（一二六一）粟生の光明寺から仁和寺西谷に新光明寺を建立、多くの弟子を育て教化につとめたので、その義を西谷義といい、西谷上人と呼ばれる。浄音の晩年、文永四年（一二六七）三月十四日の『民経記』（藤原経光の日記）には、「近衛北政所於西郊西谷被修善導忌日、為管弦講（号光明講、此地本寺号光明寺云々）」とある。近衛北政所は、関白近衛基平（一二五一—一二六八）の母で九条道家の娘、仁子で、近衛基平は母ともども、浄音に帰依しており、文永三年（一二六六）には先立った内室の葬儀を浄音に頼み（『深心院関白記』七月二十七日条）、文永四年（一二六七）には、近衛基平の別邸西谷殿に亀山天皇が御幸、浄音の法話を聴聞していることがみえる。（『深心院関白記』二月二十五日条）また、『実隆公記』の享禄四年（一五三一）五月一日条には、「宏善から西谷上人は浄音という人だと聞いた」と書きとめられている。

残念ながら、西谷上人の人となりを示す史料を見つけることは難しい。『浄土法門源流章』には「浄音大徳仁和寺西谷に住し浄教を弘通す。音公所立は唯善導一家の解釈を用い諸余の異解をば未だ必ずしも和会せず。一師を事とするが故に。音公の門人に観智公、乗信公、覚証公、道戒公等有り」と紹介している。この「観智公」は第十八世朝阿観智（？—一三一三）のことで『法水分流記』『浄土法門源流章』では、西谷上人の一番弟子とされる。その弟子に第十九世覚融行観（一二四一—一三二五）が出て、西谷義を大成した。この人は鵜木（うのき）光明寺の第三世で、主に関東に教線を拡張し『選択集』や『観経疏』に関する大部の私記を著した。

二つの禅林寺

南禅寺は、後嵯峨天皇の皇子、亀山上皇の離宮として営まれ、正応四年（一二九一）に寺院となったが、古くは禅林寺殿と呼ばれた。

乾元元年（一三〇二）、亀山法皇の意を受けて発給された院宣には「南禅寺」の語が見え、この頃、寺名が南禅寺に改められたという。ところが、その後も禅林寺といえば、南禅寺を指すことも多かった。

たとえば、正中二年（一三二五）閏正月二十八日の『花園天皇宸記』に「伝え聞く、禅林寺長老鏡円入滅すと云々。是れ当代の帝師なり。宗門に於いて其の名有り。去年請せらる。而して諸叢林皆以受けず」とある。叢林は、禅寺をいう。この時の天皇は後醍醐天皇（一二八八―一三三九）であるから、禅林寺長老鏡円は後醍醐天皇の先生（侍講）をつとめたということになる。禅林寺から南禅寺への改名から二〇年も経過しているが、「禅林寺長老」は南禅寺の第七世通翁鏡円のことである。『五山伝』（『改定史籍集覧』第二十六）に「後醍醐院皇師たり」とある。

花園天皇（一二九七―一三四八）は宗峯妙超（大徳寺の開山）に帰依し、何度も内裏に召している。宗峯が夢窓疎石（正中二年に南禅寺の住持となった）と後醍醐天皇の問答について語るときも、花園上皇は夢窓疎石を「禅林寺長老」と呼んでいる。我が永観堂禅林寺にとっては、はなはだややこしいことではあるが、鎌倉時代の終わりから室町時代のはじめまで禅林寺といえば南禅寺を指すことも多かったのである。

また、『常楽記』の元応二年（一三二〇）五月十五日には「禅林寺長老幻翁仏灯入滅。伶首座徳伶と号す」と記されている。（『群書類従』五一三）『常楽記』は点鬼簿のことで、永仁三年（一二九五）から応仁元年（一四六七）までの間に亡くなった公家や僧、武家の記録である。「首座」は坐禅の時、上座に座る僧という意味で、こちらは南禅寺第五世の仏灯国師のことかと思うがはっきりしない。

一方、『花園天皇宸記』の正中二年（一三二五）十二月二十五日の条には、蔵人（天皇に近侍した役人）の藤原清経について「当時清経の居住は禅林寺永観堂の傍なり」と記されている。それに対して、『実躬卿記』の嘉元二年（一三〇四）十一月五日条に「南禅寺禅林寺長老如鏡上人」とあることからみても、先に正式名称、次に通称を併記して、両寺を区別していたのだろう。

ところで、花園天皇は英邁で知られ、幼少の頃から深く仏法に帰依し、天台、真言に通じておられた。天皇は毎朝入浴することになっているが、『花園天皇宸記』によると、蒲柳の質でたびたび入浴できず、体を清めずに朝のお勤めをすることはできない、かといって天皇の職務もあるので体調を悪化させないためには入浴も控えたい、と真剣に悩まれ僧を召して何度も受戒されている。また、元応元年（一三一九）九月、西山派嵯峨義の本道を参内させ、念仏宗の教えについて聴聞され、感想を書いておられる。

それが、私には、仏教を学んでいるいわば当時の最高のインテリの言葉として、なるほどと思わせるものなので、ここに書いておく。そもそも、天皇が本道を召されたのは、自分の往生が近いという霊夢を見られたからであって、そういう夢を見ること自体、学問としての仏教の限界が天皇のなかにあると言える。天皇は本道の話を聴いて、次のように認める。

当時流布の念仏宗は一向専修と称し、偏へに余行を棄て、只だ念仏を事とす。他力の義尤も然るべしと雖も、大小乗・権実・顕密の教法徒らに以て廃すべしと、悲しいかな、悲しいかな。朕殊に真言・天台の両宗を興さんと欲ふ。而るに五相三密の観行猶ほ未だ成らず、止観中道の智定力未だ発らず、故に暫く念仏を以て往生の業と為し、弥陀に遇ひ、甚深の法を行ずべきなり。然り而して全く練行を捨てず、観念若し成らば念仏を捨つべし

浄土門では天台や真言などの法を「以て廃すべし」と言っているのではない。浄土宗西山禅林寺派では、観法の修行を極めることができない我々凡夫も、すでに阿弥陀によって救われていると説く。念仏は行ではなく信そのものなのである。

しかし、天皇は長い間、修めてきた観法や止観の修行を途中で捨てることはできない。それは自力我執を捨てることができないからである。真面目に真剣に修めてこられたからこそ、念仏を行としてしかみることができない。行としてみると、念仏は、易行であるが故に貶められる。どこまでいっても念仏は、修行の厳しさにくじけそうになったり、疲れたときの気休め、一時しのぎにしかすぎないと受けとめられたのである。これが『阿弥陀経』では他力念仏門を「難信の法」というゆえんである。

足利尊氏と禅林寺

元弘三年（一三三三）、後醍醐天皇による建武の中興で、鎌倉幕府が滅んだ。その後の激動の南北

朝時代の禅林寺の住持やその業績については、ほとんど分かっていない。今までの禅林寺史においても、応仁の乱（一四六七）で全焼したこと以外、ほとんど触れられてこなかった。ここでは、暦応二年（一三三九）六月二十八日に足利尊氏（一三〇五―一三五八）が禅林寺に出雲国淀新庄の地頭職を寄進したことを手がかりに、禅林寺の人々の奮闘を見てみたい。

従来から、尊氏が地頭職を禅林寺に寄進した理由は明らかにされていない。今回、いろいろ調べてみたので、それについても少し書いておきたい。

寄進状の文面は次のようになっている。

足利尊氏寄進状

寄進　禅林寺聖衆来迎院　出雲国淀新庄地頭職　太田小四郎入道跡事、

右令奉寄之状如件

寺社が田畑や山などの所領を領有、土地には荘官がいて農民に田畑を耕させ、収穫をあげて納めさせることを知行という。

荘園を持つということは、その荘園からの収益を納めさせる権利を持つことである。東大寺や興福寺、東寺、延暦寺などの大寺や五摂家などは本家職といって、領家から寄進された荘園に地元の荘官を置き、そこから収益を得ていた。この荘官が地頭である。荘園を持つと、朝廷からは天皇の即位や譲位、伊勢神宮の造営費用などが割り当てられた。中流の公家や寺院では荘園の知行を得ても、地方まで影響力を持つことはできなかったから、在地で人脈を持つ地頭から年貢などを納めてもらうことは容易ではなかった。この地頭などが知行を妨害することを押妨、侵奪を押領という。

　尊氏の寄進状が出された暦応二年（一三三九）とは、どんな年だったのだろうか。さかのぼること六年前、後醍醐天皇が隠岐を脱出、足利高氏（後の尊氏）と新田義貞が後醍醐天皇を奉じて北条高時と戦い、高時が自害して鎌倉幕府が滅んだ。世にいう建武の中興である。しかし、尊氏と天皇の間にはすぐに軋轢が生じ、早くも建武二年（一三三五）には尊氏は天皇に背き、建武三年（一三三六）には園城寺にこもって義貞と北畠顕家軍を迎え撃つが敗れて九州へ敗走する。が、わずか三ヵ月後には、西から攻め上り、湊川で楠木正成を破り、室町幕府を成立させる。後醍醐天皇は吉野へ逃れた。したがって、暦応二年は、尊氏が幕府の体制固めにようやく着手し出したところといえようか。

　寄進状が出される一ヵ月前の暦応二年五月、幕府は寺社や公卿が所有する本所領の知行を諸国の守護や御家人が持つことを禁じた。押妨が横行していたという証左である。その翌年には、寺社領の押領に対する処罰を厳しくしている。

　後醍醐天皇が崩御したのは、寄進状の日付の二ヵ月後の八月十六日である。尊氏は、一時は幕府を裏切って後醍醐天皇のもとに馳せ参じ、最終的には袂を分かち、吉野に追いやることになったが、終生、それを悔やんでいたといわれる。天皇の死は突然のことだったようで、同年、慌てて天皇の追善と怨霊を鎮めるために、天龍寺を創建した。

寄進のねらい

武将が寺院に寄進をする理由の第一は戦勝祈願である。尊氏は、鎌倉幕府の命を受けて後醍醐天皇の討伐に行く途中で後醍醐天皇の側につくことを決意、ひそかに綸旨を手に入れる。それを決心させたのが、夢に出てきた八幡神のお告げだったという。また、建武の中興の後も、鎌倉に駐留している間に天皇を裏切る決意をする。そのあとも、丹波から九州へ敗走したり、京都での戦いに負けて近江へ命からがら逃げ出したり、旧鎌倉幕府方、南朝方、さらに弟直義と、延文三年（一三五八）に五四歳で歿するまで、西日本を中心に絶え間なく戦い続けた。

尊氏が恵まれた強運はさておき、迷いに迷って戦勝祈願を神仏に頼るというのは当然のことと思われる。尊氏は祇園社に対して、戦勝祈願の大般若転読を行ってもらうために寄進をしている。したがって、尊氏の寄進を受け、禅林寺が戦勝祈願をしていたことは十分に想像できる。ただし、足利家は禅宗に帰依しており、尊氏も建武三年（一三三六）には夢窓疎石に弟子の礼を執っている。『夢中問答集』の「答」は夢窓国師だが、「問」は尊氏の弟直義である。こういったことから考えて浄土宗との結びつきがあったとは考えにくい。尊氏と禅林寺の接点はどこで生まれたのだろうか。

そこで考えられるのが、尊氏と東山との深い縁である。

まず、東山白川一帯に大きな影響力をもっていた園城寺とのつながりがある。もともと、園城寺は頼朝以前から源氏の深い帰依を得ていた。源氏の流れを汲む尊氏と園城寺が結びつくのは自然な流れであった。また、山門と寺門の対立も忘れてはならない。延暦寺は平家、園城寺は源氏につき、山門は南朝方、寺門は北朝方という趨勢ははっきりしていた。『太平記』（巻十五）によると、尊氏は園城寺に戒壇造営を約束していたらしい。当たり前といえばそれまでだが、建武三年（一三三六）に園城寺の戦いで寺を炎上させた後は、寺領や地頭職を造営費用として数多く寄進している。また、文和三年（一三五四）に一切経を奉納したのはよく知られている。これなどは、後醍醐天皇の追善と自分の母の十三回忌、戦死者の霊を慰めるため、尊氏が等持院に納めたものを園城寺に要求され、尊氏がそれに応じたものである。（魚澄惣五郎「園城寺と足利尊氏」『園城寺之研究』）

さらに、東岩倉寺との縁が考えられる。『蔭凉軒日録』の文明十九年（一四八七）五月二十五日条に「山科の竹が鼻に地蔵院という寺があって、尊氏の木像があるそうだ。その像は元は東岩倉寺にあったのだが応仁の乱で燃えてしまったときに、山科の地下人がこれを拾ってきて安置したらしい。その木像には尊氏の骨もついていたらしい」と記している。東岩倉寺は禅林寺の裏山の東岩倉山にあった寺院で、平安時代に成立した『後拾遺往生伝』には、「東山に一山寺有り、石蔵寺と号す。彼の山寺は是れ行円聖人の建立なり」と紹介される。行円は園城寺の僧であったが、石蔵寺は後に真言宗の寺院となり、東岩倉寺と呼ばれるようになった。

この寺院は祈禱所として尊氏の尊崇を受け、元弘三年（一三三三）には後醍醐天皇の中宮から寺領を寄進された。当時は建武の中興の直後で東岩倉寺は新政権の庇護のもと、寺領を拡大したが、応仁の乱で焼亡し、後に移転した。また、尊氏は建武三年（一三三六）から康永三年（一三四四）頃まで、つまり、禅林寺に地頭職を寄進した暦応二年（一三三九）には現在の知恩院の経蔵の位置にあったとされる常在光院に住んでいた。このように東山一帯は尊氏にとって身近な場所だったのである。

若王子神社と尊氏

さらに、尊氏と東山との関係を密なものにしているのが、若王子神社である。若王子は、熊野詣の途中に祀られる九十九の王子社の第一番目の王子をいう。

若王子神社については熊野詣を抜きにして語れないので、熊野詣についてここで簡単に触れておきたい。熊野三山（本宮、新宮、那智）に詣でる熊野詣は、平安時代から鎌倉時代にかけて盛んになった。熊野三山は修験道の山であると同時に神仏習合が進むのも早く、三所権現の本地仏は、本宮が阿弥陀仏、那智は千手観音、新宮は薬師如来とされる。本宮が西方浄土、那智は観音の補陀落浄土、新宮は東方瑠璃浄土とみなすことによって、熊野全体が浄土と考えられるようになったのである。

熊野詣には案内人である先達が重要な役割を果たしたため、白河上皇が園城寺の増誉を熊野三山検校に補任、天皇や貴顕が熊野詣を盛んに行うのに伴って、熊野三山検校は九条道家の息など貴顕の出で占められ、中央宗教界と政界に影響力をもつようになっていく。

若王子神社は、特に熊野詣に熱心だった後白河上皇が永暦元年（一一六〇）六月に那智権現を勧請したのに始まる。はるか熊野まで行くことのできない人のために、東山の一角に三社の分社を祀ったのである。そして、若王子神社を那智大社、熊野神社を本宮、新熊野（いまくまの）神社を新宮とした。現代でも小型版の霊場めぐりがあるが、趣旨は同じである。若王子神社は禅林寺の鎮守社でもあったため、禅林寺新熊野社とも呼ばれた。

　天皇による熊野詣が下火になったあとも、若王子神社は聖護院門跡の支配下にあり、大きな勢力をもっていた。もともと若王子神社は厚く武士の信仰を集めていたが、特に手厚く保護したのが足利尊氏である。その理由として、尊氏の父貞氏が熊野の御師（熊野詣の手配師）の檀那となっていたこと、熊野の衆徒はよく言えば勇猛果敢、悪く言うと乱暴狼藉をはたらき、特に新宮の大衆は熊野水軍の中心勢力だったため、尊氏が西日本で南朝方と争う過程で、彼等を懐柔する必要があったことなどがあげられる。

　尊氏は禅林寺新熊野社（若王子神社）に対して、建武三年（一三三六）に伊勢国窪田庄、尾張国下門真荘の三腰村極楽寺と同寺附属の八ヵ所、康永四年（一三四五）に淡路国由良庄の地頭職を寄進している。由良庄は、池大納言（平頼盛）の所領だったが、久我家に譲られ禅林寺新熊野社に寄進された。この所領の場合、領家は禅林寺新熊野社だったものに、尊氏から地頭職も寄進されたので、禅林寺新熊野社の一円領となった。淡路・由良庄は港があり、入港する船から関税を徴収できたから、重要な荘園である。ここについても、押妨を禁じた足利直義の御教書が残されている。

　熊野関係に荘園が多いのは、檀那が土地を寄進したことによる。熊野詣には多額の費用がかかるので、荘園から年貢を納めさせてそれに当てる必要があったからである。さらに、尊氏は禅林寺新熊野社に別当乗々院を新設、熊野三山奉行に任じた。これによって、東山若王子乗々院は熊野先達を管理するようになり、歴代の足利将軍からも土地を寄進されるなどして保護され、聖護院が熊野三山検校を重代職とするようになると、聖護院筆頭院家として力をつけていく。したがって、古文書等に「禅林寺別当」と記述されている場合の「禅林寺」とは、この「禅林寺新熊野社」つまり、若王子神社の別当乗々院を指す。

このように、尊氏は、東山に住み、東岩倉寺や若王子神社と様々な点で深い結びつきがあり、その中から暦応二年（一三三九）の禅林寺への地頭職の寄進も出てきたのであろう。

地頭職の死守

それにしても、なぜ、京都から遠く離れた出雲国淀新庄の地頭職が選ばれたのだろうか。その理由も全く分かっていない。尊氏が政治的判断によって、この荘園が禅林寺に相応しいと考えたからとしかいえない。

『新修島根県史』によると、淀新庄は、淀庄に隣接して後から開墾されたので、その名がある。元来は淀庄と呼ばれていたものが、淀本庄と区別して淀新庄と呼ばれるようになった。淀本庄は、亀山天皇、後宇多天皇と受け継がれた大覚寺統の皇室領で、『新修島根県史』には、文永の頃（一二六四―一二七五）の淀本庄の田地面積は二四丁歩、余り大きな荘園ではなかったらしい。

淀新庄は「関東御教書」（『鎌倉遺文』出雲千家文書）に「淀新庄　鴽谷左衛門太郎子」とあるのが初見で、皇室領であったかはっきりしない。『角川日本地名大辞典』三十二巻によると淀新庄は現在の雲南市大東町飛石・新庄地方に推定されるという。

尊氏は、禅林寺に土地そのものを所有する地頭職を寄進した。これを一円領という。当時、半済といって、期間を限定せずに荘園の土地を折半し、半分を武士領にする法令が発布されたりした。一円領になれば、これらを免れることができた。禅林寺にとっては、知行と地頭を兼ね、上下とも支配するわけだから、寺社領として土地からの収益を得る権利だけを寄進してもらうよりは、まだ収入を確保する可能性があった。

しかし、地頭職だと、地元に誰かが行かなければならない。禅林寺の代わりに国人を支配するだけの武力を持ち、地元で顔のきく人物に動いてもらわなければならない。同時に、京都では中央政権と強い人脈を築き、その人物を支配することが求められる。

この頃、中央集権そのものが揺らいでいた。天皇は南北に並びたつ異常事態で、室町幕府が開かれたといっても、尊氏と弟の直義とが権力を二分し、争いが絶えなかった。直義の死後も直義側の直冬が九州、西国に力を持ち、明徳三年（一三九二）、足利義満（一三五八―一四〇八）が南北朝統一を成し遂げるまで、尊氏、直冬、南朝方と入り乱れて全国で戦いが絶えなかった。特に、出雲は直冬、南朝の勢力が強く、尊氏に地頭職を寄進してもらったといっても、北朝方の状況は不利だったのではないだろうか。

当時、守護は京都に居住し地元に守護代を派遣して、荘園の管理を任せていたから、必然的に寺社は在京の守護に頼るということになるのだが、地方の武士は、生き残るためにその時々の優勢な方につく。だから、昨日は尊氏方だった守護が今日はそうとは限らない。むしろ、守護を頼りにすればするほど、守護の力が増大し、守護が押領する場合も増えてきたのである。

しかし、たとえ小さな荘園にしろ、尊氏がすぐに南朝方の地元の豪族に押領される寺院に地頭職を寄進するような拙劣な手を使うはずはない。従来の禅林寺史では、不明のことが多すぎて、十四世紀は無視されてきたきらいがあった。しかし、少なくとも十四世紀初め、西日本の経済的発展を背景に、禅林寺は宗派の中心としての機構を整え、着実に力をつけていたのではないだろうか。西日本に末寺なり、地方の武士の尊崇をうける僧がいて、初めて京都から遠く離れた出雲の所領を維持できる。それだけ、本山として成長してきていたということである。それを裏付けるのが淀新庄をめぐる古文書（『二尊院文書』）で、当時の混乱ぶりと禅林寺の苦境と奮闘、さらに驚異の粘りを映し出す。

押妨をめぐる攻防

現実はまことに厳しかったようで、禅林寺が守護や幕府に押妨の取り締まりを訴える文書は、残っているものだけで、三〇年間で一〇通にも及ぶ。遺された文書からは、それ以外にも訴えた文書が存在したことがうかがえる。最初の二、三年は土地の受け取りに関する手続きだが、その後の内容はほとんど同じで、所領の押妨を何とかしてくれというものばかりである。

地頭は、その土地の有力者がなるのが普通であって、下地（土地そのもの。これに対して、年貢を上分という。上分は荘園領主のもの、下分は在地領主、地頭のものとされた）がその権益である。禅林寺の雑掌（本所、領家が荘園の管理にあたらせた者のこと。在地で年貢・公事の徴収にあたる者を所務雑掌、在京して荘園の訴訟事務にあたる者を沙汰雑掌という）は、「押妨を止めさせてくれ」と何度も幕府に訴え、幕府は守護にそうするように伝えているが、全く埒があかなかったようである。

二尊院に残っている淀新庄関連の文書は次の二通から始まる。

一、高師直施行状案

禅林寺雑掌の申し出に応えて、執事高師直が、出雲国守護塩冶高貞に対し、尊氏の寄進状の通りにするようにという文書。暦応二年（一三三九）七月十日付

二、塩冶高貞遵行状

一の文書を受け取った塩冶高貞が、自分に代わって出雲国守護代に高師直の施行案どおりにするようにと命じた文書。遵行は代執行のこと。暦応二年（一三三九）七月二十日付

ところが、この年の二月、出雲と隠岐の守護塩冶高貞は、尊氏と高師直に謀反の疑いをかけられ、京都から出奔、討伐された。そのせいか、実際に土地が禅林寺の雑掌に明け渡されたことが明確になるのが、それから二年も経った暦応四年（一三四一）九月七日付の文書で、次に掲げる山名時氏請文である。

この文書の端裏書には、「山名出雲守請文到暦応四十七　使者天野□□」とある。端裏書というのは、手紙を左から右にくるくると巻いて、端にくる部分の裏に受取人が記す覚え書である。

禅林寺聖衆来迎院雑掌覚宗申、出雲国淀新庄地頭職太田小四郎入道跡事、
去後四月八日御奉書、同五月二日到来、謹拝見仕候畢、仰任被仰下之旨、

差遣使者、莅彼所、打渡下地於覚宗、請取状令進覧之候、以此旨可有御披露候、
恐惶謹言
暦応四年九月七日　　　　　　　　前伊豆守時氏（花押）
進上　御奉行所

これは、出雲・伯耆・隠岐の守護山名時氏が、天野某を禅林寺に寄こし、使者を出して、確かに淀新庄の下地を禅林寺雑掌の覚宗に引き渡したから、受け取り状を見せるという請文である。これによると、時氏は四月八日付の幕府奉行所の御奉書を五月二日に受け取っていたことが分かる。時氏は一通を幕府に一通を禅林寺に届けさせたのだろう。

尊氏から寄進を受けて二年かかってやっと土地を引き渡してもらったことになる。執事高師直に訴え、出雲守護の塩冶高貞に言えば守護代に伝えておいたと言われ、そうこうするうちに守護は失脚してしまった。

暦応二年、三年と幕府（直義）は、地方の豪族などの寺社本所領知行を禁じ、押領すれば処罰を厳しくするという寺社保護策をとっていたので、その機会を捉えて、幕府に訴えたものと思われる。「打渡」は、守護代や代官が現地で土地を正当な知行人に引き渡すことをいう。また、この請文から覚宗は、在地の所務雑掌であると知れる。

これで、無事に一円領主になれたかというとそうでもなかったようである。

三年半後の康永四年（一三四五）、道行という名の禅林寺の雑掌が、淀本庄の地頭中沢神四郎が押

妨しているので止めさせてくれと訴えたのが、出雲・隠岐守護佐々木道誉（バサラ大名として有名な近江の佐々木高氏）である。道誉は、守護代吉田厳覚の注進状と中沢の請文を添えて「もし、偽りを申せば八幡大菩薩の罰があたるだろうよ」という簡単な返事を寄こしている。中沢氏は古くから淀本庄の大部分を治めていた地頭で南朝方である。『新修島根県史』によると、道誉のズボラな性格のせいもあって、隣国守護の山名時氏の言うことを聞く国人も多かったという。

幕府に訴える

この返事にがっかりした禅林寺側が尊氏の寄進状を添えて、訴えたのだろう、一ヵ月もたたない同年六月十七日付で足利直義から下知状（裁許状）が出ている。直義は、中沢に度々尋ねたが、過日佐々木道誉が言ったとおり濫妨しないと約諾した請文を出してきたし、禅林寺の領掌に間違いはないから問題はないという判断を下している。

裁許状が出ているということは、禅林寺が幕府に訴え、評定会議で評定衆による判決が行われたことを示している。佐藤進一「室町幕府開創期の官制体系」（『中世の法と国家』東京大学出版会、一九六〇）によると、裁許状の日付は判決を行った評定会議の日付であるという。どうにも埒があかないので、禅林寺では情報を集め、書類を整え、ついに本命にたどりついたのである。というのは、前引の「室町幕府開創期の官制体系」によると、この頃、直義は「引付方」の権限を巧みに自分に委譲させ、権力の集中を画策し、それに成功しつつあったという。引付方とは、土地に関する訴訟を扱う管轄機関のことである。同書によれば、暦応三年（一三四〇）四月には法令を出し、それは「寺社本所領以下押領のかどで訴えられたものが、下知に背き、使節の遵行を実力で妨げた場合には、担当奉行は引付を経由せず、直義に直接披露して、直義の裁断を仰ぐべしという規定」であったという。

この裁許状から六年後の観応二年（一三五一）三月二十五日に、「室町幕府引付頭人奉書」が出ている。引付頭人とは、所務沙汰に関する遵行の奉書を発給する役職である。この時の引付頭人は畠山国清で守護の山名時氏に対して、「禅林寺の雑掌の訴えによると、土屋左衛門太郎と多胡孫四郎以下の輩が濫妨しているから、来月の十日までに正当な知行人である雑掌に土地を引き渡し、その請取状を出してきなさい。もし言うことを聞かなければ、罪に問い、起請文を書かせて申し開きをさせなさい。地元に遣る使節がぐずぐずするようなら、特別な沙汰をする」という、厳しい内容となっている。「室町幕府開創期の官制体系」によるとこの観応二年、引付頭人がほぼ全員、引付の経験のない者に交替になった。

前年に直義は京都を逃れたが、正月に再び尊氏と戦い、二月に宿敵高師直を殺害、尊氏と和睦し、執政の地位についた。奉書の日付は、三月だからその直後のもので、直義は八月には再び京都を出奔する。畠山国清は直義側の武将である。これは推測に過ぎないが、一五日以内に禅林寺の雑掌に土地を引き渡せと言っていることや、前年からの政変を考えると、随分前から一生懸命訴えていたのが放置されており、その間、ずっと土地はのっとられていたのではないだろうか。

さすがに四月三日付で山名時氏が遵行状を出し、四月二十三日には、禅林寺の雑掌の信性に渡したという渡状が出ている。

だが、実際には何も好転しなかったとみえ、翌三年の八月、足利義詮（尊氏の子、二代将軍）の御教書が出ている。この年の二月、尊氏が直義を毒殺、三月には京都に帰還、やっと将軍に権力が集中されだした。しかし、六月には山名時氏が京都に突入、義詮は後光厳天皇を奉じて美濃に敗走、七月に京都を回復という慌しさであった。御教書は八月五日付であるから、京都奪還後すぐのものである。

内容は毎度同じようなもので、禅林寺の雑掌に道行が復帰、今度は佐々木美作守が濫妨しているので土地を明け渡すようにと、出雲守護に復帰した佐々木道誉に命じている。だが、この教書は無視されたと思われる。というのは、この後、山名時氏が出雲に攻め入り、近江佐々木氏の一流で尊氏党の守護代・吉田厳覚を追放、新しい守護代を任命、出雲・隠岐・伯耆を制圧したからである。後に厳覚の後裔は京都に上り、名医吉田宗桂が出て、その子が高瀬川の開墾で知られる角倉了以である。

応安元年（一三六八）にも同様の内容の淀新庄をめぐる文書が残されているが、それを最後に淀新庄をめぐる文書のやり取りは、記録の上ではぷっつりと途絶えてしまう。ついに、禅林寺もあきらめたのかと思いきや、実はそうではなかった。

約七〇年後、永享十二年（一四四〇）八月四日付の『二尊院文書』によると、淀新庄からの年貢が京都に三〇貫文到着しているのである。（稲垣真哲「禅林寺古文書の解説」『西山禅林学報』第四号、一九五八）永享十二年といえば、六代将軍足利義教（一三九四―一四四一）が赤松満祐によって暗殺される嘉吉の乱の前年にあたる。そして、この乱以後、室町幕府は急速に求心力を失っていく。驚くべきことに、地頭職は売られることもなくずっと維持され、年貢は換金されて届いていた。

淀新庄からの年貢は、

「出雲国淀新庄地頭職年貢　京着参拾貫文事　云由緒　云敬信為祈禱所奉寄附之状　如件」

として祈禱料の名目で納められている。差出人は「沙弥道統」とある。沙弥は、元来、七歳から二〇歳までの男の出家者を言うが、戒を受けず、勝手に僧形となっている人を指す場合も多い。中世では剃髪はしているが、妻子持ちの修行者を意味した。この場合も、「沙弥」としているので、道統は、出雲にいる西山派に帰依した僧形の武士にあてはまるのだろうか。宛名は聖衆来迎院住持臨空上人で、これは二尊院第十二世の弘道臨空である。この文書によって、永享十二年、既に禅林寺の住職は二尊院の住持が兼ねていたことも明らかになったのである。

今まで見てきた一連の文書では、信性や道行などの所務雑掌の名前以外に、訴状から沙汰雑掌の存在も明らかである。約一〇〇年間、政治が不安定な時代に、これだけ苦労して地頭職と年貢を死守してきたのだから、禅林寺には相当の人員がいたのである。さらに、西日本に教線の拡大が進んでいたと想像できる。たとえば、『新修尾道市史』によると、当派の尾道の光明寺の項に「天台宗の寺であったが、西山派の祖善恵の法孫で道宗という僧が、大いに宗風を起したので尊氏の尊信をうけ、尊氏が後醍醐天皇に叛いて敗れ、西国に下るとき道宗がこれに従って西下、当寺に足をとどめ、道宗がこの寺を興し西山派に改宗した」とある。「西国に下るとき」というのは建武三年（一三三六）のことだから、尊氏が禅林寺に地頭職を寄進する少し前である。

太田小四郎入道跡の謎

ところで、尊氏の寄進状にある「太田小四郎入道跡」とは、尊氏が出雲国淀新庄地頭職を太田小四郎入道から取り上げたということである。

私は、太田小四郎入道なる人物は出雲の豪族かと思い、太田氏について調べてみたが、出雲地方には見つけることができなかった。ところが、遠く離れた越中の太田庄に太田小次郎入道という人物がいたのである。細川武稔『京都の寺社と室町幕府』（吉川弘文館、二〇一〇）によると、応永五年（一三九九）十二月十七日付の『大覚寺文書』で、越中国守護畠山基国が守護代に遵行状を出している。その内容は、

越中国太田保内富山郷太田小次郎入道跡、去る八日御寄附に任せて東岩倉寺雑掌に沙汰付けすべきの状、件の如し

となっている。

久保尚文『越中富山　山野川湊の中世史』（桂書房、二〇〇八）には「太田小次郎とは太田保地域の開発領主であり、鎌倉幕府の御家人であった太田一族の者であろう」とし、太田小次郎は、観応の擾乱（一三五〇―一三五二、足利幕府の内紛。尊氏、高師直側と尊氏の弟直義が不仲になり、尊氏が直義を殺して決着した）期に、近江で尊氏と戦った直義党の越中の桃井直常に与していたため、尊氏に領地を没収されたのだという。

前島康彦『太田氏の研究』（『関東武士研究叢書』第三巻）によると、太田氏は清和源氏の嫡流で一度

は鎌倉で頼朝に仕えたが、冷遇されたため京都に遁世、土御門天皇に丹波国五箇荘を賜り、丹波の太田郷に移住、初めて太田姓を名乗ったという。その後、丹波上杉荘の上杉氏に仕え、建長四年（一二五二）、後嵯峨院の皇子が初代親王将軍となって鎌倉に行かれる際、近従として上杉氏とともに再び関東に下向した。この上杉氏が後の関東管領となった一族で、太田氏も主に関東に所領を与えられたという。

仮に「太田小次郎入道」と足利尊氏寄進状にある淀新庄の元の所有者「太田小四郎入道」とが同一人物だとすると、禅林寺への寄進が暦応二年（一三三九）だから、淀新庄の方は、越中国太田保より前に尊氏に没収されていたことになる。だが、余りにも名前が似ているうえに、尊氏に領地を没収されたことも共通しており、同一人物か、全く無関係とは思われない。越中の太田氏が地頭職を得て日本海伝いに出雲に下向するということがあってもおかしくない。しかし、太田小四郎入道は、越中ではなく別の太田氏である可能性も否定はできない。今後の研究に期待したいと思う。

『京都の寺社と室町幕府』によると、尊氏が没収した越中の太田小次郎入道跡は、室町幕府三代将軍足利義満の側室・北野殿にわたり、東岩倉寺に寄進された。

興味深いことに久保尚文『越中中世史の研究』によると、この土地は後に幕府に戻され、六代将軍義教の夫人正親町三条尹子が受け継いで、義教が赤松満祐に弑逆された後、供養料として二尊院に寄進されるのである。正親町三条尹子は三条家の庶流である三条西尹子で、三条西実隆（一四五五―一五三七）の血縁にあたる。義教が歿したのは、嘉吉元年（一四四一）で、永享十二年（一四四〇）に二尊院の第十二世弘道臨空が、禅林寺の住持を兼ねていたことは、先の文書によって明らかであるから、これはほぼ同時期のことである。越中の太田小次郎入道跡は二尊院領、出雲の太田小四郎入道跡は、禅林寺領として二尊院の住職のもとに揃ったことになる。私にはこれ以上、調べることはできなかったが、尊氏、東岩倉寺、禅林寺、二尊院をめぐっては、未だに明らかになっていない、様々な事実があると思う。

二、進む荒廃

『禅林寺縁起』に見る復興

淀新庄に関する文書の日付から察するに、応安元年（一三六八）から永享十二年（一四四〇）の間に禅林寺の荒廃が進み、二尊院の力を借りざるを得なくなっていったようである。室町幕府三代将軍足利義満の治世にあたる。

源頼朝や北条一族、足利尊氏は、表面的には朝廷と公卿をたて、権力の座についても自身が天皇を超える存在にまでなろうとまでは思ってもいなかった。ところが、義満は大変な野心家で自分が日本国の王になる意思を、明の皇帝あての表文に「日本国王臣源表す」と示したのは有名な話である。また、代々、皇子が門跡として入室してきた三千院、青蓮院、仁和寺に子息を入室させたが、これも前代未聞のことであった。義満は仏の教えそのものには興味がなく、明との外交や貿易を進める点から臨済禅に関心は示したものの、専ら山門や南都を対象とする政策に終始した。当然、経済的、政治的に力が弱い浄土宗には興味がなかったので、助成をせずに放置した。

禅林寺には『禅林寺縁起』一巻が伝えられている。それには応永の頃、大内氏第二十五代大内義弘（一三五六―一三九九）の庇護によって興隆を見たと記されている。大内義弘は長門、周防、豊前、石見の守護として、九州、西日本の一大勢力を築いた守護大名である。義満が康応元年（一三八九）厳島神社に参詣した際、京都へ随行、義満に頼まれ南朝の徒党に対する人脈を生かし、南北朝の合併に貢献した。やがて、大内勢力の増大を恐れた義満とは不仲になり、応永六年（一三九九）に反幕府勢力と共に挙兵、堺で戦死した。

義弘の歿年から考えると、『禅林寺縁起』のいう「応永の頃」とは僅かに六年間しかない。確かにこの間、義弘は京都で活躍していた。

また、この縁起には応永五年（一三九八）、通陽門院（一三五一―一四〇六）が禅林寺の堂舎の修理の費用を負担した、とある。通陽門院は本名を三条厳子といい、後円融天皇の正室で後小松天皇の生母である。父は『後愚昧記』の記主三条公忠（一三二四―一三八三）である。縁起の記述が正しいとすれば、義弘が在京した応永元年から四年の間に、復興が手がけられたものの、果たせず、通陽門院が後を引き継いだとも考えられる。

義弘と禅林寺との関係については何も分かっていない。しかし、大内氏と三条家とは深いつながりがある。大内氏は大内義弘の父で、第二十四代大内弘世（一三二五―一三八〇）が周防長門石見の守護となって、後の大内氏の発展の基礎を築いた。弘世は京都文化への憧憬が強く、京都に似て四神相応の土地だとして山口に居館を移したとされる。『太平記』には、朝鮮との貿易で巨万の富を得ていた弘世が、京都の引付衆や評定衆に「数万貫の銭貨・新渡の唐物等、美を尽して」送ったという（『太平記』巻第三十九「大内介降参の事」）。「新渡の唐物」とは、新奇な輸入品のことで、未だ見たことのないきらきらしい贅沢品をいう。この弘世が三条家の女性を妻とし、この女性が義弘の後を継いだ弟の第二十六代大内盛見の母とされる。

その後、応仁の乱が起こると、第二十九代大内政弘は山名宗全に随って、京都に出陣、乱が終息するまで京に滞在した。三条西実隆に師事、和歌や連歌に親しむなど優れた文化人であった政弘は、在京の間、公卿と親密に交際した。三条家とは特に関係が深く、政弘が山口に帰った後、文明十一年（一四七九）、右大臣三条公敦（きんあつ）が下向、二度と都に戻ることなく、永正四年（一五〇七）に山口で死去した。山口滞在中には、高祖父公忠が後小松天皇に奉献した『孝経』を政弘の嫡男で大内第三十代義興に与えた。『宣胤卿記』は、公敦を応仁の乱の間「依窮困、憑大内、多年在国」（文明十三年五月十一日条）と評している。

時代は下って天文二十年（一五五一）九月一日、第三十一代大内義隆（一五〇七―一五五一）が家臣の叛乱によって自害、大内氏が滅ぼされた折、天文十八年に義隆を頼って下向していた前左大臣で公敦の孫、三条公頼（一四九五―一五五一）が巻き添えになって逃げる途中で殺されている。この乱では前関白二条尹房も殺されており、これについて福尾猛市郎『大内義隆』では「このように叛乱に直接関係のない公卿たちを血まつりに挙げたことは、彼等の山口来住に伴うて天役の賦課や知行の宛行（あてがい）の行われたことに対する反感の暴発と見ることができよう」とその理由を説明している。

これらのことからみても、応永の初めに義隆が禅林寺の修繕に乗り出したのは、三条家の働きかけによるものと考えるのが自然である。

通陽門院は天皇の国母となり、子の後小松天皇は長講堂領など天皇家の領をほとんど継承した。義満に天皇の母として遇され、『後小松天皇宸記』によると、応永三年（一三九六）、院号を授与されると同時に、位が上がったことで今までもらっていた本封に加えて五〇〇戸の封戸が追加されたという。封戸というのは、定められた戸から税をもらえる制度である。これらの中から修理の費用を負担できたと考えられる。

禅林寺第五十七世の貫空巨道が記した『洛東禅林寺略記』には、大内義弘が大修繕をしようとして果たせず堺で死んでしまったが、後年、第二十六世宏空円光の時に、通陽門院が悉く堂舎の修繕を行った。それは実隆が記している、と書いている。ただし、現存する『実隆公記』には、そういった記述はない。また、『禅林寺誌』では円光は応永二十七年（一四二〇）歿とされており、縁起に記される通陽門院の修理年である応永五年（一三九六）とは二一年、門院の歿年とも一四年も離れている。

三条家と禅林寺

それでは、三条家と禅林寺との縁は全くなかったのかというと、そうではない。第三章で述べたように、三条家出身の歴代には、第十六世永空正覚がいるとされる。（88ページを参照）正覚の父は三条公氏で、正親町三条家の初代となった。後に禅林寺の復興にかかわる三条西実隆の三条西家は、この公氏の子孫から分かれた家である。

ところで、禅林寺には正覚以外にも三条家出身の歴代がいたようである。

というのは、『後愚昧記』の永和二年（一三七六）三月十六日に「十六日、向東山、永観堂歴覧、房主一門之故也、去十三日卒去由聞也、凡興醒了」と記されているからである。一門の禅林寺の房主が去る十三日に亡くなったという。通陽門院が上﨟になるとき、父の公忠はすでに『後愚昧記』に「家門窮用」と記しているので、季節的にも歴覧というのは名目で永観堂の住職に歓待してもらう心積もりだったのが、あてが外れたというところだろうか。「一門の住職が亡くなったと聞いて興味を失った」というそっけない書き方にそれが汲み取れる。また、一門と言いつつ、亡くなったことも知らなかったし、名前も書いていないくらいだから、傍系の一門だったのだろう。三条家といっても、最早、たどることのできない廃絶になった庶流もある。また、同年の九月十日には、「永観堂僧来」とだけ記されている。

年代的には、この永和二年に亡くなった房主のことを通陽門院は知っていたと思われるので、一〇数年後の大内義弘の寄進も二〇年後の通陽門院の修繕もこの房主との関係だったと考えることもできる。また『二尊院縁起』によると、三条家は二尊院の復興に力を尽くし、通陽門院歿後二〇年ほどを隔てて後花園院の頃から復興し、塔頭が三条家の願所となった。

これまでみてきたように、鎌倉時代の終わりから室町時代の初頭、尊氏の頃までは幕府の政策もあって、多くの人々が必死で禅林寺を護り、何とか持ちこたえてきた。しかし、皮肉なことに内戦状態がおさまって、最も室町幕府が安定し栄えたと言われる義満の頃になると、衰微するに至ったと考えられる。やがて、応仁元年（一四六七）、堂塔伽藍が灰燼に帰すのである。

応仁の乱による焼亡

禅林寺が焼亡した正確な日時は不明であるが、赤松氏の軍勢が東岩倉山で合戦をしたのは、九月十八日から二十七日と一〇日間も続くので、この間に焼けた可能性は高い。

室町時代の公卿で関白、太政大臣をつとめた近衛政家の日記『後法興院記』は、

「九月十八日条、京方有火事、又東山方有火事」「九月二十一日条、東山辺有火事」、「九月二十四日条、東山方有火事云々」「九月二十六日条、東山辺両三度有火事、南禅寺云々」「九月二十七日及び二十八日条、東山方有火事」

と記し、東岩倉山の合戦で東山が壊滅的な打撃を受けたことが見てとれる。仮に南禅寺と禅林寺が同じ時に燃えたとすれば、九月二十六日の火事が最もひどく、この時、禅林寺も烏有に帰したと思われる。

『南禅寺史』によると十六日から戦いが始まり、兵火によって十八日に南禅寺が燃え尽きたとする史料もあるとのことで、二十六日に焼けたとする『後法興院記』とは食い違っている。いずれにして

も、諸説あって定まらない。

『武家年代記裏書』には、「九十八至同廿七、東岩倉合戦、南禅寺幷諸院悉兵火」とあり、翌応仁二年八月五日、「法勝寺、元応寺、岡崎等兵火、同六日、聖護院兵火」と続く。このとき、若王子神社や二尊院も焼亡した。

応仁の乱後の京都の悲惨な状況は、『宣胤卿記』に次のように描写されている。

橋本羽林相伴行河原、取土筆、聖護院岡崎巡見所、乱後未再興、小屋少々在之、故房什僧正坊跡見之、言語道断為体、懐旧涙落袖

自ら河原に土筆（つくし）を摘みに出かけた。岡崎に廻ってみると、いまだにそこここに小屋が建っているばかりで、多分聖護院にいた身分のある僧正だったのだろう、故房什僧正の僧房の跡を見て、あまりのことに涙が出た、というのである。

これが文明十二年（一四八〇）二月十三日の記述である。同年二月二十四日には、北山と仁和寺付近の巡見に出かけ、鹿苑寺や等持寺（等持院）は残っているものの、仁和寺のあたりは、「悉以荒野也」と記している。同年九月七日条には、乱後初めて嵯峨に出かけたが、「諸寺寺院以下悉以焼失、荒野也」また、九月十四日条には、土一揆が頻発し、放火によって戦火を免れた寺院も燃えてしまったと嘆いている。

翌十五日には誓願寺へ参詣したが、その途中のありさまを寺院も庶民の家も、土を塗って穴をふさぎ、あるいは筵を吊るして何とか雨露をしのいでいると悲しんでいる。この時の土一揆は奈良にまで

飛び火し、興福寺の十三重塔が焼かれた。

『融通念仏縁起』と『融通念仏勧進帳』

禅林寺焼亡の七年前、寛正元年（一四六〇）と翌二年、京都では死者八万二，〇〇〇人といわれる大飢饉が起こり、庶民は塗炭の苦しみの中にいた。当時の将軍足利義政（一四三六―一四九〇）は政治にはほとんど興味がなく、妻の日野富子が政治の実権を握っていたことはよく知られている。

その応仁の乱の前夜、寛正四年（一四六三）から同六年の間に製作されたのが、義政の詞書を有する禅林寺本『融通念仏縁起』二巻である。

融通念仏宗とは、永観律師と同時代に生き、奇しくも同じ天承二年（一一三二）に亡くなった良忍（一〇七三―一一三二）が開いたもので、「一人一切人、一切人一人」という言葉が、その宗旨をよく伝えている。良忍は、自分が称える念仏は他人にも功徳があり、他人が称える念仏も自分に功徳があると説き、念仏を勧めて歩いた。念仏の功徳には融通性があるということから、その勧める念仏を融通念仏という。また、良忍は、魚山と呼ばれる天台声明を大成したことでも知られる。融通念仏を勧めるにあたって、良忍が融通念仏宗を立てたいきさつを絵巻にしたのが、『融通念仏縁起』である。

『融通念仏縁起』の流本には、最も古い正和本系統、良鎮勧進肉筆本系統、明徳版本系統の三系統があり、禅林寺本は最後の明徳版本系統に属する。この系統には、前の二つにはない清凉寺における融通念仏勧進の段を入れたという特徴がある。

禅林寺本の上巻は九段、下巻は八段と奥書、清涼寺大念仏の段と刊記から成り、各段には詞書があって絵が続く。巻頭には後花園天皇（一四一九―一四七〇）の宸筆、下巻巻頭には足利義政の詞書、奥書は甘露寺親長（一四二五―一五〇〇）の筆である。この縁起は、各エピソードの詞書を天皇や貴族や高僧に頼んで書いてもらっているところに特色がある。絵は土佐光信の筆になると言われ、その流麗な絵と全体の完成度によって重要文化財に指定されている。（口絵参照）

縁起は正和三年（一三一四）に成立し、その後、江戸時代まで開版が繰り返され、二〇数本が確認されているが、重要文化財に指定されているのは、清涼寺本と禅林寺本の二本だけである。清涼寺本は応永二十一年（一四一四）に制作されており、禅林寺本はこれを倣ってつくられたとされる。

禅林寺には、この『融通念仏縁起』とともに『融通念仏勧進帳』も伝えられている。融通念仏宗では、信者は名前を名帳（みょうちょう）に必ず記録することになっており、この勧進帳は、その名帳の序として文安四年（一四四七）に作られた。第一紙から第七紙までで構成され、第一紙は後花園天皇、第二紙以下は後花園天皇の父、後崇光院（一三七二―一四五六）の筆である。（口絵参照）

後崇光院は、高名な『看聞日記』を書いた伏見宮貞成親王の諡号である。『融通念仏勧進帳』が書かれた文安四年は、宿願がかない、貞成親王が後花園天皇の父として太上天皇の尊号を得た年である。それが十一月のことだが、『看聞日記』の文安四年分は年末の二ヵ月分しか残っておらず、その前の日記が欠けているため、この勧進帳について知ることはできない。

横井清『室町時代の一皇族の生涯』（一九七九）によると、この頃、親王は伏見から京都に越してきて、伏見の生活を懐かしみ、伏見から多くの花や木を運んで庭に植え楽しんでいたという。その晩年の満ち足りた気持ちが、この勧進帳に描かれた、明るく華やかな色とりどりの草花の下絵から伝わってくるようである。

そもそも、『融通念仏勧進状』が基となって、『融通念仏縁起』が製作されたとされる。田代尚光の『融通念仏縁起之研究』（一九七六）によれば、比叡山の理円が『融通念仏勧進状』を書いてから三〇年ほど経った後、それに絵を加えて縁起となったとされる。それが正和三年（一三一四）のことである。理円はこの勧進状の中で、自分の名前と毎日の念仏の数を名帳に記入し、日課念仏を称えれば、それぞれの念仏が融通しあって、すぐに往生が約束される。この功徳は亡くなった人にも及ぶから、亡くなった人の名前も記入すれば、同様の功徳が得られるとしている。地獄に堕ちた亡者も往生できるということになろうか。

清涼寺は、真言、律の寺院であったが、保元元年（一一五六）法然上人が二四歳の時、道を求めて釈迦堂に七日間参籠してから、念仏系の流れが加わった。室町時代の中頃、清涼寺で融通念仏が盛んだったことは、世阿弥（一三六三―一四四三？）の能『百万』にも描かれている。また、文明七年（一四七五）四月十四日の『長興宿禰記』には「今日より北山鹿苑寺門外の東阿弥陀堂で念仏の行が始まったが、嵯峨大念仏（清涼寺）と同じく、三十日申すことになっている」と記されており、応仁の乱で都が焦土と化した中で、いちはやく融通念仏は復活して、あちらこちらで称えられていた。

縁起と勧進帳が禅林寺に伝えられた経緯は明確ではないが『禅林寺蔵中画鋪並ニ具度目録』には、

「甫叔上人が融通念仏縁起の巻物を感得す」として、縁起二巻と「何人の手跡か文字清艶」の勧進帳、「念仏所作帳」一巻が一つの函に納められていると明かす。念仏所作帳については「当山甫叔上人大勧化して大念仏所作を授くるの帳」という説明がある。この所作帳は現存していないが、名帳の役割を果たしていたと考えられるから、第三十六世智空甫叔（一五二八―一五八六）の代に、念仏勧化を目的に縁起と名帳の序である勧進帳を得て、それに「念仏所作帳」を加えて三つを一緒に保管しておいたものと考えて差し支えないと思う。こうして、製作後約一世紀を経て縁起と勧進帳が禅林寺に伝えられたのである。

禅林寺と融通念仏の関係について『融通念仏信仰の歴史と美術――論考編――』（融通念仏宗教学研究所編、二〇〇〇）には、浄土宗西山派の僧侶には融通念仏の色彩が濃い、として、証空上人の孫弟子にあたる一遍は「融通念仏すすむる聖」と呼ばれ、遊歴した四天王寺、善光寺、磯長の叡福寺、当麻寺に融通念仏の痕跡をたどることができることをあげている。また、東山流の証入の弟子の行った念仏に融通念仏の影響が強いことを指摘している。ついでながら、これら四ヵ寺はいずれも証空上人と所縁が深い。

禅林寺本『融通念仏縁起』には、次のようなくだりがあるので記しておく。（読み下しは田代尚光『融通念仏縁起之研究』による）永観律師が『往生拾因』を著して念仏が往生の一因と説き、称名念仏信仰の端緒を開いたことが、簡潔に記されている。

夫称名念仏の教行は弥陀超世の本願として凡夫易往の生因たり。（中略）然間八万の諸教に多く弥陀一仏の功徳をほめ、三国の釈義にあまねく口称六字の専念をすすむ。我朝にとりては恵心僧都永観律師ことに此法の勝利を注しあらはして、広く道俗の信心を催さしめ給ひしかども、時節なほ上代なりしかば智剣を研ぎて煩悩の稠林を刈る師も多く、戒珠をみがきて生死の暗室を照す人も侍き。是によりて念仏の化導なほ遍からざりしを、中比（中ごろ）黒谷の上人世に出給ひて深く善導和尚の釈義の精要をさぐり、凡夫往生の決定の正意を示されし後、一天あまねく此法に帰する事となりぬ

禅林寺から東山無量寿院へ――『実隆公記』と禅林寺

応仁の乱の後、禅林寺の堂塔伽藍がどのように再建されたのか、具体的にはほとんど分かっていない。僅かに残された史料が三条西実隆（一四五五―一五三七）の日記『実隆公記』である。

三条西家は正親町三条家の庶流で、摂家・清華・大臣家・羽林家・名家という公家社会の家格の序列からいうと大臣家に入る。正親町三条家は、三条公氏（禅林寺歴代正覚の祖父）の子孫が嫡流と同じく三条と号したので、区別するためにその名がある。三条西家は、正親町三条実継の次男公時にさかのぼる。公時の子、実清に後嗣がなかったため、正親町三条公豊の次男公保が三条西家を継いだ。以後、三条西家は、次男が家督を継ぐのが嘉例となる。三条家、三条西家は公、実という名を交互に継ぐのを家例とした。

三条西実隆は康正元年（一四五五）四月二十五日にその三条西公保の次男として生まれた。逍遥院。

法名を暁空、聴雪と号した。後土御門、後柏原、後奈良の三代の天皇に仕え、内大臣正二位に至る。連歌師宗祇より古今・源氏の伝受をうけ、歌学・和歌・有職・書道等多方面の権威となった。

実隆は幼い頃に父を失い、応仁の乱で焼け出され、母と二人鞍馬寺に避難していた体験もあり、仏法を尊崇する念が篤かった。家領の退転により窮状に陥っても苦労した母の菩提を弔うことだけは決して怠らなかった。この人が法然上人、証空上人を敬い、その教えに理解が深かったことが、禅林寺の復興を進める大きな要因となった。

例を挙げると、大永四年（一五二四）十一月二十四日、実隆は苦しい懐の中から、西山上人忌の灯明代を遣迎院に送っている。また大永六年（一五二六）一月二十五日には、『往生礼讃自筆御鈔』を書写し、禁裏に返却しているのが見える。享禄二年（一五二九）四月三日には、知恩寺の伝誉が宮中で『阿弥陀経』の講義を行い、その時に、西山上人の法語について触れたことに、興味を覚えたとも記している。

三条西家は実隆の次男公条（きんえだ）（一四八七—一五六三）、孫の実枝（さねき）（一五一一—一五七九）の三代で、和学の家として家名を確立した。禅林寺が復興する過程で、三条西家三代は、政治的、経済的、文化的に禅林寺と関わった。特に、三条西実隆が六二年にわたって書き継いだ『実隆公記』は、僅かではあるが室町時代の禅林寺の去就がうかがえる貴重な史料である。

まず、応仁の乱後の荒廃のただ中にある、文明九年（一四七七）七月十七日の日記を見てみよう。

今日自旧院上臈局永観堂文書（禅林寺聖衆来迎院出雲国淀新庄）被遣二尊院、善空上人可有管領

之由也、予為相伝罷向彼寺了（今日、旧院上﨟局より永観堂文書を二尊院に遣らるる、善空上人管領有るべしの由也、予相伝の為、彼の寺に罷向い了る）

これによって、永観堂文書だった「足利尊氏寄進状」が二尊院文書となった経緯が知れる。証空上人の死後、その教えは四流（西谷義・深草義・東山義・嵯峨義）に分かれたが、この他に孫弟子にあたる康空示導が本山義を開いた。本山義は天台・真言・律・浄土の四宗兼学の上に専修念仏を確立したところに特徴がある。示導は西山三鈷寺に住したため、三鈷寺流とも呼ばれる。この示導の弟子に仁空実導（一三〇九―一三八八）が出て、本山義を大成した。この本山義の流れを汲むのが恵篤善空（一四一二―一四九二）である。善空は、諡号を円慈和尚といい、弘道臨空の弟子にあたる。西山往生院（三鈷寺）の第十四世で、二尊院に第十三世として住した。

善空は、後土御門天皇に戒を授け、当時の貴族の尊崇を集めた高僧である。善空に帰依した後土御門天皇は、文明十一年（一四七九）に伏見に般舟三昧院を創建、善空を初代住職とした。般舟三昧院は、秀吉の伏見城築城に伴い京都に遷される。現在、今出川千本東にある般舟院がそれである。

本山義は善空の時代に隆盛を迎えた。実隆の叔父甘露寺親長の日記『親長卿記』には、善空が宮中に赴いて『観経』の談義をしたり（文明六年五月六日条）、禁裏で往生講を営んでいた（文明九年十二月二十四日条）ことがみえる。

『よろづの御のり』（『群書類従』四二九）は、文明十四年（一四八二）に書かれた後花園院法会の記録である。それによると「伏見の御寺（般舟院）では八月の彼岸のほど、善空上人あみだ経をときて、そのあたりのあやしの山がつなどまで、結縁たぐひなき御願なり。おなじ御寺にてよりより三七日の不断念仏、浄土三部経の頓写、施餓鬼など月々さまざまの行ひども有りし中にも、十月二十七日には往生講をこなはる。式は善空上人是をよむ」と、上流階級だけでなく、広く庶民の教化につとめていたことが分かる。禅林寺の護持は、この善空に託されたのである。

善空に尊氏の寄進状を渡した旧院上﨟局（一四四一―一四八九）は、後花園天皇の後宮にいた人で、天皇の死後、後土御門天皇に仕え、旧院上﨟局と呼ばれた。旧院とは、後花園天皇を指している。本名を三条冬子といい、父三条実量は、通陽門院の父三条公忠のひ孫にあたる。この女性が足利尊氏寄進状を持っていて、それを当時の二尊院の住職・善空に渡したのである。尊氏の寄進状があれば地頭の権利を主張できるから、善空に寄進状をわたして、禅林寺の再建に役立ててもらうことにしたのだろう。実隆はそれに立ち会ったのである。

長享三年（一四八九）八月二十日、かねてから具合が悪く上﨟局を辞していた三条冬子が善空のもとで出家する。実隆が上﨟局に行くと、明後日から三鈷寺で行があるからと戒師の善空が帰るところで、実隆は、善空から彼女の様子を聞いて門の所で別れる。実隆が冬子に会いに行くと、憔悴が激しく、もう長くはないなとため息を零している。

翌年、彼女は亡くなった。実隆が冬子の母に会って「もう一度お顔を見たかった」と言うと「冬子も実隆に申し置くべき子細があると言って、消息をしたためようとして筆をとろうとしたが、それができずに終わってしまった」と聞き、「愁歎無極也」と嘆いている。

みかえり阿弥陀はどこに

文明十五年（一四八三）八月二十三日には、禅林寺のご本尊みかえり阿弥陀について、こんな記述が見られる。

永観堂阿弥陀、自去十五日、安置于皮堂之辺、奉拝見落随喜之涙者也

この頃、永観堂が燃えてしまって再建前であるため、十五日から、行願寺（革堂）のあたりに仮に安置されるようになったとみえる。

行願寺は当時、一条小川新町にあった。『実隆公記』では「革堂」を「皮堂」と表記する例は他にも多くみられる。行願寺も応仁の乱で焼けたが、文明十二年（一四八〇）九月二十四日の『宣胤卿記』には、「皮講堂に参詣した」という記述があるので、ある程度は復興していたと思われる。焼け出された状態になった仏像は非常に多かったはずであるから、他の仏像とともに安置されていたのだろうか。日記によると、実隆は、廬山寺からの帰途に寄っている。当時の廬山寺は、猪熊一条北にあった。

戦乱で焼け出された本尊を町中に避難、安置することは、他にも行われたらしく、『宣胤卿記』の文明十三年一月二十九日条には、当時、岡崎にあった宝幢寺の文殊菩薩を乱後に、真如堂に安置していることが記されている。文明十三年当時、真如堂は洛中一条に移っており、この三年後に現在地に戻ることができた。

延徳三年（一四九一）七月十二日、珍しく実隆は禅林寺に出かけている。客殿の再建前であるが、

参詣したのであるから、八年間の間に、ご本尊は戻られ、本堂が建てられていたとみえる。寺院参拝ルートは、「向嵯峨二尊院墳墓、謁長老房、於真乗院寮聊休息、便路詣清凉寺、法輪寺、太秦寺、誓願寺、永観堂等、如法暁天出立、仍帰路昼時分也」とある。「如法に」は「いつものように」ということである。今までの定期ルートは、二尊院、清凉寺、誓願寺であったから、わざわざ禅林寺に出かけたのは、何か届けるものでもあったのだろうか。当時、誓願寺は現在の場所ではなく上京にあった。

明応五年（一四九六）七月十七日には知人が亡くなり、浄蓮華院に葬ることになった。実隆は、「本来は、禅林寺へ行ってそこから龕（棺）をかついでいくのだが、去る十一日の夜に禅林寺で盗まれるものがあったと言って、浄蓮華院でその儀も済ませることにしたから、禅林寺には行くな」と書いている。『小右記』の時代もそうだったが禅林寺で入棺してから、葬儀場に行くことがなされていたらしい。また、「浄蓮華院の方が禅林寺より行も整い、威儀もしっかりしているから、禅林寺には行くに及ばず」としている。夜、遺骸を安置している時に、盗まれるものがあるということは、禅林寺のあたりは夜は危険で、遺骸につきそう僧侶もいなかったということである。平安時代、『小右記』では、実資がこまごまと禅林寺の住職に指図をしていたとある。

浄蓮華院は吉田にあった寺院で、正治元年（一一九九）に日記『吉記』の著者として知られ、鎌倉幕府とも親しかった権大納言藤原（吉田）経房によって建立された。『宣胤卿記』によると鎌倉時代の末期から衰退し始めており、応仁の乱で焼けて復興中だったらしい。

復興の歩み

明応七年（一四九八）六月二日の『実隆公記』によって、前年の明応六年、禅林寺が再興、客殿が建立されたことや、具体的な復興の歩みが知られる。この時代の史料が乏しい禅林寺にとって重要な日記である。

少し長くなるが、次のようなことが書かれている。

　抑も禅林無量寿院（永観堂、東山鹿谷）は、旧跡土檀等を調べて、去年堂宇を再興した。山崎専修院の賢立房は、諱は在空、二尊院の僧、八〇余歳、本来は西谷流の門人であったが、故弘導上人が八幡で法談をされた時に聴聞し、彼の門流に帰した。その賢立房にお願いし、再興されたお堂で能化のために論議の席を開いた。

　去年、その賢立房が入滅した。私は賢立房の上人号と、禅林無量寿院を御祈願所にするため、勅裁を所望し、先ごろ、般舟院統恵房にこのことを伝達させ、お願いしていた。去る二十八日、内々に統恵房が伺った時に、この件を宜しくと言ったところ、件の寺の事は公儀（将軍）を経ることなしに、綸旨を成してはいけないという取り決めを遮るのはいかがなものかということだった。それで、昨日、統恵坊に命じて、私が申し入れている以上、勅許をいただいて当然のところ、他に何が必要なのか、と重ねて懇望し、委細は昨日書状を以って申し入れしたところ、勅許はむずかしいわけがない、との勅答をいただいた。そこで頭弁に次のような手紙を遣った。

故在空上人は禅林の旧築を興（おこ）し浄土の講肆を開きたり。その人去ると雖も、其の跡絶えず、

弥（いよいよ）専ら道俗の勧化をせしめ、国家の安全を祈り奉るべきの由、
禅林無量寿院に下知し、衆僧等之を給ふの旨、内々に仰せ下さるる候也、謹言。
六月三日　　　　　　　　　　　　　　　　　　　　実隆
頭弁殿

とし、わざわざ、実隆が左中弁の代わりに綸旨の下書きを書いて渡している。それが次の文面である。「天気此くの如し」とは天皇がそう仰せであるという意味である。

故在空上人禅林の旧築を興し浄土の講肆を開きたり。その人去ると雖も、其の跡絶えず、弥専ら道俗の勧化をせしめ、国家の安全を祈り奉るべきの由、天気此くの如し、之を悉せ、以て状す
六月三日　　　　　　　　　　　　　　　　　左中弁判
禅林無量寿院衆僧中

『禅林寺正選歴代記』や『洛東禅林寺略記』によると、実隆の「禅林無量寿院に下知せよ」という求めに応じてほぼ同じ文面の「宣秀卿御教書」が出ていたことが知れる。

『実隆公記』によればこの在空は禅林寺第三十一世の撮堂賢立（?—一四八八〈一四九七?〉）と同一人物となるが、『禅林寺誌』では別人で第二十九世と位置づけられ、文明四年（一四七二）寂となっている。『禅林寺文書』には、明応六年（一四九七）十一月に賢立と勧進本願了弥の二名が「東山禅林寺の山林」と「東山無量寿院の敷地」の地子を納める旨の履行を誓う請文の写しがある。この時期、東山無量寿院が二尊院に地子を納めるかたちをとっていたことが分かる。『実隆公記』では、賢立は

明応六年に亡くなったとしているから、まさに亡くなる直前の請文と知れる。

当時の二尊院の住職は第十四世寿観（一四三五―一五〇七）である。『実隆公記』の明応四年（一四九五）三月十二日に、「一昨日、二尊院の住持が決まった。江州西円寺の僧で、故弘導和尚の弟子、恵呈房資」と紹介している。寿観は善空と同じく二尊院の他に、三鈷寺、般舟院の住職も兼ねた。永正四年（一五〇七）二月に七二歳で亡くなった時、実隆は、「一宗の滅亡なり」と嘆いている。したがって、この頃は、禅林無量寿院の住職は、二尊院の住持が兼ねるのではなく、二尊院に縁の深い本山義の僧から選ばれていたようである。

この六月三日の日記には続きがあり、もともと禅林寺の再建は旧院上﨟局が故善空に禅林寺を管領し、再興させたもので自分（実隆）がそれを伝えたものだから、その行きがかり上、こういうことをしたのであって、禅林寺のほうから、若上﨟局（今の上﨟）に一筆お礼の手紙を書くようにと伝えている。この内容から実質的に禅林寺の再興に最も力があったのは、善空だったのかも知れない。

翌六月四日には、「今日、禅林無量寿院に於いて斎会有り。二尊院長老（寿観）を導師と為て、仏陀寺長老、常楽寺院主等浄土宗都合二十人余りに円頓戒を受け、衣鉢を持つ云々。西山仏法繁昌は珍重々々、件の斎の後大般若経転読、御祈禱に至りぬ。巻数明日進上すべし云々」とある。

さらに五日には、綸旨が出たため、実隆のもとに寿観が来て、「参内して天皇にお礼を述べてきた」と報告、これには永観堂本願主聖了鎮も同道して、実隆をお礼の品攻めにしている。なお、「永観堂本願主聖了鎮」は『禅林寺文書』にある「勧進本願了弥」と同一人物と思われる。

上記の記述を補う内容の文章が明応七年（一四九八）六月五日付の『御湯殿上日記』に見られる。

> 雨夕かたよりふる。せんりんむりやうしゆゐんのしゆそうへりんしなさるる。御れいにとんす。こたかたんしまいる。はうすいまはなきにより。はんしゆ院そうしゆの中よりのつかひふんにまいらるる

『御湯殿上日記』は女官の日記で、朝廷の行事や献上物の記録、公卿の出仕などが書かれている。御湯殿上とは、天皇の浴室、御湯殿の東にある一間を指し、そこは宮中で使うお湯を沸かす場所であるとともに、女官たちの詰所であったことから来た名である。一昔前のテレビでは、女子社員が給湯室付近で休憩をとるシーンをよく見たが、あのようなものである。

「とんす」は屯子（どんす）のことで段子とも書く。「こたかたんし」は小高檀紙と書く。檀紙は奉書紙の一種で最上級のものをいい、小高檀紙は小さい判形の檀紙である。主として越前で産出した。陸奥紙（みちのくがみ）ともいう。紙は高級品で高値で換金することができた。「はうすいまはなき」は、禅林寺の法主が今はいないという意味である。長老たる賢立が亡くなり、この時にはまだ次の住持が入院していなかったからである。

実隆が禅林寺を天皇家の祈願所としたのは、寺領を護ろうとしたからだろう。所領を押妨されそうになれば、勅願寺ということで綸旨を出してもらい土地を護ることができるからである。天皇の祈願寺であるから、鎮護国家と玉体安穏を祈るのであるが、同時に在空が論義を復活させたのは、西山の教えが廃れていくことも心配しての対策であった。

二ヵ月後の、明応七年八月二十二日の日記には、「禅林寺無量寿院長老（濃州禅然寺前住智音、道号天承）称礼来臨」とだけある。禅林寺第三十二世の天承祐音（?—一五〇五）である。

明応八年（一四九九）一月十六日の『御湯殿上日記』には、後土御門天皇への年始の挨拶に知恩院の貫主等とともに、「ひむかし山のむりやうしゆゐん」の貫主（天承）が参内したことを書き留めている。また翌年の九月三日も、天承が何かのお礼に参内している。御祈願所となったこともあってか、宮中との接近が欠かせなかったとみえる。

明応七年（一四九八）二月十四日、実隆は亡き母の命日に禅林寺に小斎料を送っている。また、永正六年（一五〇九）九月十六日と永正八年五月十六日、禅林無量寿院に巻数（かんじゅ）を送っている。巻数は僧侶や行者が経典や神呪などを読誦して、その回数を記録した文書や紙片で「巻数木（かんず）」と呼ばれる小枝に結び付けられて依頼者に届けられた。実隆は、経典を読誦してその回数を記録し、何がしかの礼とともに、禅林無量寿院に送っていたのである。そして、この永正八年五月十六日を境に『実隆公記』から禅林無量寿院という名は姿を消す。

融舜の手紙

二尊院には、禅林寺第三十三世の一冲融舜（?—一五二三）から二尊院あての手紙が残されている。手紙は、仁和寺の子院である真乗院（現在は廃寺）が禅林寺にやって来て、二尊院に納める地子は、真乗院に納めるべきだと要求したので、融舜が謂れのないことだと断ったと告げている。

真乗院は宜秋門院（九条兼実の女）の御願寺として建立された仁和寺の子院である。『仁和寺諸院家記』から、三条家出身の真乗院の住持を拾ってみると、第二代の覚教大僧正が三条家三代三条実房の息であるのを皮切りに、公房の孫にあたる膺助大僧正、深助権僧正、三条公親の子息である深円法印、大内政弘のもとに下向した公茂の猶子である顕助僧正、通陽門院の父三条公忠の弟教瓚法印、実房の子の公氏の孫、公遍権僧正、三条実量の子、宗一大僧正などがあげられる。宗一大僧正は旧院上﨟局、三条冬子の兄にあたる。（『尊卑分脈』巻一、一三六）

融舜の手紙の日付が不明なので確定はできないが、宗一大僧正は、文明十三年（一四八一）四三歳で出家、歿年が永正十六年（一五一九）十月七日であるから（『仁和寺諸院家記』）、この宗一大僧正が融舜に直談判したと思われる。

今谷明『京都・一五四七年』（平凡社、一九八八）によると、応仁の乱で全焼した妙心寺に対し、永正六年（一五〇九）に、仁和寺真乗院領の敷地（現在の妙心寺の主要伽藍の地）が寄進され復興した、とあるから、真乗院も苦しかったと思われる。

真乗院がなぜそのような要求をしてきたのかは不明だが、三条家との深い縁を共通項とする二尊院と真乗院との関係によるものだろう。融舜の手紙には「当山本檀那は長橋三条殿にて御座候共真乗院一家の御親類なればとて心得難じ候」とあることから、三条家がらみであることは間違いがない。長橋三条の長橋は宮中の長橋局を指すから、三条家の女性が長橋局にいて檀那であったらしい。長橋局とは勾当内侍、勾当局とも呼ばれ、奉書を発給する女房である。

稲垣真哲勧学がこの手紙を指して「賢立上人に依って復興された禅林寺が二尊院其の他仁和寺等の従来の煩しい関係から、独立しようとされた事情など興味深いものがある」と指摘しているように、こういった面倒から早く脱したいという気持ちが禅林寺の復興を促進させたことは想像に難くない。

第五章　日本一流の学席へ

一、三条西家の尽力

宏善の登場

私が禅林寺の執事長（本山、宗派一体の組織・宗務総長も兼ねる）をしていたとき、尾道にお住まいのある人が「禅林寺の第三十四世舜叔宏善は、近江の佐々木氏の一門でないか」という手紙をくださったことがある。同氏によると、『新修尾道市史』の持光寺の項に「住職が禅林寺の貫主になった」という記述があることから、出自が不明とされている宏善（一四七五―一五五七）が佐々木氏綱にあたるのではないかと思う、とのことであった。

佐々木氏は隠岐や因幡の守護をつとめていたし、「足利尊氏の寄進状」の項で述べた守護代吉田厳覚も佐々木氏の出身で、西国に大きな力を持っていた。残念ながら、この方の参考になるような有力な情報は何も提供することができなかった。それほど、宏善が禅林寺に来るまでの経歴は謎に包まれている。舜叔というから、禅林寺第三十三世融舜の法脈に連なる人である。

第三十六世甫叔の「叔」は宏善の「舜叔」の一字をとったもので宏善の弟子である。甫叔は近江の佐々木氏の出身である。甫叔の兄が宏善に帰依したとされるが、同じ佐々木一門だったのならば合点がいく話ではある。

『実隆公記』では、宏善が急に実隆を訪ねてくるところからその交際が始まる。しかし、ここにもその出自についてヒントとなるような記述は何も遺されていない。実隆は、初めて会った人の場合、天承の時もそうであったように、前住の寺や本名、出身地などを簡潔に記すのをならいとしていた。ところが、初めて宏善と会った時は、初対面であるということ以外何も書いていないのである。知らなかったはずはないので、わざと伏せたのかとかんぐりたくなるくらいである。

大永七年（一五二七）五月十日、宏善が初めて実隆を訪ねる。実隆は、禅林無量寿院ではなく「永観堂住持」と書いている。

永観堂住持宏善来臨、初而対面、被向二位局、予以状申案内、被対面云々、樽一荷、饅頭二十、白瓜十被携之、寿鏡同道、勧一盞、雑談、謝遣之

二位局は大炊御門氏である。これによると、宏善のほうから実隆を訪ね、二位局に引き合わせてほしいという希望が伝えられており、実隆が二位局に手紙を書いて二位局と宏善との対面があった。同道の寿鏡は、実隆のもとに足繁く出入りしていた勧進聖の一人で、この人物が宏善を実隆に引き合わせたようである。

続いて翌十一日には、「宏善の弟子で等忍という香衣の僧が、摂州能勢光明寺の住職になったお礼に禁裏にやってきて、天皇にご対面したいというので、手紙を匂当局に書いてやっている。先方は、匂当局と自分の両方にみやげを持ってきた。等忍には寿鏡が同道していたので、寿鏡に帰りに永観堂へ寄ってもらい、宏善に扇を届けさせた」という内容が記されている。なぜ扇と思われるかも知れないが、この頃、対明貿易が盛んで、扇は日本の輸出品として人気があり高値で換金することができたのである。

当時、堺の商人と結びついて遣明船を動かした人物に取龍という禅僧がいる。この人は実隆の叔父、甘露寺親長の弟で、親長の子息江南院龍青（一四四八―一五〇九）とともに行動したという。〈伊藤幸司「堺における遣明船と禅宗勢力――東福寺派と取龍首座について――」〈今谷明・高埜利彦編『中近世の宗教と国家』〉〉二人とも名門甘露寺家に生まれながら、宮仕えをせずに自由に生きる道を選んだ。このため『実隆公記』にも江南院がしばしば登場、実隆はこの二人とは深交を結んでいた。

禅宗は中国との人的交流が盛んであったから、渡航経験が豊富で語学も達者、中国人との付き合い方を熟知し、外交における実務能力に長けているとなれば禅僧に勝る者はいなかった。外交面では、当時の幕府も全面的に禅宗の僧侶に頼らざるを得なかったから、禅宗寺院の隆盛には目を見張るものがあった。江南は中国南部の意で、江南院龍青というのは、貿易を行う上での通称のようなものなのだろうか。江南院は宮中に足しげく出入りし、明から帰ってきては「かうなんゐんたうの御宮けとてからいと。御ちやわん。御さうしかみまいらする」と宮中の女房にお土産を持参していることが『御

湯殿上日記』に見える。（文明十九年正月二十一日条）

江南院は西山派の寺院と実隆の間も取り持っている。延徳二年（一四九〇）十二月九日には、西山禅林寺派の名刹、美濃の立政寺の第十世護海から、御祈願所（天皇は後土御門天皇）の勅裁が欲しいと書状で申し入れがあった。すぐに勅許が出たようである。額も欲しいとの依頼があった。その勅裁の書き方についての記述がある。それによると、立政寺の祈願所勅裁は開山智通上人の頃、永徳二年（一三八二）八月十六日と応永五年（一三九八）十二月十七日に続いて、この延徳二年十二月九日が三度目である。これを頼みにきたのは江南院で、後日この江南院から美濃紙二束が届き、一つは実隆への礼、もう一つは、勅裁を書いたというより、口宣案を書いた頭中将に渡している。実隆は、この紙が勅裁の礼だと明記している。

実隆は美濃国に荘園を有し、年貢の取立てを取龍に依頼していた。美濃の守護代の斎藤氏と甘露寺家は婚姻関係を結び、甘露寺家は経済的に援助を受けていた。斎藤氏は家名の箔をつけるために甘露寺を通じて朝廷との接点を求め、江南院は美濃に寺庵を設け、窓口となっていたという。（前掲、伊藤幸司「堺における遣明船と禅宗勢力」）

宏善と実隆との交流は徐々に深まっていく。享禄二年（一五二九）十二月四日の日記に次のような興味深い記述がある。

禅林寺長老来臨、五十疋被携之、勧一盞、寿鏡房・祐全等同道、九品十一門事不審、十界之外、弥陀仏界加之十一門之由被答、殊勝也、西山相承三衣、法然上人・善恵上人御影等西山霊宝祐全

令見之、御影暫抑留、欲写之

宏善は「観経疏の十一門の十一とは何を指すのか」という実隆の問いに即答し、実隆はその答に満足した様子が見てとれる。『実隆公記』を読むと、実隆は西山派の教義に精通している。いちいち挙げることはしないが、法然上人と証空上人（実隆は善恵上人と呼ぶ）を崇敬し、『観経疏』『法事讃』や『他筆鈔』『当麻曼陀羅注』など善導大師や証空上人の書だけでなく実導の『弘深鈔』まで目を通している。これは、四宗兼学とはいえ当時、二尊院や三鈷寺に本山義の流れを汲む住職がおり、本山義が盛んに学ばれたことによる。

実隆は、早速二日後の六日に土佐光茂を呼び、御影の模写を命じ、翌七日には両御影を天覧に供し、鷲尾隆康に御影の賛の模写を依頼している。

ところで、寿鏡とともに来た寿観房祐全（?—一五六〇）は、勧進聖で『実隆公記』にはしばしば登場する。実隆は、享禄四年（一五三一）に成った『当麻曼陀羅縁起』の詞書や奥書を記したが、当麻寺との仲介役を果たしたのが祐全である。当麻寺の過去帳や、当麻寺の勧進聖を伴って訪問したり、完成した縁起を持ってくるなど、実隆と当麻寺との間をあわただしく往復している。

『善恵上人絵』は三条西実隆筆の詞書がある西山上人絵伝で、現存する絵伝の中では最古の優品である。巻子本六巻を収めた木箱の蓋裏の銘文によって、この絵伝が室町時代享禄四年（一五三一）春に完成したことが知られる。

祐全は、西山浄土宗の奈良・西方寺の中興開山で、禅林寺と実隆との間にも立ち、永観堂本の『法事讃』を実隆に届けるなど（大永七年三月九日条）特に宏善の時代、頻繁に接触していた。おそらく、禅林寺の勧進にも関わっていたと思われる。先にも述べたが、享禄四年（一五三一）五月一日に宏善から、西谷上人とは浄音だと教えられた時も同席している。享禄四年といえば、現存する『実隆公記』には記述がないが、さらに、二週間ほど経った五月十七日には興味深い記述がある。「祐全来、顧仏記録可遣永観堂之由命之遣了」というものである。これは、禅林寺再建の間、実隆があずかっていた「顧仏記録」を返したということか。それとも、実隆が記しておいた「顧仏記録」を渡したということだろうか。「顧仏記録」がどういったものを指すか不明だが、禅林寺の再建途中のご本尊みかえり阿弥陀の所在に、二尊院や実隆が関係していて、それに関するものが禅林寺に戻されたと考えられる。

禁中談義

天文二年（一五三三）三月二十四日には、宏善がお土産を携えてやってきて実隆と酌み交わす。「法談殊勝」「煩費慚愧」と実隆はご機嫌で、禁中の法談にかかわる話があったようである。話はそれるが、この時代の上流階級は誰でもそうだったのか、あるいは上流階級でなくてもそうだったのか分からないが、朝早くから平気でお酒を飲むのには驚く。それも毎日である。実隆も時々「禁酒をしなければ」と言うものの、客ともども、まるでお茶を飲むように口にしている。

同月二十八日には、「禅林寺宏善が来月禁中で法談をするのに、一昨日天皇（後奈良天皇）が聴聞しようと仰せになられた。三日から参内しなさい」と祐全を通して禅林寺に伝えている。宏善が来たのが二十四日、天皇が聴聞すると仰せになったのが、二十六日。年をとっても、実隆の反応は頗るはやい。四月一日、宏善が明後日の禁裏での講釈に関して内々に相談があると言って実隆を訪問。このときも祐全が同道している。

『実隆公記』によれば、四月三日から五日にかけて、宏善は『観経』三輩観について、禁裏の小御所で講釈を行った。講義を始める前に、後奈良天皇（一四九六―一五五七）の天顔を拝している。（『御湯殿上日記』）実隆も熱心に聴聞し、特に二日目の上品下生から中輩観の話がよかったらしく、安心の法文が心の底にしみわたって感涙に及んだと記している。

『実隆公記』や『御湯殿上日記』を見る限り、禁中での法談実現にまで導く経緯、当日の法談、やんごとなき人への受け答え、終了後の気配り、どれをとっても宏善は合格点だったようである。

同月十一日、実隆は、宏善に食籠、柳の二荷に書状をつけて、禅林寺に送っている。また、翌十二日に「法文五十首愚詠今日書之、□□寺所望也」とあり、十日後の二十一日に「祐全来、法文五十首愚詠遣禅林寺」とあるので、□□寺は、禅林寺であったことが分かる。どのような五十首だったか、宏善の法談の内容がうかがえる歌だったはずだが、遺されていないのがかえすがえすも残念である。

宏善との交友は更に続き、五月六日には、実隆が所有していた永観律師の『往生講式』を禅林寺に寄進している。十日には、宏善が祐全と大檀那（入道僧雁金屋、号丸屋）の二人を連れ、銭五〇〇文、酒、海苔などを携えて『往生講式』の礼にやって来る。この頃、実隆は荘園からの収入が途絶え気味で、全国の守護や大名の依頼で源氏物語や縁起の詞書、経典の書写などを必死でこなし、家族や使用人も養っていたから、本来は目通りがかなうはずもない雁金屋と号丸屋にも会うのである。おそらく、今回の法談にかかった費用は、この二人の大檀那の寄進でまかなったのだろう。この大檀那の登場で、当時の禅林寺の復興が順調なことがうかがえる。

さらに翌年の天文三年（一五三四）二月十日にも宏善を呼んで、その前年に亡くなった連歌師宗碩（一四七四―一五三三、宗祇門下の逸材として実隆とも親交があった）の遺した火瓶を禅林寺に寄付し、供養を頼んだりしている。『実隆公記』に宏善が登場するのは、三月七日が最後で、いつものように土産を携え、祐全、入道姿の檀那を伴い実隆のもとを訪れている。この時の目的について、実隆は書いていないが、「禅林寺に書状をやったら」とあるので、宏善に頼みごとがあって呼んだらしい。大永七年（一五二七）に二人が初めて会ってから約七年、実隆の窮状と禅林寺の財政再建は、ともに進んでいたとみえる。

香衣の勅許

宏善と実隆のやり取りだけを読んでいると、まるで世情は安定しているかのような気がするが、現実はそれとはほど遠いものであった。当時、実質的に幕府を支配していた細川氏に内紛が絶えず、細川氏にとってかわって政権を牛耳ろうとする三好氏との間で戦いが絶え間なく続いていた。実隆と宏善が初めて会う僅か三ヵ月前の大永七年（一五二七）二月十三日には、時の将軍足利義晴を擁した細川高国が桂川で三好軍に大敗、将軍義晴以下、幕府奉行人などほぼ全員が北白川から山を越え、近江へ敗走するという前代未聞の事態となった。

三好の惣領三好元長は、少年だった細川晴元を立て足利義維（よしつな）を将軍に、堺に実質的に幕府をおいた。一方、高国と義晴も坂本、朽木と近江を転々としながら、巻き返しをはかるチャンスをうかがった。やがて晴元は元長と袂を分かち、本願寺の軍事力に頼り、享禄五年（一五三二）、一向一揆の力を得て堺の幕府と三好元長を滅ぼす。しかし、今度は一向一揆の勢力が強くなりすぎて晴元の手に余るようになり、両者が戦い、天文二年（一五三三）になると、その一向宗の軍勢を法華一揆の軍が駆逐する、といったような無政府状態の権力闘争が延々と続いていた頃の話である。

こんな有様では、朝廷が財政的に逼迫したのは当然の帰結である。後奈良天皇は大内義隆が費用を負担、即位の礼を挙げたほどで、間に立つ実隆に加えて、香衣の勅許は天皇にとっても貴重な収入源となっていたのである。

『後奈良天皇宸記』にも、禅林寺の末寺に関わることが見える。逍遥院は実隆である。

逍遥院播磨国時光寺住持更衣事取申、永観堂長老申事也。多田満仲子孫時光建立寺也。依然号時光寺、住持八十余歳云々、勅許也（天文四年三月四日条）

と、天皇はなかなかに細かい所まで記録しておられる。

同月七日には、

先日逍遥院申、時光寺住持更衣事、在国又者老年労以急度上洛御不便、永観堂長老先御礼、御

扇十帖進上、代三百疋也、匂当披露

とある。

そして、一ヵ月後の四月九日、「時光寺住持御礼参、扇引合十帖進上」とあるから、高齢の時光寺の住職も御礼に参内したようである。また、四月五日にも「逍遥院中、禅林寺末寺越後国来迎院香衣事、勅許」とある。

それに対して、禅林寺だけでなく、末寺の方も財政状況が好転してきていたことが明確になったのが宏善の時代であった。再興は、地方の土豪や京都の商人など庶民に負うところが大きい。その背景には、朝鮮や明との貿易で潤った西日本や地方の物資が流れ込んでくる京都の経済力があった。『実隆公記』を読んでも、荘園からの年貢は減る一方でも、実隆は在京のまま筆一本で家族や使用人を支えていた。連歌師の宗祇や周桂、勧進聖の祐全、江南院などは、本業の他に実隆の命で全国に飛んで、遠隔地の年貢の督促に精を出しつつ、周防の大内、越前の朝倉、越後の上杉など地方の豊かな大名からの「注文」をとってくる営業マンでもあった。もっとも、これは実隆だからこそできたことで、三条公敦のように、都落ちする公家も少なからずいたのである。

その後も、禅林寺の復興は順調だったようで、天文十四年（一五四五）一月二十三日、山科言継（一五〇九―一五七九）の『言継卿記』に吉田神光院、若王子神社などで一盞傾けたあと、「次禅林寺、吸物入麵にて二献有之、及数盃」とある。一体、この山科言継という人は、毎日、どこかしら出かけて飲んでばかりいる人で、この日は東山の寺院や神社をはしごしてタダ酒を飲んでいたのである。禅林寺に特に用はない。禅林寺にはお酒を振る舞う余裕があるとみて、言継が顔を出したのだろう。二日後の二十五日には、御忌があるからと朝食後すぐに知恩院に出かけ、黄昏時まで他の公卿たちと「大飲」、大騒ぎしている。生活に困った公卿には、毎日、そんなことをしている人が多かったのかも知れない。

もっとも、おつにすましたところのある実隆とは違い、言継は明るく社交的で、その性格が織田信長に気に入られ、後に正親町天皇（一五一七―一五九三）の勅使として何度も信長に会い、大役を果たしたことで知られる。それも、フットワークの軽い言継が友人に誘われ、何かお金になることはないかと、尾張の信長の父、信秀のところまで出かけていって歓待されたことが縁になったという。当時、地方の有力大名にとって、京の都の公家の教養は垂涎の的で、公卿は鄭重に遇され、地方に文化を拡げていく役割を果たしていた。

このように、宏善は、宮中で談義を行う学識の深さがある一方で、当時の苦しい公家と朝廷の懐具合を知りつくし、末寺や大檀那の力を借りながら、着実に禅林寺の復興を成し遂げていった。

二尊院の復興

一方、二尊院の状況はどうなっていたのだろうか。『寺院神社大事典　京都・山城』によると、「永正年中（一五〇四―一五二一）長門の僧広明恵教が草堂を結び、三条西実隆父子の尽力を得て再興された」とあり、『古寺名刹大辞典』には、享禄年間（一五二八―一五三二）に再建されたとある。永正十五年（一五一八）四月二十八日付の『二尊院文書』では、室町幕府から「勅願所二尊院の事、応仁の錯乱に依って、堂舎退転せしむるの条、禁裏御奉加の旨に任せ、諸国に於て勧進致し、造功を専らにせらるべきの由、仰せ下さらるる所なり　仍て執達件の如し」と勧進の認可をもらっているところをみると、復興はなかなか進まなかったようである。広明恵教は、晩年の実隆のもとへ日参しており、『実隆公記』には、実隆が苦しい経済の中から、恵教にこまごまと援助している記事が散見される。

三条西公条の『三塔巡礼記』によると「天文二十三年（一五五四）嵯峨二尊教院にてはじめて安居せり。衆僧一両輩物語のついで、叡山三塔秘密の順礼の望みを申あへり。然るに当院の老師良純長老、これを聞て我先師広明和尚その望みはありながら、つゐに心ざしを遂給はず」とあり、実隆の孫にあたる九条稙通の『嵯峨記』には「（二尊教院は）応仁年中の兵乱に殿堂悉く滅亡し畢ぬ。広明和尚の草屋の形をむすびけるに、逍遥院入道前内相府の芳志を励し給ふ事勝計べからず。しかあれど穏しからざる世のうつりにて、一院造隆もことゆかでいたづらに星霜もふりけるに、良純論師（老師のまちがいか）の比心をつくし侍りて、仏殿方丈房舎に至るまで、きらきらしくならべ給ふ。此度の錯乱に隣端までも破却して残なく濫妨せしに、一物を損せずして、其災にも遁れ侍しこと、誠に戒徳のいたれるゆへなり」と認める。

「此度の錯乱」というのは、天正元年（一五七三）に、信長が上京を全焼させたことを指している。実隆と恵教の時には、簡単な建物だけで、お堂を建てることができなかったらしい。そして、良純の代になって、仏殿や方丈などを再建できた。こうしてみると、明応六年（一四九七）に客殿が完成した禅林寺のほうが復興が早かったのである。

天文十六年（一五四七）の京都を描いた上杉本『洛中洛外図屏風』には、永観堂として板葺一宇と瓦葺一宇があり、その二つが廊下でつながっている。書院と思われる屋根も見える。同じ上杉本の二尊院は瓦葺の本堂だけであるから、この時には本堂しかなく、それ以降、天文二十三年から天正年間の始め（一五五四―一五七三）の間には伽藍が整ったということになる。

十四世紀後半から応仁の乱頃まで、二尊院の住持が禅林寺と兼帯していたが、応仁の乱で両寺とも堂塔伽藍をなくした。禅林寺は何とか法灯を維持するために、三鈷寺、般舟三昧院、二尊院の住持である善空のとき、禅林無量寿院として、二尊院の下に入った。禅林寺から地子を納めてもらう形が、二尊院にとっても望ましいことだったのだろう。しかし、その後は、所領こそ二尊院より少ないが、禅林寺の再興のほうが順調に進んだと思われる。

三条西公条と禅林寺

三条西家と禅林寺との関係は、実隆の死後も続いた。これは、三条西家が代々、伝奏をつとめたことによる。

伝奏とは、寺社や武家の申し出を天皇に奏請する役職で院宣、綸旨の奏者となる。上皇や天皇と近親関係にある者が就いたが、人数は一人とは限らない。室町、江戸時代には、寺社伝奏、武家伝奏が置かれた。寺社伝奏は、堂上公卿から選ばれ、寺社からの諸事申し出を武家伝奏に取り次いで沙汰を受ける役職である。武家伝奏は、朝廷・幕府間の交渉を司るために、朝廷側に置かれた役職で、幕府の朝廷支配が確立した江戸時代には、朝廷の中枢の役職として、関白（摂政）の下で朝議に参与し、京都所司代と連絡をとり、将軍への勅使をつとめた。

江戸時代にまとめられた『京都御役所向大概覚書』の第一巻「寺社伝奏之事」には、三条西家が伝奏をつとめる寺院の筆頭に「東山禅林寺」があり、以下、粟生光明寺、三鈷寺、遣迎院、廬山寺、嵯峨二尊院と並ぶ。

実隆の子、右大臣三条西公条（きんえだ）（一四八七―一五六三）もまた、禅林寺と関係の深い人物である。法号を称名院といい、天文十三年（一五四四）に五八歳で出家した。幼い頃より父の薫陶を受け、三条西家の家学である源氏物語の研究や古今集の伝受を完成させた。漢学の素養は父以上と評される。

父の実隆は連歌師の宗祇から古今集を伝受、二人で『新撰菟玖波集』を選するなど深交があったが、公条も連歌師里村紹巴（一五二七―一六〇二）をそばにおいた。その人となりを知るエピソードが紹巴の弟子の松永貞徳著『戴恩記』に紹介されている。

あるとき、能登から伊藤という人がやってきて、古今集の伝受を願ったが、公条は許さなかった。家に仕える者が「どうしてそんなことをおっしゃるのです。もう、台所には食べものもない状態ですのに」と愚痴ると「垣から伊藤という者の姿を見れば、俗人なのに、略式の袈裟をかけている。あんな振る舞いをする者はろくなものではないから」と答えたという。

上級公家の家計の窮迫と公条の謹厳実直な人柄がうかがえる。

古今伝受は「清濁（よみ方）、談義、伝受、口伝、切紙の授与（切紙は談義には載らない重要な秘伝が独立分化し、項目別に一葉の紙に書かれたもの。密封した封筒に入れるので一通、二通とよぶ）、奥書（伝受を受ける者が、師の正しいテキストや注釈書を書写し、これに師が確かにこの本を写させたのだという奥書を加えること）、免許」の七段階に分かれる。連歌の会でも和歌の会でも、大層うるさい決まりがあって、歌の読み上げ方、作者の読み方、書き方、墨のすり方まで事細かに決められていた。和歌を詠むといっても、オリジナルの歌を詠むのではなく、必ず、過去の作品を踏まえた上に創意工夫して自分の色をつけて新しい世界をつくることが、瞬時にしかも多く求められた。漢詩、漢学、古今集や万葉集などは言うに及ばず、源氏物語や伊勢物語のなかで詠まれている和歌や、有名な文章はすべて記憶しなければならない。また、和歌の注釈も盛んに行われた。

公条の子が三条西実枝（一五一一―一五七九）で、初名は実世、のち実澄、実枝と改めた。歌人、歌学者として名をなした。源氏物語の研究書や詠歌大観、秀歌之体大略の詳細な講義も伝わる。

古今の伝受がどれほど厳しいものであったかは、次のようなエピソードでも知ることができる。三条西実枝の子、公国が早世したため、その子がまだ幼く伝受することができなかった。そこで、実枝は孫に将来伝受させる約束で、第一人者の細川幽斎（一五三四―一六一〇）に伝えた。後の話だが、関ヶ原の戦いで徳川方についた細川家は、息子の忠興が会津攻めに参加、その隙をついて、幽斎が留守を守る丹後の田辺城は石田三成方の兵に囲まれた。幽斎の兵は五〇〇。対する西軍は一万五〇〇〇。幽斎は籠城して激しく抵抗したが、さすがに形勢の不利は誰の目にも明らかで落城の日が近づいた。

それを聞いた朝廷では上を下への大騒ぎになった。「幽斎に万一のことがあれば歌道が絶えてしまう。これぞ国家の大損失である」と、後陽成天皇は戦場に勅使を派遣、東西軍に講和を命じた。勅命とあらばと西軍は講和に応じた。その時の勅使の一人が実枝の孫三条西実条（一五七四―一六四〇）である。幽斎は命拾いをし、約束どおり、歌道を実条に伝授した。

実枝の時代になると、勅使として厳しい局面にも立たされた。元亀四年（一五七三）四月五日、信長と室町幕府最後の将軍義昭の和睦交渉の勅使として、関白二条兼良、大納言三条西実澄、伝奏庭田重保が信長のもとを訪れ、勅命を伝えている。

話はややそれたが、後奈良天皇の母が公条の母の妹という関係もあり、公条は父と同じく後奈良天皇によく仕え、その信任が厚く、三条西家として初めて右大臣にのぼった。天皇が崩御されたのは、弘治三年（一五五七）の九月五日だったが、朝廷には大葬の費用がなく、荼毘にふされたのは、十一月二十二日のことであった。漸く御骨が般舟三昧院におさめられることになり、般舟三昧院の縁に立って待ちかねていた公条は、庭に飛び降り、御骨の桶にすがり付いて、涙を流し、次のように詠んだという。

たちのぼる煙の跡のちりを見てさらの泪に袖ぞぬれける（『後奈良院御拾骨之記』〈『新群書類従』二二〉）

実隆と宏善との絆は、公条に引き継がれた。天文十一年（一五四二）、公条が宏善の依頼で認めたのが『禅林寺縁起』である。

二人の交流は、『御湯殿上日記』の次の記述にも見られる。「永観堂の長老、称名院つれて御まいり候て、法文申さるる。長老に疋に御絹統べて答ふ」。（天文十六年十二月九日条）天皇は後奈良天皇で、この時も禁中で談義を行ったことが知られる。また、禅林寺には公条の手になる「七ヵ条制戒」が宝物として伝わる。

『御湯殿上日記』には公条が禅林寺に関して、伝奏をつとめたと思われる記述がある。一つは弘治三年（一五五七）四月十五日条で「せうみやう院より。せんりん寺のまつ寺けいいてんかうゑの事申さるる。御れいにまいらるる。御たいめんあり。五百疋まいる」。もう一つは永禄二年（一五五九）八月十九日条で「せうみやうゐんよりひんかし山せんりん寺せいたうかう衣の事申して。けふ御れいにさんすへきよし」とし、翌日に天皇と対面し、五〇〇疋を持参している。「せいたう」は西堂。「まつ寺けいいてん」は不明。後者の西堂は、第三十五世顕貞と思われる。

顕貞も、公条と親しくしていたようである。禅林寺に伝わる四分の一当麻曼陀羅は、顕貞が開眼したもので、弘治三年（一五五七）に完成、銘は公条が書き、絵は南都絵師琳賢の手になるとされ、「顕貞曼陀羅」と呼ばれる。

『御湯殿上日記』には、永禄五年（一五六二）九月二十四日に「永観堂（やうくわんとう）□□かひしゆん長老香衣（ちやうらうかうへ）の事。称名院（せうみやうゐん）より申て御れいにまいる。申しつき右中弁つね元。同顕貞長老（けんていちやうらう）つゐてに一そく一ほんにて御れい申す。申しつき同」とある。右中弁経元は甘露寺経元（一五三五―一五八五）である。

ただし、父の実隆が、証空上人を敬い当麻曼陀羅に精通し、西山教学を積極的に学んだのに比べ、公条にはそれほどの関心はなかったようである。晩年、長年連れ添った妻に先立たれ、紹巴を伴って傷心を癒す旅に出るが、その時に書いた『吉野詣記』では、父と同様、四天王寺に参詣しているが、父にはあった証空上人への感慨は見られない。

二、勧学院の設立

甫叔の出自

宏善の後を継ぎ、禅林寺を押しも押されもせぬ一流の学席に押し上げたのは、第三十六世甫叔（一五二八―一五八六）である。

幸い、私の手元には甫叔の出身である北村家の家系図があるので、それをうかがってみると、甫叔は近江栗津北村城に住んでいた北村加賀守宗正の子、伊賀守宗春の二男である。北村氏は佐々木氏に属し、宗春の法号を融雲といい、菩提所として融雲寺を建立、二男の甫叔に与え、天文十九年（一五五〇）に亡くなるとある。

佐々木氏は近江の有力武士で、頼朝の父、義朝に仕え、頼朝の挙兵に従い数々の武功を打ち立てた。特に宇治川の先陣争いで、梶原景季に佐々木高綱が勝った話は有名である。平家が滅ぶと、佐々木氏は近江の守護に任ぜられ、在京御家人として近江で強大な権力を持つ山門との折衝にあたり、めきめきと力をつけていく。後に佐々木氏は六角氏と京極氏の有力二氏に分かれた。六角は京都の屋敷が六角東洞院にあったから、京極は京極高辻に屋敷を構えていたのが、その名の起こりである。第三章に登場した佐々木道誉は、京極氏である。

宗春の嫡男は伊勢守宗永といい、家が富み栄えたので、醍醐の九万長者と呼ばれたという。宗永は禅林寺の宏善に帰依し、春岳という法名を授かった。『宇治郡名勝誌』の融雲寺の項には、宗永は「天文二十年（一五五一）二月に亡父宗春追孝の為に一寺を創建し其法名融雲を以て寺号とし舎弟甫叔を以て開基とす」とし、融雲寺の開山を甫叔としている。甫叔の跡を襲った第三十七世杲（果）空俊式（俊弌ともいわれる）が残した「甫叔上人覚書」によると、融雲寺から紀州の総持寺に移り、永禄七年（一五六四）に禅林寺に晋住した。

この家系図によると、甫叔の甥が禅林寺三十八世の頂空寿仙（?—一六一八）で「南都称名寺に住し後洛東本山禅林寺に住す」とある。また頂空の兄は宇治の茶師上林道庵の養子になっている。『宇治誌』によると、上林家の祖は上林加賀守久重といい、丹波の武将であったが、天正年間に明智光秀に所領を奪われ、宇治に移って茶業に転身したということである。上林、北村ともに加賀守で、その子孫が商人となり、成功をおさめた点は共通している。『宇治市史2』掲載の「宇治茶師の系列」によると、数ある上林家の中で上林道庵家は、もとは北村道庵家と名乗っていたとされる。

醍醐寺理性院の住持である厳助（げんじょ）（一四九三—一五六七）の『厳助往年記』には、北村家のことが何度か出てくる。厳助は、羽林家に属する松木家の出で、厳助の父と実隆の間には親交があり、厳助自身は公条と親しくしていた。『厳助往年記』によると融雲寺はもとは真言宗の寺院で、厳助は甫叔の父、伊賀守宗春をよく知っていたようである。こうしたことから、甫叔と公条とは知らない間柄ではなく、甫叔の禅林寺晋山にも、亡くなる前に公条が尽力していたかも知れない。

正親町天皇の綸旨

禅林寺には甫叔に引退を思いとどまるようにとした正親町天皇（一五一六―一五九三）の綸旨と女房奉書が伝わる。綸旨の発給は永禄十年（一五六七）で、甫叔はまだ三〇代であった。その内容は、「禅林寺の住持が退院したいということだが、門派の中には住持の器にふさわしい者が他には見当らないので、今暫く住持をつとめるように」というもので、署名は甘露寺経元になっている。

この正親町天皇の綸旨には、注目すべき点がある。一つは綸旨が戦国時代に正親町天皇から出されたこと。もう一つはその「隠退を思いとどまるように」という内容である。

室町時代になると、天皇の綸旨は公卿への連絡や香衣の勅許、寺院の認可などに限られ、所領の安堵や土地争いなど経済的、政治的問題は幕府奉行人が取り扱っていた。綸旨は、伝奏に頼めば公方の許しを得て、比較的簡単に出してもらえたようである。先述したように、東山無量寿院を勅願寺にするという後土御門天皇の綸旨は、三条西実隆の鶴の一声で即日、出されている。幕府は原則として反対はしなかった。浄土宗の寺院の場合、香衣の勅許は、禅宗の紫衣にも匹敵するものとして綸旨を必要とした。

しかし、六代将軍足利義教（一三九四―一四四一）の頃になると綸旨に変化が出てきた。義教は義満の子で青蓮院の門跡の地位にあったが、兄の五代将軍の死後、石清水八幡宮神前での籤で将軍に選ばれ、還俗してその位についた。異常な経緯で将軍になったせいか、義教は恐怖政治を行い、有力守護を徹底的に抑えたため、最後は「義教に滅ぼされる」と精神的に追い詰められた播磨・備前の守護赤松満祐に殺されてしまう。また義教は、政権を磐石にしようとするあまり、六〇年余りも出されなかった治罰綸旨を復活させる。治罰綸旨とは、政敵を討つ正当な根拠として出される、朝敵征伐の綸旨である。今谷明『武家と天皇――王権をめぐる相剋――』（岩波新書、一九九三）によると、室町幕府が瓦解していくのに伴い、この治罰綸旨の復活（一四三八）を皮切りに、天皇は武家に対する叙任権の復活、祭祀権の復活、皇位継承権の復活と力を取り戻していったという。こうして、綸旨の効力を強めていったのが正親町天皇とその側近たちである。

正親町天皇は後奈良天皇の皇子で、父皇の崩御に伴い践祚するが、皇室の財政は逼迫し、毛利元就の献金によって何とか即位の礼をあげることができた。父皇の労苦も間近で見て苦労をしてきたから、慈悲深く、忍耐強くそれでいて気骨のある人だったという。面と向かって信長に反抗することはなく、戦勝綸旨を出して懐柔する一方で、先例を盾に信長の譲位の要求には屈せず粘りぬいた。そのため、正親町天皇は出した綸旨の数とその種類の多さでも知られる。

次に「隠退を思いとどまるように」という内容である。甫叔は永禄七年（一五六四）に禅林寺の住持になり、天正十四年（一五八六）六月に五八歳で遷化する。遷化の年については、先の「甫叔上人覚書」により明らかである。綸旨が出された時はまだ三〇代ということになり、隠退するには若い。

それに本当に隠退を考えていたなら、その後、二〇年近くも住職であり続けるだろうか。

当時、林下禅院（妙心寺・大徳寺）の住持は綸旨により任命されることとなっていたが、浄土宗の寺院はそうではなかった。したがって、永禄七年の時点で任命の綸旨は出してもらうわけにはいかない。その代わりに出されたのが、この「隠退を思いとどまるように」という綸旨だったのではないだろうか。

綸旨は伝奏を通して申請によって出されるものであるから、書類上は当人が申請したと考えられる。たとえば、禁裏の史料を保存している「東山御文庫」の所蔵史料に妙心寺の住職、玄秀才岳が任命の綸旨を伝奏に求める文書があり、それは次のような文面となっている。

当寺住持職之事、被成降

綸命、請才岳座元、可奉祈宝祚万安、此旨奏達所仰也、恐惶敬白、

天正二年六月十二日　　　　　　　　　玄秀判

伝奏幕下

この正親町天皇の綸旨に関し『御湯殿上日記』に記述がないか調べてみたが、残念ながら該当するものは見あたらなかった。ちなみに、『御湯殿上日記』は、文明九年（一四七七）から文政九年（一八二六）までが現存しているが、本能寺の変の年から後の天正年間、秀吉の死の前後、豊臣家が滅びる慶長年間などは全く残っておらず、彼等の死に直面した朝廷の動きが当の朝廷、あるいは後の誰かによって意図的に削除されている。

日記は女房言葉で書かれており、ひらがなが多く濁点がないので読みづらい。複数の女房によって書き継がれているから、書き方も統一されているわけではない。「せんりん寺」「ひんかし山むりやうしゆいん」「やうくわんとう」と、禅林寺の関連記事を拾い集めるのには苦労した。

甫叔のいた永禄の頃、禅林寺には「せいたう」（西堂）と長老がいて、西堂が住持に就き、長老は複数いたようである。末寺の住職の香衣の勅許の申請には、長老が参内している。隠居した前住が長老であることは、第三十五世顕貞が長老と呼ばれているので（永禄五年九月二十四日条・一五四頁参照）間違いないが、長老が複数の場合があるので、住職を経験していなくても年齢や自坊の寺格から、長老と呼ばれていた可能性がある。「住持」を「長老」と呼ぶ例は『御湯殿上日記』には見当たらない。長老が実権を握る場合も住職がそうである場合も両方あったようである。

甫叔に関しては、永禄十年（一五六七）九月十七日に次のような記述がある。「やうくわんたうのせいたうしゆつせの事。にしとのより申されて御心えのよしあり」さらに、二日後の十九日に「やうくわんたうのちやうらうさんたい申さるる」。「やうくわんたうのせいたうしゆつせの事」とは、香衣の勅許が出ることを指し、永禄十年九月十九日付で甫叔に香衣を着て参内を許可する正親町天皇の綸旨（『禅林寺文書』）が出ているのと呼応する内容となっている。

この綸旨も先の綸旨と同じく甘露寺経元の署名があるが、申し次いだのは「にしとの」とある。「にしとの」は、永禄十三年三月二十七日に源氏の桐壺の巻を宮中で講義しているから、公条の子、三条西実枝で間違いないだろう。正親町天皇の綸旨は、十七日に申請して正親町天皇の許可が出たので、十九日に長老が参内して受け取ったと思われる。

公条の側近で連歌師の紹巴の旅行記『紹巴富士見道記』でも、紹巴が実枝を「西殿」と呼んでいる。ただし、永禄二年（一五五九）から十二年にかけて実枝（永禄十年当時は実澄）は度々駿河に滞在、京都にはいなかった。『紹巴富士見道記』によると、永禄十年の五月には、実枝は駿河に滞在、今川氏の庇護のもと、連歌を教えたりしていたようで、紹巴が訪ねている。紹巴は駿河に行く前、愛知に一ヵ月も滞在、入京が近いと言われる織田信長の情報を集めていたと言われる（金子金次郎『連歌師と紀行』桜楓社、一九九〇）とすると、紹巴の駿河訪問には、それらの情報を実枝に伝えるという役目もあったことは十分に考えられる。もちろん、実枝の駿河滞在にも情報収集という側面があったに違いない。

なお、同じ永禄十年に出されている甫叔に引退を留まるようにとした先の綸旨も、申し継いだのは三条西実枝で間違いがないだろう。

署名の甘露寺経元は、甘露寺親長の孫の甘露寺家長の養子で、甘露寺家の当主となった。正親町天皇に仕え、「信長には折れるが決して負けない」という難題に取り組んだ気骨ある公卿として知られている。天正十年（一五八二）六月一日、正親町天皇の勅使として信長の上洛を祝うため、本能寺に出向いている。先にも述べたが、甘露寺家は三条西家とは縁続きである。

これらのことから、甫叔の綸旨の申請には禅林寺を挙げて、特に長老の意向があったと思われる。綸旨当時の長老についてだが、『御湯殿上日記』によると、永禄五年（一五六二）の九月の時点で顕貞は長老だが、永禄十年には亡くなっているので、顕貞ではない。ではいったい誰なのか。第四十三世圭道の「禅林寺圭道言上状」には、九代前（顕貞と甫叔の間）に「融隆と申す住持」がいたと書いている。これは末寺の西林寺の開基、紹月融隆とすれば、年代的にもあてはまる。また『御湯殿上日記』によると、永禄二年の八月に「しんきやう」という禅林寺の西堂に香衣が許されている。例によって、称名院（公条）が申し出ている。甫叔が三年目で住職を辞めると言ったことと合わせ、三年で住職が交代する決まりだったのかも知れない。

前述したように、正親町天皇は様々な綸旨を数多く出している。しかし、甫叔が住職を三年で辞めたいと言ったとして、それを思いとどまらせるためだけなら、綸旨まで発給してもらう必要がない。私は、本来なら天皇に任命権がない浄土宗の寺院である禅林寺の寺格を高め子弟を育てるため、さらに迫り来る信長の進軍を予想して寺領を護るため、「この人でなければ乗り切れない」という結論に達して、実枝など正親町天皇を補佐する朝廷の重臣と連絡を密にし、任命の代わりに発給を受けた綸旨ではないかと推察するものである。

第三十七世の杲空の入院（じゅういん）が天正十三年（一五八五）八月であるから、甫叔は、二〇年間という異例の長さで住職をつとめた。そのことがそれを裏付けているように思われる。

信長の入洛

果たせるかな、綸旨の翌年の永禄十一年（一五六八）九月二十六日、信長は室町幕府第十五代将軍足利義昭を美濃の立政寺に迎え、彼を奉じて京都に入ってくる。直前の九月十四日、甘露寺経元が奉じて信長に綸旨を出し「入洛の由、すでに叡聞に達す。それについて京都の儀諸勢乱逆なきよう、下知を加えらるべし」と平和裡な入京を要望していることからも、人心の動揺と不安の大きさがうかがえよう。

この信長の上洛から一四年の間、天正十年（一五八二）に本能寺で信長が死ぬまで、京には信長台風が吹き荒れ続けた。その間、信長は天下統一のため、近江、越前、播磨、丹波などで戦いを繰り返した。長島や越前の一向一揆では何万人も虐殺、比叡山を焼き払った。

元亀四年（一五七三）、将軍義昭との対立が決定的となり、双方の駆け引きの道具として庶民が使われた。信長は大軍を率いて知恩院に入る。義昭を脅す目的で京都の郊外、嵯峨、洛西を焼き払い、それでも義昭が折れないと知ると洛中に火を放った。この時、上京だけが全焼した。町衆は皆、銀を差し出して放火をやめるように懇願したのだが、上京の有力者がへまをして信長の機嫌を損ねたからだという。四月四日のことである。当時の京都は、二条を中心とする空き地をはさんで、上京と下京の二つの区でできていた。そのため、信長が上京だけを焼きうちにすることが可能だったのである。

この時の京都の人々の混乱と恐怖のありさまをポルトガル人の宣教師、フロイス（一五三二―一五九七）は次のように書きつけている。

都の人々はいかに信長が激昂しやすい性格であるかを心得ていたので、彼の気に入らぬわずかのことでも、市民に対し過酷な罰を加えるであろうと心配した。そこで彼らは、彼が公方様（義昭）を討伐するために軍勢を召集していると聞くやいなや、急遽、わずかの地所を隔てていた上京、下京から立ち去った。一里にわたる市街の混乱や動揺する情景を眺めるのは恐ろしいことであった。すなわち、日夜見るものすべては混乱以外のなにものでもなく、人々は家財を引き、婦女子や老人は都に近接した村落に逃れ、あるいは子供たちを頸や腕に掛け、どこへ行くべきか途方に暮れ、泣きながら市中を彷徨するのであった

そして上京に火がまわると、

恐るべき戦慄的な情景が展開され、全上京は深更から翌日まで、同地にあったすべての寺院、僧院、神、仏、財宝、家屋もろとも焼失し、確認されたところでは、都周辺の平地二、三里にわたって五十ヵ村ほどが焼け、最後の審判の日の情景さながらであった

という。

兵士や盗賊たちは僧院に赴き、憐れな仏僧らは僧衣を俗服に替え、袖や懐に彼らが所持していた金銀、また良き茶の湯の器を押し込んだが、その結果、さっそく追剝の手中に陥り、所持品や衣服を奪われたのみならず、虐待と拷問によって、彼らが隠匿していたものを白状するように強制され、結局そのとおりにさせられてしまった。

フロイスの記録によれば、洛外では、北白川、岡崎付近と、仁和寺、泉涌寺、当時、上京にあった寺院では誓願寺、知恩寺、真如堂、行願寺革堂、千本釈迦堂など、焼け野原と化した地名は六〇ヵ所、寺院名は二〇ヵ寺にのぼる。

信長の上洛は、漸く戦乱が終わりを告げ天下が落ち着く兆しであり、京都には歓迎すべきことであったはずである。寺院にとっては復興を進めるチャンスでもある。しかし、同時に信長が峻烈で酷薄な男だったことが人々の間にとてつもない緊張と恐怖をもたらした。禅林寺を護る人々も息をひそめて、事態の推移を見守った。いざというとき、どうするか。話し合いが何度も行われたに違いない。

信長が弾圧した寺院は、山門といい一向宗といい、武力を持つ宗団に限られていた。寺院は天下統一の観点から有効であるかどうかが彼の興味の対象となった。信長が石山本願寺に執着したのは、西国を攻めるのに天然の要塞になり得るからだったという。もちろん、禅林寺は該当しない。

だが、もし信長が入京して天下統一に成功したなら、幕府を無視して寺院に対してどんな要求をしてくるのか。住職の任命すら左右するかも知れない。このように、甫叔が住持を延長した期間は、禅林寺の長い歴史の中でも、もっとも舵取りが困難な時代だったといえる。応仁の乱から暫くは住持もいなかった。その後、幕府の弱体化で京都には戦いが絶えない中から、宏善、顕貞と漸く復興してきたのに、場合によっては、水泡に帰すかも知れない。

禅林寺とその財産を護るため、甫叔に辣腕をふるってもらうために、禅林寺を護っていた人々がとった策が異例の綸旨だったのではないだろうか。正親町天皇の綸旨は、当時考えられうる信長対策における唯一最高の一手だった。実際に正親町天皇は、なかなか老獪で信長に戦勝綸旨を出しておきながら、「勅願寺の所領を返すように」という綸旨も出しており、信長もそれには随ったという。しかし、光秀によって未遂に終わったものの、信長が天下統一に成功すれば、天皇を譲位させ京都で権勢を振るい、気にいらない寺院を焼いてしまう可能性は十分にあったのである。

石風呂の経営

禅林寺には、天正十一年（一五八三）十二月二十三日付の京都所司代前田玄以（一五三九—一六〇二）の書状が遺されており、甫叔が「四条坊門祖母柳町石風呂を俵屋より買得する」ことを許可している。前田玄以は、もとは尾張の僧で信長の嫡子信忠に仕えていたが、後に秀吉の五奉行の一人として京都奉行、寺社奉行となった人物である。甫叔は、四条坊門祖母柳町（現在の中京区姥柳町付近）に石風呂を経営、貧困の人々に風呂をふるまい、救済したとされる。

当時、四条坊門姥柳町には京都南蛮寺が建てられていた。『南蛮寺興廃記』（平凡社、東洋文庫一四）には「南蛮寺では、乞食や難病者を尋ねて集め、風呂を施し、身を清め、衣服を与えて療養させたという。また、癩病者・唐瘡（天然痘）の者には南蛮流の外科治療を施し、数ヵ月もたたないうちに全快したので、諸国から病人が貴賤問わず群がってきた」と記している。もっとも、この『南蛮寺興廃記』という書物は、著者や成立年不明の『切支丹根元記』という俗説書を改編して、宝永五年（一七〇八）以降に書かれたもので、当時の反キリシタン政策に迎合した内容であるから、史実とは大きくかけ離れているとされる。

同書の注には「京都南蛮寺では組織的医療事業は行われなかったが、慶長年間には数個の癩病院が設けられた」とあり、病人や貧しい人々に風呂を施したのは事実のようである。また、南蛮寺の土地を信長が寄進したとされてきたのも事実ではなく、永禄四年（一五六一）にある僧から土地を購入し、古い家屋のまま仮聖堂として使っていたが、天正のはじめには腐朽荒廃していた。改築にあたっては、他に土地を購入しようとしたものの、断念、高山右近などの尽力で三階建てにし、天正六年（一五七八）に竣工した。（海老沢有道『切支丹史の研究』）

信長の死後、秀吉は数年間は信長の路線を引き継ぎ、キリシタンを保護したが、天正十五年（一五八七）には、禁教政策に転じ、南蛮寺は翌年には壊されたという。

甫叔が石風呂を買い取ったのは、信長が死んだ翌年、天正十一年（一五八三）である。南蛮寺はまだあったが、場所がほぼ同じであるから、これは南蛮寺とそれに対する秀吉の政策と無関係だったとは思えない。人々が異教徒の振る舞いに感謝するのを見て、キリシタンの教化に触発されたにしても、甫叔は永観以来の伝統である救済事業に名乗りをあげたのである。秀吉の方では、本能寺の変直後に無用の混乱を起さないために、民衆の不満をなくすことで治安を保つというメリットもある。この石風呂の経営がいつまで続いたものか不明だが、甫叔の行動力と知名度の高さ、所司代との関係がうかがえる。

しかし、慈善事業というものは、政治的な思惑だけでできることではない。

仏教には無縁の慈悲という言葉がある。仏が起こす慈悲で、何かを縁として起こすのではなく、仏が自発的に起こす絶対の慈悲、大悲である。自分とは縁もゆかりもない、全ての人に平等に注がれる慈悲である。阿弥陀さまが、あらゆる人々の傍におられ、包み込み、励ましてくださる慈悲のことである。世間から嫌われる病者を受け入れ、接することは、自らが阿弥陀の大悲に包まれて生かされているることを信じる人によって初めて可能になる。当時、他の大寺院が見向きもしないなか、禅林寺だけが無縁の慈悲を具現化したことは、誇ってよいことだと思う。

さきに、第二章の永観の「温室の創設」で述べているが、この時代の石風呂はどのようなものだったのだろうか。豊国廟の社僧梵舜の『梵舜日記』に慶長十三年（一六〇八）四月九日、片桐且元が伏見に来た時、宿に石風呂を用意したという記述がある。これは石で造った風呂の中に湿った莚を敷いたり、あるいは水をかけたりして、熱した石から出る蒸気に浴するといったものだったと考えられる。私の住む八瀬は竈風呂で有名であるが、同系統のものである。町風呂にもこの形式のものができつつあったようで、山科言継は天文二十一年（一五五二）十二月七日に石風呂へ出かけている。

一流の学席へ

甫叔は、学識、見識ともに優れ多くの弟子を育てた学僧としても知られる。元亀三年（一五七二）九月二十二日には、次のような正親町天皇の綸旨が出されている。

浄土当流学席之事、諸国之能化・所化、不論遠近、仏法弘通器量之輩、雖非末寺、任先例、如寺法、皆香出世之儀、可有執沙汰之由、天気所候也、仍執達如件

この綸旨で注目すべきは、器量さえあれば末寺でなくても、広く諸国の能化、所化に禅林寺の寺法に応じて香衣の勅許が可能になったということである。優れた浄土宗の僧を育てる機関として、禅林

寺が認められたのである。甫叔は、お墨付きを手に入れることによって、西国、関東にも教線をはり、禅林寺の体制を磐石なものにしようとしたと思われる。そのために、禅林寺に勧学院を設立、熱心に論義を行うことで、西山派の教義を深めた。この時の甫叔が蒔いた種が育ったのは、江戸時代初期の行空龍道の頃とされるので、これについては、後に触れたいと思う。

勧学院を設立、論義を盛んにした点は、甫叔が宏善と大いに違う点である。換言すれば、優れた僧侶が一人出て、談義をすることによって天皇や公卿の尊崇を集め、評判になって檀越を増やしていく段階から一歩進んで、寺院自体の格を上げ、優れた学侶を育成する段階に至ったと言えばよいだろう。

ここでは、宏善が実隆や後奈良天皇の前で行って大いに面目を施した談義について簡単に触れておく。

談義は、説教、説法に近いものである。鎌倉時代、天台宗は関東への教線拡張に力を入れ、諸宗の寺院が天台宗に改宗した。これらの寺院は、談義所と呼ばれ、学問僧を養成する教育機関の役割を担って交通の要所に設立された。多くは、室町時代に入って談義所の形態が整い、こういった天台宗の談義所の中には、勧学院と呼ばれるところもあった。談義所の構成は、数人の能化と四〇名から五〇名の所化から成り、談義所の長である能化は学頭と称した。そこでは、能化が口伝で法門を伝授することが中心となった。

談義という語は、慶長八年（一六〇三）の『日葡辞書』にDanguiの語が見えるので、江戸時代初期には、一般的な言葉として広く説教や法談を指していたらしい。この談義所が江戸時代の檀林の前身である。西山派では、美濃の立政寺、尾張の曼陀羅寺、祐福寺、正覚寺、紀伊の総持寺の五檀林があった。

残念ながら、宏善の時代、禅林寺にどのような勉学機関があったのかは、史料がないので、分からない。長老を中心に、勧学院の前身となるような、学侶の養成が少しずつ行われていたと考えるのが自然であろう。二尊院や三鈷寺の例を見るまでもなく、中世の僧侶、寺院は諸宗兼学、雑学性があり、今日の寺院のように一寺には一宗という枠に入れることは、不可能だったと言える。現代の私たちが持つ宗派という概念は、当時の人たちには非常に希薄だったと思われ、一つ中心となる宗があって、それを深めるためにその他の教えも学ぶというのが普通であった。禅林寺だけが例外とは思えないから、念仏道場ではあったが、専修念仏に限定されない仏法も学ばれていたと考えられる。先の正親町天皇の綸旨の「諸国之能化・所化、不論遠近、仏法弘通器量之輩、雖非末寺」という文章がそれを証明しているように思う。

さらに甫叔は、勧進と大衆の教化にも余念がなかった。先述したように『融通念仏縁起』を感得し「当山甫叔上人大勧化して大念仏所作を授くるの帳」という「念仏所作帳」なるものを残した。少し前の記録になるが、享禄二年（一五二九）三月、山科言継が清凉寺の大念仏会に出かけたところ、参詣の人の重みで渡月橋が崩落、七、八〇人もの怪我人が出たと『言継卿記』に記している。

「念仏所作帳」が現存していないので詳細は不明だが、清凉寺にならって、禅林寺でも大念仏会が修され、善男善女で賑わったのだろう。

三、豊臣から徳川へ

土地問題の勃発

甫叔の歿後、その跡をついだのが、弟子の第三十七世杲空俊式で天正十一年（一五八三）に入寺した。この人が住職の時に、南禅寺との間に土地問題が勃発、解決を見ないまま、江戸時代に至った。

禅林寺に残る土地問題に関する史料はさして多くない。古くは、『石山寺の研究　校倉聖教・古文書篇』に光厳上皇院宣案がある。院宣は、法皇や上皇の命で院司が出す奉書形式の文書である。奉書様式とは上皇や天皇が直接認めるのではなく、近臣に代筆させ、署名も近臣が行うものをいう。光厳上皇は、北朝第一代で、足利尊氏によって廃されたが、尊氏が後醍醐天皇と袂をわかつと、尊氏の奏請により上皇となって院政を行った。これはその頃の院宣である。

院宣は、暦応三年（一三四〇）九月十五日付で石山寺の座主宛に出されている。内容は、禅林寺の三綱等が「森下小田は禅林寺の所領だ」と訴えたので、その土地の権利を主張しているらしい勝林寺の長老にその根拠（是非）を出すようにと何度も求めたが、梨のつぶてなので、勝林寺に対して「所務」を止める様にという院宣になっている。

勝林寺は、釈思順という入宋僧が帰国後に開いた洛東草河勝林寺という禅寺で、禅林寺の近くにあった。（『本朝高僧伝』巻十九「洛東勝林寺沙門思順伝」）森下小田については不詳だが、『角川日本地名大辞典』には「江戸時代の開発によってできた建仁寺門前町のひとつ」として、森下町という地名がある。町名の由来について「町名ははじめ耕地にして、字を森下と称したによると伝え」とされる。これが勝林寺と争った森下小田であろうか。

注目すべきなのは、禅林寺領のことなのに石山寺の座主あてに院宣が出ていることで、「別院禅林寺」とされていることから、なぜか禅林寺は石山寺の別院と考えられていたことになる。

暦応三年といえば、禅林寺では室町幕府に訴えて、足利尊氏寄進の淀新庄の地頭職を漸く明け渡してもらった頃である。これはケースバイケースということで、禅林寺を石山寺の別院としたほうが、ことが有利に働きやすいと考えたということなのだろうか。仁和寺が禅林寺や園城寺を子院とした例もあったが、昔の人は鷹揚というか、こだわらないというか、現代の私たちが、別院とか子院という言葉から受ける印象とはかなり違うことがうかがえる。言葉の持つ重みが全然違うのである。

この院宣から約二〇〇年後、次の境界問題が浮上してくる。応仁の乱で都がほぼ丸焼けになってしまい、境界が不明になったために、復興の過程であちこちで土地問題が勃発することとなった。たとえば、『実隆公記』の文亀元年（一五〇一）十月十日には、浄蓮華院と吉田神社の間で、乱後の田畑の所有をめぐる争いが起きているとの話がみえる。

禅林寺でも、宏善が住持のときに、土地問題が起きた。『実隆公記』の大永五年（一五二五）十月十日に「良寿（二尊院）来、永観堂堺相論事被申之」とある。実隆は思うところあってか詳しく日記に記していないので、相論の相手は不明であるが、おそらく南禅寺と思われる。というのは、四年後の享禄元年（一五二八）閏九月二十八日の『御湯殿上日記』に次のようにあるからである。

九里（左中弁カ）サ申南禅寺より永くわんたうとの地の境のあらそいありて。青蓮院殿よりりんしの事御申あり

翌十一月二十七日には「なんせんしよりやうくわんたうと山をあらそふ事につきてりんしを中て。御礼に御あふき（扇）。十てうまいる。しやうれんゐん殿より申さるる」とある。天皇は後奈良天皇である。青蓮院が南禅寺側に立ち、南禅寺に有利な綸旨が発せられたようである。

初めて宏善が実隆を訪ねたのは、この綸旨が出る前年の大永七年（一五二七）である。この境界争いとそれに敗れたことが、この後、宏善が急速に実隆に近づき、足しげく朝廷に参内するようになる契機の一つとなったとみてよいだろう。

若王子神社に関しては、享禄二年（一五二九）二月三日の『実隆公記』に次のような記述がある。

恵教房来、勧一盞、就禅林寺与若王子、就堺事可口入之由被申之、若王子此辺疎遠也、如何、招山科（言綱）相談可申達之由領状、然者其旨趣以一書可申之由報之、山科勧一盞、禅林寺大檀下京地下者（じげもの）二人各入道僧也、携一荷、饅頭、昆布来、賜盃了

恵教房が来て、禅林寺と若王子が境界でもめているので、間に入ってほしいという。実隆は、「最近、自分は若王子と疎遠だから」と山科言綱を呼んで相談、「申達すべき」という結論に達した。そこで、禅林寺に「申達が出た」旨を若王子神社に申せと伝えた。

これは、宏善が二尊院の広明恵教に実隆への仲立ちを頼んだとみえる。この依頼の因となったのは、

その前年、享禄元年閏九月に南禅寺との土地争いに敗れたことであろう。青蓮院の口利きによって南禅寺側に有利な綸旨が出されるということになってしまった。宏善としては悔しい思いをしたに違いない。幕府の評定所が機能していない時期であるから、このようなことがまかり通っていたのである。このとき、下京に住む禅林寺の大檀二人がおみやげをもってきている。禅林寺の有力な檀家の話が出るのはこれが初出である。「地下者」とは、宮中に上がることを許されていない者をいう。その檀家の一人が以後も『実隆公記』に登場する雁金屋入道という人物である。

この件は、禅林寺側に有利に働いたとみえ、翌享禄二年（一五二九）二月十七日には、「中院（通胤）・甘黄等来会、永観堂事、以前雁金屋入道来、有調法子細、先若王子口入事自此方不可申云々、得其意之由報之」とあるから、雁金屋入道が来て、子細うまくいったので、若王子神社の仲立ちの件は、口外しませんので、その辺はよろしく、と伝えている。

なお、若王子神社は熊野三山奉行として聖護院門跡筆頭院家の地位にあり、禅林寺をはるかにしのぐ勢力を誇っていたが、応仁の乱で聖護院とともに灰燼に帰した。宮家準『熊野修験』（吉川弘文館、一九九二）によると、若王子神社の復興については天文十四年（一五四五）及び永禄七年（一五六四）に、若王子別当乗々院増鎮が熊野三山検校の令旨を出しており、引き続いて熊野三山奉行として活躍していたことが明らかになっている。天正三年（一五七五）信長は山城国西院内の三〇石を若王子神社に寄進、秀吉は天正十三年（一五八五）に二ヵ所計およそ七六石の朱印地を宛てた。これはそのまま江戸時代にも引き継がれた。禅林寺が秀吉から与えられたのが四三石だったことからみても、若王子神社の規模が分かる。

実隆は、若王子神社にあまりよい感情を持っていなかったとみえる。永正八年（一五一一）六月十四日には、円満院が熊野三山の検校に決まり、実隆も参賀することになったところが、諸山は納得済みなのに若王子神社だけが、途中でそれを邪魔してやると、近くの青蓮院や吉田神社に触れ回っているという。それを聞いて実隆は、この検校の職は内々に円満院に申し付けているのに、と憤っている。

さて、再び、南禅寺である。天文十六年（一五四七）九月四日付の「東山禅林寺雑掌申状」は、幕府に対して、天文五年（一五三六）七月二十七日の「京中錯乱の時」に証文を紛失したので、室町幕府に禅林寺の知行を示す証文をもう一度下知してほしいと訴えている。

「京中錯乱の時」とは、天文法華の乱のことで、法華宗徒と山門衆徒が戦い、洛中の法華宗寺院を焼いた。山徒は、まず松ヶ崎から侵入、二十七日には四条口、三条口からも山徒と近江衆が洛入、狼藉の限りを尽くした。法華宗の有力檀家が多い下京が全焼したといわれる。この申状に禅林寺の買得地として示されているのが「当寺（禅林寺）北南禅寺霊岩院旧跡事」と「当寺（禅林寺）南限帰雲院之谷事」の二ヵ所である。

この申状には、二つの土地について「右当寺境内幷所々散在買得地等」としていることから、境内より外の部分があることを示している。また『禅林寺歴代造営並ニ寄附物ノ略記』によると、「甫叔上人は北方恵雲院の旧地を買得、当山に寄附す。その他に十五石の買付の証文有り。其の地は知らず」とあるので、雑掌申状以降にも少しずつ、境内地を広げていたようである。そして、明治の上知令の時、この甫叔の証文が威力を発揮するのである。

今日なら、土地を売却してしまえば、その土地については何の権利も持たないのが当たり前だと思うが、室町時代はそうではなく、「本主」（もとの所有者）の権利は強大なものだった。本主の権利は永久に失われることがなく、元利を払えばいつでもその土地を取りもどすことができるという考え方である。とすれば、土地を買ったとしてもいつでも本主から返還を要求される可能性があり、それに応じなければならなかった。いきおい、土地の売買は盛んに行われることはなかったのである。現代と違い、土地の値打ちは土地そのものにあるのではなく、その土地からどれほどの収益があるかということにあった。したがって、寺域拡張のために隣接する土地を買わなければならない場合、そこからの収益は、本主に納めなければならないというようなことがあった。

たとえば、『禅林寺文書』には、天文二十二年（一五五三）七月二十九日付の「南禅寺龍華院田地売渡状」があるが、内容は、永代に禅林寺に預けた土地なれど、最初の五年間は二季に一貫文、六年目からは二季に一貫百文の地代を納めてくれというものである。龍華院は、三代将軍義満の頃、南禅寺の塔頭の中でも屈指の経済力を誇ったが、応仁の乱以後は以前のようにはいかなかったようである。

俊式は龍華院の藪をめぐって苦慮したようで、『南禅寺文書』に「禅林寺俊式書状」が残されている。これは、南禅寺の正院庵尊老（英岳周洪）宛への返書で、龍華院から直接ではなくて、南禅寺の長老から抗議の手紙が来たと思われる。その内容から想像するに、龍華院が禅林寺と龍華院との境の藪の所有権を主張し、地代を払うようにという要求をしてきたようである。この書状が書かれた日時ははっきりしないが、『南禅寺文書』には文禄五年（一五九六）とされる。俊式はこの手紙の中で、「野僧式八十ヶ年」と書いているから、住職一〇年目位の頃と考えてもよいだろう。

俊式は「なにとぞ、隣寺のことであるから、何につけても高い見識をもっていただきたい。（藪の件は）数代を通じてこうしてきたことであるから、今更、自分の所の知行だと仰せになっても、迷惑している。あなたが、このようなことをお取り上げになるとは、とてもご分別がおありになるとは思えません」と書き、さらに、

> 先翰ニテ可致貴報候之処、打続不得寸隙候之間、令遅引候、如致内話候、於当寺者、売買之沙汰ハ無之候、野僧式八十ヶ年以来之儀ニ候、従昔当寺之道之由承及斗（計）候、門中・旦方・宿老衆在之事候之条、相尋様躰可申談候、恐惶謹言

「先の手紙であなたに知らせるべきところ、ずっと忙しかったので、遅くなりました。内輪の話をするようですが、当寺は、売買を指図することはありません。野僧（私のような田舎者の僧）は十年来このやり方で来ました。（件の藪は）昔から当寺の道と承知しているばかりです。門中・旦方・宿老衆がおられますから、（その方たちにも）尋ねてみてください」

と続けている。これから察するに、どう返事をすべきか悩んで、返事を遅らせていたようである。

龍華院の周求は、この返事では埒があかないと思ってか、京都所司代の松田勝右衛門尉宛へ訴えている。その結果、結局、藪を借地として南禅寺に年貢米の形で地代を納めることになった。また、江戸時代の享保年間には龍華院の藪が伸びて、禅林寺境内に入り込み、道をふさいで困っている。それ

で先例に任せて借代を年貢米の形で禅林寺が支払うと南禅寺に申し出ている。（『禅林寺文書』）これなども、現在の常識からは随分とおかしな話で、前の天文二十二年七月の文書から推測すると、龍華院との境の土地を禅林寺が買い、地代を納めていたがそれがいつの間にか滞っていたのを龍華院から要求があり、再び納めるようになった。その境の土地が藪になり、藪の生長に応じて借りていることになっている土地の面積が増えて、地代が上がったとみえる。

秀頼と当麻曼陀羅

秀吉は本能寺の変直後から、寺社に対して、既に知行している所領を安堵するという政策をとった。知行していたものがそのまま与えられる場合もあったが、ほとんどの場合、知行と同じ石高を代替地によって安堵するというものであった。多くの寺社は山城国以外に荘園をもっていたが、それらを放棄させ、代わりに近くに土地を与えるというものである。その際、寺院は検地が免除されることも多かった。

禅林寺には、天正十三年（一五八五）十一月二十一日付で、豊臣秀吉朱印状が出ている。それには「山城国浄土寺内四拾参一事、令寄附之訖（おえる）、全可有寺納候也」とある。

この朱印状によって、漸く財政的基盤が確固たるものとなった。逆に言えばこの時から、寺院の所領は為政者から与えられるものとなったのである。

天正十八年（一五九〇）、秀吉は京都の町並みの大改造を行った。前田玄以や里村紹巴を連れて自ら下検分し、細川幽斎など有識者にも相談して大々的な整理を行い、東に寺町を置き、行願寺など寺院を移動させたほか、町全体を御土居で囲み、内部を洛中、外を洛外とした。壕を掘って、掘って出た土を盛り上げて堤にし、上に竹を植えたものが御土居である。御土居は鴨川、紙屋川に沿って築かれ、河川の決壊を防いだほか、出入り口が一〇ヵ所設けられて、洛中、洛外の治安を守る役目も果たした。

秀吉はその莫大な財力を背景に、寺社を管理する一方で保護政策をとり、修復や改築の費用を惜しまなかった。誓願寺は秀吉の命により、天正十九年に上京から現在の地に移り、秀吉の側室の助力で再興を遂げた。

禅林寺には三幅の当麻曼陀羅図が伝えられていることは前に述べた。そのうち正安四年（一三〇二）の銘がある重要文化財の当麻曼陀羅図は、不思議な縁が重なって、禅林寺に伝えられたことがその裏書に記されている。その内容は、次のようなものである。

豊臣秀頼さまは、慶長十二年を聖徳太子の再誕の年とみなされて、天王寺（四天王寺）を再興された。奇しくも慶長十二年が、聖徳太子が天王寺を創建された用明二年と同じ丁未の年にあたるからである。ところが、天王寺の曼陀羅堂は、上古の食堂の跡地に建てられていたため、秀頼さまは曼陀羅を安置申し上げるのに、もっとふさわしい霊地を探しなさいとお命じになった。そこで、洛東の禅林寺こそ善恵上人一流の学席、浄土変相図の本寺であり、さらに、善恵上人は天王寺と因縁浅からぬところから、禅林寺にお堂と曼陀羅の寄進を決めた。ですから、本堂再興の

暁には、顧本尊の右にこの曼陀羅をかけ、左には豊国明神の御影像をかけるようにしてください
これを記したのは、河村宗悦（久日斎、?—一六一二）という人物。愛知・津嶋の出身で信長、秀吉に仕え、貿易で財をなしたらしい。生年は不明だが、『洛東禅林寺略記』に宗悦とその妻の位牌が本堂にある、と記されている。この当麻曼陀羅は、肥後の満善寺という浄土宗の寺の什物であったが、大坂で河村宗悦の手に渡り、四天王寺に安置されていた。裏書の日付は慶長十二年（一六〇七）六月二十三日で、禅林寺には、同日付の河村宗悦の手紙も残され、「天王寺から曼陀羅とお堂を両方寄進するが、そのお堂に必ずご本尊と豊国明神の御影を奉るように」と念をおしている。

河村宗悦は、四天王寺の再興に大きくかかわっていたようである。天正四年（一五七六）に信長によって炎上した四天王寺の再建は、天正十一年以後資金集めが本格化し、文禄三年（一五九四）に再興した。四天王寺に残る慶長六年（一六〇一）十一月二日の手紙に「今度秀頼様諸堂被成御再興、如昔之成就仕候」（『天王寺誌』）とある。ただ、慶長六年には秀吉は亡くなっていたが、秀頼（一五九三—一六一五）はまだ八つの子どもなので、実質的には秀吉が四天王寺を再興したことになる。しかし、当麻曼陀羅の裏書にある慶長十二年の再興のほうには、秀頼の意志が少しははたらいていたのではないだろうか。とはいっても、まだ一四歳。現代の一四歳とは比べられないが、実質的には片桐且元などの仕事だったたと思われる。

大坂夏の陣で、四天王寺は灰燼に帰した。徳川方が火をつけたとも、秀頼の命によって片桐且元が放火したともいわれる。当麻曼陀羅は危うく難を逃れた。それを考えると、禅林寺にとって河村宗悦

は大恩ある人物である。

秀頼の悲劇は、父が亡くなったとき、余りに幼かったため、徳川家康（一五四二―一六一六）の思うがままに社寺の造営修理に巨額の費用を負担させられたことにあった。秀吉の追善供養ということもあり、慶長四年（一五九九）の東寺の再建に始まって、石山寺、観心寺、北野天満宮、鞍馬寺など年を追うごとにその件数は増した。慶長六年には京都所司代が五奉行の一人前田玄以から、徳川方の板倉勝重（一五四五―一六二四）に代わり、家康の秀頼に対する経済的圧迫は加速したと言われる。

京都は言うに及ばず、近畿の有名神社仏閣のほとんどが、その壮大な建築物や寺宝というかたちで秀吉の遺産の恩恵をうけている。先の曼陀羅の裏書にあるとおり、禅林寺も当麻曼陀羅の寄進とともに、四天王寺から曼陀羅堂の移築を受けた。今日、みかえりの阿弥陀さまがおられ、多くの善男善女がお参りに訪れる阿弥陀堂である。禅林寺の名宝、長谷川等伯の「波濤図」（重要文化財）も、秀吉と等伯との関わりから禅林寺に伝えられたとされる。

『洛東禅林寺略記』には、慶長五年（一六〇〇）に祖師堂を再建した施主として宗嘉なる人物を挙げている。のちに第五十七世貫空実道は、宗嘉について「姓名知らず。方丈蔵中に画像有り。恐らく是れ豊臣幕下大名の入道ならん」と書いている。宗嘉は法名と思われるが、この推測が正しければ、祖師堂の再建にも豊臣家の助力があったことになる。

日本三幅のひとつ

河村宗悦が第三十八世頂空寿仙宛に書いた手紙には、「今度東山禅林寺江寄進申処者、当麻新曼陀羅日本三幅之内也、同堂従天王寺引申処、厥御本尊之御堂与一所立」とある。「当麻新曼陀羅三幅」のうち、他の二幅は、「建保曼陀羅」と「文亀曼陀羅」と考えられる。

宗悦が禅林寺の当麻曼陀羅は「日本三幅」と胸をはった理由は、その大きさにある。この当麻曼陀羅の最大の特徴は、その法量が現在、当麻寺にある原本や「文亀曼陀羅」とほぼ同じ約四メートル四方の大きさを誇ることである。重要文化財に指定されている当麻曼陀羅は一〇数点あるが、原本と同じ大きさなのは、この禅林寺の当麻曼陀羅だけである。他の転写本は二メートル四方未満で、いわゆる四分の一曼陀羅、六分の一曼陀羅と呼ばれる大きさに留まっている。

また、「建保曼陀羅」、「文亀曼陀羅」、「貞享曼陀羅」は下縁の来迎の阿弥陀や諸尊が坐像で表現されているのに対して、禅林寺の当麻曼陀羅は立像になっている点も注目に値する。宗悦はこの点については何も触れていないが、当麻寺ではなく禅林寺に伝えられたのは、これが証空上人の転写本の特徴であることを知っていたからかもしれない。

証空上人が当麻曼陀羅を全国に広めたことは前述したとおりである。したがって、多くの転写本は立像形式をとっている。これは、証空上人が転写本を作るに際して、『観経』と『観経疏』に照らして、下縁の仏像に変更を加えたのではないかとされる。『観経』の華座観では阿弥陀が空中に立たれる。我が派では、この立像形式の阿弥陀さまを「立撮即行」の阿弥陀として尊ぶ。「立撮即行」は善導大師の『観経疏』の中にある言葉で、往生を願う凡夫に対して、阿弥陀さまはどこにおられても、座るなどという悠長なことはなさらず、立ったままですぐに救いに駆けつけてくださることをあらわしている。

なお、この重文・当麻曼陀羅の裏書には、その後万治二年（一六五九）に第四十三世圭道泰瓚が修補したということと、延宝六年（一六七八）に第四十五世寰(かん)空貞準が修理したと記されている。どちらも徳川四代将軍家綱時代のことである。

安土桃山時代の終わりから江戸時代にかけては、他の宝物も禅林寺にもたらされた。今、禅林寺の釈迦堂の長押に掲げられ、訪れる人々の目を楽しませている三十六歌仙扁額の和歌を揮毫したのは、近衛信尹（一五六五―一六一四）である。この三十六歌仙扁額は、いつの頃からか弁天堂の中に安置されて人目に触れることはなかったものを、平成になってから、補修の上、釈迦堂に移したものである。

信尹は近衛家の当主でありながら、秀吉の朝鮮出兵に参加を希望したという変わり種で、その奔放な行動に頭を痛めた後陽成天皇によって慶長三年（一五九四）に薩摩の島津家に配流になった。これには豊臣秀次の意図が強く働いたといわれ、翌年、秀次が死ぬとすぐに帰京、その後慶長十年（一六〇五）に関白になる。

信尹は能筆で知られ、本阿弥光悦、松花堂昭乗とともに、寛永の三筆と称された。禅林寺には信尹が三十六歌仙扁額の和歌を揮毫した旨を知らせる手紙が残されている。和歌は、流麗で清新の気に満ちた見事なものである。揮毫した年は明確ではないが、信尹が改名したのは、慶長四年、あるいは六年とされており、関白になる前に揮毫したと思われるから、慶長四年から慶長十年までの間、俊式の代である。

家康の登場

信長が亡くなり、秀吉、家康と権力が移譲していったこの当時の禅林寺の様子がわかるものは、あまり残されていない。

舟橋秀賢（ひでかた）（一五七五―一六一四、明経博士）という公卿に『慶長日件録』という日記があり、これには、三条西公条、近衛信尹、里村紹巴の名が見える。この日記の慶長五年（一六〇〇）正月に宮中に諸寺の長老が参内する記事がある。「次諸寺之長老以下参内、泉涌寺、大徳寺、二尊院、禅林寺、般舟院……」と続く。二尊院と般舟院との間に挟まれているところに、当時の三寺の親しい関係があらわれている。

ところが、慶長八年（一六〇三）の年賀挨拶になると、「浄幸（ママ）（華）院、二尊院、浄金剛院、般舟院、廬山寺、禅林寺……」とあり、「寺々雖有勝劣、近年は早参次第なり」とある。そうすると、慶長五年の参内の順番は、朝廷側の判断による有力寺院順だったが、慶長八年はそうでもなかったということになる。

さらに、慶長十年の年賀挨拶になると早く参内した寺からのお目通りとなり、その順番どおりに

「先大徳寺、同三玄院、妙心寺、康徳寺、浄華院、松林院、泉涌寺、禅林寺、正法寺、真如堂」と続いている。この時、どの寺から参内、対面するかでもめごとがあったらしく「僧衆前後候争有之」とある。

慶長八年といえば、家康が征夷大将軍となり、江戸に幕府を開いた年である。この年の正月に伏見に家康が滞在、舟橋秀賢は正月十日に家康にご機嫌伺いをしているが、十六日には、「家康公に群参也。予先日御礼申故不参」と自分の早さをやや自慢し、翌十七日には「諸門跡、諸寺院内相府へ礼也」とみえる。天下を治めた家康の所へ公卿も寺院も挨拶につめかけた。禅林寺の長老も走ったはずである。豊臣家もまだまだないがしろにはできない。こちらも大事、あちらも大切と、当時の寺院を預かる者の苦労が偲ばれる。

第六章　徳川時代に生きる

一、家康の寺院政策

寺院法度の制定

徳川家康がとった宗教政策に寺院法度の制定がある。家康は、秀吉が京都所司代に前田玄以を置いたことにならい、板倉勝重を所司代にすえる。前田玄以と同様、板倉勝重も元僧侶で宗務行政に明るかった。家康は、板倉とともに南禅寺の金地院崇伝（一五六九―一六三三）を寺院行政に当たらせた。各宗に寺院間の騒擾が絶えなかったこともあって、家康は寺院法度の制定を急がせたが、家康の意を汲んで、寺院法度を制定したのは、金地院崇伝である。

寺院法度の制定は慶長十三年（一六〇八）頃から開始された。最初は天台宗、真言宗が中心で、元和になってから曹洞宗、五山など禅宗に移り、元和元年（一六一五）七月七日の浄土宗法度及び浄土宗西山派の法度で日蓮宗を除いて、完成した。日蓮宗以外の全ての法度が家康の存生中に発布された。

『禅林寺誌』によると、家康に拝謁、西山派の法度を受けたのは、長老の第三十七世俊式である。

寺院法度は各宗の宗旨によって異なるが、基本の原則はおよそ三つである。第一が学問奨励、中央集権、朝廷から幕府への権力移譲である。

家康は僧侶の本分を学問に置き、学問の熟達度で僧侶の器量を判断し、足らざる者は任官をさせてはいけないということを明確にした。そこで、勧学院の設置に対しては寺領の寄進、金銭補助を行った。また、寺院法度を制定するにあたり、たびたび僧侶を駿府に招いて論義を聞き、自ら聴聞した。たとえば、慶長十八年（一六一三）四月十日に智積院法度を出したときもその前後に論義を聞き、浄土宗法度のときも、元和元年六月十七日に法論を開いた。少々パフォーマンス的な匂いがしないわけではないが、家康から論義を聞きたいと言われれば、断ることはできず、法度制定のためとあらば、学問に熱が入らざるを得ない。実にうまいやり方であったと思う。

二番目の中央集権とは、本末制度の確立である。これには本寺に権力を集中させれば、幕府が寺院を統制しやすいというメリットがあった。

三番目の施策として、まず、慶長十八年六月、紫衣勅許法度を発布、紫衣の着用を許されている諸寺の入院については、幕府が住職となる者の審査をし、その器量を見た上で認可を得なければならないとした。今まで朝廷にあった京都の寺院の住職の任命権の剝奪である。このとき名指しされた寺院は「大徳寺、妙心寺、知恩院、知恩寺、浄花（ママ）（華）院、泉涌寺、粟生光明寺、黒谷金戒（光明）寺」となっている。また、朝廷に対しては、寺院から勅許の申請があれば、必ず、武家伝奏を通して幕府に届けるように命じた。

法度の制定と並んで徳川幕府がとった大きな宗教政策が寺請制度の導入である。幕府はキリシタンを取り締まるため、武士や公家以外の町民を全員、寺院の檀家にさせた。僧侶は「この人は自分の寺の檀家でキリシタンではない」と証明する寺請証文の証人の役割を担うことになった。町民は、当初は宗門改めの時だけ寺請証文の提出を求められたが、後には、婚姻や引越し、家や土地の売買などがあるたびに証文が必要になった。檀家寺が地方行政に属するお役所仕事を一手に引き受けていたことになる。いきおい、寺院と檀家の関係は密になり、葬式や墓地、寺参りなど現在の檀家制度の基礎ができあがっていった。

キリシタン取り締りについては、『禅林寺文書』にも元和五年（一六一九）十月二日付で京都所司代板倉重宗（一五八六―一六五六）が寺中のキリシタンの穿鑿を命じ、通報者には褒美をとらせる旨を記した手紙がある。板倉重宗は勝重の子で、親子二代続いての名所司代として知られる。寛文八年（一六六八）になると、京都町奉行が創設され、京都市中の支配は、所司代から町奉行に移ることになった。

浄土宗西山派諸法度が制定される前、慶長十六年（一六一一）、禅林寺と光明寺の間で香衣執奏について争論が起こり、関東の寺社奉行に出訴する事態になった。幕府は信任厚い増上寺の源誉に任せ、金地院崇伝、北山円光寺の長老元佶の仲裁で和解に至り、香衣執奏は一人ずつ両寺が交互に取り次ぐと決められた。これを境に、西谷義の両本山制が定着したのである。

浄土宗西山派諸法度

「浄土宗西山派諸法度」は、九条から成る。第一条から第七条までが学問奨励、第八条が辻談義の禁止、最後の第九条が、香衣の綸旨はそれにふさわしい者に限って申請し受けること、となっている。

ちなみに第一条は「所化衆入、三年之間、先習覚先徳之古抄、於衆徒之前、毎日暗誦、依利鈍、遅速可有之事」、第二条は「衆入、三年之後、許写聖教号立筆事」、第三条は「頂戴聖教後、就善導之御疏五部九巻・選択等、受伴頭之指南、三経一論々談決択可令修錬事」となっている。所化から衆へと進むと、三年の間は、先徳の著した『観経疏』の解説書などの古い書物を毎日、他の衆徒の前で暗誦しなければならない。三年経って、やっと聖教を写すことが許される。それを経て伴頭（大衆を統率する長）の指導を受けて、善導大師の五部九巻（『観経疏』『往生礼讃』『観念法門』『般舟讃』『法事讃』）や法然上人の『選択集』について学び、三経一論（『無量寿経』『観無量寿経』『阿弥陀経』と『浄土論』）を談ずる修練を積むことが許されるのである。

しかし、第九条の「濫りに衣の勅許を受けることを禁じた」法度は、あまり守られなかったらしい。室町時代の終わりから戦国時代にかけて、極端な財政難に陥った朝廷が衣の勅許を乱発していたことを思い出してほしいが、朝廷、本寺の両方にとって末寺の住職の衣の勅許や出世は、貴重な収入源となっていたから、簡単にはなくならなかった。業を煮やした幕府は、寛永四年（一六二七）七月、知恩院から執奏した上人号のうち、ふさわしくないと思われるものを没収、浄土宗僧の香衣は、増上寺、知恩院の経由を有すると決定した。

この決定のせいなのか、寛文三年（一六六三）第四十三世の圭道泰瓚（？―一六六五）による、老中に対する紫衣勅許願いと霊元天皇綸旨が残されている。『正選歴代記』によると、圭道が常に紫衣を着てもいいという勅許をもらい、それを実行したところ、暑すぎてできものができて亡くなったとある。もっとも、常紫衣は住職が紫衣を着る資格があるということで、「常に」というより「いつでも」という意味合いである。圭道が常に紫衣を着ていたかどうかは疑問である。

続いて寛文五年（一六六五）十一月十七日、第四十四世の養空霊徹（？―一六七九）が、常紫衣の願いを老中に出し、同じく霊元天皇からの許可の綸旨をいただいている。

この霊徹の功績は、後の明石藩主松平但馬守直良（一六〇四―一六七八）を大檀越に迎えたことである。（史料編九参照）

松平但馬守直良は、家康の子秀康の六男で、越前大野藩主を経て、播磨国明石藩（八万石）を継いで松平明石家の初代となる。直良が亡くなる前年に書かれた霊徹宛の直良の書状（延宝五年九月二十八日付）によれば、五〇石を永代寄付するという手紙と朱印を逍遥院という僧に渡してあること、自分の位牌供養は、逆修の法要であるから必ず隠密に執行するように、老中久世大和守からも言われているので、くれぐれも守ってほしいこと、香花については任せること、自分は明日江戸を立つこと、が書かれている。同日付の逍遥院の書状には、直良の健康がすぐれないこと、直良の書状は飛脚に渡したこと、朱印は自分が持って上洛すること、また、禅林寺から直良に贈った松茸の礼を手紙に書くのを忘れたから、口で礼を言ってくれと直良に言われたこと、などと書かれ、お殿様、直良公の実直さが伺える。

この延宝五年（一六七七）の直良の書状が、明石藩が禅林寺の檀越になった濫觴である。直良の言葉通り、五〇石の寄付は代々の明石藩主に引き継がれたことが文書として残されている（明和四年三月十六日付の明石藩主松平丹後守直泰寺領寄付状など）。安永六年（一七七七）には、初代の直良、松巌院の百回忌御忌の法要が禅林寺で盛大に営まれている。

後に禅林寺では、明石藩と縁を結んだ霊徹への報恩をこめ、毎年、祥月斎会を営んだ。

勧学院の隆盛

稲垣真哲勧学によれば、甫叔が設けた勧学院が整備されたのは、第三十九世行空龍道（?―一六三五）の頃とされる。『禅林寺歴代造営並ニ寄附物ノ略記』によると、この人は俊式の門人で元和三年（一六一七）、越前の安養寺から入院した。

永観律師が南都で行われた論義で高名を馳せたことは前に述べた。その後、西山派の派祖証空上人も、積極的に論義を取り入れた。実導の『西山上人縁起』は、証空上人が三鈷寺往生院で「承久三年に不断念仏、六時礼讃、問答論義」を始めたと記している。派祖から分かれた本山義の人師は、三鈷寺で問答論義を盛んに行った。禅林寺は西谷上人の名をとって西谷義を名乗るが、その西谷義でも本山義ほどではないが、問答論義を積極的に取り入れた。

仏教には八万四,〇〇〇といわれるほど、数多くの法門があり、教義のぶつかり合いは避けられない。しかし、どの法門も釈尊が説かれたとされる経典に従っており、「その法門は間違いだ」と決め付けることはできない。そこで、「○○の経典にはこう書いてあるが、○○の論書、あるいは△△の経典にはこう書いてある。これはまるで反対のことを言っている」と、問答によって対立する主張を明確にしたあと、それらを会通して「実はこれこれこういうわけで、このように解釈しているので、どちらも間違っているのではない」とするのが論義である。天台宗や真言宗などの他宗でも行われた。

西山派で論義が盛んに行われたのは、法度を守って学僧の養成に力を注いだため、また自らの教義の独自性を明確にし、他宗の教義に対抗するためであったが、もう一つの理由として考えられるのが、派祖の教えの性格によるものである。証空上人は、善導大師の『観経疏』を所依の経疏とされ、その付属の疏（具疏）も同様に扱ったため、後の世の弟子たちは、それら高祖の疏と派祖の撰述の両方を解釈し、理解しなければならなかった。当然、それらの典籍の背骨となっている数多くの経典の理解も必要とされたが、典籍に出典が明示されているわけではないから、禅林寺で学問が盛んになるのも当然の帰結であったかも知れない。

永禄十二年（一五六九）の出来事として、『南蛮寺興廃記』に次のように記されている。

〔信長が宗論の月日を定めたので〕これは大切な宗論であると、僧家では南禅寺の印長老、浄華院の理道和尚、永観堂の深海律師そのほか、諸宗のすぐれた学僧たちが安土に下った

前にも触れたように『南蛮寺興廃記』には作為的な記述が多く、しかもこの宗論に関して述べた史料は他に見つかっていない。したがってこの宗論は、天正七年（一五七九）の安土宗論や慶長十三年

（一六〇八）の江戸宗論にヒントを得て作られたもので史実でないとされる。（東洋文庫一四『南蛮寺興廃記・妙貞問答』注）確かに、当時の禅林寺の住職が「律師」であるとは考えられないし、歴代にも深海という人はいない。「永観堂の深海律師」という名前からして、永観律師と深覚と珍海を混ぜたような怪しさである。しかし、この記述は、『南蛮寺興廃記』が書かれた宝永五年（一七〇八）当時、学僧の寺として永観堂が広く認識されていたことを物語る。

論義には短所もあった。問答形式であるから、どうしても他者に対する攻撃的、批判的態度が身についてしまう。和合第一の僧伽で、論義によって感情的なしこりを残すことになってしまっては、何のための学問かということになる。しこりを残すようでは僧侶としては失格だと言われればそれまでであるが、若い僧にはそういうこともあったかと思われる。

また、時代が降ってからの弊害だが、論義の型が決められ、題を決めそれにしたがって行うものだから、回数を重ねるにつれ、法楽論義といって論義口調で儀式的に読み上げるというやり方が定着してしまった。これでは先のような感情的もつれなどは起こりにくいが、本来の学侶の養成に資することが乏しくなってしまった。

なお、私が稲垣師から直接聞いた話であるが、江戸時代には智積院と禅林寺とで論義の腕を競うということが行われていたらしい。先述したように、慶長十八年（一六一三）、智積院の日誉が俊秀四人を率いて駿府の家康の前で論義を披露しており、江戸時代の初期から論義は盛んに行われた。智山における論義について詳しい史料は残っていないようだが、宗祖の興教大師覚鑁上人の報恩講は年に二度、夏冬と開かれ、その時に論義が行われた（榊義孝「新義の論義について(二)」『興教大師覚鑁研究』）。

稲垣師は「特に禅林寺に於ける論義は精細を極め他山の論義は「木綿論義」といい文証を引くに汲々たるに対し、禅林寺会下の論義は、「羽二重論義」「絹漉論義」なりと自負し文の上に義を以てし、義の上に証道を尊ぶというキメの細密を誇ったものである」（「西山論義形式に就て」『西山禅林学報』四号、一九五八）と記している。ちなみに、江戸時代の京都案内記のなかでも、その内容の豊富さに定評のある『京羽二重』の序には「唯竪横筋のこまやかならん事をいはんとて京羽二重と名付仕立る」と記されている。羽二重は絹糸が上質で織が緻密なのでこの喩えに使われた。

具体的には、どのような論義が行われていたのか。たとえば、論義の教本『西谷義論義草紙』に挙げられている論題は、全部で二二題にのぼり、『観経疏』に説かれている観経の解釈に関する設問で構成されている。主な論題は、「観経は釈尊出世本懐か」「観経の首題の中の無量寿という語は名と体のどちらか」「観経は仏の自説か」「報身如来の来迎はあるか」「何を指して定散の六義とするか」などで、どの論題も宗義の根幹となる重要なものである。

禅林寺には、月に一題を出題、論義を行った時の記録帳『探題録』一〇巻が残されており、実に元禄十二年（一六九九）から明治、大正に及ぶ二五〇年間にわたる貴重な史料である。さらに、論題を研究するために、その論題に有効な論書と巻数、丁数を示した『論題指麾集』も編纂されている。

論義は昭和十七年頃まで禅林宗学研究所で続けられていたが、時局のせいもあって、廃止されてしまった。その理由について稲垣師は「宗学に対する熱意の喪失と煩雑な宗学的術語により敬遠され

た」としている。（史料編425頁参照）

その頃の論義について、稲垣師がまとめているので紹介しておく。論義には小論義、中論義、大論義の三種があり、小論義は月に一回、互いに題者となって講師に指導してもらうもので、昭和初期の禅林宗学研究所では、毎年二ヵ月間、開所していたので年に一度講師の指南を受けたという。中論義は講師級の出題で、安居や法然上人の御忌、三月十四日の善導大師忌に論場を開設した。大論義は法主が出題して論席を主宰したもので、晋山式などで行われた。

二、寺院経済の好転

衆頭寮にあった古帳

さて、話を行空龍道に戻そう。『禅林寺歴代造営並ニ寄附物ノ略記』によれば、当時、禅林寺には「所化寮、衆頭寮、衆寮」の三種の寮があった。これは先の「浄土宗西山派諸法度」にもあったとおり、衆を束ねる衆頭、その下に学侶たる衆、さらにその指導を受ける所化という構成になっていたのだろう。『禅林寺歴代造営並ニ寄附物ノ略記』は、衆頭寮にあった古い帳面を細かく写しており、龍道の代に実に多くの修補がされている。収納帳も写しているので、様々な人々の寄進の記録も知ることができる。もちろん、古い帳面が残っていたからこそ書けたことで、記録が残っていない上人の代にもっと多くの営繕があったかも知れないが、政治的安定と当時の町民の勢いとに支えられて、禅林寺の経済が好転、安定してきたさまが如実に伝わってくる。

　これは何も禅林寺に限ったことではない。幕府が朱印地を安堵、境内と門前の諸役も免除された。法度で縛られることはあっても、平和の到来、檀家制度、本末制度の定着によって、寺院の維持は、住職や為政者が代わるたびに経営が大きくゆさぶられた前代に比べ、はるかにたやすくなったのである。

　京都の豊かさは、寺院経済の強化を後押しし、寺院の修理や復興の事業がさらに京都の経済を潤すことにもなった。十七世紀の前半、京都の人口は約四〇万前後で、大坂（おおざか）とともに、百万都市江戸に次ぐ日本第二の都市として日本の経済、金融の中心であった。地方の生産物は全て京都に集められ、売却され、地方からは必要な物を買うために大量に人が出入りしていた。地方から京都の大本山へ参詣する人々の数も増加の一途をたどったのである。また、鎖国が行われるまでは朱印船貿易によって、京都の商人は莫大な利益を上げていた。

　試みに、『禅林寺歴代造営並ニ寄附物ノ略記』を少し読んでみよう。まず、室町時代の作とされる、小曼陀羅に関連したものとして、「丹州（丹波、丹後）の住人並河志摩守入道喜安が曼陀羅堂を寄進、そこにこの曼陀羅を掛け、この堂を帰命院と名づけた。その後、第四十四世の養空の時に、この堂を東山の際に移し、このお堂で伝法を行ったので、伝授堂と呼ばれた。さらに第四十五世の貞準の時、門前に庵を結び、弟子の準清を置きそれを帰命院と呼ぶようになった」と記す。帰命院は後の塔頭である。そして、帰命院の修理料として並河志摩守から銀三〇枚が寄進されたが、その銀高は一貫九〇目である、と記している。『禅林寺誌』によれば、並河志摩守は「第三十九世龍道の時に曼陀羅堂を寄進し、寛永元年（一六二四）六月六日逝去」とする。

その他にも興味深いものをあげてみると、

「所化布施官銀九百九十四石七斗、切紙を以て相渡す」「十夜講の銀一貫八百五十目。右は念仏講の手形の分町頭の休意方帳面の分」「鹿谷買付の田地一石納の証文之有り」「金子一枚分の銀四百三十目常灯明料施主は中井大和守の後室幸清寄附」「白銀五百目常灯明料養林寺従り請取る」「金子一枚分の銀四百六十目風呂料　施主田中清六母儀　此の銀丸屋宗徳預り証文之有り」「銀子一貫目此の内五百目は所化の塩噌料薪料也。所化に相渡す。其の残五百目は常住に之を納む。右の施主後藤縫殿の内儀」「十夜講過去帳の銀子惣合て六貫八百五十目講中の連判之有り」「白銀五百目所化味噌料白銀五百目薪料右は松厳一貞禅定門の為其の息女の寄附」「白銀二枚所化味噌料妙恵信女の為吉文字屋市良左衛門の下女」などとし、これらの書付が当時の衆頭の古帳にある、としている。これを見ても分かるように、女性による寄進が多い。（史料編八参照）

当時の銀一貫は、現在の約七〇万円から百万円に相当し、銀三〇枚が約九〇万円だった。一貫が千匁だから、一貫を百万円とすると一目は約千円。当時、銀一枚は四三匁だったので、「金子一枚分の銀四百三十目」というのは、金一枚が銀一〇枚の計算となる。つまり、約三〇万円である。中に「金一枚銀四百六十目」とあるのは、相場の変動によるものである。江戸は金建て、大坂、京都は銀建てで、米の値も京都では一石が幾十目と数えていた。

ちなみに、井原西鶴の『本朝桜陰比事』（京都所司代板倉父子の名裁きを集録した読み物、比事は裁判の意）によると、年間銀八〇〇匁（約八〇万円）あれば、借家に住んで人一人を雇って遊んで暮らせたらしい。

建立、営繕の数も多い。全部をあげることはできないが、「顧本尊の厨子、接待の茶所一宇、浴室一宇、文庫一宇、客殿一宇、衆寮悉く皆再興、所化寮の庫裏新造、大庫裏再興、二階座敷再興」などである。もっとも、帳面の書き手は、自分が思うにと前置きして、客殿というのは、今の客殿ではなくて、その頃は書院を客殿と呼んでいたのではないかとも記す。その他、鐘、青磁の香炉、小方丈の建具、『仏祖統記』四〇巻、『西山上人御鈔』の寄付もある。また、融舜、宏善、俊式らによる『事相教相聞書』が一二一巻もあり、それらは常に方丈において寺外へ持ち出すことを禁止しているとある。西山流法度の第一条に定められた、三年間、所化が衆の前で暗誦することを義務付けられた「先徳之古抄」とはこういったものを指すのだろう。これらの篤志者は室町の唐物屋宗味、中立売の富士屋、烏丸通の網干屋など、商人がほとんどである。

その後も伽藍の復興が相次いだ。第四十一世の月空清感の代に講堂を建立、御影堂を再興している。この講堂は第四十四世の養空霊徹の代に食堂になり、第五十世の浣谿炬範の代に大修復を加えた。第四十二世の積峰慶善（一六〇〇―一六五八）のときには唐門を建立、第四十三世圭道泰瓚は本堂（阿弥陀堂）を再興、須弥壇を造り、彩色した金具をつけた。柱一四本と脇壇の金具を金箔彩飾し、石畳と欄干の金物も新調した。地蔵堂を造立、御影堂と本堂を結ぶ廊下を建立した。第四十四世の養空霊徹は北の隙地に新たに客殿と厨堂を建立。続いて第四十五世の寰空貞準の代には、経蔵を修復、新たに寄進された一切経を収め、浴室を改造、北方に衆寮を新築した。第五十四世の霊空是堪は、石垣、外門、中門を北に移し材木を改めて修造、鐘を新鋳、御影堂と本堂の回廊が裏山の崩落で壊れたのを、全面的に取り替えた。

確かなことは、御影堂や本堂は別として、客殿、書院、地蔵堂、鎮守社、浴室、伝授堂、食堂などは何度も改築、増築され、中には転用されて名称が変わった建物が少なくなかったということである。

甫叔と木下順庵のつながり

私が禅林寺の法主をつとめていた当時、江戸初期の朱子学者木下順庵（一六二一―一六九八）の子孫の方から木下家の墓について問い合わせを受けたことがある。

木下順庵は京都の人で松永貞徳の子息、松永尺五（せきご）に学ぶ。幼いときから神童ぶりを発揮し、それを見た天海（天台僧。金地院崇伝と並んで徳川家康の帰依をうけた政僧として知られる。寛永寺を創建）が法嗣にと申し出たが、断ったという。一度、柳生宗矩に従って江戸に出たが、京都に戻り、東山に住んで在野の学者として二〇年を過ごした。やがて、その名声は天下の知るところとなり、加賀五代藩主前田綱紀に迎えられ、六二歳で五代将軍徳川綱吉の侍講となる。詩文に長じ、教育者として比類なき才能をもち、門下に新井白石、室鳩巣、雨森芳州など俊秀を輩出した。

順庵から数えて九代目の木下一雄（元東京学芸大学長）が記した『木下順庵評伝』の系譜によれば

木下家の元祖秀信は慶長二年（一五九七）、順庵の父の二祖秀里は寛文六年（一六六六）に亡くなり、秀信、秀里ともに浪人であったがどちらも禅林寺に葬られた。残念ながら、秀信の墓は見当たらないが、秀里と順庵の実母、義理の母の墓は、禅林寺の墓地に並んでいる。

木下家と禅林寺の縁は、甫叔にさかのぼる。甫叔の兄・伊勢守宗永の息が秀信で、甫叔の兄が、木下順庵の曾祖父にあたる。木下家の元祖、二祖ともに浪人、また木下順庵が二〇年間も京都で学問に励むことができたのは、「醍醐の長者」と呼ばれたという伊勢守宗永の財産があったからかも知れない。

松永貞徳は京都の人で、俳人、歌人として知られる。織田から秀吉、徳川四代までを生きぬき、和歌を細川幽斎に連歌を里村紹巴に学び、三条西実枝より古今を学んだ。息子の尺五は朱子学者として知られる。朱子学者なら仏教のことは知らないのではと思われがちであるが、仏教の素養は当時の学問や思想の基礎であり、また博学ぶりを示すものとされたので、貞徳も尺五に一切経通覧をさせたという。当然、尺五の弟子木下順庵もそうであったと思われる。

木下順庵が愛した禅林寺

木下順庵は東山に住み、とりわけ禅林寺を愛して春夏秋冬と訪れた。その詩文集『錦里文集』には、禅林寺のたたずまいを格調たかく詠んでいる。その中に「禅林寺和尚」と呼ばれる僧が登場して、順庵に漢詩文を寄こし禅林寺での花見に誘っていたことがみえる。順庵は所用でその招きに応じることができなかったので、漢詩を詠んで感謝の意をあらわしている。この和尚は禅林寺の裏山を共に攀じ登る「良友」であり、順庵はこの人を「高僧慶全」と敬愛している。これは、年代から考えて第四十二世の慶善であろう。慶善はその学識、見識において巍然たる人物であったことは間違いがない。『禅林寺蔵中画錦並ニ具度目録』には慶善が「昌三の詩一軸」を禅林寺に寄付したと記す。昌三とは、当時、京都で名のあった漢詩人松永昌三である。

『禅林寺誌』によると慶善は住職にあること八年、明暦四年（一六五八）に五十五歳で遷化した。木下順庵より二〇歳ほど年上になる。順庵は慶善がいなくなった京都にいるのは意味がないとばかりに、その後に加賀藩へと旅だち、二度と京都へは戻らなかった。

「東山禅林寺に遊ぶの記」によると、二人は親炙の間柄で、慶善が禅林寺の住職になる前から知り合いだったようである。順庵は慶善を「良友」と呼び、禅林寺の風物を愛でて吟じ、談論風発、痛飲している。

この「東山禅林寺に遊ぶの記」は、江戸の初期、禅林寺の寺内がどのような様子であったかを垣間見させてくれるという点でも貴重である。この文章が書かれたのは慶安二年（一六四九）前後と思われる。禅林寺の散策が、思索に疲れた頭と心を癒すさまが明るい筆致で描かれる。文章はその時代や文化の表象であるから、当たり前といえば当たり前だが、平安時代の藤原関雄の和歌に漂う寂寥感はどこにもない。

季節は夏。そこには、きびきびと学ぶ僧侶が行き来して、静謐の中にも活気に満ちた禅林寺の姿がある。拙い訳で原文の雄渾さと詩韻には遠く及ばないが、読者のご寛容を頼みとし、順庵と一緒に禅林寺の中へ入ってみることにしよう。

東山には名刹と景勝地が多い。各自が最も優れていると感じる場所こそ、自分の心に適したところだ。私もはじめは東山の名刹勝概を見尽くしてやろうと思ったが、果たせなかった。独り禅林寺の高僧慶全和尚だけは、旧知の間柄でお互いに行き来して度々楽しい時を過ごし、数年になる。禅林寺は京都の街中から僅かに一里。車や馬に乗らずに歩いて行けるし、途中に危険なところもない。私の住まいからは、およそ大小の清い川を六、七つもたどっていけばよい。川の深さは脛まで来ることはないし、流れもほとんどなく、静かに冷たいばかりである。

いつのまにか禅林寺の門についた。さらさらと音を立てて流れる小川にかかる石の梁（はし）を渡る。左右には竹林がある。草木が生い茂り、高いものは一尺（約三〇センチ）もある。境目には短い垣をしつらえ、青々とした山の麓にめぐらしている。門をくぐって、五〇歩ばかり。曲がった峯や奇岩の間にはびっしりと緑の樹が生え、天にそびえ立つ。隙間なく葉が生い茂り、日の光をさえぎって薄暗い。雨が降っても雨がさも扇も必要ないほどである。緑のつたを隠すものもなく、蟬が鳴き、青蘚が地面を覆い隠し、昼尚暗い谷には鳥の声もない。

やがて第二門に入る。前と同じように石の梁がある。行くこと五〇歩あまり。周りは、ぐるっと山に囲まれている。静かでありながら、景勝に恵まれたさまは、人を迎えるようでもあり、また送るようでもある。その間の景勝は、実に見ごたえのあるもので飽きさせず、筆舌を以て尽くすことができない。なお、数歩行くと、山腹から竹を引いており、その竹は遥か山の後ろまで続いている。水は、青々とゆったり流れるが、竹に落ちたときには、まるで白い練り絹のようにほとばしり、雨のようにそそぐ。琴の音を聴いているように素晴らしい。竹の下に石蹲がある。水は満々とあふれ、旱にも涸れることがない。

やがて西に折れて北門に出て、方丈に沿って徐行する。一〇歩あまり歩くと内側に石を敷き詰めた井戸が作ってある。縦横三尺（約九〇センチ）にも満たない小さなものである。深さもそれくらいしかない。水は勢いよく飛び上がり、清らかで澄みきっている。それを見ていると、俗世の苦労が洗われ、心のもやもやもすっと消えていくような心持ちがする。各塔頭はこの井戸の水を汲んでお茶を沸かし、学寮の学僧はこの水を手にすくって墨をする。時々お茶の葉を煎る煙がたなびく。院僧が井戸の水を汲んで自ら煎じているのだろう。

そうこうするうちに通天橋を度る。びっしりと連なった階段を登る。五段上ると息が切れ、一〇段上って一息つく。廻曲して御影堂に至る。木像が二〇許りおられる。その木像の前に儼然として対坐すると、まるで生きておられるかのように、語りかけてこられる。御影堂の後方に鎮守社があり、八幡・春日・熊野権現の三廟が置かれている。これらの神によって、四方が護られているのである。道を折れて阿弥陀堂に登る。壁には、赤い漆の代わりに白い漆喰が塗られている。阿弥陀堂に泰然として坐り、大きく開けた景色を楽しむ。高い山の中を私の神（たましい）がかけめぐり、深い林でじっくりとものの思いにふけるような気がする。

そして石段を下る。段数は五〇段許り。折れて衆寮を遶る。寮僧は九〇人許りいる。中庭に玉池がある。池の水は湛然として動かず、凛とひんやりしている。小魚数匹が泳ぐばかりで、水になまぐささはない。客殿に登り、講堂に入る。自分が来たと和尚に伝えてもらう。ややすると和尚が出てきて迎えてくれる。両手を組み頭を垂れて挨拶をし、講堂に入る。倶に觴を手に、酌みかわし、詩を吟じて、一日、走りまわった苦労を忘れ、百年もの間、游観したかのように楽しみ、心はその喜びで満たされる

第五十七世貫空巨道が、百年後の明和三年（一七六六）に記した『洛東禅林寺略記』によると、禅林寺には合計五つの衆寮があり、梅寮、桜寮、松寮、杉寮、竹寮という美しい名前がついており、別に七宇の塔頭があった。（史料編五を参照）

『洛東禅林寺略記』では、寮に暮らす学侶の数が明確ではなかったが、第四十二世積峰慶善の時代には、九〇人もの僧が勉学に励んでいたことが知られる。また、寮の数はもっと多かった。寛文四年（一六六四）に開版された『洛陽名所集』（山本泰順著）に「此寺のうち小寮おほく立ならべ。衆僧あつまり、勤学しけることとなり。いかにもしほらしき境地とぞ」と記すほか、『禅林寺歴代造営並ニ寄附物ノ略記』には、慶善の次の第四十三世圭道泰瓚の時、「衆頭寮を建て、新たに衆寮を十七軒及び八軒を造る」とあるので、この時も相当数の小さな寮が建っていたと思われる。

通天橋といえば東福寺が有名だが、幽寂の寺、禅林寺にも通天橋と呼ばれる橋があったらしい。今、石橋の柱に名の刻入が残る。また、御影堂、阿弥陀堂、客殿、講堂、方丈や八幡・春日・熊野権現の

三廟があったことは明確になったが、臥龍廊については一切触れていない。『洛東禅林寺略記』に臥龍廊が寛文年間（一六六一―一六七三）に修造されたとあるのは確からしい。

三、化政文化の頃

画僧、玉潾

江戸の末期、化政文化華やかなりし頃、禅林寺の住持に詩文の才に加え画才にも秀でた僧侶が現れた。第六十二世澮空旭応（一七三九―一八二二）である。号を「岳陽、玉翁」といい、主に墨竹を描いた。

この旭応の弟子に曇空淡海玉潾（一七五一―一八一四）がいる。近江栗田郡生まれで、西光院の住職をしていた旭応のもとで得度し画法を学んだ。名は正邃、号は「玉潾、墨君庵」。山科の来迎寺の住職となる。多方面に交遊をもつ趣味人で、茶花生けにも凝り、蹴鞠も得意とした。

蹴鞠はもとは宮中での芸事だったが、江戸時代には庶民の間でも人気があった。飛鳥井家と難波家が宗家となり、習熟度に応じて免許がおり、装束や袴が許された。『本朝桜陰比事』に、二人の町人が「鞠の友」で互いに芸を競っていた話が出ているほどである。

幼い頃は仏道修行に身が入らないときもあって、師の旭応に叩かれることもあったという。長じてからは、師も彼の才を認め、自由にさせていたようである。木村蒹葭堂（けんかどう）（一七三六―一八〇二）の『蒹葭堂日記』の天明二年（一七八二）四月十六日の項に「留守中噲々山科来迎寺玉潾来る」とある。天明八年（一七八八）六月十八日に初めて蒹葭堂と面会し、翌年八月二十日には安田左京、松田斎司という人物と共に再訪している。

文人画家・田能村竹田（禅林寺の北に住し「画神堂」と号す）（一七七七―一八三五）の『竹田荘師友画録』は、自分が交流のあった画家について記したものだが、玉潾を次のように紹介している。

玉潾は、近江の人なり。鴨水の東側に寓す。浄土教を修し、旁ら墨竹を善くす。勢州の僧月仙も、亦た此の教に属し、画を善くす。一時、都鄙並び称す

また、白井華陽『画乗要略』では、玉翁（旭応）の紹介文の中で、「弟子僧玉潾、近江人、墨竹を写す。墨を用い秀朗精熟、頗る声誉有り」としており、玉潾の墨竹画の人気が高かったことを裏づけている。（口絵を参照）

さらに、寛政十二年（一八〇〇）には、江馬細香（一七八七―一八六一）の画の師になっている。江馬細香は女流漢詩人、画家で漢詩は頼山陽に学んだことで知られる。『江馬細香来簡集』によると、細香の父で大垣の蘭方医、江馬蘭斎（一七四七―一八三八）が玉潾を娘の画の師に決めたという。蘭斎は大垣藩医であったが、江戸で前野良沢に入門、優れた蘭方医として夙に名声が高かった。寛政十年（一七九八）には、難病に苦しむ西本願寺の法主文如上人に乞われて上洛、法主が全快したため、蘭斎の在京の間、日に二〇〇人もの患者が詰め掛けたという。禅林寺に墓がある蘭方医・小森桃塢（とうう）（一七八二―一八四三）は美濃の人で、蘭斎の弟子である。

蘭斎が玉潾を愛娘の師に選んだのは、細香が一三歳、玉潾が四九歳の時期である。当時、玉潾は山科にいたはずだが、一ヵ所にじっとしているようなタイプではなかったようだから、度々、大垣まで足を延ばして教えたのだろうか。

この江戸時代末期、特に文人画家と呼ばれた人たちは、非常によく旅をしたことで知られている。京都から大垣に行くのには、京都、坂本、琵琶湖を渡る方法もあり、湖水道が発達していたので、意外に早く行けたようだ。中村真一郎の『頼山陽とその時代』（中央公論社、一九七一）によると、江馬蘭斎は京都に屋敷を持っていたので、細香のほうから京都に来ることもあったのかも知れない。

玉潾は師の入山にしたがい、禅林寺で院監の職についた。江馬家には、楼門が大破したので、再建のため有縁に喜捨を求める、玉潾の書簡が残されている。書簡の日付は文化九年（一八一二）である。宗祖法然上人六〇〇回遠忌は前年の文化八年（一八一一）であるから、楼門の再建は少し遅れたのであろう。（史料編六を参照）いつの時代も遠忌の事業を目標通りに達成するのは至難の業である。

『近江人物志』によれば、旭応は玄関を新しくし、玉潾に玄関金襖、壁張に墨竹図をかかせた。文化十年（一八一三）版の『平安人物志』に画家、玉潾の名があるが、この時の住所は永観堂となっている。玉潾は晩年、師の側にあって、よく師を助け、師に先立って文化十一年、禅林寺で亡くなった。享年六四歳。長い間、その墓の位置は不明だったが、昭和六十二年に私が調査を行い、第六十四世実空俊瑞の隣に葬られていることが判明した。

旭応の江戸拝礼

旭応は玉潾との縁があって、江馬蘭斎の随筆『好蘭斎漫筆』から旭応の人となりを知ることができる。旭応は美濃の檀林・立政寺で一〇年間過ごし、寛政七年（一七九五）に西光寺に戻る。そして文化八年（一八一一）の宗祖法然上人六〇〇回遠忌と永観律師七〇〇回忌に合わせて、前年の八月に、禅林寺に入山した。その年の冬、住職就任に伴う将軍家拝礼のために、江戸へ行く。

『京都御役所向大概覚書』第三巻には「御年礼（年始の挨拶）に罷下候寺社方御触之事」がある。元禄年間（一六八八―一七〇四）に出されたもので、従来は、住職が毎年年賀の挨拶に将軍に拝謁していたが、それでは難儀だろうということで、毎年を隔年、隔年を三年に一度等に変更するなど、それぞれの寺ごとに定めている。そこで「西山光明寺　東山禅林寺銘々使僧を以て毎年相勤め候」と決められた。『禅林寺文書』には、この年始の挨拶に対する寺社奉行からの礼状が数多く残されている。

それによると、住職は、入院したときに寺社奉行に届けを出し、その後、半年から一年近くの準備期間を経て、江戸へ挨拶に向かっていた。

その江戸からの帰途、旭応は大垣の江馬蘭斎の家へ立ち寄った。『好蘭斎漫筆』には、次のように認められている。

　上人永観堂禅林寺に住職し、庚午の冬（文化七年）、関東へ拝礼の序、雪中吾廬を訪う。説話の席に尋ぬ、吾女大庇を以て竹画を学ぶ、此上如何の法を以て執行すべきやと云、上人答て曰、画法是まで稽古の外なし、此上は唯書を読むに如くはなし、史漢の類常に玩ふべし、是俗醜を除

くの法なりを云へり。是通俗画師の云はざることなり

この旭応の言葉は、田能村竹田と全く意見を一にしている。竹田はその著『山中人饒舌』で、池大雅などと違って最近の画家の画が卑俗なのは、「昔の人は自分の心を養い、自分の魂のかてにしようとして、書画を学んだが、今の人は自分の才能を見せびらかそうとして、書をかき絵をかくからである」（麻生磯次解説『近世随想集』古典文学大系九六）と言い、このような邪な気持ちを取り除くためには「万巻の書を読まず、万里の路を行かずして、画祖とならんと欲するも、其れ得べけんや」と記す。竹田が『山中人饒舌』を書き上げたのは、文化十年（一八一三）であるから、旭応は竹田の受け売りをしたわけではない。江馬蘭斎が「さすがに通俗の画師とはおっしゃることが違う」と感嘆したとおり、旭応は、自分の言を実践する一流の文人画家でもあった。その証拠に、竹田は次のように述べて、旭応を高く評価している。

> 潾（玉潾）の師玉翁和尚、名は湛空、字は旭応、岳陽と号し、又熙菴（きあん）と号し、又蒼蔔叟（せんぷくそう）（梔子）と号す。嘗て江州山田の不動院に居る。平日経疏を講読し、足を裹（つつ）みて敢へて城市に入らず。余其の作る所の露竹を観る。題して曰く、雲根に相倚りて緑筠深く、露華玉を懸けて纖塵を絶つ、幽盟長く結ぶ文房の会、四愛の中随一の賓。丙寅龍生日、夏仲昭が露竹の図に擬すと。此れを除きて復多く見ず、然れども一斑の美、以て全豹を窺ふに足る也

「足を裹みて」は、外出しないという意味。竹田は、旭応の露を帯びた竹の画を一つ観たことがある。

丙寅龍生日は文化三年（一八〇六）五月十三日で、この日に竹を植えると繁茂するとされる。竹田は、旭応の画をこれ以外にはほとんど観ていないけれど、豹の皮の斑の一つの美しさだけで、豹一匹の斑の素晴らしさがうかがえるように、この画一枚だけで「俗醜を寄せつけない」旭応の力量を観てとったのである。禅林寺に晋山する五年前、近江に居た頃の作である。

旭応は、文人画家として有名であったらしく、中村真一郎の大著『木村蒹葭堂のサロン』（新潮社、二〇〇〇年）所載の嘉永六年（一八五三）の「古今南画要覧」の「文人墨戯」緇流の欄に白隠や六如、盤珪とともに「岳陽」がある。旭応が歿して三〇年あまり、多くの作品が残され、評価が高かったことが察せられる。この要覧には池大雅、与謝蕪村、後に江馬細香の師となった浦上春琴、禅林寺に墓がある柏木如亭などが名を連ねている。閨秀部門には、大雅の妻、玉蘭とともに江馬細香の名も見てとれる。さらに慶応二年（一八六六）の「南宗書画品価録」では、緇流部門に仲良く玉翁、玉潾が並んでいる。

『年譜録』にも旭応が文化七年（一八一〇）十一月に関東へ旅をして、帰途に大垣の江馬春嶺（蘭斎の子）から迎えが来て、歓待を受けたという記述があり、『好蘭斎漫筆』と合致している。それには、大垣は雪が深く泊まるように強く勧められたが、断って旅館に行ったと記されている。

文化八年（一八一一）一月には「当山病中」とあるので、この冬の江戸拝礼の旅はこたえたらしい。幸い快復して法然上人六〇〇回遠忌をつとめ、一〇年後、文政四年（一八二一）に遷化した。

四、みかえり阿弥陀の出開帳

江戸での出開帳

寺が安置する霊験あらたかな霊宝・秘仏は、平素厨子は開かず拝むことができない。開帳はその扉を開け、戸帳をあげて何年に一度と期日を定めて公開、親しく拝む機会を設けることをいう。

開帳には、その寺で拝観させる「居開帳」と遠方へ出張して行う「出開帳」がある。たとえば、居開帳の記録として、『実隆公記』の文亀三年（一五〇三）三月八日に「真如堂開帳騰蓮社談義有之、諸人成群云々、青女、三位局以下同道令詣之」とある。青女とは、実隆の妻である。また、同年四月三日には公瑜と公条の二人の子息とともに自らも出かけて「真如堂開帳至来七日上棟日也、云々。入内陣拝尊容信心銘肝渇仰余身殊勝々々」と記している。四月七日が上棟式というから、応仁の乱からの復興を記念し、勧進も兼ねて、約一ヵ月の間、開帳していたことになる。

一方、出開帳は江戸中期が最も盛んであった。寺院の境内には見世物小屋や、茶店がたち、派手な幟が並び興行化した。特に江戸や大坂での出開帳が多く、江戸では両国の回向院や浅草寺がよく使われた。

江戸開帳の宿寺のメッカ回向院は、明暦三年（一六五七）の江戸大火で亡くなった一〇万人の霊を弔うために、牛島に造られた無縁塚のほとりに建てられた寺で、万治三年（一六六〇）の建立である。

両国という地の利に加え、どの宗派の人でも葬り回向できるよう「諸宗山無縁回向院」と名づけた。そのために江戸で最も開帳が行われた寺で、「みかえり阿弥陀」もこの寺で出開帳した。

みかえり阿弥陀の江戸での開帳は、明確に記録に残っているものが三度ある。最初が寛文四年（一六六四）で、回向院ができて僅か四年目である。期間は四月二日から六〇日間。二回目が明和五年（一七六八）で十月晦日に出立、江戸に着いたのが十一月九日とあるから、期間は不明だが年末から年始にかけての開帳だったのだろうか。最後は寛政十二年（一八〇〇）で、「江戸開帳年表」（比留間尚『江戸町人の研究』第二巻）によると、「回向院で七月一日から六〇日間（顧阿弥陀）」とある。「江戸開帳年表」は『開帳差免帳』（国立国会図書館蔵）が出典となっているが、先の二回の開帳の記録は抜けている。

なお明和五年十月の江戸出開帳のとき、京都御所、江戸城でそれぞれ御開帳がなされた。（史料編二十一参照）

大坂での出開帳

みかえり阿弥陀の大坂での出開帳はどうなっているのか。こちらは『摂陽奇観』に二度、記録されている。この書物の著者、浜松歌国（一七七六―一八二七）は読本、随筆、狂言作者として活躍した。一回目は宝暦八年（一七五八）三月三日より「下寺町万福寺ニ而京東山永観堂顧本尊開長（ママ）（帳）　五十日間」とある。万福寺は天王寺区下寺町にある浄土宗の寺院である。下寺町について元禄十四年（一七

○一）に書かれた大坂の地誌『摂陽群談』に「西成郡大坂西寺町　世俗下寺町と云へり」とある。現在、下寺町は、四天王寺に近い天王寺区となり、今も二〇ほどの寺院が建ち並ぶ。残念ながら、万福寺は昭和に火災に遭い、当時の面影が残されているとはいえない。

　同書によると、万福寺については、金台寺（浄土宗鎮西派知恩院末寺）の隣にあるとして「山号慶立山は、鏡空上人開導和尚の草創。本尊弥陀、立身二尺六寸。菅相丞道真公の彫刻、無比の霊像也。方丈安置仏は、十一面観世音。立身一尺一寸。是則和州泊瀬寺の尊容同作にて、了覚律師の所造也。天照大神・春日大明神を脇立とす。因って手鏡の観音と称し、霊験掲（いちじるし）き尊像也。宗門本寺右に同じ。境内観音堂あり、伝教大師所造十一面なり」とある。

　肝心の出開帳については、浜松歌国が生まれる前のことで感想が書かれているはずもなく、また『年譜録』にも一回目の記録が欠けているので、詳しいことは不明である。明和五年（一七六八）に江戸開帳を行っており、この大坂での開帳と江戸での二回目の開帳は僅か一〇年しかあいていないことから推測するに、規模の大きな開帳の前に、予行演習をする意味合いがあったのではないだろうか。

　二回目は文政三年（一八二〇）三月三日で、「堀江あみだ池ニ而京東山永観堂浄土西派惣本山顧本尊阿弥陀如来開長（ママ）五十日ノ間」とある。西派は、西山派の間違いだろう。一回目も二回目も三月三日から五〇日間というのは、共通している。

　堀江あみだ池は、今の大阪市西区北堀江御池通りにある和光寺を指す。和光寺は浄土宗の寺院で、善光寺の本尊が物部氏によって捨てられ、本田善光に引き上げられたといわれるあみだ池の畔に建立され、「あみだ池」と呼ばれ親しまれた。このため、和光寺の住職は、善光寺の住職が兼務した。当時、和光寺は、一，八〇〇坪の境内に一〇余りの堂宇が立ち並ぶ大寺院だったが、第二次世界大戦で全て灰盡に帰した。

堀江新地は、元禄十一年（一六九八）に、幕府が田圃を新地として開発したもので、浄瑠璃、歌舞伎、相撲、市場、芝居小屋などが集められ、繁華街として賑わった。開帳の場所としてはうってつけだったのである。

この二回目の文政三年の出開帳については、『年譜録』に詳しく記録が残っており、『摂陽奇観』とは異なる現実が見えてくる。『年譜録』には、

二月廿一日四ッ時　本尊御発輿供奉荷物人部鳥羽浄禅寺檀中外凡八十人出　総門中会下大衆諸講頭伏見にて見送り　伏水乗館舩　廿二日昧爽（夜明けがた）著舩巳上刻出門知恩院末八十八ヶ寺総代一老洞原寺先乗　三井店にて休息数千人も仕度出つ行列拝見人左右櫛比紅塵翳天酉半刻著阿弥陀池和光寺　三月十五日より開扉　法事後於御面相守り名号手授毎朝三百人を為限と日々如是　廿九日より嘉千代様御逝去停止開帳無障唯々幟を引く計り……

と記されている。

これによると、二月二十一日（今の暦でいうと三月の終わり頃）の夜十時頃に伏見を出発、翌二十二日の夜明けに大坂着。午前十時過ぎに知恩院末の寺院の先導で出発。夜の七時頃にようやく和光寺に到着した。港は鳥羽の大渡か、伏見の京橋からの船で淀川を下ったと思われる。大渡というのは、今

の横大路草津あたりで、かつて瀬戸や安芸に往来していた貴族たちの乗船場である。平安の昔、白河法皇がこの港から熊野詣に出発したことで知られる。この時代、京都・大坂を結ぶ淀川下りは、三十石船で賑わい、大坂の天満には陽のある間に到着した。天満の付近、土佐堀通りと石町の間は「熊野街道」と呼ばれ、渡辺津、窪津を起点として、熊野三山に至る道があった。

一行はどの道をたどったか分からないが、熊野詣の道を南行したのではないか。途中三井店で休息したときには、道の両側に櫛の歯の如く数千人もの見物人が出たという。いささか誇張した筆記であろうが、情報手段の乏しい時代であることを考えれば、その反響ぶりは驚きである。「紅塵翳天」は、車馬の往来によって立ち上る砂埃で空が曇っているということだから、大坂の町の喧騒に、一行はもちろん、輿の上の阿弥陀さまもさぞお疲れになられたことだろう。

三井店とは、江戸初期の豪商、三井高利（一六二二―一六九四）が興した越後屋呉服店で、後の江戸幕府の金銀為替御用達の両替商でもある。三井高利は、通称八郎兵衛といい、伊勢松阪の人で、最初江戸で呉服屋を開店し、のちに京都、大坂で開業し、急速に発展した。三井店の所在地は、今の地名では両替町あたりではないだろうか。そこを右折して、北堀江の和光寺に到着したのだろう。

さて、二月二十二日の夜に和光寺に着き、ご本尊を奉持した一行は、二〇日を経て、三月十五日になってようやく開扉にこぎつける。この文政三年（一八二〇）三月の開帳には、時の住職（旭応）も大坂へ行ったらしく、『禅林寺文書』によると、禅林寺の大檀越明石家から、陣中見舞いとして在坂時の宿坊へ煎茶一箱が届けられている。それに対して旭応が出した礼状に対する返事も残されている。

「法事後於御面相守り名号手授毎朝三百人を為限と日々如是」とあるくらいだから、参詣者は、阿弥陀さまのお顔を一度だけ拝むことができ、先着三〇〇人には名号を授けるということをやっていたらしい。ところが、徳川家慶の子、嘉千代様御逝去で喪に服するため、三月二十九日から、開帳を停止しなければならなくなった。

いつまで喪に服したのか詳らかではないが、「十八日より永観律師お手植えの菩提樹、悲田梅組み合わせの念珠と日参講中へ手授、また講頭の願いに応じて、一日に百人宛、その他名体不離の名号を極信男信女へ授く」とあるから、この日より特定の信心篤き者への開帳が再開されたものと思われる。長い間の開帳であるから、いわゆるリピーターの獲得に寺側もさまざまな工夫を凝らさなければならなかった。

さて、この「みかえり阿弥陀」の出開帳の評判はどうだったのか。残念ながら、『摂陽奇観』の原本では、文政三年の記述の隣が一行消えていて読めない。気になって探してみたら、『あすならふ』という『摂陽奇観』と同様に江戸や大坂の出来事を記した書物の文政三年の項に「阿弥陀池永観堂開帳賑」とあった。この開帳は、まずまずの成功をおさめたものとみえる。

『摂陽奇観』に紹介されている開帳は、寺院の宝物や什物が多い。禅林寺の二度の開帳がそうであるように、三月三日から始める開帳が目につく。宝暦五年（一七五五）二月二十五日より、和光寺で二尊院が法然上人の足曳の御影を開帳している。文化五年（一八〇八）四月には「あみだ池に而信州善光寺本願上人御名号　諸人尊敬す」とある。また、「鬼の首」だとか「ぶんぶく茶釜」などの際物も結構、人気を博したようである。

『年譜録』によると、「廿七日帰仕度諸荷物調度、廿八日気象曇天なるも鳳輦出立つ次第に快晴未刻八軒舎（家）に到る」とある。鳳輦は屋根に鳳凰の飾りがついた輿で、天子が乗るものである。ここでは、ご本尊を供奉したのだろう。

八軒家は、江戸時代天満の付近に八軒の船宿があったことから、この名が生まれた。今日も八軒家町の町名が残っている。復路は、「群聚見送るうち申刻乗船楼船荷船見送舟等五艘。廿九日昧爽伏水着船」した。申刻（午後四時頃）に出て、明け方に伏見に着いたのだから、往路に比べて六時間余分にかかっている。これは、江戸時代、淀川を遡るのには、乗っている人が降りて、綱で曳かなければ進まなかったからである。重すぎては曳けないし、夜、暗い中で川幅に応じてあちこちで下船して歩かなければならなかったはずである。楼船は二階建てでやぐらのある船のことである。往路が館船（屋根があり、船頭が櫓で漕いだ）だったのに比べ、復路のほうが人が増えているのは、やはり降りて船を曳く人が含まれていたからだろう。

さて伏見に着き「於本陣休息　手回り徒侍待受け雑人夫等寺領百姓浄土村獅子谷より来八十人余、京総門中出入方諸講中出迎。辰下刻発輦於大仏専定院（大和大路通正面西入るにある末寺）休息中食（昼食）、未刻帰山」とある。禅林寺の門前には出迎の人々が極めて多く、供養五〇〇人前を用意したとされる。

開帳が盛んになった背景

開帳は、霊験あらたかな秘仏に、普段ふれることのない信者との縁を結ぶという宗教的な目的で始められたが、後には、信者の奉納する金品や賽銭を目当てに行われるようになった。もちろん、教線拡張の側面もあったが、主に寺の堂塔伽藍修復の資金集めが目的であった。その背景には、幕府の寺社に対する公的援助の削減傾向がある。朱印地の売買、質入は禁止されていた。また、朱印地の増加は認めず、寄付金品も制限した。しかし、寺社のほうは修理費などがかさむため、将軍家に助成の申請を行い、幕府は関係の深い寺には助成（①金品の給・貸与②募金の認可）をした。ちなみに、『京都御役所向大概覚書』第三巻によると、一時期、勧進相撲も頻繁に行われたらしい。元禄十二年（一六九九）から、同十三年、十四年、宝永元年（一七〇四）、同二年、四年、五年、正徳三年（一七一三）、同四年、六年と勧進相撲を赦免したと出ている。寺院は二ヵ所だけで、神社や町の橋の修復のために行われることが多かった。

『御触書寛保集成』をはじめ各集成（宝暦・天明・天保）には、享保から天保までに与えた金品助成と御免勧化に関する触書が収められている。御免勧化とは、老中・寺社奉行連印の勧化認可状を発行するもので、老中の認可だから、寺社奉行の寄合での認可である開帳よりは格が高い。具体的には、役僧が募金を認可された地域（国単位）をまわって喜捨を受けるか、地域ごとに募金したものを所定の勧化所に取り集めるかであった。もう一つ相対勧化というものがあり、これは、寺社奉行のみの認可で寺社領を巡行して喜捨をつのるものであった。「幕府下賜拝借金交付寺社年表」（比留間尚「江戸の開帳」『江戸町人の研究』第二巻）によると寛政七年（一七九五）、類焼にあった誓願寺が銀を助成され、勧化の許可も得ている。この時の勧化は巡行で「御府内武家方寺社町中」と「諸国」となっている。

幕府は、源氏または徳川家と関係が深い寺社に助成の金品（被下金）を与え、勧化を行ったが、これに該当する寺社はごく僅かで、大半の寺社は自助努力として幕府から許しを受けて開帳を行った。三三年あるいはそれ以上を経過すれば、順年開帳といって、特に理由がなくても開帳の許しを得ることができた。先の江戸での出開帳で、二回目の明和五年（一七六八）と三度目の寛政十二年（一八〇〇）が三三年開いているのは、この順年開帳に該当する。

開帳の手続き

出開帳には江戸幕府の許認可を必要とした。開帳を許可する寺社奉行所からは、必ず先例書の提出を求められた。寺社が出願しようとすると、前回の記録が必要となるため、毎回、詳しく記録を残した。提出書類の書式には細かい規定があり、それに準じていないと、何度でも書き直しを命じられた。

開帳の手続きは、「寺内で内定、所在地の村の役人に相談、承諾を得る、開帳場所の下見、領主（藩役所、代官所など）へ開帳願を提出、末寺なら本寺へ開帳を願い出て、寺社奉行所への添簡をもらう、開帳願書に、先例書・旅宿所書をそえて寺社奉行所へ提出、寺社奉行所から許可がおりると、寺社奉行所、町奉行所、火付け盗賊改、その他関係役所、領主（江戸屋敷）本寺、触頭、役寺、宿寺などに札まいり、届を提出、開帳立札の願書を寺社奉行所・触頭、領主に提出、開帳場作事願を寺社奉行所に提出、開帳中提灯差出願、霊宝目録、開帳仏到着行列の道筋書を寺社奉行所、町奉行所に提出」（比留間尚「江戸の開帳」）といった具合で煩雑を極めた。また、開帳仏到着の江戸市中行列も行われた。このときには、開帳の宣伝とともに、途中で喜捨を受けることもできた。

江戸時代、寺社奉行は勘定奉行、町奉行とともに三大奉行とよばれ、もっとも権限、地位が高い機関だった。奏者番の譜代大名の兼職で四名から成り、自邸を役宅とする月番制（一ヵ月交代で勤務。幕府では寛永十一年（一六三四）以降、老中以下を月番制にした）で全国の寺社、僧侶、神職や寺社領農民、門前町町人も管掌したのである。

江戸出開帳と役者の仕事

『年譜録』から江戸回向院での寛政十二年（一八〇〇）の出開帳出願から帰山までの経過を抜粋してみると、次の如くである。この開帳は順年開帳で、開帳の理由を並べたてる必要がなかったから、比較的スムーズに進んだと思われる。『年譜録』には、

二月廿六日役寺幷会下役立合江戸開帳之相談　三月六日江戸開帳添翰願来　御役所出七日に御免許　同月十一日添翰請取る　同月十六日江戸願役者忍亮摂津浄円寺義諦発足　四月十四日江戸役者より来翰（四月六日開帳の願相済）六月十一日関東へ御発駕本尊御鳳輦山主綱代惣人数廿七人外に通し人足十四人是より道中幷江戸開帳一件委曲別記　十二月四日本尊幷山主御帰山翌日両

郵便はがき

料金受取人払郵便

京都中央局
承　　認

5682

差出有効期間
平成31年4月
9日まで

（切手をはらずに
お出し下さい）

6 0 0 8 7 9 0

1 1 0

京都市下京区
正面通烏丸東入

法藏館 **営業部** 行

愛読者カード

本書をお買い上げいただきまして、まことにありがとうございました。
このハガキを、小社へのご意見またはご注文にご利用下さい。

お買上 **書名**

＊本書に関するご感想、ご意見をお聞かせ下さい。

＊出版してほしいテーマ・執筆者名をお聞かせ下さい。

お買上 **書店名**	区市町	**書店**

◆新刊情報はホームページで　http://www.hozokan.co.jp
◆ご注文、ご意見については　info@hozokan.co.jp

16.5.50000

ふりがな ご氏名	年齢　　歳　男・女
〒□□□-□□□□ ご住所	電話
ご職業 (ご宗派)	所属学会等
ご購読の新聞・雑誌名 （ＰＲ誌を含む）	

ご希望の方に「法藏館・図書目録」をお送りいたします。
送付をご希望の方は右の□の中に✓をご記入下さい。　□

注 文 書

月　　日

書　　名	定　価	部　数
	円	部
	円	部
	円	部
	円	部
	円	部

配本は、○印を付けた方法にして下さい。

イ. **下記書店へ配本して下さい。**
（直接書店にお渡し下さい）

（書店・取次帖合印）

書店様へ＝書店帖合印を捺印の上ご投函下さい。

ロ. **直接送本して下さい。**
代金（書籍代＋送料・手数料）は、お届けの際に現金と引換えにお支払下さい。送料・手数料は、書籍代 計5,000円 未満630円、5,000円以上840円です（いずれも税込）。

＊お急ぎのご注文には電話、ＦＡＸもご利用ください。
電話 075-343-0458
FAX 075-371-0458

（個人情報は『個人情報保護法』に基づいてお取扱い致します。）

奉行へ届

とある。これだけでは、手続きの流れがよく分からないが、綱代は寺の事務方のトップを指すと思われる。両奉行とは、寺社奉行と京都町奉行であろうか。「道中幷江戸開帳一件委曲別記」とあるが、今その史料は発見できない。

寛永十二年（一六三五）、幕府及び各藩に寺社奉行が設けられ、寺社奉行からの命令を各寺院に伝達する寺院を触頭と呼んだ。禅宗では僧録、浄土宗では役者といい、江戸にある有力寺院がこれに任ぜられた。役者は寺院から寺社奉行への各種届け出を取りつぐ役目も果たしていた。『年譜録』にある江戸役者がこの寺院で、西山派では芝の法蔵寺である。

一方、本山にも役者がいた。役者は、法主（山主）の世話を行い、法主に代わって京都の東・西町奉行所に出向き、寺社方の連絡役を果たした。こちらは方丈役者とも呼ばれ、法主の弟子がこの役目についていた。光明寺の役者が書いた『光明寺雑記』の翻刻（田辺英夫「翻刻光明寺雑記」『西山学会年報』第九号）によると、徳川幕藩制下においては、公儀より出される文書は受け取る側で必ずとめおかなければならなかった。江戸表から発出される指示・命令などは、寺社奉行から江戸役者の法蔵寺に文書または口頭で伝えられ、浄土宗西山派「両本山」の一つ永観堂禅林寺（東本山）に文書で伝えられた。

受け取った禅林寺の役者は、簡単な要件はそっくり引き写し、文書の「写し」のうち重要な用件は「廻状」にして粟生光明寺（西本山）の役者に届けられた。光明寺では廻状については写しを作成し、本文を永観堂に返し、光明寺宛のものはそのままを、それぞれに「蔵納」と称し保管場所あるいは方丈箱というものに保管した。文書とは、寺社奉行関係から発せられる「触・達・書簡」などの類である。

「京奉行所」とは、京都所司代の権限を一部譲渡され、寛文八年（一六六八）に新設された京都町奉行所のことで、寺社支配も管轄となっていた。京都町奉行所は東西二つに別れて、隔月で担当した。本山の住職は幕府の許可を得て晋住可能となっていたため、法主は毎年頭に江戸城まであがって年頭の礼を尽くした。前述したように、使僧が認められていたから、ほとんどの場合が代参である。これには事前に京都町奉行所との連絡を役者が書面で何回か折衝し、参府の件が許可される。このような時には必ず先例はどうであったかと尋ねられるので、新しく役者になった人には、記録が大切であった。

なくした舎利粒

開帳の計画がなかなか進まないこともあった。順年開帳でなければなおさらである。『禅林寺文書』にも出開帳を許可する旨の寺社奉行の連署奉書が残されている。これは宝永三年（一七〇六）から宝永五年（一七〇八）にかけての文書である。

まず、最初は禅林寺から出した開帳願いに対する返事である。

（前略）然者其山諸堂及大破、依之為修復、来亥之年於御当地顧本尊開帳仕度之由、末寺満福

寺幷役僧差下、以両僧被相願候付、来亥之夏中開帳之儀、願之通差免候、到来春猶又可被相伺候、

委細使僧申含候

宝永三年七月廿日

とし、四人の寺社奉行の連署がある。これによると、「諸堂が大破に及び、修理の為に江戸で願本尊の開帳を仕度したいとのこと、末寺の満福寺と役僧から願いが出された件については、来年の夏に開帳することを差し許す。春に、もう一度伺いを出すように。詳しいことは使僧に申し含めておく」という内容である。

次に、翌年正月二十八日付の寺社奉行連署奉書には、「当夏願本尊開帳日限幷場所の儀、以使僧被相伺之候、願之通委細使僧江申渡候」といたってそっけない。

その年の年末、十二月五日には、「然者来子之秋於大坂本尊致開帳度旨、以使僧願書被差出之、令承知、願之通差免候、委細委細使僧江申含候」と、開帳の場所が大坂であることが明確になる。禅林寺が使僧を通して願書を出し、許しを得たことが分かる。つまり、宝永四年（一七〇七）夏の開帳は、何らかの理由でできなかったのである。

さらに、年が明けてから寺社奉行に再び手紙を出すと、「去年の冬に聞いた大坂の開帳の件はその通り許す」という返事が遺されているが、どうも一向に進んでいないようにみえる。

しかし、この開帳の実施を示唆する一文が残されている。第四十九世三空普及（?—一七二〇）の代、「本尊江戸開帳の助力を用て玄関を造立し中門を建立す」と記されているのである。（『禅林寺歴

代造営並ニ寄附物ノ略記』）第四十九世普及は宝永二年（一七〇五）の入寺なので時代は合致する。結局、大坂ではなく江戸で開帳し、それもかなりの額が集まって大成功に終わったことになる。

宝永六年（一七〇九）の二月には将軍綱吉が逝去して開帳はできなかったはずだし、次の住職は正徳五年の入寺であるから、正徳元年から五年（一七一一―一七一五）の間に実施されたのだろうか。さらに『禅林寺歴代造営並ニ寄附物ノ略記』には、禅林寺の法器として龍形舎利塔と火炎形舎利塔の二基があり、普及の代の開帳でその中身を紛失したことも書かれている。それによると、舎利粒は古来、紫一粒、白三粒、青一粒の内訳であったが、青、紫、白それぞれ一粒ずつ紛失、一塔には法然上人と蓮生上人の火葬のお骨が納められていたが、それも失くしたとある。もはや白二粒しか残っていない。

みかえり阿弥陀さまの他に展観していたものが二点明確になったが、何ともはやである。元来、舎利は白いものである。一体、何のために色をつけたのだろうか。これらは、第五十世の炬範の代、享保七年（一七二二）の三月の開帳の際に、点検して初めて分かったそうである。この享保七年の開帳は、大規模なものだったらしく、『月堂見聞集』には、「三月三日、東山永観堂什物開帳、本堂遷座七百五十年忌。四月二十三日、永観堂顧本尊開帳、霊宝什物多し」と記されている。同年の本堂遷座七五〇年忌については、不明である。

居開帳については、毎年三月二日にみかえり阿弥陀さまを開帳していたことが、黒川道祐の『日次紀事』に見える。

正徳四年から五年（一七一四—一七一五）の『京都御役所向大概覚書』によれば、禅林寺では、正月十六日、五月十六日、九月十六日の年に三回『大般若経』の守護神である十六善神にちなんで、大般若転読会が盛大に行われ、東寺の弘法さん、北野神社の天神さんと並んで、目明しが見回りに出ている。それだけ人出が多かったわけで、その折にも、さまざまなものが開帳されていたことだろう。『日次紀事』によると、九月九日の重陽節には、「東山鹿谷大豊明神祭、若一王子村祭、南禅寺綾戸廟祭、同門前祭、永観堂門天王祭、光雲寺門前祭」と禅林寺の門前一帯は広く祭が行われていたようである。

黒川道祐の『近畿歴覧記』（延宝六年より十年の間に近畿各地を訪ねて記した紀行文）には「此ノ寺ニテ、正、五、九月十六日、大般若経ヲ転読、祈禱ヲ修シ、諸人ニ札ヲ賦リ与フ」と記している。延宝二年（一六七四）に坂内直頼が書いた『山城四季物語』は一年を通じて京都の行事を紹介するものだが、一月十六日の項に「十六日永観堂にて大般若経を転読する事」としているところを見ると、京の歳時記として定着していたようである。

近世の図説百科事典として著名な『和漢三才図会』の永観堂の項にも「静遍僧都は（池の大納言頼盛の男）初め仁和寺の僧、後に永観堂に住持す。嘗て源空の著す所の選択集を読み、一向専修念仏を信じて、名を心円坊と改む。源頼朝卿心円に命じて大般若経を転読せしむ。今に正五九月之れを修す」とある。『和漢三才図会』は正徳三年（一七一三）刊で、著者の寺島良安は、大坂城詰めの医家とされる。「三才」は、天地人を指し、明の王圻『三才図会』に倣い、寺島良安が三〇年の年月をかけて仕上げた労作である。前に書いたように、頼朝が静遍に大般若経を転読させたことは年代的にありえないが、一般には広く信じられていたとみえ、元禄六年（一六九三）に彦根藩の儒医・苗村文伯によって書かれた『年中重宝記』にも同様のことが記されている。

本尊さまの御借金

今まで見てきたことから、江戸、大坂ともに出開帳は出費が相当にかさんだはずである。往時の出開帳の展観寺宝の品目や、金銭収納の状況は先の『年譜録』からはうかがうことができず、史料に乏しいが、『京内まいり』〈文政十一年〈一八二八〉刊〉によると、「本尊見返り仏とて霊仏也、開帳料鳥目百文」とある。鳥目は銭のことで、江戸時代の銭はまん中に穴が開いていて、その穴が鳥の目に似ているところから、この名がある。この時代、木賃宿代が五〇文から七〇文、米代を合わせて一五〇文くらいという。〈文政元年〈一八一八〉ごろ『西国伊勢巡礼道中日記』〉

第四十九世普及のときは上々の首尾だったが、他の出開帳の収支はどうだったのだろう。これは禅林寺ではないが、『摂陽奇観』には、はりきって大坂で開帳してみたものの、天候不順と不人気に泣き、大人数の滞在で帰路の費用さえ使い果たし、仕方がないのであちらこちらで本尊を開帳し、路銀を稼いで何ヵ月もかかってようやく帰郷した一行があったと記している。たとえば、千葉県の浄土宗の名刹・称念寺は、歯吹如来として親しまれている本尊阿弥陀如来を和光寺で三度出開帳したが、三度目の天保六年（一八三五）の開帳が雨天や火災で思いがけない不入りで、一五〇両の借財が残り、幕末の称念寺を苦境においこんだという（長谷川匡俊「上総千田称念寺「歯吹如来」の開帳とその顚末」『近世の地方寺院と庶民信仰』岩田書院、二〇〇七）。

禅林寺の場合、明和五年（一七六八）十月中旬、「みかえりご本尊」は永観律師像とともに、禁裏御所に参内、開帳した（史料編参照）。この時、山主によって施餓鬼法会、放生会を宮中で厳修している。その後、前述のごとく十月晦日に江戸開帳へ出立。回向院到着の後、ご本尊はじめ山主以下江戸城に登城、老中以下に挨拶をし、それぞれの品を献上、開帳を終え出立のときも再び登城（史料編参照）、御暇拝領の回礼を行っている。

これに対する出費は多大で、その結果銀九貫五百目の借財を残した。天保年間（一八三〇―一八四三）の相場で銀六四匁＝金一両とすれば、約一四八両なので、この借財は上記の称念寺とほぼ同額となる。今のお金に換算して、一千万円ほどになろうか。帰山後、関係者熟談の末、この借財は山主大和尚の借銀ではなく、本尊参内の故にできたもので、「本尊様の借金也」。それ故、今後別回向や開帳のときの余銀で償うべきと相成った。ご本尊さまには、迷惑な話である。

他の記録を紹介しておこう。

寛政九年（一七九七）三月二十四日播州開帳。四月十九日帰山。

文政二年（一八一九）九月二十五日南都開帳。

天保三年（一八三二）三月二十六日尾州開帳。六月迄。

（弘化五年）嘉永元年（一八四八）難波開帳。

明治二十年（一八八七）四月二十九日美濃国で開帳。六月十三日迄。

これらは、江戸や大坂ほどの規模ではなかったかも知れないが、順年開帳の他、出開帳、居開帳を合わせると、頻繁に行われたようだ。朝廷や幕府からの補助が全く望めない時代、寺院の維持、営繕のために開帳という勧進が最も有効であったのかも知れない。

なお、明治二十年の美濃を最後に出開帳は禁止された。その理由について、『年譜録』には、次のように書かれている。

……今回は恙なく御帰山なれども以来出開帳の義は堅く禁止す　不都合の件は今此に記せず　所謂興行物の情態在て山主始随行の者の月給取りの稼人の情態を有す　又多費会計不都合なり　一言を聞て十を知るべし　出開帳堅く禁止す

しかし、近年に入り、居開帳から全日開帳へと切りかわった。これは、参拝者の増加と、「みかえりご本尊」が国の重要文化財に指定され、文化財保護法の「秘蔵することなく、公開すべし」の原則からである。（史料編四十参照）

私が禅林寺の宗務総長を務めていた平成八年（一九九六）四月十六日から五月十九日に大阪市立美術館、同じ年の九月十二日から十月二十日に東京の東武美術館で「京都・永観堂禅林寺の名宝展」を実施、東京へは約二〇〇年ぶり、大阪へは約一五〇年ぶりの出開帳となった。ついで、平成十年（一九九八）八月二十七日から九月二十日に千葉そごう美術館で「京都・永観堂禅林寺展」を開催した。

第七章　混迷……激動の明治

一、動乱の渦のなかで

大田垣蓮月尼と禅林寺

禅林寺境内の放生池に浮かぶ小島に小さなお堂があり、ひっそりと弁財天が祀られていた。福徳弁財天と呼ばれるこの弁財天を寄進したのが、大田垣蓮月（一七九一―一八七五）であることはあまり知られていない。

大田垣蓮月。名は誠（のぶ）。藤堂藩伊賀上野城代家老の庶子に生まれ、大田垣光古の養女となる。養父光古は知恩院譜代としてつとめた。二度の結婚で五人の子に恵まれるも、四人まで早世。夫にも二度死別し、三三歳で養父とともに出家。養父の歿後、自詠の和歌を彫り付けた埴輪（はにわ）細工で生計を立て、京みやげの蓮月焼として人気となる。和歌、書に優れ、富岡鉄斎（一八三七―一九二四）を撫育し、後に蓮月が歌を書き、それに鉄斎が画を加えた合作を多く発表する。

大田垣蓮月尼は、私欲とは無縁、最低限の衣食住で満足し、余ったものはごく自然に世の中に還元した。生涯住居を点々とかえること百有余回、一時はこの弁天島にも住んだという。その生き方に惹かれあうものがあったのか、禅林寺第七十一世徹空俊玉（一八〇七―一八八一、東山天華）との間に交友があった。村上素道の『蓮月尼全集』には、蓮月から天華に宛てた手紙が収録されている。

簡潔に用向きを述べたなかに、寒い季節に天華の健康を案じる蓮月尼の優しくゆかしい心ばえが、短い文面に満ち溢れた手紙である。

此間は御書、又御菓子いただき有がたく拝見拝味いたし、山やま有がたく存上参らせ候。はう生の事、毎度いろいろ御やつかひの事ねがひ上恐入参らせ候。よろしくねがひ上参らせ候。扨先もじ柄（から）御所らうにいらせられ候よし、寒さのせつどうぞどうぞ御早ふ御全被遊候やうねんじ上参らせ候。私事も日ましによわり候て、寒さに大きけ居申候、たにざく仰付られ、ぶてうほふながらふるきたのみ。御れうしをけがし返上致し参らせ候。又べんてん様奉納の事かしこまり参らせ候。ぶてうほふながら御らんに入参らせ候。がくになり候はんと存上候。てがみのはしにかき申候、よろしくねがひ上参らせ候。春は、又上り候て、御めどほりに万万御うかがひ申上度、御十念いただき候はんとたのしみ、春あたたかになるをまちおり参らせ候。めでたくかしく

御はやう被遊とくとく御全快山やまいのり参らせ候。以上

右御前様へよろしく御ひろうねがひ上参らせ候。以上

蓮　月

禅林寺様
御ずゐしん中様
御とりつぎねがひ参らせ候

この手紙にあるように、蓮月は、天華から弁天さまに奉納する額を頼まれ書いている。また数度にわたって天華に放生を依頼し、時間が許せば天華を訪ねて、法を聞いていた。

蓮月は生きとし生けるもの全ての命を憐れみ、牛馬の飼葉桶に餅を入れてやることを楽しみにしていたという。これは、天華が牛馬の苦しみを緩和するために日岡峠の道を整備した心に相通じるものがある。

蓮月は自分の部屋の柱に二本の竹筒をかけ、焼き物の礼金を二つに分けてその竹筒に入れ、片方を自分のつましい生活費とし、もう片方のお金は惜しみなく喜捨した。

嘉永三年（一八五〇）年や慶応二年（一八六六）の飢饉に際しては、米や粥を施行する町奉行所に大金を喜捨した。苦しくなる一方の庶民の暮らしに心を痛め、古着を買い集め、手間賃を払って、西賀茂の娘たちに仕立て直しをしてもらい、困窮の人々にそっと配って歩いたという。

政治都市・京都

晩年の蓮月尼が尊い施行に励んでいた頃、京都の庶民は、かつてない政争と混迷の渦に巻き込まれようとしていた。

嘉永六年（一八五三）六月、アメリカ東インド艦隊ペリー長官が四隻の軍艦とともに浦賀沖に現れ、開国を要求した。その一ヵ月後には、ロシアからプチャーチンが長崎に来航した。日本は否応なく国際社会に引きずり出されたのである。

幕府は通商条約を締結するかどうかという回答を半年後に延期、決断を朝廷への奏聞、諸侯への諮問にゆだねた。そしてこれを機に、それまで幕府の方針に発言権がなかった外様大名が中央政治の舞台に踊り出る。その代表格が薩摩藩主島津斉彬、土佐藩主山内豊信である。いわゆる有志大名の誕生である。開国は海防に直結するので、海に面した藩が積極的に発言するようになるのは、当然のことであった。

幕府はペリーの艦隊と戦っても勝てる見込みがないことは分かっていたので、国内の合意を得る時間稼ぎをした上で、開国に踏み切るという方針であった。安政元年（一八五四）ペリーが兵力を倍に増強して再来航、三月三日に日米和親条約、続いて英、ロシア、オランダとの間にも和親条約が結ばれた。幕府の見通しは甘く、国内の合意を図っている余裕は微塵もなかった。

安政三年（一八五六）、アメリカ総領事ハリスが下田に着任、日米修好通商条約の締結を求めた。安政五年（一八五八）になって老中・堀田正睦が上洛、通商条約の締結についての朝廷の受諾を求めた。ペリーの来航以来、幕府は外交政策に関わる諸問題を朝廷に逐一報告するようになっていたのである。こうして、朝廷の政治的な力が急速に増すと、京都は一気に政治都市としての緊張をはらむようになり、諸藩の藩士がなだれ込み幕末の動乱の舞台へと突き進んでいく。

廷臣は鎖国による現状維持を強く望み、朝廷は堀田の要請を拒否した。十三代将軍家定は病弱で跡継ぎがいず、この難局を乗り切るために井伊直弼を大老に任じた。井伊大老は朝廷の許可を得ないまま、ハリスと日米修好通商条約を結び、強引に次期将軍を徳川慶福（後の家茂）に定めた。

朝廷は、幕府との対決姿勢を鮮明にし、条約締結に異議をとなえる密勅を発した。密勅に関わった大名の多くが、次期将軍に一橋慶喜を推す一橋派であった。これに対し、井伊大老は廷臣の家来を捕縛するという圧力を加え、朝廷は「遠くない未来に鎖国を復活する」ということを条件に条約調印を了承するに至る。井伊は近衛忠熙、三条実万など四人の廷臣を公家では最も重い落飾という罰に処し、一橋派の急先鋒で慶喜の父、水戸藩主徳川斉昭に永久蟄居を命じ、尊王攘夷をとなえた橋本左内や吉田松陰など八名を処刑した。

公武合体と尊王攘夷

万延元年（一八六〇）三月、井伊直弼は水戸と薩摩の浪士によって惨殺された。この桜田門外の変を境に、公武合体と尊王攘夷の高まりが京都を翻弄し始める。

公武合体とは、朝廷の意志と幕府の意志とを一致させるという意味で、その運動の担い手は、有志大名が率いる雄藩である。対する尊王攘夷とは、天皇の意志が攘夷にあるとして、尊王攘夷を幕府に実行させるための運動で、藩主の意志というより、尊王攘夷の志士が多く出て、雄藩となった。代表格が長州藩である。そして、朝廷があるがために、京都は公武合体と尊王攘夷の両方の舞台となったのだった。

禅林寺の『年譜録』には安政、万延、文久年間の記録が極端に少ない。日々の行事を記録しているどころではない緊迫した状況、騒然たる物情のなか心労によるものか、第六十八世恬空泰然、第六十九世万空霊円と立て続けに急に遷化している。安政の大獄が起きた文久元年（一八六一）に補任の住職を置いているところをみると、無住は回避したものの、一挙に治安が悪化し、諸藩の藩主と兵が滞在する本山に晋山する新法主の選定は難航していたようである。

文久二年（一八六二）四月、公武合体派の薩摩藩の島津久光が一，〇〇〇人の兵を従えて入京した。その目的は、失脚した旧一橋派による大名と廷臣を幕府と朝廷に配することで幕府と朝廷の協調を実現させることにあった。そこで久光は伏見の寺田屋で挙兵を画策していた尊王攘夷の志士を惨殺した。朝廷は久光の建議を聞き入れ、勅使とともに久光を幕府に赴かせ、慶喜は将軍の後見職につき、一橋派が返り咲いた。久光は帰京の途中、生麦村（現在の横浜）で久光の行列の前を横切ったイギリス人を従士が切り殺すという生麦事件を起こし、京都に寄ってから八月に薩摩に帰った。

京都では長州藩と土佐藩を中心に尊王攘夷運動が高まりを見せていた。同年十月、攘夷派の急先鋒である廷臣三条実美と姉小路公知が勅使として江戸へ向かい、幕府に攘夷を督促した。幕府は和宮降嫁の際、朝廷に対して七、八年で鎖国に戻すと約していたから、これに抵抗することはできなかった。公武合体を進める薩摩藩と攘夷を求める長州藩の対立は、こうして鮮明になっていった。

寺田屋事件以後、京都には、尊王攘夷派の志士が参集し、天誅と称する暗殺が横行していた。安政の大獄への報復である。攘夷派の志士を捕縛した者たちの首が、連日三条河原などにさらされた。暗殺はエスカレートし、銅銭や油を買い占めて長崎、横浜で外国人に売ったと言われ、貿易に関係した町人が二条河原に生きさらしになったり、殺されたりした。攘夷を標榜して京都にやって来た浪人の中には、押し込み強盗と変わらない連中も多く、京都の治安は最悪で、到底京都所司代の手に負えるものではなくなっていた。

そこで文久二年十二月、京都守護職が新設され、会津藩主松平容保が着任した。会津藩は禅林寺にほど近い黒谷金戒光明寺に屯所を設け、門前の町家にも兵士が滞在した。文久四年（一八六四）には東聖護院村の三万七，〇〇〇坪を練兵場とし、慶応元年（一八六五）九月、下立売に豪壮な屋敷が完成したが、金戒光明寺はその後も会津藩の仮宿として使われた。（『京都の歴史』第七巻）

京都には志士や浪人がなだれ込んだだけではなく、京都守衛のためとはいえ、地方からの武装兵が加わった。また、開港、開市による物価の上昇は、たびたびの大火、万延元年（一八六〇）の大雨による大凶作によって、さらなる米価、日用品の急騰となり、人々を苦しめていた。

諸大名の上洛

文久三年（一八六三）は、京都にとって最悪の年となった。三月、将軍徳川家茂が上洛した。将軍の上洛は、三代将軍家光の時以来二二九年ぶりのことである。将軍に先立って、慶喜や幕閣も入京、それに加えて、京都には地方から続々と諸大名が集結した。幕藩体制下では幕府の監視があって諸侯の方から上洛することはできなかったが、今回は、朝廷が薩摩、長州、土佐、安芸、久留米など一四の諸大名に上洛を促したのである。

大多数の大名は京都に藩屋敷を構えていたものの、兵とともに泊まるとなると無理が生じることが多く、それぞれ縁故の寺院に入った。それでも足りないので、身分の低い藩兵は町家にも少しずつ分かれて滞在した。寺院は諸藩の藩兵の駐屯地になり、静かで穏やかだった町々の様相は一変したのである。世情は騒然とし、急に人口が増えたことで、一気に物資不足に陥り、諸物価は高騰した。

『年譜録』に文久二年と三年の記述がないのは、当時の京都が無政府状態の武士の町に一変、本山としては機能停止になったことを如実に証明している。諸侯が滞在するとなれば、寺全部を明け渡すことになる。どこの藩が滞在するかについては、藩側だけでなく、寺院からも京都町奉行や所司代に願を出して許可を得ることが必要で、寺側はそういった準備に忙殺された。

禅林寺を旅籠として使用したのが判明しているのは、次の藩である。

文久二年の『年譜録』には「阿州藩当山に旅宿也」とだけ記されている。滞在期間は不明である。「阿州」は阿波徳島藩で、翌元治元年（一八六四）には、肥後藩とともに南禅寺に入っている。阿波徳島藩は、蜂須賀家が継いでいたが、十一代将軍家斉の子を跡継ぎに迎えたため、特に公武合体派が勢いづく文久年代には公武合体派として京に入っていた。

この年、禅林寺には、五月からおよそ一年間、美作津山藩（一〇万石）が入っているところをみると、阿波徳島藩は美作津山藩に譲って隣に引っ越したと思われる（『京都の歴史』第七巻）。津山松平家は、家康の子、秀康の長男忠直の末裔で、同じく秀康の六男直良が継いだ明石松平家と同じ越前松平家の分家である。禅林寺の檀越明石候との関係で禅林寺に宿泊していたのではと推察される。『年譜録』によると、元治元年（一八六四）に「明石候当山に□□後候南禅寺に旅館也」と簡単な記述がある。□のところは字が欠けていて読めないが、南禅寺に宿泊したのは肥後藩である。明石候は幕末の藩主松平慶憲である。

播磨明石藩は天和二年（一六八二）以来、一〇代・一八九年間にわたって越前松平氏が善政をしいた。禅林寺との縁は、明石藩初代松平直明の父、直良と第四十四世養空霊徹にまでさかのぼる。明石藩は、七代までは六万石を襲封したが、七代の時、阿波徳島藩と同じく十一代将軍家斉の子を養子として、家督を継がせ、二万石加増して八万石となった。しかし、この縁組に莫大な費用を要し、藩の財政がさらに窮乏する。本家の越前松平家藩主、松平慶永は公武合体派として知られ、家門からも第二次長州征伐や戊辰戦争に出兵せざるを得ず、一時は朝敵になるところだったが、総督府に誓書を出して危うく逃れ、後に官軍についた。

また、慶応三年（一八六七）「奥州河越侯当山に旅宿」とある。河越は今の埼玉県川越で、奥州ではない。しかし、当時、河越藩主だった松平康英は慶応元年まで陸奥国棚倉藩主だったので、このように呼ばれていたと考えられる。

松平康英は、慶応元年から幕府最後の老中をつとめた。家門の筆頭、越前松平家の出身でその縁であろうが、老中が禅林寺に宿をとることなど、少し前まで考えられないことである。禅林寺に泊まったまさにこの年、奥州河越侯は大政奉還、戊辰戦争に遭遇、一時、新政府に捕われたが、後に官軍に帰順して許された。

諸侯、諸藩の京都滞在は、文久元年（一八六一）から王政復古が宣言される慶応三年（一八六七）まで実に六年間の長きにわたっているが、越前松平家の関係から、禅林寺には攘夷派ではなく佐幕方の藩が滞在した。

禁門の変

文久三年、上洛した家茂は攘夷祈願に賀茂社へ行幸し、一〇万石以上の藩は一万石に一人の割合で御所護衛の親兵を出すように命じられた。京都は各地方からの兵士であふれかえった。そして、幕府が攘夷の実行を約束していた期限の五月十日がやってきた。この日、長州藩は関門海峡でアメリカ船を攻撃、ついでフランス、オランダの艦艇にも砲弾を浴びせ、戦闘状態に入った。五月二十日、攘夷派廷臣の筆頭株、姉小路公知が暗殺された。七月には薩英戦争が起こる。小国の一藩が大国に勝てるはずもなく、薩摩は戦闘後、イギリスと講和し、生麦事件の犯人処刑を約束、賠償金を支払った。

八月十八日、欧米諸国と一戦交えるという長州藩および尊王攘夷運動を深く憂慮した孝明天皇のもと、朝廷会議が開かれ、長州藩を禁門の護衛から解任することが決定された。これを受けて、尊王攘夷派の三条実美ら七名の廷臣が長州藩の兵とともに、長州へ落ち延びた。これを七卿落ちという。慶喜と一橋派の大名が朝廷参与となり、開国では一致したものの、なかなか意見はまとまらなかった。

元治元年（一八六四）、慶喜は禁裏守衛総督兼摂海防御指揮に任じられた。摂海は大坂湾のことである。京都防衛の要として大坂湾岸の警備は欠かせない。京都では、慶喜と京都守護職松平容保、この年、京都所司代に着任した桑名藩主松平定敬の一会桑政権が誕生していた。幕府、朝廷、有志大名の間を取り持つ人物として一橋慶喜はそれぞれから期待されていたが、三者ともに納得する解決法があるはずもなかった。

六月五日、池田屋事件が起こる。新選組が尊王攘夷派の志士を襲って、殺傷したのである。これに怒った長州藩兵は京都郊外に集結、陣を張った。朝廷から委任を受けた慶喜は撤退期限を七月十八日としたが、十八日、長州兵は御所の禁門に進攻、会津、桑名、薩摩の守衛兵と戦って敗走した。禁門の変、いわゆる蛤御門の変である。

この戦いの最大の被害者は京都の民であった。御所付近で激しい銃撃戦が行われ、戦闘そのものは局地的だったが、長州兵をめがけて大砲を放ったため、洛中の半分以上が火の海と化した。二日間にわたって燃え続けた火で、約三万軒の家と二〇〇もの寺社が焼失したのである。

長州藩は八月五日から八日にかけて、四国（英仏米蘭）連合艦隊を下関に襲撃、敗北、十四日に講和した。ここに至って、さしもの長州藩も攘夷の方針を撤回、開国を宣言、幕府の命を受け入れ、禁門の変の指導者を処罰した。

大政奉還へ

翌慶応元年（一八六五）九月、将軍家茂は再び京都に入った。長州藩を処罰する勅許を朝廷から得ることが目的である。慶喜への反発は抑えきれないものとなっており、長州藩の処罰決定が幕府によって決められることに対し、薩摩藩が異議を称え、諸侯会議を開くように朝廷に働きかけていた。

慶応二年（一八六六）、坂本龍馬の尽力により薩長連合が成った。その直後、幕府は長州処分案を決定するも、長州は従わず、幕府は伐を命じたが、薩摩藩は薩長連合にのっとって、長州征伐のための出兵を拒否した。六月、征長征伐が開始されたが、幕府軍は敗退を続ける。七月、将軍家茂が亡くなり、将軍名代の慶喜は征長軍を解散、十二月に十五代将軍となる。直後に孝明天皇が亡くなり、翌慶応三年（一八六七）明治天皇が践祚した。

慶喜は七卿落ち以来三年余り京都から離れることができない将軍であった。江戸で幕政に参加できないだけでなく、外交政策でも薩摩、土佐等の有志大名との間には意見の乖離があったため、薩摩、長州の雄藩は急速に討幕へ傾いていく。

十月、土佐藩は大政奉還の建白書を老中に出し、薩長両藩は京都で戦いの火蓋を切り、天皇を擁して大坂で挙兵する計画を立てた。再び、京都を火の海にすることもやむなしという考えである。慶応三年十月、天皇から薩長両藩の藩主父子宛てに徳川慶喜追討令が出された。

慶喜は戦いを避け、大政奉還に応じた。大政奉還を行っておいて諸侯を集め会議を開いて国政を進めれば、まだまだ徳川に従う藩は多いはず、と考えたのである。おかげで京都は再び焼け野原にならなずにすんだ。十月十四日、慶喜は大政を奉還、朝廷は十一月末日を期限に一〇万石以上の大名に上洛を命じた。徳川家臣や譜代大名は雄藩に反発し、官位を返上して徳川の家臣として行動することを鮮明にして、上洛を拒否、結局、期限までに上洛した藩主は一六人で、慶喜の巻き返しの当ては外れた。

十二月、明治天皇が王政復古を宣言、慶喜に官位の返上と領地の返納が命じられた。大坂城の慶喜はこれに応じたが、江戸で薩摩藩士がやりたい放題の挑発行為を繰り返したことにたまりかね、明治元年（一八六八）正月一日、王政復古は薩摩藩士の陰謀によってなされたものであるから、彼らを引き渡すかさもなくば討伐すると宣言、翌二日、本営を淀に置き、進軍を始めた。鳥羽・伏見の戦いの幕開けである。戦いは新政府軍が優勢であったが、兵力は幕府軍がはるかに上回り、徳川に従う藩も多く、巻き返しは不可能ではないと思われた。

ところが、薩摩軍が嘉彰親王を征討大将軍にいただき、錦旗を掲げて戦ったために、徳川軍が朝敵となったことで、慶喜自身が戦意を喪失し始めたのである。六日、慶喜は大坂城に兵を集めて進軍を宣言しておきながら、その夜、松平容保と松平定敬とともに海路を江戸へ逃げ帰ってしまった。こうして京都を戦場にした最後の戦いは、双方に多数の死者を出し、終わりを告げた。

この戦いで鳥羽や伏見、淀の町村はほとんど焼失した。幕府軍は黒谷や二条城を占拠する計画を立てていたので、慶喜らが進軍を続けていたら、京都中が焦土となり、禅林寺も被災していたかもしれない。

十五日、駐日外交官に王政復古が告げられ、国際社会に新政権の誕生が明確に伝えられた。

二、仏教と明治維新

排仏思想の背景

禅林寺が直面した様々な問題は、その時々の社会事象がもたらしたものであり、歴史性を持つ。江戸時代、幕府の庇護のもと、いわば超歴史的存在として過ごしてきた寺院にとって、明治、大正、昭和の試練は、社会の歴史的特質と直結した厳しいものとなった。仏教界は強制的に国際化、近代化の渦の中に投げ入れられることになる。

江戸時代、反社会的宗教であるキリスト教を封じ込めるため、幕府は仏教を国家の側に取り込む政策の一つとして寺請制、寺檀制を確立、民衆を支配した。寛文五年（一六六五）、宗門改めの法度が出されたときは、檀那寺を個人が自由に選べることも許されていた。嫁にきた者が実家の宗旨のまま変更せず、一家二宗旨ということも起こっていた。しかし、これは寺院側、幕府側双方にとって不都合であったから、享保七年（一七二二）と十四年（一七二九）に離檀禁止の政令が発令され、天明八年（一七八八）には一家一宗旨とするように定められた。仏教は人民を統制するシステムにがっちり組み込まれることで、国家の安定に貢献し続けたのである。

檀家制度は祖霊祭祀を浸透させ、政治の安定に支えられて、現世利益的祈願（講や縁日、霊場めぐりなど）が広まり、仏教は国民的受容を遂げる。近世の仏教は、儒者、学者など一般の思想家による教養仏教、さらに庶民の信仰を基礎に習俗や生活と深く結びついた庶民仏教とに分かれて、日本の社会に深く浸透していた。

しかし、仏教は宗教であるから、社会の規範となる道徳を説くものではない。それに対し、現世の人倫関係を説く儒教は、江戸時代の秩序の編成にふさわしかった。五倫（君臣・父子・夫婦・兄弟・朋友）は、上下の身分関係を重視し、君主への奉公に合致していたからである。

そこで、江戸末期になると排仏思想が盛んになってくる。排仏思想は、荻生徂徠（一六六六―一七二八）が政治において天・命・鬼・神をまつる、祭政一致の重要性を説いたことに始まる。その弟子、太宰春台はさらに強硬な排仏論を説いた。太宰は「仏教は荒唐無稽。民間信仰、修験などは、反秩序的で、念仏講や説法、年忌法事なども人心を結集していくので危険なもの」と攻撃した。また、享保九年（一七二四）、尼崎に町人五人が設立した儒学塾懐徳堂一派の人々は、仏教の説く地獄、輪廻、須弥山などを非科学的だと非難した。中でも山片蟠桃は、輪廻説や因果応報説を攻撃した。

排仏思想の高まり

幕末になると、排仏思想は尊王攘夷論と結びつき、後期水戸学の学者らは、対外関係が緊張するなかで、国体論による人心統合の必要性を訴え、このための具体的方策として、祭・政・教の一体化を主張した。

さらに、尊王思想に深く浸透したのが、平田篤胤（一七七六―一八四三）を中心とする復古神道である。維新の志士たちの教養は儒教であったが、儒教が中国古代の王道を理想に据えて天皇はそれを実現してくれる王である、としての尊王論を称えたのに対して、復古神道は皇祖を崇拝の対象として、道は天皇という人格的絶対神がつくるものと称えた。篤胤の思想は、維新の際、政府の国家神道的な政策の原理として強くはたらくことになる。

次に、経世論的排仏論も盛んになった。幕藩体制の崩壊に突き動かされ、経費の節約に主眼が置かれたのである。僧侶は遊民で伽藍の維持には国費がかかるうえに、檀家制度のせいで人民の費用が寺院に流れるのを防ぐために、寺院の統廃合を進め、寺領を削減し、鐘は大砲に造りかえるべきなど、具体的な内容のものであった。

さらに、寺檀制と寺請制度に護られた近世の寺院では、僧侶の質の低下が避けられなかった。これも排仏論の加藤曳尾庵の『我衣』（文化十二年の条）からそれを読んでみよう。

> いかにも古への出家は、幼稚の時より、小児の中にも抜群すぐれて叡明の者を、父母も末々は智識にもならんとて、博学の僧にしたがへ学せしゆへに、名僧も出けり、今は子供の時より不行義者にて、小坊主などもし、父母の手にも余るものを、是は出家よからんなどとて、あたまこそげて、無理に衣をきせ、所化の新発智との取はやし、愚智無智の凡俗、其かくしての悪行はしらす、経さへよめは僧と心得、あてもなき未来を願ひ、過分の施物を遺すゆへ、生質の悪念、成長に随ひ増長して、終に悪事に至るは、実に是非なき事也

これらに影響を受け、幕末には、尊王攘夷思想が強い雄藩である水戸藩、長州藩では、天保改革の

一環として寺院整理が行われ、統廃合で大きく数を減らした。維新直前には、津和野藩や薩摩藩でも寺院整理があった。

こういう排仏論に対し、仏教側も沈黙していたわけではない。その反論の展開もいちいち反駁するものから、仏教と儒教、道教、神道の融合を称えるもの、戒律を復興して自ら僧風をただそうとする内省的なものと様々であった。

安政五年（一八五八）にアメリカなど五ヵ国と通商条約が締結されると、プロテスタントの宣教師が長崎や横浜に上陸、布教活動を始めた。開国によるキリスト教の拡がりを怖れ、仏教は激しく排耶を主張するようになる。その結果、防耶・護国・護法の三つを柱に、勤王僧として、実際に国事に挺身する者が現れた。よく知られているのが、安政の大獄の際、西郷隆盛と入水（じゅすい）した清水寺の月照や『仏法護国論』を著した真宗僧月性である。

慶応元年（一八六五）一月、長崎大浦の天主堂が完成、二月には、浦上の隠れキリシタンが天主堂を訪れ、宣教師にキリシタンであると宣言する。つまり、隠れるのをやめたのである。これに驚いた幕府は慶応四年（一八六八）四月に一三人を処刑、五月には一一四人を津和野、福山、長州に流した。さらに明治二年（一八六九）十二月には、三，四三四人を一八藩に送った。この措置は、各外国公館知事からの反論のほか、外国の強烈な反発を招いた。岩倉が中心になって進めていた不平等条約の交渉の障害となり、明治六年（一八七三）ついに、政府はキリスト教を禁教とする方針の停止を打ち出した。

防耶・護国・護法の三つを柱に据える方針は、キリシタン禁止の廃止で事実上、不可能なものになったとはいえ、排仏思想に対抗した幕末仏教が、維新後の近代仏教の進むべき道の基礎となった。

神仏分離

神仏分離は神仏判然ともいわれる。神と仏を判然するというのは、八百万（やおよろず）の神と国家が認めた神とを明確に区別し、正当でない神を排除するという意味である。神仏習合は許せないということで、仏教を排撃することが目的ではなかった。

王政復古の大号令の翌年、慶応四年（一八六六）三月十三日、神祇官再興、祭政一致の布告が発せられ、神仏分離令が出された。いわゆる神仏分離令とは、三月十七日の太政官布告「諸国神社の別当、社僧復飾の件」を皮切りに次々と出された一二の法令の総称である。

そのうち中心となるのは、三月十七日の「諸国神社の別当、社僧復飾の令」三月二十八日の「神仏の区別に関する件」（礼拝対象の分離）四月二十四日の「神祇の菩薩号廃止に関する件」である。一つ目は神社に付設された神宮寺の別当や社僧の還俗命令であり、他は、神社にある仏具や仏像を取り去り、特に礼拝の対象となっていた祭神の神号（権現号、菩薩号）などを禁止するというものである。

では、なぜ、神仏分離政策がとられたのか。最大の理由は、経済問題である。幕末には各藩の財政は極度に悪化、そこに安政五年（一八五八）の開国で諸物価が高騰、庶民は苦しい生活を強いられ、幕藩体制の崩壊を加速させた。新政府にとって急務だったのは、一刻も早く、欧米先進国に列して、中央集権政治による資本主義体制を確立することだったのである。

そのために新政府は、絶対的権力を持つ天皇制を再び確立し、人心をまとめ、開明的国家を目指そうと考えた。欧米先進国を目指すには、貿易は欠かせない。だからといって、外国からの圧力に屈し、アヘン戦争の二の舞になってはならない。そのために、人心を皇国、祭政一致にまとめるのが肝要であった。そこで、天皇の絶対性を合理的に説明するために、国家神道を利用することにした。

新政府は、今まで仏教を利用して民衆を統制してきた方法ではなく、もっと人心が一致する新しい方法が必要だと考えたのである。先に述べた排仏思想に加え、キリスト教と同じく外来の宗教である仏教には、その資格がなかった。そこで考え出されたのが、祖霊崇拝と氏神祭祀に民衆の宗教意識を集約させ、それを国家的な神々の祭祀に連結しようとする宗教政策である。

そして、国家にとって正統と思われない神や、近代国家にはふさわしくないと思われる民俗信仰と民俗信仰的な行事、習俗への攻撃が開始された。新政府の地方官は、様々な民俗信仰的な行事などは、民衆の開明化にとって大きな妨げになると信じていた。この排除は、排（廃）仏棄釈がおさまった後も継続した。

神祇官となった水戸学や江戸後期の国学者、平田派の国家神道信奉者は、強硬な排仏策を行ったが、本地垂迹が我慢ならなかったことから、エスカレートした。復古神道の推進者が新政府の宗教政策の担当となったことが、仏教の不幸の始まりであった。

これは新政府の政治家にとっては、不要のことだった。神仏分離はあくまで天皇を頂点に、国家的祭祀による人心統合という方策のための宗教政策で、真の目的は資本主義体制の確立で、排仏が目的ではなかったからである。

排仏棄釈

布告どおり、興福寺や北野天満宮、石清水八幡宮など、特に朝廷に関係の深い大社寺では、徹底した神仏分離が行われ、仏教色は完全に取り払われた。ところが、先の布告が出て一〇日足らずの四月一日、日吉山王社に武装集団が押し寄せ、仏像や仏具などを破壊、経典を焼くという暴挙に出た。社僧が、延暦寺の別当の下で溜まっていた積年の鬱憤をはらしたのである。これに慌てた政府は四月十日に「神仏分離実施を慎重にすべき令」（太政官布告第二二六号）を出した。また、門徒の抵抗運動をおそれてか、六月二十二日には「真宗各派へ、神仏分離は排仏棄釈に非ざる旨諭達」（御沙汰第五〇四号）を出している。

神仏分離では、寺院の境内に勧請された鎮守社も本尊が仏でない場合、取り除かなければならなかった。禅林寺でも、江戸後期、木下順庵は禅林寺を散策して、「御影堂の後ろには、鎮守神として、八幡、春日、熊野権現の三廟が勧請されていた」と記しているが、明治になって提出された寺院明細帳には、毘沙門天をまつった鎮守社しかないので、これらの神々は取り除かれたと考えられる。

明治元年（一八六八）以降、一部の地方の藩では排仏棄釈の嵐が吹き荒れた。薩摩藩、土佐藩、富山藩、隠岐、佐渡などがその代表的な事例である。先述したように、幕末の尊王攘夷思想の影響、特に復古神道の平田派の勢力が強かった地方で強烈な廃合寺が行われた。

明治四年（一八七一）六月、新政府は地方官の等級を改めて、知事、大参事、小参事、四等としたが、実際は大参事が藩の実権を握った。大参事が国家神道信奉者であった場合、特に僻地では、民衆に向かっては朝廷の御意思だと言い、また鉄砲を作るのに必要だと主張して、寺院の破壊が行われ、神葬祭が強要された。政府は、「神仏分離は排仏棄釈に非ざる」と言いながら、地方で行われた排仏棄釈を黙認したため、地方の排仏は大参事の思想傾向によって大きく左右されたのである。

明治四、五年以降、政府は、従来神仏のいずれに属するか明確にせずに、と言っても仏教に近いものとして信仰されていた蔵王権現や琵琶湖の竹生島の弁財天などを、強引に神道化しようと試みた。その無謀な試みは形式、体制的に成果をおさめたが、信者の信仰自体を変えることは、所詮無理であった。さらに明治四年七月、宗門改めに代わって、氏子調規則が設けられ、新生児は必ず産土社に参って守札を受け、引越しすれば引越し先の神社の守札を受け、死亡すれば守札を返すことが定められた。

政府の方針転換

政府のねらいは、皇霊をトップに神々の国家的祭祀の体系化をすすめ、邪教や民俗信仰を民衆から切り離し、新体制に対する忠誠心を植え付けて、開明的国家を建設することにあった。そこで、次に取りかかったのが、国家神道による宣教、教化である。

明治二年（一八六九）三月、太政官に教導局を設置、七月、宣教使が設けられたが、九月には神祇官が兼務した。しかし、民衆に急に神道を押し付けても、神祇官は何らの実もあげることができず、「昼寝官」と揶揄されるありさまであった。

神官が「天祖大神の四字を称えれば、千度万災を除くことができます」と説けば、聴衆の中にいた老婆が「南無阿弥陀仏、南無妙法蓮華経」と称えた。「どうして祖神と称えないのだ」となじると、「このようなありがたいお話を聞けるのもお祖師さまの冥徳のおかげだからありがたくて。南無阿弥陀仏」と答える。神官が怒って「お前のような者には必ず神罰が当たるぞ、眼も見えなくなり、耳も聞こえなくなるぞ」と脅すと「何と恐ろしい。助けてくだされ。南無阿弥陀仏」と、どこでもこのような調子でお説教は少しも進まなかったという。

政府の動きに危機感をつのらせた仏教界は、早くも明治元年十二月には諸宗同徳会盟を結成、会合を重ねた。その結果、明治元年から六年まで、仏教は防耶・護国・護法の三本柱を押し立てた。一方で、今までの仏教のあり方を反省し、仏教の自律性を高めるために、戒律復興を称えた人たちもいた。その代表が浄土宗の福田行誡、真言宗の釈雲照である。

また、地方の排仏棄釈に対しては、仏教側も激しく抵抗し、明治三年十二月、地方の官庁で勝手に排寺排仏を行ってはならないという布達を引き出すことに成功した。

何といっても、新政府は、対キリスト教政策で頭を痛めていた。諸外国との交際、開明主義のなか、来日外国人の制限は不可能で、キリスト教の影響の増大を懸念し、神道国教主義的な教学と教化体制を早急に確立する必要があると考えていた。

仏教界は、自分たちこそキリスト教の浸淫を防ぐ役割を果たすべきと主張、国体神学の神々の崇敬（伊勢神宮など）をすすんで受け入れ、王法と仏法の不離、儒・神・仏の三道鼎立を提唱、政府に対し、護国思想、国家神道にのっとって、教化、教導をするという擦寄りをみせた。

この仏教側からの働きかけもあり、宣教使による教化に行き詰まっていた政府は、仏教を積極的に利用することとし、寺院保護政策に転じていくのである。

大教院の成立

政府に教部省の設立を強く働きかけたのは、浄土真宗の島地黙雷（一八三八―一九一一）である。島地の根本的な主張は神道国家主義と同じであったが、キリスト教の国家への浸透を防ぐには、仏教の教化の実績がものを言うのであり、神仏合同の教化体制をつくるべきだという建言を提出したのである。

排仏思想を撃退し、新しい時代にふさわしい仏教のあり方を模索する仏教側の提案は、キリスト教の脅威と神道の教化の行き詰まりを感じていた政府には好都合であった。人心を掌握するのに仏教を利用しようと、明治五年（一八七二）三月、神祇省を廃して教部省を設立、神仏合同布教を開始、翌四月には一級の大教正から十四級の権訓導までに及ぶ教導職を定めた。教導職の総数は七，二四七人、神官は四，二〇四人、僧は三，〇四七人でそのうち浄土宗は六三三人で、真宗の次に多い。

明治五年（一八七二）の『年譜録』には、次のように記されている。

神祇官僧侶合併之上教部省被置候付神官僧侶ノ元本ノ輩出京之御達ニ付八月十日発袒同廿五日着九月八日参内被仰付権少教正ニ被補十一月十日迄本省大教院詰十一月廿八日帰山

教部省設置にともない、第七十二世亀空観鏡（？―一八八九）が上京、権少教正に任命され、約二ヵ月間も増上寺に詰めていたのである。なお、亀空は三年後の八月十二日に少教正になっている。

同年八月五日には、全国の神官全員を教導職にするという規定が出され、明治七年七月には教導職試補以上の者しか住職になれないと決められた。これらの教導職は各宗の管長が、僧侶をいったん「教導職試補」に任命し、試験を受けて等級を決定するという方法がとられた。教導職は能力試験を経てさらにその数を増し、明治十三年（一八八〇）に一〇万人を超えたが、その時には、神官と僧侶の割合は二対八と大逆転していた。

三条の教則

教導職を定めた三日後の明治五年（一八七二）四月二十八日、その教導職が教化すべき内容を限定するために、次のような三条の教則が定められた。

一、敬神愛国ノ旨ヲ体スベキ事
一、天理人道ヲ明ニスベキ事
一、皇上ヲ奉戴シ朝旨ヲ遵守セシムベキ事

これは、当時の教部省御用掛の江藤新平の起草になるものであったが、その内容をより嚙み砕いたものとして、翌明治六年二月に十一兼題、十月には十七兼題が定められた。

十一兼題を挙げると、「神徳皇恩、人魂不死、天神造化、顕幽分界、愛国、神祭、鎮魂、君臣、父子、夫婦、大祓」で、復古神道を三条の教則に合わせたような内容である。十七兼題になると、「皇国国体、皇政一新、道不可変、制可随時、人異禽獣、不可不教、不可不学、万国交際、権利義務、役心役形、政体各種、文明開化、律法沿革、国法民法、富国強兵、租税賦役、産物製物」と変化し、国民に文明国家の人民への脱皮を促すために、政策や国民の義務まで教導職を使って、浸透させたいという意図が明白なものとなっていた。

三条の教則はもとより、新政府が求める文明開化的内容の説教を行うのは、急には無理な話であった。そこで、教導職に任じられた住職は、諸宗が合同して大教院を設立し、研究および教育の機関としたいと願い出た。明治五年五月のことである。その各宗本山による大教院設立の建白には、「僧徒皆時事ニ疎濶ニシテ」「知識狭隘」であるから、大教院を設けて「神道ヲ始メ釈漢洋諸科学ヨリ、宇内各国ノ政治、風俗、農工物産ニ至マデ悉ク之ヲ講習シ」人材を育て「頑固迂僻ノ悪習ヲ一洗シ、今日定用ノ学ヲ起サシメ、且又府県ニ小校ヲ置其制ハ大教院ニ倣ヒ文明開化ノ気運ヲ領シテ、家毎ニ説キ戸毎ニ諭サバ」報国の志を遂げたいと述べ、費用は全額「各宗本支ノ寺院エ課シ」と、仏教による文明開化にふさわしい教化を目的に教師の育成を目指す決意を謳いあげている。

これを受け、翌六年一月、元紀州藩邸に大教院を開設、二月には増上寺に移転した。増上寺への移転には、仏教側、特に浄土宗寺院からの設置要望があったことに加え、徳川家の菩提寺である増上寺に神道色の濃い明治政府の機関を置くという政府の政治的な意図もあったと思われる。増上寺の大教院建設については、門下の寺院から多額の建築資金が寄せられた。しかし、大教院の運営は、仏教側の要望とおりには運ばなかった。当時、排仏的で神道一辺倒であった薩摩閥の官僚が実権を握っていた教部省の介入が始まり、その意向を強く反映して、仏教よりも神道重視の教育機関となったのである。

増上寺では、本尊の阿弥陀仏を動かして、旧本堂を教務省に引き渡した。旧本堂は大教院として、新たに八神を祀る神殿が造られた。その開講式では、真宗管長が法衣で拍手を打って神を降ろすという奇妙な光景が現出したという。

大教院の下には、各府県に一つ中教院を置き、全国のすべての社寺が小教院となった。京都の中教院は建仁寺に置かれた。こうして設置された大教院であったが、中教院や小教院の設置、教義に関する著書の制作などは教部省の許可が必要で、大教院の権限は制限され、講堂での説教や生徒の試験を行うに留まった。大教院の説教は、明治六年（一八七三）六月から毎月十六日に行われた。

中教院では、時には大教院から教導職が派遣されたりして神道中心の説教が行われたが、説教の歴史が長い仏教に神道が太刀打ちできるはずもなく、地方の寺院では僧侶のほうが圧倒的に人を集めた。大教院には財源がなく、中教院、小教院はすべて自前だったにもかかわらず、説教の内容は著しく制限された。僧侶にも不満を抱く者が多く、建て前上は三条の教則に従っても、本地垂迹説を説いて、当局から教導職を免ぜられる住職も出た。

また、皮肉なことに越前では、三条の教則を押し付けてくるのは朝廷が耶蘇教に変わったからだ、と一揆に発展する事態にまでなったという。この背景には、教導職による教化が、政府の開明・啓蒙政策という側面も持ち、説教の後で聴衆に散髪を強制するようなことがあったからとされる。明治六年六月十五日の教部省達では、教化されていない人民は公私善悪を知らないから罪を犯すのだ、として、「自今教導職ハ司法省施行ノ律書ヲ熟覧致シ」説教の中でどういうことをすれば、どういう罪にあたるのかを説いて法律を遵守させることまで教導職に求めるありさまであった。

大教院と学校問題

それでは、大教院開設の主目的である人材育成はどうだったか。

これにも政府から待ったがかかった。宗教と教育、小学校と小教院の混同といった問題がその背景にある。明治五年（一八七二）、教部省発足直後の京都府による教部省批判によって危機意識を強めた教部省では、学校教育に神道教化を組み込むことをもくろんだ。当時、教部省および執行部は文部省の実権も掌握していたので、明治六年三月には、文部省第二十七号達を発令して神官僧侶が社寺内に中小学校を開くことを認め、正規学科時間内で教旨講説を認める「神官僧侶学校ノ事」を学制に追加した。しかし、神官僧侶学校においても、小教院に見られたのと同様に、僧侶は仏説を説くことになり、教部省のねらいどおりにはいかなかった。また、小学校として寺社が使われることも多く、小学校と小教院の混同は、教部省にとっても頭が痛い問題であった。

その頃、木戸孝允は、外遊経験から学校制度の確立を急務として、宗教と教育の分離の必要性を強く感じていた。明治四年、サンフランシスコで小学校を見学した感想を「真に我国をして一般の開化を進め、一般の人智を明発し、以て国の権力持し、独立不羈たらしむるには、僅々の人才世出するとも尤難かるべし、其急務となすものは、只学校より先なるはなし」と日記に書き付けている（『木戸孝允日記』明治四年十二月十五日）。

明治六年六月に木戸が帰国、八月、文部省は学校教師と教導職の兼務を禁止した。翌明治七年一月、木戸は文部卿を兼任、五月十日、教部省は大教院を「文部省所轄学校ト判然区別」し、「氏子檀家幼年ノ者」で学校の余暇に教院に通うべしと命じた。この命に対して、大教院は撤回を求める意見書を提出したが、却下された。九月には神官僧侶学校条項が削除される。

大教院の挫折

明治七年（一八七四）一月、大教院の神仏混淆に怒った極端な排仏思想の士族が、大教院の神殿に放火、神殿は増上寺の旧本堂とともに焼失した。神殿のほうは、神道側が資金を集めてすぐに再建された。しかし、増上寺の旧本堂が新しく甦るまでには、実に三〇年もかかった。火災直後の見舞金リストには、二月二日付で光明寺と禅林寺合同で二五円の献金を寄せている（増上寺蔵「大教院御炎上御見舞献金録」、小川原正道『大教院の研究——明治初期宗教行政の展開と挫折——』慶應義塾大学出版会、二〇〇四)。

仏教側の不満は高まり、明治八年（一八七五）四月三十日、「神仏各宗合併、教院あい立て布教候儀、さし止められ候条、自今各自布教いたすべし。この旨教導職へ相達すべく候こと」が出され、五月には大教院が解散、明治十年に教部省は廃止、内務省に社寺局が置かれ、宗教行政を担当することになる。教部省の廃止は行政改革の一環でもあった。地租改正に反対する一揆に手を焼いた政府が、地租減額を決意し、歳入低下を見込んだからである。明治十七年（一八八四）八月には神官、僧侶とも教導職が廃止された。

大教院が何ら目だった功績を挙げることなく破綻したのは、教部省と仏教界、政府が、それぞれの思惑が異なるにもかかわらず、大教院を利用しようとしたために、当然起こるべくして起こったものといえよう。神道至上主義の官僚が実権を握った教部省は、国家神道を推し進めようとした。一方、彼等と対立する長州閥の木戸孝允は、大教院による教化ではなく、公教育を充実させるべきと考えた。仏教側は排仏棄釈からの失地回復をもくろみ、政府の方針に迎合しながらも、キリスト教や神道ではなく、仏教こそが新日本にふさわしい「国教」であると政府に認めさせ、大教院を全国の教化本部として国民を教化しようと考えた。しかし、大教院は教化の面において中小教院を統制することはできなかった。資金不足の上に、各宗の足並みは乱れ、先に述べた十七兼題をみても、短期間で優秀な人材を育て実践教化を深めることなど無理な話であった。

これに先立つ明治五年、島地黙雷は外遊先から政府に対し、強烈な三条の教則批判の建白書を政府に送り、政教分離と信教の自由を訴えた。政府は外交的に反キリスト教政策をとり続けることが不可能なことを切実に感じ始めていたし、文明国家としてふさわしい、近代的な宗教のあり方が必要だと考えていたから、島地に代表される仏教側の動きとは基本的に一致をみることになった。島地の意見は、記紀に登場するような神々を崇敬することには反対したが、皇統や国家に功績のあった廷臣の祭祀や祖先崇敬は認めたから、この点でも国家の方針とは一致していた。この考え方は、国家神道は宗教ではないので信教の自由の埒外にあり、したがって教育してもいいという後の政府の方針とも矛盾しなかった。

明治三十二年（一八九九）八月三日、政府は、政教分離主義に立って、官立、公立学校および学科課程に関して法令の規定ある学校においては、課程外であっても、宗教上の教育を施し、または宗教上の儀式を行ってはいけないことを令達した（文部省訓令十二号）。

結果的には、教部省の失敗が、その後、国家神道体制ができあがる道筋をつけることになる。

禅林寺の対応

禅林寺もこの教部省の政策にはふりまわされていた。明治五年に大教院を設立、禅林寺からも人も資金も協力して大騒ぎの末、わずか三年で「神仏各宗合併、教院あい立て布教候儀、さし止められ候条、自今各自布教いたすべし。この旨教導職へ相達すべく候こと」と命じられた。これで問題が看過できなくなったのだろう、光明寺との間で教義の興隆に関して、論争が起きている。その内容が明治八年（一八七五）の『年譜録』に、詳述されている。

去ル壬申年以来教義用一筋之筈御改政之処門中役寺旧弊相用候付西山ヨリ示談申来一老専求寺エ出張立合示談申出候処西山所化之内数十名傍聴願出募論申掛候付役寺ヨリ文庫并名号返上両山学席共一筋ニ協立崇徳寺ヲ以両山教務所ト仮設役局置月六日両山主出頭之確定也

壬申年は明治五年である。大教院が設置された明治五年以来、門中の役寺は教義一筋につとめると決まったはずなのに、旧弊のままに活動しているのはいかがなものかと光明寺から話し合いの申し入れがあった。一老の専求寺が出張立ち合いの上話し合おうと申し出たところ、光明寺の僧数十名が両派の話し合いを傍聴したいと願い出、議論をけしかけられ、役寺は文庫（会計担当）と役寺という名号（名称）を返上するに至った。両山が学席一筋に歩むことを再確認し、崇徳寺を教務所に仮に定めて役局を置き、月に六日、禅林寺と光明寺の両山主が出頭することを決めた、というのである。

推測するに、鎮西と合同で大教院の下に置かれた時から、西山教学の危機を感じて、今こそ西山派の両山が一致協力して西山教学を興隆させる時期だと決意し、役寺にそのために働いてもらうことにしたのだろうが、思ったような成果をあげることができなかったとみえる。

また、明治九年には、西山と鎮西が再び分派したことを受けて、西鎮合同で建仁寺に置かれていた浄土宗の中教院は、大雲院に移転した。この年、鎮西との合併を解消、禅林寺、円福寺、誓願寺、光明寺四箇山で西山派の大教院を誓願寺に置くことに決定、「自今布教」を開始した。開院式は、神官も参列して盛大に執行した、と『年譜録』にはある。

三、京都の政治と仏教

京都の排仏状況

明治元年より同八年までの京都府知事は、堂上公卿出身の長谷信篤で、行政の実権を握っていたのは大参事槇村正直（一八三四—一八九六）である。

排仏行為には、朝命によってなされたものと知事の職権によるものの二種類がある。前者は、神仏分離の名のもと、祇園社を八坂神社、石清水八幡宮を男山神社、北野天満宮を北野神社にそれぞれ改称、社僧のいた僧坊、仏像、塔、宝物などをことごとく破壊したのがよく知られている。

槇村は長州藩出身で、木戸孝允の懐刀と言われた。維新前には、間諜として京都でも暗躍していたといわれる経歴の持ち主である。槇村は復古神道の信奉者でもなければ、極端な排仏論者でもなかったが、よく言えば進取の気性に富み、新事業を企画、展開するのに巧みな反面、開化の妨げになる因習や旧態依然としたものをひどく嫌った。宗教心のかけらもない、現実主義者だったのである。

明治四年（一八七一）十月五日、路傍の大日如来や地蔵尊を取り払い、お堂や祠のうち売却できるものは売却し、その代金をその組小学校へ納め、壊した石像の破片も小学校に運べと命じている。槇村は路傍の石地蔵を小学校の柱に使ったり、粟田口の刑場にあった大塔婆石を道路の材料にするようなことは、平気でやった。民衆が「霊験あらたか」と信じる「わけの分からない」もので信者を集めている寺院を目の敵にして破壊した。

明治五年（一八七二）七月には、盂蘭盆会の禁止令まで出している。その理由として「盂蘭盆会と称し未だ熟せさる菓穀を采て仏に供し、腐敗し易き飲食を作て人に施し或は送火と号して無用の火を流し或は川施餓鬼、六斎念仏、仏歌念仏など無謂事共を執行し、或は六道の迷を免る迚堂塔に一夜を明し、又は千日の功徳に充るとて之が為に数里の歩を運ふ等畢竟悉く無稽の謬説附会の妄誕にして」児童の教育に悪影響を与えるからというものであった。明治七年には神道諸宗管長に「医療ヲ妨ゲ湯薬ヲ止メルヨウナ」祈禱の取り締まりを命じている。

明治五年五月、京都府は教部省を非難する建白書を送った。この建白書は匿名であったが、その反仏教的内容と強圧的態度から、槇村正直が書いたのではないかと言われている。

槇村の主張が明確に表れている史料で、内容は次のようなものである。

宗門ノ事、古今内外其外不少。而政法学士議論スル処最多シト雖モ、未タ能ク是ヲ圧絶スル者アルヲ聞カス。

今ヤ開化策進ノ秋ナリ。妄誕怪異ノ宗門ヲ捨テ、人民ヲシテ事理ヲ弁ヘ、人職ヲ尽シ、文明ノ域ニ入ラシムル事、是レ可務ノ要タリ、人民正ニ文明ニ進ミ、仏氏ノ妄誕ハ捨テ採ラサントスルニ、却テ官ヨリ僧侶ニ命シテ、教正等ノ職ニ任シ、崇教ノ標トナサハ、人ノ明ニ向カフヲ更ニ誘フテ暗ニ入ラシムルカ如クナラン、将タ御国ハ、方今事務多端、費用莫大ノ時ナリ、速ニ無用ノ誤事ヲ除キ、無益ノ費用ヲ省キ、有用ノ事ニ力ヲ尽シ、有益ノ事ニ財ヲ用ユ可シ、不信妄誕ノ宗

門ヲ保護シ、小社ノ神官、小寺ノ僧侶等迄ヲ、指揮進退スルハ、堂々タル官省ノ急務ニハ非ザル可シ

真宗を中心に仏教が排仏棄釈に激しく抵抗、それをきっかけに人心が乱れるのをひとえに恐れた政府は、教団勢力を教化に利用しようと政策の方向転換をはかり、教部省と教導職の設置を決めてから、二ヵ月足らずでこの建白書が出た。教部省発足直後に、頭ごなしにその政策を否定する理由は、宗門を「未タ能ク是ヲ圧絶スル者アルヲ聞カス」とする文章に端的に表れている。

建白書は、仏教と神道が協力して教導職を任命し、国民教化に励むという教部省の政策を国家の役に立たないと論難、仏教、特に宗門には人民を導くような役目を与えること自体が間違いであるというが、宗門に対し、インフラ整備や学校建設など「有用ノ事、有益ノ事」に協力しろ、それが仏教の役割だと脅しをかけているようなものであった。

この教部省批判は大反響となり、新聞にも取り上げられた。これをきっかけに教部省無用論が高まり、五年後の教部省廃止に結びつくことになる。いかに京都とはいえ、一介の府参事槇村が中央政府の政策をこれほど罵ることができたのは、教部省を好ましく思わない木戸孝允の後ろ盾があってのことであろう。

しかし、京都府民は教部省の方針に関しては、槇村を支持していたらしい。明治五年六月九日に京都府が教部省からの布告として「老幼男女共稼業ノ余暇ヲ以テ信仰ノ社寺ニ詣リ」「三ヶ條ノ大旨ヲ聴聞セヨ」としたことに対し、すぐさま京都府下の八市郡が反応し、「数十ヵ所の小学校があるのに、

別に僧侶の手をかりるには及ばない。ましてや府民は一秒たりとも惜しんで仕事に励んでいるので、そんな説教を聞きに行く余暇などないから、布告には従えない」と府に嚙み付いた。一戸一戸が資金を負担し、住民の手で小学校を整えた京都の町衆の矜持がそうさせたのか、にわかに僧侶の話を聞けと言ったところでそうはうまくはいかなかった。

翌明治六年、槇村は四条橋を鉄橋にすることを立案、橋は明治七年三月に竣工した。槇村は工費全額を祇園遊郭に負担させ、府下の寺院に銅製の仏具類を寄付するように命じて、橋の材料にしたのである。

先の建白書で仏教がこれほど攻撃されているのは、中央集権的な資本主義体制にとって、何よりも人民を開明主義にまとめるのが急務と考える政治家からは、仏教が経済的、社会的に旧弊かつ非生産的で無価値であるという理由からであった。そして、近代仏教はこの攻撃を打破するために、大きく動いていくことになる。

寺社保護政策へ

槇村はしたたかな政治家であったから、仏教が「経済的、社会的に旧弊かつ非生産的で無価値である」と決め付ける一方で、京都の寺院は「無価値でない」ことを認識していた。やがて、寺院保護政策をとるようになり、仏教側と歩調を合わせて京都の発展に邁進することとなる。

官営の建築物の建設資金がない時代、寺院は公共の施設として、京都の殖産復興には欠かせない役割を果たした。明治五年（一八七二）の京都博覧会の会場には、浄土真宗本派本願寺、建仁寺、知恩院の大方丈、小方丈が使われた。槇村の発案で、知恩院と建仁寺では煎茶、抹茶席を設け、好評を博した。

槇村は、有力寺院を護るのが得策と考え、国から御下賜金を引き出すことにした。明治八年十二月には、太政大臣三条実美あてに「御由緒寺院等の寺門維持について建議」を出しており、仁和寺等の旧門跡寺院を衰退させてはならないと訴えている。これが功を奏したか、翌明治九年六月、宮内省より旧門跡寺院二三寺院に対して、一万五，〇〇〇円の御下賜金が出た。

明治十二年（一八七九）、槇村はこれを公債証書に換え、勧業場で保管、利子を毎年、各寺院の禄高に割り当てし支給するという方法をとった。旧門跡寺院のなかには、苦しい経済状況のもと、一度に御下賜金を欲しいという意見もあったようだが、槇村はそうはしなかった。例えば、相国寺は府の調査に応えて、所蔵の伊藤若冲の画を宮内省に奉呈して受け取った一万円に八〇〇円を足して府庁に預けて、利子五〇〇円を受け取って寺の維持費用にあてていると回答している（『京都府百年の資料宗教編』）。

同じ明治十二年十一月二十八日、府民への告諭が出ている。その内容は「大社大寺の保存管理には金がかかるので、それぞれ大変苦労をしている。人民のなかには各町村で小堂や祠を建て、共有で祭祀を行う者がいるが、そんな費用があるならば旧大社寺の保存のための費用を出すようにしなさい。尤も、それを理由に納税を怠るようなことはゆめゆめあってはならない」というものである。

先に述べた明治五年の建白書の主張とは、ひどい変わりようであるが、露骨な大寺院保護政策ではある。

京都療病院の設立

明治の初年、排仏棄釈によって大打撃を受けた仏教は、諸宗同盟を結成、国家神道を認めつつ、反キリスト教を掲げて、国家宗教としての地位を取り戻そうとしたことはすでに述べた。また、戒律復興を掲げ、自己の内面から本来の宗教の姿を再び打ちたてようとする人々が現れたことも先に述べた。それらとも違い、社会事業に挺身するというかたちで、開化政策に積極的に協力、仏教の力を知らしめようと考える人たちがいた。その代表が禅林寺第七十一世徹空（東山天華）である。天華は愛知生まれ、京都寺町安養寺、紀州総持寺の住職を経て、慶応二年（一八六六）六月、禅林寺の住職となり、明治二年（一八六九）一月に退山、西福寺に隠居する。天華が禅林寺にいた年数は四年と短かったが、禁門の変で焼け野原となった京都に来て、薩長連合、家茂の死、大政奉還、戊辰戦争と禅林寺で江戸時代の終焉を見届けた。退山一ヵ月後には、東京遷都があった。

天華は、京都府知事槇村正直、京都府出仕・明石博高（ひろあきら）（一八三九―一九一〇）に協力し、療病院、それに続く癲狂院建設と明治の京都の医学界の発展に大きく寄与した。さらに日岡峠の整備、吉水（きっすい）温泉の建設といった社会事業に晩年を捧げ、仏教と京都の復興に邁進した。

京都出身で自らも医学を修めた明石博高は、西洋医学の導入が急務だと考えていた。江戸後期、優れた蘭方医が集まっていた京都の医師たちも明石に賛同、慶応元年（一八六五）、新宮凉閣等と医学研究会を興した。明石は戊辰戦争の最中、死傷者の救急措置に飛び回った。そして、薩摩藩が負傷者を収容した相国寺内養源院で、イギリス人ウィリスの治療を目の当たりにする。

新政府が西洋医学採用の方針をとると、明石は西洋式病院の必要性を説いた。太政官は御所内の施薬院三雲宗順邸に病院を置くことを決定、明石は三雲家の家令で医師の木村得正と準備、御所内病院を開いた。明石はこれで満足できず、何としても外国人医師を雇って本格的西洋式病院を建設する必要性を府に訴えたが、予算難を理由に却下されていた。明治四年（一八七一）になって、槇村正直と京都府顧問・山本覚馬の賛同を得ることに成功、その年の十月、療病院建設が議会で議決された。療病院掛兼務を命じられた明石は寄付金集めに奔走、寺町四条の大雲院に設立事務所を置き、まず、木村得正から東山天華を紹介してもらった。

天華は明石の懇情を快諾、与謝野礼厳、金閣寺の伊藤貫宗、銀閣寺の佐々間雲厳などが天華の要請に応じて動いた。天華、礼厳、雲厳の三人が発起人となって府に療病院建設願を出し、府下の有志の寺院代表二五人が勧諭方として任じられた。この二五人は後に六七人にまで増えた。こうして、府下の大寺院が協力し、資金を集めた。醍醐三宝院の金千円、相国寺が五二五円、西本願寺の前住職住居などが大きな寄付である。府は、療病院の建設費用として遊里からは冥加金を取立て、市中の医師からは一年に一円寄付しないと開業を取り消すと命じた。

京都府がこのような強圧的態度に出たのは、寺院の協力が得られたためだけではなく、多少強引でも西洋医学に統一する必要があったからである。幕末からコレラの大流行が繰り返され、明治になっても十年、十二年、十九年とコレラが日本中で猛威を奮った。設備のある病院で研究を進め、医師を育て、公衆衛生施策をとるのは、行政の急務であった。

翌明治五年（一八七二）の九月にはドイツ人医師ヨンケルが来日、木屋町で診療を始め、十一月、粟田口青蓮院内で京都府療病院仮病院の開設にこぎつけた。ドイツ人の医師を招聘した理由は、それまで日本で多く読まれ訳されたオランダの医学書は、主にドイツの医学をオランダ語訳しており、ドイツの医学の水準が当時、世界最高峰と考えられていたからによる。日本人の医師には、新宮凉閣、安藤精軒、江馬権之助など錚々たる面々が名を連ねた。

槇村は病院の名前を「京都病院」としたいと主張したが、天華等僧侶の強い要望で、聖徳太子が四天王寺で造られたという、悲田院、施薬院、療病院の名をとって、療病院と決まった。

天華は、療病院を仏教の慈悲に基づく貧しい人々のための慈善的医療施設としたいと考えていた。しかし、明石や槇村は医学教育を充実させることを主眼としていたので、療病院は、一般の人々を診療対象とし、医学校として発展を遂げた。当時、京都府には医療行政に携わる人材も経験も不足していたので、療病院では、既に開業している医師も入学し勉強しなおすことが求められ、明治七年に府に医務掛が置かれるまでの短期間ではあったが、開業医の試験を行い、開業医の管理まで担当していた。

明治七年には約五万円が積み立てられたので、京都府は今の上京区広小路に敷地を用意、明治八年四月に市民も参加して大規模な起工式を行った。明治八年一月二十三日、療病院助費としての積立金を学校基金に渡すという京都府の達が出ているところをみると、療病院には相当の費用が集まっていたのだろう。

療病院は明治十三年（一八八〇）に移転し、翌年、療病院から京都府医学校が独立した。京都府立医科大学の前身である。

かつて、木戸孝允は京都での病院建設に触れた岩倉具視への手紙の中で「京都人は全て因循固陋にして、世界の形勢に注意認識しない。依って医道のみならず、人々の利便となるものを開始し、自ら知見を啓発する施設を造らなければならない。山口藩が諸藩に比べ速やかに開明したのは、洋式の医学を涵養したからだ」（『木戸孝允遺文集』）と、長州が禁門の変で京都を焼け野原にしたことは忘れたかのように、京都人をこきおろしていたが、京都の人々の底力は全く分かってはいなかったのである。そして、天華を筆頭に京都の宗門の力なくしては、病院建設はあり得なかった。

日本初の公立精神病院

新療病院の起工式が済んでわずか三ヵ月、明治八年（一八七五）七月二日、京都府は、南禅寺に癲(てん)狂院(きょういん)を創設して、これを療病院の管理とした。日本初の公立精神病院の誕生である。半ば強引に寺院の一部を接収し、公務の一端を担わせるのは、槇村の常套手段であったから、南禅寺に最初に癲狂院の話があったのは明治八年五月、早くもその月の二十六日に実地検分を行い、六月には方丈が明け渡された。

南禅寺は「如何に人道主義的事業であるにせよ、かつては御所の代表的建築であり、新国宝に指定された程の建築、庭園、障壁画を有する方丈を癲狂院として使用するとは驚くべき事であった。当時の新政府の官員が徒らに文明開化の御題目に捉われ、外国思想や外国文化の模倣に走り却って我が古文化に無関心であったか、又仏教を如何に考えたかはこの事実が極めて明瞭に物語っている」（桜井景雄『続南禅寺史』）と憤懣をあらわにしている。

なぜ、南禅寺に白羽の矢が立ったのか。金地院崇伝と家康の関係に端を発し、江戸時代を通じて五山のトップに君臨してきた南禅寺が、明治維新によって五山制が崩壊、その特権的立場から滑り落ちたことと無関係ではないだろう。

京都では江戸時代中期から、岩倉の大雲寺（天台宗）の周りに精神病の人が集まり、家族的雰囲気で治療が施されていた。しかし、当時は精神病の原因が「〇〇憑き」「もののけ」によるものと考えられ、水を飲ませたり、浴びさせる水治療が主流であった。そうした「治療」を行った寺院は、主に密教、日蓮宗で、禅宗や浄土宗については、そういった記録がないそうである。とすると、京都府が南禅寺を選んだのは、従来の「治療」とは全く違う、近代的な病院をつくりたいという意志のあらわれだったのではあるまいか。それが京都府の「此度愛宕郡京都南禅寺村南禅寺方丈を以て仮に癲狂院とし療病院にてこれを管理し欧州癲狂院の法を折衷し以て狂人を入院せしめ其療治に力を致さんとす」という布告にみてとれる。

当時の癲狂院の患者は、何らかの高熱が出る病気の後に、脳に後遺症が残るといった場合が多かった。また、後の癲狂院院長高松彝(つね)は、当時は禁止されていなかった近親結婚によるものと考えられる症例がいかに多いか、実際に患者に接して身に沁みたと述懐している。(『京都の医学史　本文篇』思文閣出版、一九八〇)

明石の依頼を受け、天華は再び巨額の募金活動の先頭に立ち、開院後は四年間癲狂院の事務にまで携わった。京都府からの「東山天華、療病院雇入を以て癲狂院掛申付勤中月給八円と相定候事、明治八年七月二日」という辞令がある。(土屋栄吉「東山天華翁と其事蹟」『医譚』十一、一九四一)この時、天華はすでに六八歳になっていた。

癲狂院諸規則と癲狂院治療条則が残っている。癲狂院治療条則には、「医師は毎朝七時に見回り診察する。診療料は一人一ヵ月五〇銭だが、入院時に一ヵ月分前払いをする。一ヵ月以内に退院すれば日割で返却する。入院費は食費や入浴代などだが、食事には一日一三銭と一一銭の二種類から選ぶ。入院費は一週間分前払いで後は一週間ごとに支払う。退院時には日割で返却する」というようなことが定められている。

明治九年(一八七〇)、癲狂院の医師、神戸文哉はイギリスのモーズレの著書を翻訳、『精神病約説』として出版、日本最初の精神医学書として高く評価されている。患者数は、一年間の平均患者数が六三人、入退院は二六〇人から二七〇人に及んだ(『京都府誌』)とあるから、患者の出入りは相当激しいものだったことがうかがえる。明治十年には、患者数が一四三人にまで増えたので、南禅寺方丈の周囲に建物を新設した。患者教則及工場仮規則を制定し、患者の症状に合わせて軽作業に従事させることも行われた。また、明治十年二月、京都に滞在中の明治天皇が二品熾仁親王を遣わし、二五円を下賜している。

天華は明治十四年（一八八一）七月二十二日、七四歳で遷化した。京都府はその功績に対し、同年八月三日「故東山天華儀多年当府療病癲狂之二院建設及維持方法ニ尽力シ其功不少ニ付祭祀料トシテ金弐拾五円差置候事」と祭祀料を贈った。（吉田久一『日本近代仏教社会史研究』吉川弘文館、一九六四）

私立癲狂院の設立

天華が遷化した翌年、京都府は財政難から癲狂院の廃止を決定、当時の療病院掛の李家隆彦ら有志が引き継ぐことになった。李家らに器具設備を譲渡し、施設を一時解体してそれらを禅林寺に移し、李家が院長となって、十月十日、禅林寺に私立癲狂院を開設した。

明治四十三年（一九一〇）に御影堂を改築中、茶所を移転するにあたり、禅林寺が京都府に提出した地図には、東隣に勧学院普通寮、西隣に塔頭に挟まれて癲狂院と書かれている。癲狂院のあった場所は、現在、駐車場となっている。時の京都府知事北垣国道からは私立の癲狂院設立の祝辞が届き、これに伴い、京都府から五〇〇円が下賜された。

禅林寺における癲狂院ではどのような治療が施されていたのか。禅林寺にはそれを伝える史料が残されていないが、日本初の精神病院の噂は、遠く海を越えて伝わり、明治二十三年（一八九〇）十月、アメリカ・フィラデルフィアの癲狂院から質問状が届いた。当時の院長、高松彝の返事には「日本国ニ於テ癲狂院ノ設ケアリシハ明治八年（即千八百七十五年）東山天華ト云ヘル人府庁ニ請テ幣院ヲ設立セシヲ始トシ是ヨリ以前公私ノ間ニ癲狂院アルヲ聞カス既ニ天華氏惻隠ノ心ハ凝結シテ日本ニ於テ癲狂院ヲ起スノ原子トナレリ天華氏ハ仏徒ナルカ故ニ治療ノ法ヲ具フル様当時独乙国ノ「ドクトル・ヨンケル」氏ヲ聘シテ欧米諸国ノ癲狂院ヲ摸擬シ治療シテ書ノ抄訳ヲナセシコトアリ」と天華を讃える言葉が記されている。

さらに府立の頃は療病院の医師、ヨンケルとショイベに指導を仰いだが「両師ハ癲狂治療ヲ好マザルガ如ク」だったが、今もドクトルペルリに指導を仰いでいること、やむなく護体室に入ってもらう患者に対しては「護体室患者ニ食物ヲ供スルハ尤モ丁寧ニ心ヲ尽スヘシ仮ニモ之ヲ軽蔑スル所行アルヘカラス」など、劇発症患者取扱規則を設けて細心の注意を払っている。また、自殺願望のある患者には「徹夜当直セル看護人」が必ず隣で付き添って横になり、患者四人に一人の看護人がついていた。軽作業に従事させる治療は、その労働が製品の完成に至らず、経済的に続かなくて止めた、と記している。外国の新しい薬については、その効果等を「新誌上ノ抄訳ニ由テ見ルノミナル」で実際に患者には使いたくても使えないといった苦労も吐露している。

療病院の設立後、府庁にかけあって日本初の癲狂院開設にこぎつけたのは天華であり、精神病患者に対する偏見が強い時代、深くて熱い慈悲の心と行動力をそなえた傑僧であったこと、禅林寺が場所を提供したことによって、その精神が受け継がれ、熱心に治療が行われていたことが、この手紙からも知れる。

明治二十八年（一八九五）四月、高松院長が老齢を理由に辞職、病院は創立時の事務長川越新四朗、永谷鍵次両氏にゆだねられた。翌年、永谷氏が死去、病院は川越氏の所有となった。大正二年（一九一三）十月、施設拡充のため左京区浄土寺馬場町に移転、翌年に川越病院と改称、現在に至る。

療病院、癲狂院の設立には多くの僧侶が尽力したが、実務に関わってその基礎固めまでやり遂げたのは天華一人である。貧しい人々の悲田院となることなく、大病院への道を辿った療病院への忸怩たる思いがその努力の背景にあったのかも知れない。その活動を批判する人もあったと想像できるが、天華は自分の信ずるところを最後まで貫いた。

日岡峠開墾と円山吉水温泉

最後に、病院以外でも天華が尽力した事業を二つ挙げておく。

大津方面から物資を運ぶための要路、日岡峠は悪路で、人馬だけではなく荷を運ぶ牛車の通行にも大変苦労した。そこで、洛陽六阿弥陀巡拝を整備した木食正禅養阿（一六八八？—一七六三）は、日岡峠の改修を発願、托鉢による募財で、享保二十一年（一七三六）から三年間をかけて日岡峠を改修した。その後、慶応三年（一八六七）、下野高徳藩戸田忠至が日岡峠を開墾し、明治六年（一八七三）からは馬車通行が始まったが、険しく狭い道が人の往来と大量輸送の妨げになった。そこで、槇村正直は明治八年、オランダ人技師の設計によって、西洋の土木技術を用い、これをさらに切り下げ、三年の月日を費やして幅員を広げ、砕石を敷き詰める大改修を行った。日岡峠には槇村による修路碑が残されている。

天華はこの日岡峠の改修にも奔走、一四町余の改修を発願して資材を集めた（前掲、吉田久一『日本近代仏教社会史研究』）。

温泉が療病に効果があるということは、宝永六年（一七〇九）、医師後藤艮山が城崎温泉に遊び、温泉の功能を説いたのを始まりとする。明石博高も温泉の成分の研究に励み、都に居ながらにして湯治療法を可能にする人工温泉を発案した。建設場所は療病院にほど近い円山公園が選ばれ、療病院と同様、明石はこの温泉の建設にも天華や与謝野礼厳等、僧侶の協力を仰いだ。明治六年（一八七三）、京都円山に金閣に似せた三層楼の吉水温泉が完成した。有馬温泉と同じ成分の湯を沸かし、展望楼つきの建物は、都の人々に大人気となった。（史料編三十六参照）

大田垣蓮月尼が与謝野礼厳に宛てた手紙に、

此間長楽寺の御湯の事仰せ被下候。

として、礼厳の求めに応じて次のような歌を詠んで吉水温泉の人気を祝している。

めせばとくやまひはいえてよし水の不老不死の薬ゆぞこれ

いたつきをよそにながしてよし水はとはにたのしきところなりけり

天華や礼厳は、庶民の病気の治療を目的に吉水温泉を造ったのだが、場所柄もあって、周囲に茶屋ができ、吉水温泉は次第に市民の歓楽場の方向に向かってしまい、一人五銭で茶菓のサービスまで出るようになった。これには、天華も落胆したであろう。その後も吉水温泉は大流行で、明治十二年（一八七九）の都をどりのテーマ「花紫西京八景」の八景の一つに「吉水園朝雪」とうたわれたほどである。明治三十九年（一九〇六）に火事で焼けてしまい、その後は再建されなかった。

ところで、円山公園の枝垂れ桜は、神仏分離で祇園社が八坂神社と名を改めた時に、廃寺とされた三坊三院の一つ、宝寿院の庭にあったものである。他の名木と同じく切り倒される運命にあったものを、この吉水温泉の建設のため、たまたま通りかかった明石博高が譲り受けた。吉水温泉はなくなり、この桜の木も現在は二代目だが、全国にその名を知られる名桜となって、今も人々の目を楽しませている。

四、揺らぐ寺院経済

社寺領上知令

明治五年（一八七二）の『年譜録』には、正月早々、つらい知らせがのせられている。「正月五日明石家使山尾入来従四位殿還禄ニ付本年ヨリ半減寺納達来也」というものである。

明治二年（一八六九）六月、政府は諸大名の支配する土地を収公、大名の家禄を大きく削減した。明治四年の廃藩置県で明石藩は明石県となり、十一月には、姫路県を経て飾磨県、明治九年には兵庫県に併合される。明石藩最後の藩主松平直政は、同四年七月には知藩事を解かれた。こうなっては、明石家が五〇石の永代寄付を半減すると伝えてきたのは、致し方ないことであった。この半減された寄付がいつまで続いたか不明だが、明石家は実に二〇〇年の長きにわたって禅林寺を支えてくれたのである。

政府による土地の収公は大名だけでは済まなかった。寺社領も奉還させるべく、明治四年（一八七一）、社寺領上知令（上地とも）が出された。上知の理由は「各藩版籍奉還之末社寺ノミ土地人民私有ノ姿ニ相成不相当ノ事ニ付今般社寺領現在ノ境内ヲ除ク外一般被上知被仰付」（『京都府百年の資料　宗教編』）というもので、寺院は領主権を持つ土地を収公され、寺院の経済的基盤は著しく揺らぐことになる。

江戸時代、社寺領は除地（じょち、のぞきち、よけち）として、年貢諸役を免除されていた。「除」は租税を免除するのではなく、検地の際、石高から「除」くという意味である。社寺領は、大きくは境内と境内以外の領地に分けられる。境内は堂宇や法要を行う広場と山林や田畑を含む。上知令で上知の対象となったのは、朱印地と境内以外の領地である。

それまで境内外の領地は、幕府や藩主から租税の収納権や租税を免除され、社寺が領内の民に対し、収税や賦役を課すことができた。こういう領地内の田畑は百姓地といい、百姓の所有である。彼等は社寺の小作人というわけではなく、本来、幕府や領主に納めるべき租税を社寺に納めるというかたちをとっていた。上知令では、社寺領のうち百姓地ではなく、その証拠が明確な自費開墾地と買得地は、社寺の所有地として上地が免除された。

朱印地の上地は寺院に経済打撃を与えるため、朱印地の石高一石につき、二斗五升の米とし、それを社寺禄として、明治七年以降一〇年間で毎年一〇分の一を減らして支給、一一年目に全て廃止することにした。ただし、米が支給されたのは初年だけで翌年からは金禄に変更された。

土地の領有権を失ったとたん、すぐに収入が途絶すると、寺院経済に与える影響が大きいので、緩和措置もとられた。明治七年六月に出た「社寺領除地上知中ニ在ル貢納地処分方ノ件」という内務大蔵省達によると、上知された旧社寺領の中で、百姓から社寺に寄付された土地や社寺が買って寄付した土地については、その土地が負担するべき貢租だけが寄付、つまり免除されていたとみなして、土地は社寺のものとして下げ渡し、上知した租税収入の五分だけを社寺に下賜することとされた。社寺領の中に百姓の所有地のまま寄付されていたものも、租税収入のみが寄付されていたとして、土地は百姓に下げ渡し、上知した租税収入の五分を社寺に下賜することとなった。幕府が寄付した社寺領については、社寺の所有権を没収、官有地としてその租税収入と小作米等の合計の五分を下賜することが定められている。

引裂き上知

明治初期、政府の租税は、農民が納める年貢米のみであった。しかし、米の収穫高は天候に左右され、年貢米を売って現金に換えるにも、米相場は変動しやすく、近代国家として正確な歳入・歳出予算を立てにくいという憾みがあった。

そこで、明治五年（一八七二）、今まで禁止されていた土地の永久的売買禁止を解いた。翌年、地租改正条例が布告され、九年かかって改正が行われた。土地の価格は府県が決定、地租の税率はその地価の三パーセントとし、土地の所有者を確定して、所有者には地券を発行、それまで村単位だった年貢を個人に課した。

明治八年（一八七五）六月、地租改正事務局から「社寺境内の儀は、祭典法用に必需の場所を区画し、更に新境内と定め、其余悉皆上地の積取調べき事」と通達が出て、二回目の上知が実施された。

これにより、一度目の上知令では寺社に残されていた宅地や山林、空き地など、堂宇や法務の執行に必要な土地と墓地を除いて、境内地がすべて取り上げられることになった。残された土地から寺社が貢租を収納できるようでは、上知された土地と変わりがないと判断されたからである。ただし、どの範囲を「祭典法用に必需の場所」と認めるかについては、地方によってその基準が定まらず、緩厳の差が激しかった。

新境内と認定された土地は、自動的に寺院の所有地と認められたわけではなく官有地（第四種）に編入され、当該寺院に無償で貸与されることとなった。

禅林寺の境内地

この二回の上知令で禅林寺はどれほど影響を受けたのだろうか。

上知令が出される前の禅林寺の境内地については「寺地画図　禅林寺境内諸建物略総画図」で知る

ことができる。寺地画図は、明治三年（一八七〇）五月、翌年の社寺上知令に向け、京都府が管轄の社寺に命じて作らせた境内地略図である。それによると、

城州愛宕郡東山禅林寺境内平地之分総坪数　一万三一〇坪三分九厘三毛

内訳は、一，一九五坪六分九厘三毛が諸建物坪、九，一一四坪七分二毛が空地坪、さらにそのうち一，六二三坪八分七厘が南禅寺の借地としている。境内地の中には北之坊旧地、坪数三，三七六坪四厘八毛が含まれている。

次に『年譜録』から二回の上知令に関する記録を拾ってみよう。

明治四年（一八七一）の『年譜録』に「十月境内分検建物之外上地元朱印地境外ノ除地トナリ。現境内南禅寺ヨリ元借地従前千六百廿三坪余通所持願立候処十二月廿四日持地被申付候也」とある。

北之坊旧地は、若王子神社と光雲寺境内に挟まれた土地である。二度目の上知令に向け、明治八年から同十一年までの間に京都府に提出された『社寺境内外区別原図　禅林寺旧地上地之図』に示されていることから、この時、境外の除地として上知されたと分かる。同時に、南禅寺の借地は既に借地ではないということを示して境内地として認めてもらっている。この元南禅寺の借地は、今の放生池を含む庭園部分で当時は林になっていた。

明治八年の『年譜録』には、以下のように記されている。

北之坊元和諸役免除地境内外ニ付寺領共上地之処下作ヨリ無代価持地願立ニ付根元当寺所伝之元由御紀ニ付甫叔上人最初買得之古証文ヲ以当山所有地願出候処御取調之上三月廿日当山持地被

申付候処。又若王子元南屋敷畑百六十坪余回所有地願立候処元預ケ銀三貫目若王子ヨリ御引上之上二月当寺持地被申付候也。但シ東山之内南北境内限リ上リ二十間売下ケ借地願置候処東山之内ハ景況ニ付一面売下貸地不相成旨御達也。御廟所西南溝限リ之地所荒蕪地ニ付従前通持地願置候処再応御取調可相達旨ニテ未タ御調中也

四年前、上知された北之坊は、禅林寺の所有地であるとして、「無代価持地願」を出したところ、その由緒を糺されたので、甫叔上人の古証文を示して持地に認められたのである。『禅林寺歴代造営並ニ寄附物ノ略記』の「甫叔上人北方恵雲院の旧地を買得て、当山に寄附す」がこれに当たるのかもしれない。さらに若王子元南屋敷の畑一六〇坪余も銀三貫で所有地として認められた。

後に京都府に提出された『社寺境内外区別取調』によると、南禅寺の借地だった土地は、民有地第一種とされた。明治八年（一八七五）の上知で、この土地は境内地とは認められなかったが、もともと持地であったので、上知されずに民有地とされたのである。民有地には地租と地方税が賦課された。二回の上知を経て明治十三年頃に京都府に提出された寺院明細帳には、境内面積が五，九三五坪、内、官有地が四，七七五坪（官有地第四種）、民有地（民有地第壱種）が一，一六〇坪となっている。

もとの一万三一〇坪（建物が一，一九五坪、空地が九，一一四坪）から比べると半減している。民有地は、放生池を含む庭園部分と思われるが、これも四六〇坪余り削られている。単純に計算して、空地九，一一四坪のうち、三，五八〇坪が境内地と認められただけということになる。もちろん、二回の上知で没収された土地には、門前の宅地なども含まれるから、実際に没収された土地は、五，五三四坪

を大きく上回っている。明治二十五年（一八九二）十二月二十日現在、禅林寺が処分した土地は、六，四七九坪となっている。（『社寺境内地処分誌』大蔵省管財局）

しかし、寺側は粘り強く努力を重ねた。『社寺明細帳付録（京都府文書）』には、「明治十四年十一月二十四日　払下　畑開墾地　一畝三歩　南禅寺寺ノ内十八番地　明治十三年より十九年まで七年間鍬下」とあることから、荒地を開墾して畑をつくり、払い下げてもらい、所有地としている。また、引裂き上知のために、京都府に提出された『社寺境内外区別取調絵図』の欄外には、「明治三十七年（一九〇四）九月八日、上地林七反二十八歩を境内に編入」と書き込まれている。明治三十二年（一八九九）国有林野法が制定され、上知された林のうち、風致上、必要と認められた部分を境内に編入するとしたための措置である。

次に掲げるように、法主の私費で土地を購入することもあった。

当山前通り西北の角地所　愛宕郡南禅寺村字寺の内第壱番地　宅地三畝十二歩以上地所は明治維新の際上地其後門前島津礒治良之所有地に相成り既に石の積み上けを潰し裏門より北の所西向きに家を建商店の内議案地聞得たり依之代価金五十円を以買得る翌月金百五十円に譲り請け度由申し来る者あり然れども変て諾せさるなり　明治廿年一月七十四世恭空大和尚の私有金に而求也

（『年譜録』）

明治二十年一月、法主の私費で購入した宅地を翌月にその三倍出すから売ってくれ、という人物が来たが、売らなかったという。

京都では、明治十年の西南戦争で軍費がかさみ、不換紙幣が増発され、その紙幣整理が一段落を告げた十八年に至るまで、経済は大きく動揺した。物価は急上昇し、不況は明治十四年以後激しくなり、十七年には最も深刻となった。当時、やや経済が上向きになっていたのがよく分かる話ではある。

禅林寺の寺院明細帳

寺院明細帳は、内務省の達により、各府県が寺院に提出させた寺院台帳である。最初の達は、明治十二年（一八七九）に出されたが、示された明細帳の様式に不備があり、提出も滞りがちだったため、内務省は明治十五年、再調製を命じた。内容は、所在地、本末、宗派、寺号、本尊、由緒、境内建物、境内坪数、地種目、境内仏堂、境外所有地、檀信徒数、管轄庁までの距離、檀信徒総代連署で、境内の略図が添付されている。この明細帳は、昭和十六年（一九四一）の宗教団体法の公布まで、公認寺院の台帳として使われ、内容に変更があるときは、その都度、異動届が出された。

禅林寺の寺院明細帳には、

塔頭九ヶ院あり内円覚寺東南院信行庵の四ヶ院は明治六年一月廃寺し真善院花月庵の二ヶ院は同十一年十二月本寺へ合併し帰命院智福院松岳庵の三ヶ院は現在せり

とある。「寺地画図」を見ると、真善院と花月庵は北之坊にあった。また、智福院、帰命院、松岳庵の寺院明細帳では、帰命院は無住であるからと、代わりに松岳庵の住職が署名している。

帰命院の寺院明細帳を見ると、明治十五年（一八八二）九月九日に高知県に移転許可を得て、明治十六年四月一日に移転済みとなっている。これが、現在の浄土宗西山禅林寺派称名寺である。土佐藩は国学者北川茂長が社寺係となり、四国の中でも、最も排仏棄釈が徹底的に行われたところである。排仏棄釈がおさまって、寺院の復興が相次いだ明治十年代に、帰命院も高知に移転し、廃寺にされていた称名寺を中興した。社寺明細帳付録によると、松岳庵は明治十五年十一月、その帰命院跡へ移転、帰命院の建物を合附、本堂等を建て替えている。

京都府に残されているこれら寺院明細帳には、提出日が明記されておらず、いつ提出されたのかははっきりしない。明細帳の書式は、明治十二年に京都府が指定した書式とも、明治十六年に出した書式改正の布達とも一致していない。

寺院明細帳にある住職、第七十三世洪空基範は、明治十二年十二月に晋山していること、寺院明細帳が提出された後に付け加えられた社寺明細帳付録には、先に述べた畑開墾の件が明治十四年、この松岳庵の移転の件が明治十五年と明記されていることから、寺院明細帳の作成は、明治十三年頃と考えられる。

ところで、禅林寺の門前を西へ一〇〇メートルほど入ったところに、後醍醐天皇の第一皇子、尊良親王の陵がある。この親王は後醍醐天皇が吉野へ逃れた後、建武四年（一三三七）、足利方に攻められ越前の金崎城で自害した。『太平記』には「一宮（尊良親王）は終に越前金崎の城にて御自害有て、御首京都に上りて、禅林寺の長老夢窓国師、喪礼執行せらるなど聞へしかば」とされる。この「禅林寺」は南禅寺を指すが、建武四年当時、夢窓国師は南禅寺を辞していたから、喪礼が南禅寺で行われたかどうかは怪しい。

明治初期、天皇を頂点にいただく祭政一致の国家建設に向かう途中で、建武の中興に関連した後醍醐天皇とその親王たち、護良親王、宗良親王、懐良親王を祀る神社が創建され、所在の分からない皇族の陵墓の所在地の確認が行われた。

明治四年（一八七一）には、全国の府や藩、県に対し、皇子や皇女の墳墓の有無に関して、調査、報告をせよという太政官布告が出された。この報告を受けて、明治八年、当時の教部省の役人が全国に赴いて陵墓の調査を行った。調査結果は、明治十三年の御陵墓明細帳に残され（京都府行政文書）、尊良親王の御墓は、愛宕郡第一組南禅寺村字下河原であると墓掌一名と墓丁二名が報告している。『太平記』の記述以外にどのような根拠があったのか不明だが、明治二十三年（一八九〇）、京都府知事が上京区役所あてに「南禅寺町地内民有地一部官有地を陵墓地にせよ」と命じている。禅林寺の社寺明細帳付録には、「明治二十三年十一月六日　所有地を尊良親王御墓非域地として売上」と記録されている。こうして明治二十三年十一月六日、禅林寺の所有地が尊良親王御墓となったのである。

文化財の保護

明治初年の排仏棄釈によって、寺院の貴重な文化財が大量に破壊され、また海外に流出した苦い経験から、政府は文化財保護に乗り出した。明治十三年（一八八〇）、内務省は古社寺保存金を設置、社寺の維持管理のために、保存金の交付を始めた。明治十八年（一八八五）、禅林寺も内務省より「古刹由緒顕著なる」をもって金五〇〇円を下賜される。この保存金は明治十三年度から二十七年度までの一五年間に延べ五三九ヵ寺に合計一二万一，〇〇〇円が交付された（『明治以降宗教制度百年史』文化庁）。平均すると約二二五円であるから、禅林寺はその寺格から、平均の倍の交付金の支給を受けたことになる。

さらに、フェノロサや岡倉天心による美術品の研究、博覧会の開催を通して、社寺に伝えられてきた宝物に対して、その美術品としての価値が認識されるようになってきた。明治二十一年（一八八八）には宮内省に臨時全国宝物取調局（九鬼隆一委員長）が設けられ、明治三十三年まで十三年間、社寺宝物の調査が行われた。九鬼は、明治二十一年の五月から九月、十月から翌年二月までの二回に分けて近畿地方（京都、大阪、奈良、滋賀、和歌山）の寺社を訪れ、所蔵美術品の調査を行った。

この時の禅林寺への宝物調査については、『年譜録』に次のように記録されている。

明治廿一年十一月十八日宮内大臣並に九鬼図書頭外に大蔵省官員両三名当府社寺局長中川宝物検閲の為め来車旨前々より達し有之に付宝物の内上等分軸並器物陳列予て用意瑞泉寺住中川大蔵寺住後藤等善住久我各氏早天登山。

明治十八年に太政官制度を廃止、内閣制が発足した。第一次伊藤博文内閣である。同時に、宮内省は内閣とは別に宮内大臣をおき、他の行政官庁と区別することとした。初代の宮内大臣は伊藤博文が兼務したが、明治二十年からは土方久元が就任している。

禅林寺に来た九鬼隆一は、文部官僚で、フランス留学中に西洋美術に触れてその価値に目覚め、フェノロサや岡倉天心を熱心に支援し、共に文化財の調査を行った。図書頭は宮内省図書寮のトップである。禅林寺では、東京から直々に土方宮内大臣や九鬼図書頭がやってくるというので、とりあえず、価値が高いと思われる什宝を陳列して迎えたのである。図書寮は後に宮内寮書陵部となる。

この時の調査では、鑑査状を交付した宝物が数千点にも及んだ。あまりに多すぎて、その所在を国が把握し続けることは困難だったため、帝国博物館は京都府に対して、社寺に問い合わせて鑑査状及び登録状交付済の宝物の異動調書を作成するように命じている。

京都では政府に先駆けて、宝物の保護に取り組んでいた。ここでも活躍したのは明石博高である。排仏棄釈による寺院の疲弊と急激な開明思想により、貴重な宝物や建造物が法外な安値で海外へ流出する事態に苦慮した明石は、京都博物館を設置、それらを収容することを思いついた。そこで、明治八年（一八七五）四月、御苑内旧米倉を借りて仮博物館とした。府令を交付して寺院の宝物調査を行い、明治十三年には大宮御所の旧殿に陳列、その年の七月には明治天皇が天覧した。禅林寺からは角龍模様古金襴が出品された。「禅林寺ぎれ」と称され、第二世宗叡が唐の皇帝から授けられ請来したとされる宝物である。（田中緑紅『明治文化と明石博高翁』明石博高翁顕彰会、一九四二年）

九鬼の調査の四年後、明治二十五年（一八九二）、宮内省は七条大和大路の恭明宮址に京都帝室博物館を竣工した。帝室博物館は昭和天皇の即位に伴い、京都府に下賜され、恩賜博物館と改称した。これが現在の京都国立博物館である。

明治二十九年（一八九六）、日清戦争勝利後の日本主義の勃興に後押しされ、内務省に古社寺保存会がつくられた。さらに翌明治三十年（一八九七）、古社寺保存法が発布され、古社寺建造物と宝物の保存費用が国庫より補助されることとなった。この法律の第七条では、内務大臣の命があれば社寺は国宝を官立または公立の博物館に出陳する義務があり、出陳すれば国庫から補給金を支給するとなっていた。補給金は年額一五万円ないし二〇万円となっている。

このため、その前年、京都府山田信道が社寺に対して、帝国京都博物館に什宝物寄託伺を出すように命じている。禅林寺は、美術部二四点、美術工芸二点を提出している。美術工芸の一点は、明石が展示した「禅林寺ぎれ」である。

この法律によって昭和三年までに指定された物件は、特別保護建造物八四五件、国宝（宝物）三七五〇件にのぼる。これらの修理と出陳への補助金や保存金は明治三十年から大正七年まで毎年一五万、大正八年から昭和三年までは二〇万円であった（文化庁『明治以降宗教制度百年史』）。

禅林寺では、大正二年（一九一三）、「絹本著色来迎阿弥陀如来像」一幅が国の補助を受けて修理されている（『京都府誌』）。この修理については、明治四十二年七月三日、内務大臣平田東助あてに国宝修理補助金御下附願を出し、予算三五円五九銭のうち、五円五九銭は寺で工面するが、残り三〇円は補助の下附をと願っている。三〇円の補助はその月中に内務省から許可が出たが、一年半も経った明治四十四年一月十日、帝室博物館総長股野琢あてに、「絹本著色来迎阿弥陀如来像は出陳中なので、そちらで修理をして下さい。修理費三〇円は補助金で、残りの五円五九銭は京都府知事に依託した」という旨の願書を出している。

明治三十三年に帝室博物館官制が施行され、帝国博物館は帝室博物館と改称された。帝室博物館は、現在の東京国立博物館で、館長を置かず、東京の帝室、帝室京都、帝室奈良の三博物館を統理する総長を東京帝室博物館に置いた。初代の総長が九鬼隆一、二代目が股野琢、三代目が森林太郎（森鷗外）である。願書によって明治四十四年当時、「絹本著色来迎阿弥陀如来像」一幅が東京帝室博物館に出陳中だったことが分かる。禅林寺では、この他にも、大正三年に自己負担金一五円四六銭、補助金六〇円を受けて「絹本著色釈迦十大弟子像」の修理も行っている。

日清、日露戦争と禅林寺

明治時代は、日清戦争（一八九四―一八九五）と日露戦争（一九〇四―一九〇五）という二つの大きな対外戦争を経験した。明治二十年代から、国粋主義が台頭し、日本は帝国主義への道を歩み始めていた。日清戦争は、朝鮮侵略を進める日本が、朝鮮の宗主権を主張する中国との間で起こした戦争である。れっきとした侵略戦争であったが、当時は、中国から朝鮮を救うという義戦とみなされ、各宗派は、従軍僧を派遣、内地病院の慰問などを行い、積極的に戦争に協力した。

日清戦争では、戦後の布教拡大をにらんで、各宗派が積極的に従軍布教を行った。西山派の関わりを見てみよう。

漢詩を中心に第七十六世超空亮厳（近藤亮厳、一八五二―一九二〇）の事蹟をまとめた『一夢録』には、詳細な個人年表がまとめられている。それによると、明治二十八年（一八九五）三月二十七日に

「征清従軍」の許可をもらい、三十一日に次のような「第二軍随従特許証」を下附されている。

浄土宗西山派布教師権中僧正　近藤亮厳

団体及各部ハ此証ヲ携帯スル者ニ対シ軍務ニ支障ナキ限リ給養其他乗船等ノ便利ヲ与フベシ

明治二十八年三月三十一日　　　　大本営

近藤亮厳は四月八日に出発、八月三日に帰朝の復命を受けている。同日に「本派ヲ代表シ従軍布教ノ功ヲ嘉賞シ」茶地紋章袈裟を着る許可を得ている。この記述から、日清戦争には、近藤亮厳（当時四三歳）一人が宗派を代表して派遣されたことが分かる。

日清戦争では、仏教の怨親平等の精神から、敵味方の区別なくその死を弔い、清国の兵に対する撫恤の念も強かった。明治二十八年五月には、大山巌大将らの依頼を受け、近藤亮厳は真言宗の岩堀智道らとともに、戦地で清国軍人戦死者追悼大法要を営んでいる。

日本は義戦をとなえて日清戦争を始めたはずが、下関条約で講和の際には、欲をむき出しにして、賠償金と領土の割譲を求めた。その結果、遼東半島と台湾を手に入れるも三国干渉（ロシア、ドイツ、フランス）で遼東半島を返還せざるを得なかった。これにより、特に返還を迫ったロシアに対する恨みが残った。

国民の間には、頭を抑えつけられないためには、より強大な力を持つしかないという風潮が芽生える。政府にとっても、国民の不満を外に向けさせる方が好都合だったので「臥薪嘗胆」というスローガンをつくった。本当は国策が間違っていたのではと思われるのはまずかったからである。このスローガンは日本社会に統一的な方向を与え、軍国体制をつくりあげていくうえで、大きな働きをした。結果、三億六、〇〇〇万円の賠償金の大半が軍事費として消えた。

日露戦争の戦費は、英米の外債に頼って調達した。英米はロシアの満州占領を防止するため、日本に協力したのである。つまり、日露戦争には英米が日本に味方するという明確な帝国主義的側面があった。したがって、日清戦争の頃の義戦の意識は微塵もなく、列強に分割されつつある極東の市場の確保、権利の拡張だけが目的であった。

庶民には反戦論もあったが、大半は戦争熱に浮かされた。当然、各宗派の戦争協力は、日清戦争をはるかに超える規模に拡大した。明治三十七年（一九〇四）五月、日本がロシアに宣戦布告する五ヵ月前には、神道・仏教・キリスト教の三教が戦時宗教家懇談会を開き、「開戦は正義と平和を目的としている」と宣言し、こぞって戦争を正当化、美化した。

日清戦争の時と違い、新聞も詳しく仏教各宗の動きを伝えている。「京都府日露時局記事」（『京都府百年の資料　宗教編』）は、西山派の戦争協力を次のように伝えている。

〇浄土宗西山派の行動

三十七年二月宣戦　大詔ノ煥発セラルルヤ、管長ヨリ、一般僧侶門徒ニ対シ諭告ヲ発シ、禅林寺光明寺円福寺誓願寺ノ四ケ本山ヲシテ、同一ノ行動ヲ執ラシメ、尚ホ数回ノ諭告ヲ発シ門末教徒ヲシテ、赤誠報国ノ実ヲ挙ケンコトヲ期セシムル等、其事蹟ノ概要左ノ如シ

一、軍事迎送幷ニ軍気ノ鼓舞事蹟

四ケ本山ハ開戦ト同時ニ、布教師ヲ檀信徒アル京都滋賀岐阜愛知福井石川兵庫山口大分高知和歌山福岡等ノ各府県ニ派遣シ、管長ノ諭告ヲ宣演シ専ハラ奉公ノ誠意ヲ尽サシメタリ、又禅林寺ニ在テハ、毎月一回大法会ヲ設ケ戦勝ノ祈禱ヲ修シ、又光明寺ハ向日町駅ニ於テ、軍隊ノ迎送ニ従事セリ

二、民業ノ奨励国債ノ応募恤兵献金ノ勧誘事蹟

民業ノ奨励其他ニ関シ、四ケ本山ノ法主各地ヲ巡回シ、又ハ教師ヲ派遣シテ、門末檀信徒ニ対シ各自堅忍ノ志操ヲ以テ、耐久持続ノ実力ヲ艱成シ、力ヲ殖産興行ニ尽シ、就中国債応募恤兵献金ノ事業ハ軍国ニ際シ、国民ノ当ニ勉ムヘキ事ナルヲ諭シ、其功績ヲ挙ケタル事尠ナカラス

三、戦病死者葬祭及ヒ遺族慰安事蹟

禅林寺光明寺法主ハ、檀信徒中ニ戦病死者アルトキハ、法号ヲ授与シ、葬儀ノ際ハ使僧ヲシテ管長ノ弔詞、及ヒ法主ノ慰問状ヲ携ヘ、会葬セシメテ遺族ノ慰安ヲ計リ、又戦役中死歿者ノ為メニ追弔大法要ヲ営ムコト、各二回且ツ霊名簿ヲ備ヘ、其忠績ヲ万古ニ伝フルノ方法ヲ執レリ、其他円福寺誓願寺ニ在テモ、同様追弔会ヲ執行セリ

四、経費支出概算

以上諸項執行ノ為メ、支出シタル経費ハ、総計金六千二百十壱円七十六銭也

当時は、仏教各宗派が挙って戦争を賛美し、積極的に戦争協力を行った。禅林寺でも月に一度、戦勝の祈禱を行い、一丸となって、富国強兵のための教化につとめ、時局に応じて働いたことが分かる。

ただ、真言宗や真宗とは異なり、浄土宗からは従軍布教使を派遣するということはなかった。

日本国中が戦争の勝利に酔った。明治四十四年（一九一一）四月、京都府は、若王子神社に戦利紀念品陳列所をつくっている。しかし、戦後、莫大な戦費と膨らみ続ける軍拡費用が国民を苦しめていくことになる。

五、宗派分立、合同の歴史

四箇本山体制の時代

禅林寺には、浄土宗西山禅林寺派の総本山としての顔がある。ここでは、宗派の分立と合同、分派の歴史を簡単にたどってみる。

江戸時代、「浄土宗西山派諸法度」に従い、西山派は禅林寺と光明寺を同格の本山に置き、それぞれ東本山、西本山と呼ばれた。明治元年の『年譜録』には、

　本年知恩院宮願ニ依テ西山鎮西両派寺務商量之叡慮御達ニ付三箇山協議之上願立ニ相成十二月三日弁事館ヨリ更ニ分派之許可状ニナリ　許状文庫ニ在

とあり、この時点では、西山二派と鎮西とが分派の許可状を交付されていたことが分かる。

明治三年（一八七〇）、神仏分離政策の余波を受けて西山派と鎮西派とが合併し、増上寺に置かれた単一の大教院の管轄に入った。

しかし、先に述べたように、大教院の布教は全く進まず、明治八年（一八七五）には大教院が解散した。翌明治九年、西山派は鎮西と分派、禅林寺・光明寺・誓願寺・円福寺の四箇本山として再出発した。既に明治七年、一宗一管長制となっていたので、九月二十五日の達書第三〇号「浄土宗中西山派之儀今般別立管長相立度旨願出聞届候条此旨相達候事」で、西山派の管長が誕生した。

教部省の「今後は各宗派で三条の教則にのっとった布教をするべし」との達に従い、前にも述べたが、明治九年の『年譜録』には「西鎮分離東京大教院宗務局エ熟談之上本省エ願出許容之上四箇西山協立ノ大教院誓願寺ト確定十月開院式三日修行神官諸宗随喜也」と記されている。大教院を誓願寺に定め、西山派として、従来の教部省の方針にのっとった活動を試みたのである。

明治十七年（一八八四）八月十一日、太政官より神仏教導職の廃止の布達が出た。以後、「寺院ノ住職ヲ任命シ及教師ノ等級ヲ進退スルコトハ総テ各管長ニ委任シ」、管長が寺法や、宗制、教師等級の進退などを内務卿の認可を得て決めるものとした。これを受けて、各宗では会議を開いて今後の方針や寺法や宗制の制定に着手し始めた。

明治十八年七月、浄土宗西山派宗制が認可される。四箇本山体制の時代、管長は一人であったから、禅林寺と光明寺で交替で勤めていたようである。例えば、明治二十年度の『年譜録』には「明治廿年六月一日より管長翌廿一年六月一日交換山本観純僧正え渡す」と記されている。

所属をめぐる問題

明治三年に西山と鎮西が合併し、浄土宗としては、合同で大教院の管轄となった。しかし、これは教部省の命令に従って行政上そうしただけのことであって、全国の末寺にとっては、今までと変わりはなかった。昭和の宗教法人法によって、初めて本山と末寺の間の包括、被包括の関係が明確にされたのであり、当時は、本山と末寺との規定も極めて曖昧、暢気なものだった。

ところが、教部省は寺院の統制を目的に、明治五年九月、「諸宗別派独立本山・無本寺等総本山所轄について」を出して、京都府を通じて、「今まで無本寺だった寺は希望に応じて総本山を決定せよ」と言ってきたのである。しかも、その年の十一月には書類を揃えよという無茶な話であった。京都府は教部省に日延べを要請し、各寺にこの旨を達した。

明治六年の『年譜録』には、その時の遣り取りが以下のように記されている。

> 昨年十月政府ヨリ教部省御達之旨ヲ以テ以来無本寺ハ不相成ニ付望ノ本寺エ所轄入未可願出旨御達ニ付無本寺之向ハ縁故ノ本山エ所轄願出候付当山エモ五十ヶ寺余所轄願出有之候処　豈図ヤ五月五日当山初其余出願之輩御呼出之上　禅林寺儀ハ本寺ニ無之ニ付　同入末願書類悉ク脚（ママ）下ニ相成早々外本山エ所轄願可出段厳敷被相達候ニ付　不取敢一老二老エ内談之上歎願書指上候処由緒書ヲ副可指出旨御達ニ付　由緒書相添出願置候処　豈図哉七月御呼出之上教部省朱印指令書ヲ以又候　早々所轄可願出旨御達相成候付　当山エ所轄願出之寺院甚困却然処西山主派出中ニ付暫時日延七日従前通光明寺同格ト可相心得旨御達相成候也　此義京都府ヨリ副書行届候哉此時東

京出張所詰恒川東学五月巳後六万隆賢也

これによると、新しく五〇の寺院が本山を禅林寺にすると届けたところ、京都府から禅林寺を出願した寺院が呼び出され、禅林寺は本寺ではないからという理由で、教部省から却下されたと聞かされた。慌てて嘆願書を出すと、各寺院は禅林寺が本寺であることを明確にする由緒書を添えろと言われた。揃えて京都府に提出すると、二ヵ月ほど経ってから、再び呼び出しがあり、教部省の朱印指令書を示して、教部省から早く所轄願を出せと再び言われた、と伝えられた。出願した寺院が困っていたところ、何とか禅林寺を光明寺と同格と認めるという達が出たのである。この結果、明治七年一月二十四日の『年譜録』に「所轄寺院廿九ヶ寺御聞届相成候」とある。明治四年、廃藩置県に伴ない、触頭制（禅林寺では役者と呼ばれた）が廃止されていたから、東京出張所は江戸役者に代わるものとして置かれたと考えられる。教部省の達が一貫せず、本寺と末寺の規定は甚だ流動的なものだった。

そのため、日清戦争直前の明治二十六年、末寺を巡って、光明寺から禅林寺が訴えられるという事件が起こった。被告となったのは、第七十五世範空亮辨である。判決正本（史料編二十九参照）から訴訟の行方を追ってみることにする。

光明寺の言い分は次のようなものである。

当時、浄土宗西山派には東西南北の四箇本山があり、のち明治十六年（一八八三）に、南本山円福寺は愛知県三河に移転、誓願寺本山の傘下となる。光明寺は西本山、禅林寺は東本山と呼ばれていた。東西本山の末寺は、一山専属の末寺（片末）の他に、東西本山のどちらにも属する両山末の寺院が六四五ヵ寺、そのどちらでもない所轄の三種類で構成されていた。しかし、実質的にはどちらかの本山に属していて、それを所属寺と称していた。

所属寺の内訳は光明寺が四四六、禅林寺が一九九であったが、両山末といいながらどちらかに所属するという曖昧な状態が、各末寺間で揉め事が起こる原因となっていた。そこで、明治二十四年（一八九一）七月一日、浄土宗西山派宗務院は両山末という名称を廃止、抽籤で両山末を決定するように諭達した。この諭達に従い、両山は明治二十五年四月十九日に抽籤によって定めていた区別表に従って、三四〇を光明寺に、三〇五を禅林寺の末寺にすることとした。ところが、旧禅林寺所属で光明寺末とされた一一ヵ寺と旧光明寺所属で禅林寺末とされた一〇〇ヵ寺が各々この決定を不服として異議が噴出した。

西山浄土宗の桜井達定師の手による『西山流大年表』（平成十年十一月刊）はこの事情を「明治二十四年東西両本山より黄第12号を以て、和歌山県総持寺の門末寺院を二分し、一を西山に一を東山に直属すべしとの達令を発するが、門末一同猛反対、達令に不同意」としている。そこで両本山が話し合って、一一ヵ寺が禅林寺末になるのは認めるが、一〇〇ヵ寺が光明寺末になるのでは、両末寺の数に差が出過ぎるので、一〇〇ヵ寺のうち五九ヵ寺を禅林寺末にするということで合意した。ちなみに総持寺は、西山浄土宗檀林三ヵ寺の一つで、梶取本山とも呼ばれる。寛文年間（一六六一―一六七三）に禅林寺・光明寺が西山派総本山に命じられると、総持寺は両寺の末寺になって、紀伊・和泉の八八ヵ寺の末寺を有するようになったという（『寺院神社大事典　大和・紀伊』）。（現在一六〇ヵ寺所属）

この五九ヵ寺の選択権は光明寺にあったので、明治二十六年（一八九三）七月から九月にかけて三二ヵ寺を選択して禅林寺の末寺に編入した。しかし、残りの二七ヵ寺については、締め切り当日の九月十五日に禅林寺末にする手続きは完了したものの、この二七ヵ寺には両山末でない寺院が混入していること、各寺院の書類の不備など種々の理由で光明寺が合意に違約していると禅林寺側が主張、二七ヵ寺を末寺にすることを拒絶、光明寺に違約金の支払いを求めた。これに対して、光明寺も反論、ついに決着を司直の判断に求めるに至った。結果は、禅林寺の勝訴で、明治二十六年十二月、京都地方裁判所は、光明寺に一万円の違約金を払うことを命じた、というものである。（史料編二十九参照）

近藤亮厳の『一夢録』には、裁判のことは何も記録されていないが、従軍布教から帰国後の「明治二十九年一月八日　門末改正ノ事務ヲ担任シ明治二十四年以来百折之ニ力メ終ニ本山遐昌ノ好果ヲ彰ス茲ニ斜子一反ヲ附与シ以テ其勲功ヲ嘉賞ス」と第七十五世範空から表彰されている。「明治二十四年」という年や文意からこれはこの裁判を指していると考えられるので、明治二十八年の末には、末寺の問題に決着がつき、その結果が禅林寺にとって望ましいものだったことが知れる。

しかし、両本山には依然として教育問題の内紛を抱えていた。

その結果、大正六年（一九一七）十二月開催の臨時門末会（西山浄土宗、光明寺本山）において、「東京別院、円光寺（両本山の別院）を東本山（禅林寺）に割譲し、御供金二万円を提供する事を条件に、和歌山県末刹（泉南を含む）の西本山（光明寺）専属を決る」（『西山流大年表』）となり、禅林寺本山においても、同年十二月召集の門末協議会でもこの案件が議決された。（詳細な経緯は史料編三十参照）

こうして、大正八年（一九一九）西山派から西山禅林寺派へ分派独立、光明寺を本山とする西山派と誓願寺を本山とする深草派との三派体制となった。初代西山禅林寺派管長には、近藤亮厳が就任した。

昭和十四年（一九三九）、宗教団体法が成立、翌年施行された。この法律は、前年の国家総動員法を受け、太平洋戦争へとひた走る日本が、あらゆる宗教団体を監視、監督して国民教化を行わせるために施行されたものである。この法律の第十六条には、

宗教団体又ハ教師ノ行ヲ行フ宗教ノ教義ノ宣布若ハ儀式ノ執行又ハ宗教上ノ行事ガ、安寧秩序ヲ妨ゲ又ハ臣民タルノ義務ニ背クトキハ、主務大臣ハ之ヲ制限シ若ハ禁止シ、教師ノ義務ヲ停止シ又ハ宗教団体ノ設立ノ認可ヲ取消スコトヲ得

となっている。国家の意のままになる宗教団体以外は排除するという方針のもと、この法律の施行によって、全ての宗教団体が、戦時体制を支える側に置かれた。昭和十五年九月になって、文部省は、神道・仏教・キリスト教の三教の代表者に各宗派の合同を希望した。なかでも、宗派数と勢力において際立っている仏教に対しては、各宗派代表者懇話会を開いて「一宗祖一派」を目標とするように要請した。宗教団体法第五条の「教派、宗派又ハ教団ハ、主務大臣ノ認可ヲ受ケ合併又ハ解散ヲ為スコトヲ得」がここで威力を発揮した。こうして、宗派は合同し、それによって翼賛体制の強化に貢献することになる。認可申請期限は昭和十六年（一九四一）三月末日とされ、浄土宗西山派の三派が合同するに至った。この結果、諸宗全体で一三宗五六派だったものが一三宗二八派に統合された。

戦後すぐ、日本国憲法が発布された。第二十条で信教の自由が保障され、国の宗教教育が禁止され、政教分離が明確にされた。さらに第八十九条で、宗教団体や宗教行為に対する公金の支出が禁止された。

戦時体制のために作られた宗教団体法に代わり、終戦の年の十二月二十八日、宗教法人令が施行された。この法令では、神社神道が宗教法人となり、全国の神社が一律宗教法人とされた。これによって、伊勢神宮や靖国神社へ参拝を強要されることはなくなった。

ついで、昭和二十六年（一九五一）三月、宗教法人法が施行された。この法律では所轄庁の認証制がとられたため、各宗の分派が進み、昭和十六年に合同した西山三派も再び西山禅林寺派、西山浄土宗、西山深草派の三派に分かれることとなり、現在に至っている。

第八章　大義……大正から昭和へ

一、国家家族主義と仏教

戊辰詔書の渙発

日露戦争が終わると、勝利に熱狂する国民に賠償金ゼロという結果が待っていた。実は、戦費が尽き、戦局も不利となり、日本側から講和を進めたのだが国民はそれを知らされず、納得できなかった。明治三十八年（一九〇五）九月五日、怒った国民は日比谷焼き打ち事件を起こす。新聞社や交番、キリスト教会を焼き、日本初の戒厳令がしかれる事態となる。京都でも日露戦争講和反対運動の市民大会が開かれた。計画されたのは、日比谷焼き打ち事件の二日前で、実際の大会は、翌九月六日、場所は禅林寺にほど近い岡崎公園博覧会館内である。軍事費の増強と外債の増加によって戦後も続く増税には、実業界も批判的で、藩閥政治、軍国主義批判の声は市内に充満した。

戦後の物価騰貴に加えて、重労働と低賃金にあえぐ工場労働者の憤懣も爆発、大きな労働争議や暴動が頻発するようになる。戦争が終わったら暮らしがよくなる、と我慢してきた人々の不満が頂点に達したのである。さらに、資本主義経済の発展に伴って貧富の差が拡大し、社会主義が勃興した。

政府は、皇室至上主義のもと、帝国主義の道をつき進むことを国策としていたために、その妨害となる社会主義を防止しようと躍起になる。そこで、目をつけたのが宗教の利用である。大逆事件直後の第二七議会で、「危険思想防止策に関する質問」が出された際、桂太郎首相、平田東助内務大臣等は「宗教が国民の徳性を涵養するに力あることは、政府に於ても夙に認むる所なるを以て、神仏二道に対しても之が監督と指導とに依り、益々其の振作を促し、教化の目的に副はしめんことを期す」と、仏教にいわゆる「危険思想」つまり、社会主義の防止の役割を担わせることを明らかにしている。

このような背景のもと、明治四十一年（一九〇八）、戊辰詔書が渙発され、詔という明治天皇の言葉をもって、社会主義の台頭を防ぐための階級的協調や奢侈の戒めが説かれた。要するに、争議が相次いだことを受けて労働者と経営者、小作人と地主が争うことなどせず、都市でも農村でも庶民は贅沢をせず、黙って働きなさい、ということである。天皇のお言葉は絶対である。戊辰詔書は、国民に徹底させることがはかられた。

仏教公認教運動

日露戦争の死傷者は一〇万人に及んだ。戦争で一家の働き手を失った人々を納得させるには、国家を家族とし、天皇を親として、君に忠を尽くすのがすなわち親孝行であると教え込むのが得策である。

この家族国家観は、明治二十三年（一八九〇）の教育勅語に明示されていたが、国家主義と家族主義との統一がより緊密に図られたのが大正時代であり、これは檀家制度という家族制度の上に成り立つ仏教にはなじみやすいものだった。国家が仏教を政治に利用するのは明治初期と変わらないものの、日露戦争後には、仏教を帝国主義に合致するべく再編成する流れができあがりつつあった。

この流れを受け入れる素地は、すでに仏教側に整っていた。それをつくったのが明治二十年代から三十年代はじめにかけて、教団仏教が展開した仏教公認教運動である。仏教公認教運動の背景には、安政以来の不平等条約の改正、外国人の内地雑居、日本最初の宗教法案の提出があった。

明治二十二年（一八八九）に発布された大日本帝国憲法は、第二十八条で「日本臣民ハ安寧秩序ヲ妨ケス及臣民タルノ義務ニ背カサル限ニ於テ信教ノ自由ヲ有ス」として、信教の自由を規定した。伊藤博文が書いた『大日本帝国憲法義解』には「内部ニ於ケル信教ノ自由ハ完全ニシテ一ノ制限ヲ受ケス而シテ外部ニ於ケル礼拝ノ自由ハ法律規則ニ対シ必要ナル制限ヲ受ケサルヘカラス」と記されている。つまり、内心の信仰の自由のみが保障されていると解釈されていたのである。しかし、信仰は人の心の内部の作用で、憲法で保障されようがされまいが法律で取り締まることはできない。したがって、信教の自由とは、信仰に基いた宗教行為（宗教教育や儀式の執行、布教など）の自由を保障するものでなければならない。結局、信教の自由はあるようでなかったことになる。

また、明治三十二年（一八九九）七月から条約改正にともなう内地雑居が実施された。内地雑居とは、条約改正にともなう居留地廃止、治外法権撤廃の代償として、条約締約国人の居住、旅行、営業、土地所有を認めることである。さらに、条約改正に呼応して、キリスト教の布教が正式に認められた。しかし、文部省は教育勅語以外の教育方針の浸透をおそれ、キリスト教系学校での宗教教育を禁止しようと、同年八月三日に文部省訓令第十二号を発して「宗教教育を廃止すれば、徴兵猶予と上級学校への入学資格を与える」とした。

こうして政教分離の名において、国公立の学校では特定の宗教教育が禁止されたのである。同時に、国家神道は信仰ではなく国民の義務とされた。神社は国家の祭祀であって宗教ではないからと、明治三十三年（一九〇〇）には社寺局を神社局、宗教局に分割し、大正二年（一九一三）には、宗教局を内務省から文部省へ移管した。学校教育の現場で神社を崇敬することを教えても、信教の自由に抵触することはなく、問題はないとされたのである。

これに敏感に反応し、反対運動を繰り広げたのが仏教である。根底には、排耶護国思想があったのはもちろんであるが、明治維新からこのかた、国家に特別に保護されてきた神道への対抗意識もあった。「仏教を以て国体の精華を翼賛するを主義とする事。仏教を以て帝国特別の保護教とするを目的とする事」（柏原祐泉『日本仏教史　近代』吉川弘文館、一九九〇）と主張、国家主義的な立場を鮮明にして、仏教公認運動を展開した。残念なことに、その主張自体が信教の自由に抵触することを指摘する声はほとんど起こらなかったのである。

さらに、明治三十二年（一八九九）、神社を除外し、外国人の居住自由が改正条約の条件となった関係上、外国人の信教に配慮した宗教法案が帝国議会に提出された。この法案には宗派規則の審議、教職者の政治活動禁止、教職者の資格の制限なども織り込まれていた。仏教は各宗管長会議が中心となって、仏教こそ国家に保護されるべきで、キリスト教や教派神道との一視同仁は許せないという理由で、猛烈な反対運動を起こし、この法案は三十三年、貴族院で否決された。

この法案が否決されると、同年公布された治安警察法の第五条の一項では、軍人や警官、官公立私立学校の教員、学生生徒とともに「神官神職僧侶其の他諸宗教師」も政事上の結社に加入することが禁じられ、この規定は、昭和二十年（一九四五）の敗戦まで続いた。

内地雑居が実施されると聞いて、国民の間には「日本が植民地化するのではないか」「日本の労働者は外国人雇主にひどい目にあわされるのではないか」「清国の労働者が流入するのではないか」という不安がひろがった。その一方で、政府は外貨導入を歓迎した。しかし、蓋を開けてみると国民の不安や文部省の心配は杞憂に終わり、仏教界の主張もはずれ、キリスト教の伝播も外国資本の進出も清国労働者の侵入も起きなかった。そのため、文部省は翌年には、キリスト教学校に特典を回復させた。

三教会同

仏教側が国家による公的な保護を求める姿勢と、戊辰詔書にのっとった政府主導による宗教統制が結びついたのが三教会同である。三教会同は、明治四十五年（一九一二）、西園寺公望内閣の内務次官床次竹二郎が、大逆事件を起こした社会情勢をみて、「階級的協調」の役割を宗教（仏教、キリスト教、神道）に求めた政策である。ここでいう神道は、教派神道を指し、国家によって宗教ではなく日本国民が崇敬する義務を負うとされた神社神道ではない。具体的に言えば、「階級的協調」とは労使間や小作人と地主間の衝突を緩和させ融和、調和という名のもとに、社会主義を抑えることであった。

同年二月二十五日、内務省が三教の代表者を集め国策への協力を求めると、三教はこの政府の方策を受け入れ、次のような決議案を出した。

> 今回三教者会同を催したる政府当局者の意志は、宗教本来の権威を尊重し、国民道徳の振興、社会風教の改善の為めに政治・教育・宗教の三者各々その分界を守り、同時に互に相協力し、以て皇運を扶翼し、時勢の進運を資けんとするに在るを認む。是れ吾儕（われら）宗教家年来の主張と相合致するものなるが故に、吾儕は、其の意を諒とし、将来益々各自信仰の本義に立ち、奮励努力国民教化の大任を完うせん事を期し、同時に政府当局者も、亦、誠心鋭意この精神の貫徹に努められんことを望み、左の決議をなす。一、吾等は、各その教義を発揮し、皇運を扶翼し、益々国民道徳の振興を図らん事を期す。一、吾等は、当局者が宗教を尊重し、政治、宗教及教育の間を融和し、国運の伸張に資せられんことを望む

これに先立つ二月十四日、京都で各宗協議会が開かれ、浄土宗西山派も参加して、三教会同について話し合った（「三教会同につきて京都各宗協議会」〈『中外日報』二・十六〉）。

これは、政治の宗教介入であり、政教分離にも反していた。しかし、仏教は神社神道が三教から除外されていたことに反論することなく、再び、御用宗教の道を歩み始めたのである。かつて大教院で

は三条の教則を提示したものの、国家は仏教と神道による共通教化には失敗した。しかし、明治二十三年（一八九〇）の教育勅語の発布によって、忠君愛国という教化の共通基盤が整い、仏教、教派神道、キリスト教の三教の教化の足並みは、三教会同を契機に揃うこととなり、これは終戦に至るまで強められこそすれ、変わることはなかった。

二、軍費増大と思想統制の強化

帝国主義の勃興

明治四十五年（一九一二）明治天皇が崩御し、七月、皇太子が践祚され、大正と改元した。寺院の歴史は、その時代の必然性のなかにある。大正時代の禅林寺について語る前に、大正時代はどのような時代だったのか、簡単にまとめておこう。

大正時代は、短いながらも激動と変革の時代であった。まず、外に眼を向けると、日露戦争以後、満鉄設立、日韓併合を経て、日本が満州、中国への支配を強め、帝国主義の道をつき進んで行った。日本は辛亥革命や青島攻略などの機会を利用、中国全土に将校を派遣、特務機関や諜報機関を動かした。やがて、植民地支配のための軍部出先機関が、中央部の統制を無視して独走するようになっていく。そこに勃発したのが第一次世界大戦である。この大戦は三国同盟（独・オーストリア・伊）と三国協商（英・仏・露）の間で、大正三年（一九一四）七月から大正八年（一九一九）十一月まで続いた。

日本は大正三年八月、日英同盟を理由に参戦、列強に遅れをとらじとドイツの山東半島と太平洋諸島の権益をねらった。

大正六年（一九一七）、大戦の拡大に苦しむイギリスに要請されて、日本は地中海に軍艦を派遣した。四月には、アメリカも参戦、日本との間に、日本の中国の領土保全と門戸開放を尊重する共同宣言、石井・ランシング協定を結ぶ。こうして大戦中は、戦局を打開するため、列強が日本を軍事的、経済的に利用した。そのたびに参謀本部が暴走、日本と列強との間に軋轢を生むことを繰り返した。陸軍中堅層は政商や大陸浪人と組んで政局を混乱させ、それに乗じて中国の政治を操ろうとした。日本政府は追随するしかなく、軍需景気で流れこんだ資本は、中国へ投下された。

第一次世界大戦は、アメリカを列強のトップに押し上げた。大戦が終わると、列強は中国への利権の確保に乗り出し、日本を押さえにかかった。この時の不満が満州事変、太平洋戦争へとつながるのである。昭和初年から終戦まで続いた暗い時代の芽は、大正時代に育てられたと言ってよい。

大正六年（一九一七）のロシア革命は、世界初の社会主義国家・ソビエト政府を登場させた。すると日本の外務省や陸軍は、シベリアに出兵して革命の南下を防ぎ、東シベリアに日本の支配による緩衝国を建設すべきと考えて動き出した。この時も、大戦で余裕のなかった英仏は日米にシベリア出兵を要請、喜んだ日本は大正七年（一九一八）八月、アメリカと共同で出兵したが、例によって、いざ出兵が始まると、参謀本部は緊急事態だと主張、アメリカを無視して増兵を進めた。十月末にはシベリアの日本兵は七万二,〇〇〇人にのぼり、ハバロフスクやチタを占領、日米関係の悪化を招く。国民がこういった外国での出来事を正しく知らされていなかったのは、いうまでもない。

大正デモクラシー

国内に眼を向けると、大正デモクラシーという言葉に代表されるように、民衆がそれまでの藩閥制度を否定、憲政擁護運動に立ち上がり、政党内閣を実現させた。産業革命が起こり、農村から都市への人口流入が進んだ。人々は民主主義的傾向を強め、米騒動を経て、普通選挙制度を獲得した。米価暴騰は社会不安を増大させたが、寺内内閣は大正七年（一九一八）の三月と七月に、警察巡査を大幅に増員、国民の不安や不満を力で排除した。労働運動も盛んになったが、ロシア革命の影響で日本でも革命運動が起こることを最も恐れた政府は、激しい弾圧を行うようになる。

大正時代は、第一次世界大戦の影響で好不況が短い周期で起こって国民を苦しめた。開戦直後は、欧州の為替相場が混乱、輸出品（生糸と綿糸）の価格は暴落、主に原料資材からなる輸入品は品薄状態になったが、大正四年下半期からは、大戦景気がやってくる。ロシア、イギリスへの軍需品（日本に重工業が発展していなかったので鉱産品と食糧）の輸出が増え、大戦景気に沸くアメリカへの生糸の輸出が伸びはじめた。政府はこの機に乗じて、重化学工業を手厚く育成、大正五、六年にかけて企業の利益は倍増、神戸の鈴木商店など成金を生んだ。しかし、物価の騰貴に賃金の上昇はついていかず、労働者は厳しい生活を強いられる。好景気といっても重工業が未発達で設備投資をするわけではなく、もっぱら長時間労働で補ったため、労働者にしわよせがいった。日本はいわゆる途上国であったから、国内が食糧不足の状態なのに、国外へは食糧品が輸出された。

大正七年の休戦直後には、ヨーロッパ列強が経済活動を再開したために金属や薬品が暴落、船舶、海運も大打撃を受けた。大正八年の三、四月には景気も底をつき、ヨーロッパの復興需要で今度は大戦中を上回る未曾有の大戦景気となった。大戦前に日本が保有していた正貨は三億四，〇〇〇万円だったが、大正八年には二〇億円に増加、原内閣の積極予算もあって、生活必需品が暴騰、労働者の賃上げ要求争議が増加した。

ところが、大正九年には東京の株式市場が大暴落、六月にはアメリカで恐慌が起こり、日本の不況はより深刻化した。軍費が租税収入をこえるも、原内閣は公債発行で積極予算を組み続け、第四四議会では、野党が出した普通選挙法案が絶対多数の政友会に蹴散らされた。この状況に、軍縮論が新聞や財界で高まるうち、戦後恐慌で米英も財政的に苦しくなってきたため、国際協定で軍縮を行う気運となる。

大正十年（一九二一）のワシントン条約で、主力艦の対米英六割、太平洋における軍事施設の現状維持、日英同盟の破棄と日米英仏の四国条約が締結された。大戦後の処理的なこのワシントン条約では、対華二十一ヵ条の要求が通らず、日本はこれを不服として満州事変を起こすのである。

大正十二年（一九二三）、加藤友三郎内閣はワシントン海軍軍縮条約を実行した。海軍軍人は将校、兵七，五〇〇人を整理し、節約額は大正十二年度予算で四，六〇〇余万円にのぼった。今のお金に直すと四六億円ほどである。陸軍の軍縮は兵五万三，〇〇〇人、節約額は二，四〇〇余万円であったが、これでも陸軍は軍縮不徹底で大正十四年に第二次軍縮を実施する。後に述べるが、この軍縮は禅林寺の学校経営にも影響を与えることになる。

大正十二年（一九二三）九月に起こった関東大震災では死者・行方不明者九万余人にのぼり、社会不安が増大、朝鮮人虐殺、甘粕事件などの契機となった。そこで、同年十一月十日、国民精神作興に関する詔書が出された。これは関東大震災以後のテロリストの事件や国民の社会主義、労働運動を抑えるため、国民に質実剛健、倹約を美徳とし、「国家ノ興隆ト民族ノ安栄社会ノ福祉」に励めよと説くもので、こういった内容が当時の教育の理想とされた。しかし、十二月二十七日、摂政（後の昭和天皇）狙撃（虎の門事件）が起こる。詔書にもかかわらず、摂政狙撃未遂事件が実行されたことに衝撃を受けた政府は、より一層、国民の思想統制を進めることに躍起となった。

大正十四年（一九二五）三月二十九日、第五〇議会で普通選挙法案が成立したが、その一〇日前に治安維持法も成立した。枢密院が普通選挙法案に対する付帯決議としてつけたもので、その内容は「国体を変革し、または私有財産制度を否認することを目的として結社を組織し、または情を知りてこれに加入したる者」を一〇年以下の懲役に処す、というもので、これが拡大解釈されて、たえず国民を取り締まる悪法となる。

三、大正時代の仏教

仏教思想の再認識

仏教には、自らの内省をもとに生き方を考える思想という側面がある。大正期になると、ヨーロッパの仏教研究を学び導入することで、仏教を哲学的思想として捉える傾向が顕著になってきた。そこには、釈迦の教えの原点に戻って仏教を根本仏教、原始仏教として見つめ直すという変化が見られるようになる。

もう一つの仏教の側面は、信仰である。江戸時代、仏教は寺檀制度によって厚い庇護を受けていたため、信仰は教団組織を維持していく方向で発展した。仏教思想は個人的なものでも、教団組織を維持するための信仰は、家制度に依存する。大正時代は、家制度の崩壊と農村経済の没落が始まり、仏教教団の経済の根底は揺れ始める。そして、三教会同に見られたように、一貫して国家の保護を求める点において、時局に敏感であった。

また、大正時代は、倉田百三の『出家とその弟子』に代表されるように、仏教や祖師が文学という大衆に身近な新しい形で取り上げられ、これが思想、哲学としての仏教を発展させた。ただ、祖師は歴史上の思想家として紹介されたため、信仰に導くには、教団がその教えをかみ砕いて人々に浸透させる必要があったが、それは非常に困難な作業であった。現代も仏教思想に惹かれる個人は、決して少なくない。そういう人々の宗教心をどのように信仰にむすびつけるかは、現在の教団のあり方にもつながる問題である。

普選運動と僧侶の被選挙権

大正時代の宗団を語る上で欠かせないのが、普通選挙権獲得運動と並行して行われた僧侶参政権獲得運動である。

普通選挙権獲得の運動は、明治三十年代から行われてきたが、大逆事件以後政府の圧迫によって一時解体を余儀なくされた。それが大正政変（第三次桂内閣の退陣）、米騒動という国民大衆の行動経験を経て再興され、各地に普選を要求する政治団体が結成され運動は広汎に高まってきた。この運動は大正九年（一九二〇）に最高潮に達し、圧力に押されて憲政・国民の両政党も普選実現を政権獲得の方途として取り上げ、大正十四年（一九二五）三月二十九日、第五〇議会で普通選挙法案が成立した。この法律で二五歳以上の男子全員に選挙権、三〇歳以上の男子全員に被選挙権が与えられた。

僧侶に被選挙権がなかったことはあまり知られていない。衆議院議員選挙法第十二条（明治二十二年制定）には、「神官及諸宗ノ僧侶又ハ教師ハ被選人タルコトヲ得ス」とあり、一定の要件を満たした僧侶に選挙権はあったが、被選挙権は与えられていなかった。明治三十三年（一九〇〇）の改正法でも「神官、神職、僧侶其ノ他諸宗教師、小学校教員ハ被選挙権ヲ有セス其ノ之ヲ罷メタル後三箇月ヲ経過セサル者亦同シ」と規定されている。被選挙権がないのは衆議院、貴族院だけではなく、市・

町村・郡・府県会など府県制のすべてにおいても同様であった。

では、なぜ僧侶に被選挙権がなかったのか。その理由は「僧侶其ノ他諸宗教師ハ専ラ宗教ニ従事スヘキモノニシテ政治運動ノ渦中ニ投スルカ如キハ本来ノ職分ヲ尽ス上ニ於テ甚タ好マシカラサル」うえに「僧侶等ノ如ク精神的方面ノ職務ニ従事スル者一意専心其職ニ従事セシムルヲ国家公益上必要ト認メタルニ在リ」（大正十年十一月内務省議決定、大正十一年五月閣議決定）とされている。先にも述べたとおり、第一回宗教法案が否決された翌年の明治三十三年、治安警察法で宗教者の政治活動が禁止されたが、そこには、僧侶を自分の意思による政治活動から排除して、国が求める「精神的方面ノ職務」に専念させようという意図がみえる。

しかし、仏教界からの反応は鈍く、ようやく大正九年（一九二〇）十二月になって、普選運動の全国的昂揚に加え、前年改正された衆議院議員選挙法でも僧侶の被選挙権が許されなかったことを受けて、京都で各宗管長会議を開き、仏教連合会が僧侶の参政権獲得を決議した。翌年一月二十三日には、京都仏教徒大会が岡崎公会堂で開かれ、法相宗の大西良慶管長司会のもとに、真言宗山階派管長和田大円、大谷大学図書館長山辺習学などが僧侶の被選権を求める演説をした。さらにその翌年、京都仏教護国団が普選運動に合流し、大西良慶が演壇に立った。しかし、結局、僧参政権議案も委員会段階で否決された。

だが、この京都仏教護国団の姿勢は局地的で、仏教界全体としては僧侶の参政権問題は普選運動とは別個のものであるという認識で進められ、大正十四年（一九二五）五月、普通選挙法の実施とともにやっと僧侶の参政権も認められた。残念ながら、こうした事実は、国民に平等な政治的自由が認められるべきであるという民権意識が僧侶に欠如していることを露呈した。したがって、先に述べた治安警察法第五条の修正を求めることもなかったのである。仏教者の意識は、宗教者を国家に奉仕させようとする国家権力への接近の範囲内にとどまっていたといえよう。

だからといって、仏教者が何もしなかったわけではない。大正デモクラシーのもと、国民は何人も平等で、生きていくための最低限の社会的保障を得る権利があるという考え方が広まってきた。この思潮を受けて、仏教界は社会的弱者の救済事業に乗り出した。もちろん、先に述べたように、国家が求める「階級的協調」に仏教が協力したことは否めない。しかし、仏教者が組織をつくって、民衆を救済しようと本格的に社会事業に取り組み始めたことは、日本の福祉事業の最初の大きな一歩となったのであり、大正時代の仏教の功績といってよい。それがどのように発展していったかは、禅林寺も関わった京都の例で詳しくみていくことにする。

京都仏教界の福祉事業

明治四十一年（一九〇八）、内務省は感化救済事業講習会を開いた。この講習会の参加者三四〇人のうち、僧侶は九八人で、仏教界の社会事業への関心の高さがうかがえる。一ヵ月に及ぶ講習会の最終日には、中央慈善協会を結成し、仏教関係者の慈善事業の組織化の第一歩をしるした。

明治四十四年（一九一一）、大逆事件直後の「紀元節の大詔」では、経済状況のせいで人心が誤るとして、「施薬救療以テ済生ノ道ヲ弘メムトス。茲ニ内帑ノ金ヲ出タシ其ノ資ニ充テシム」と示した。内帑金とは、君主のポケットマネーという意味である。桂総理はこの内帑金一五〇万円を元に恩賜財団済生会を設立、財閥を筆頭に二千数百万円に及ぶ多額の募金を集めた。この詔は、天皇は国民に慈愛を注ぐ慈父であり、国民は等しくその赤子であると国民に徹底させる、国家家族主義の表れであった。その意図は、政治のまずさから人々の目をそらすことではあったが、仏教界が社会事業を展開するうえで、こういった恩賜金をもとにつくられた財団からの助成金がなかったら、事業が続けられなかったのもまた事実である。

京都の事情はというと、例えば、明治十八年五月、全国的な飢饉と不景気に対応して京都諸宗の管長が会合、有志の醵出金で援助米の支給など貧民救助を行うように協議している（『京都の歴史』第八巻）。明治三十年（一八九七）、英照皇太后の大喪の際、各地方に慈恵救済の詔勅があった。京都府の社会事業政策は、その下賜金一万五，〇〇〇円をもとに慈恵基金を設置、利子を私設の社会事業団体の補助に充当することから始まった。さらに、明治天皇の大葬は大正元年（一九一二）九月十三日に東京で行われ、翌十四日、桃山御陵に葬られたが、これにともない、一万六，八〇〇円の恩賜金が下賜され、慈恵救済基金に編入される。

大正四年（一九一五）には、京都で大正天皇即位大典が行われた。これを記念して、中央慈善協会主催の第三回全国慈善大会が京都市会議事堂で開かれ、京都支部が結成された。この慈善大会には、府や市の役人とともに、仏教者や仏教関係の団体が数多く関わっており、浄土宗西山派からは、役員として禅林婦人会が光明寺婦人会とともに参加している。

社会福祉にはずみをつけたのは、関東大震災と米騒動である。特に京都では米騒動で多数の市民が蜂起したことで、行政側も社会福祉の充実が必要だと身にしみたのである。大正八年には寺町四条下る大雲院内に京都市職業紹介所を開設した。大正九年（一九二〇）になると、社会事業の公共化を進めることとし、七月に京都市に社会課を新設、遅れて府も社会課を置いた。さらに八月、京都府は公同委員会制度を創設、公同委員の制度化に取り組み始めた。大正十三年（一九二四）四月、公同委員を方面委員と改称、現在の民生委員となる。

仏教護国団と京都養老院の開設

大正四年（一九一五）秋、即位大典に沸く京都の西本願寺に各宗派の管長が集まって仏教連合会が組織された。この連合会は、宗教法案と僧侶の参政権獲得運動に応じて結成されたものである。翌大正五年（一九一六）、仏教連合会は、宗派を超えた共同をはかるため、各地に仏教護国団を結成することを決定した。十一月に東京仏教護国団が発足、綱領に仏教社会事業の推進を加えた。翌年には諸宗本山が集まっている京都で、京都仏教護国団が産声をあげ、各宗団結した。

大正七年（一九一八）には、初代団長金戒光明寺吉水賢融についで禅林寺第七十六世近藤亮厳が京都仏教護国団の第二代団長に就任、翌年には社会事業施設の見学を始め、事業の具体化に向けて調査の段階に入った。各宗本山に臨時寄付金が割り当てられ、浄土宗西山派は六〇円を寄付している。この調査段階で、大阪の公同委員制度に着目し、京都府へ制度の導入を働きかけたのも京都仏教護国団の功績である。この動きに応じて、大正十年（一九二一）前後には、宗門大学が社会事業関連講座を設置し始める。

近藤亮厳は、知力、胆力ともに優れたスケールの大きな人物で、これらの方針決定に大きな指導力を発揮したが、大正八年、禅林寺派が西山派から分派独立するに及び禅林寺派管長に就任したため、京都仏教護国団の団長の職を辞した。傑僧の誉れが高く、京都仏教界を牽引する逸材であったが、大正九年、病を得て惜しまれつつ遷化した。（史料編二十七参照）

大正十年（一九二一）、近藤の跡を継いで京都仏教護国団第三代団長になったのは、清水寺貫主の大西良慶である。

京都仏教護国団は、同年十二月、東寺の近くにあった浄土宗の西福寺という寺院を借りて、京都で最初の養老施設、京都養老院を開設した。社会事業行政が動き出したばかりのこの時期、まだ社会資本が全く整備されておらず、京都府も養老院を自ら建設する予算も意思もなく、宗教団体に経営を委託することにしたのである。前年の大正九年には、大恐慌が世界を襲い、京都仏教護国団も財政的に厳しく、その上期待した京都府からの補助金もなしという逼迫した状況下での船出であった。そのため、時期尚早という声が多いなか、「年老いていく場所がない老人」のために何としても新事業を成功させようと、大西団長や理事が私費を投じて京都養老院の開設にこぎつけたのである。そこには紛れもなく、平等大悲の実践があった。設立時の主任には、常務理事のなかから浄土宗西山派の板倉善峰が選出されている。

大正十一年五月、京都養老院は府社会課より窮民養老事業を委託された。大正十四年（一九二五）に京都府に出した社会事業助成書によると、在院者は男が八名、女が一四人、計二二人のうち二〇人が京都府社会課よりの委託者である。府社会課からは一日食費三五銭、事務雑費三五銭、二〇人分が支給された。委託者以外には、府の公同委員の紹介で入院してくるのが普通であった。予算は収入一万八，八四六円のうち、府委託金が五，〇四〇円、仏教護国団から二，二四〇円、各本山の寄付が千円、篤志者の寄付が一万五六六円となっている。篤志者の寄付の多さは、京都における仏教の役割の大きさとそれを支える在家の篤信者の裾野の広さを物語っているといえよう。

京都養老院は、その後、仁和寺の塔頭尊寿院を借り、すべて仏教護国団の費用で建物の新築、改築を行った。西山派の板倉善峰が養老院主任となって、身を粉にして働いた。昭和九年（一九三四）に醍醐に移転、昭和十六年（一九四一）には財団法人となって同和園と改称、昭和二十七年（一九五二）社会福祉法人となる。戦前、戦中、戦後の厳しい時代、養老事業の火を絶やすことなく歩み続けて、今日に至っている。

この間、仏教護国団の団費をはじめ、開設、尊寿院への引越し、醍醐への移転、財団化、設備の充実などのほとんどの過程で禅林寺は応分の費用を負担、募財を集めるのにも奔走したことは、誇ってよいことと思う。私は昭和六十一年（一九八六）から同和園第三代理事長をつとめているが、大西良慶和上をはじめ、京都仏教護国団の理事の方々の開設当時の燃ゆる思いを常に忘れることなく、今後も歩み続けたいと念じている。

京都仏教護国団が関わったもう一つの社会事業は、少年救護事業である。きっかけは大正十二年（一九二三）九月一日の関東大震災である。新京極にあった、浄土宗西山派の板倉善峰理事の寺院西光寺に罹災少年救護の事務所を設け、早くも五日には募金活動を始めた。さらに京都駅前に青少年救護団出張所を設けて、親を失い東京から逃れてくる少年少女の保護にあたった。この時、護国団理事として東京へ視察に派遣されたのが、樋口琢堂である。

この経験から、仏教護国団は少年保護施設を構想し始めた。時を同じくして、関東大震災の前年には少年法が公布された。この法律では、一八歳未満の非行少年を刑法の対象から外して、少年審判所の審判を行うまでの仮処分の期間と審判後の保護処分の期間を少年保護施設に収容するとした。そこで、翌大正十三年（一九二四）十月には、府下最初の少年保護事業として、少年保護施設の和敬学園を開設する。建物を新築する余裕はないので、かねて少年保護事業に関心があった理事の樋口琢堂の自坊、相国寺塔頭の慈雲院を借りることとなった。四年後の昭和三年（一九二八）には、経営は護国団から樋口個人へと移った。その後、和敬学園は相国寺北門前に移転、終戦後の昭和二十四年（一九四九）四月、児童福祉法によって児童養護施設となり、現在に至る。

四、大正時代の禅林寺

熱血の人・耆山管長

大正時代の禅林寺を語るうえで欠かせないのは、初代西山禅林寺派管長、第七十六世法主近藤亮厳（耆山）である。岐阜に生まれ、日清戦争に従軍布教師として参加するなど、若い頃から宗内で活躍した。明治四十一年（一九〇八）五六歳で神戸市阿弥陀寺より晋山、大正九年（一九二〇）の遷化まで一八年間の長きにわたって巡教、営繕、宗祖法然上人七〇〇年遠忌、教育環境の整備、境内の拡張などを成し遂げた。永観堂の耆山老師として宗内外に衆望あつく、京都仏教界の重鎮として広く活躍したのは、先に述べたとおりである。（史料編二十七も参照）

近藤法主の業績のひとつに、明治四十二年の禅林婦人会の結成がある。禅林婦人会は末寺の檀信徒の婦人で構成され、禅林寺の護持に大きな役割を果たした。稲村修道が編纂した近藤法主の事蹟録『一夢録』によれば、五月二十日の開設当時の会員はおよそ三〇〇人であったが、すぐに全国二七支部、会員は一万五，〇〇〇人に拡大した。同年十一月の西山上人降誕会に催した秋期大会には五，〇〇〇人が参加、正会員が二，〇〇〇、幹事は八〇人と記されている。

また大正二年（一九一三）に宗祖法然上人七〇〇回遠忌法要を執行、その記念事業として御影堂の新築、それに付随する位牌堂と廊下の改築を完成させた。

近藤法主が特に心血を注いだのは、浄土宗西山派普通学寮の整備である。

明治四十五年（一九一二）、普通学寮の教室に利用してきた勧学院附属生徒寮・竹之寮の床下が腐朽したので、木造二階建一棟の教室に改築している。京都府に提出された図面では、二階に三教室、一階に二教室と理科教室で南側に通学生控所と便所がある。控所と昇降口は木造平屋建である。

続いて大正元年十一月、元塔頭で、高知に移転の際本山に寄付された松岳庵の破損が激しいので、禅林婦人会詰所（一階　八帖、六帖の二間、二階一五帖）に建て替えを行った。同時に魁寮（普通寮の教師室）を松岳庵跡地に移築、修繕して禅林婦人会詰所の客室とした。先に述べたとおり、大正四年の第三回全国慈善大会の役員としての、禅林婦人会の活動に備えるねらいがあったと思われる。さらに桜之寮（生徒寮）も大破しているので取り壊し、二つの寮の跡地に二階建の事務室と二階建生徒寄宿舎の二棟を新築している。

これら工事の財源は、竹之寮と魁寮、桜之寮の改築、移転については、京都府下の末寺七五ヵ寺の寄付で全額まかなうとされている。予算は前者が六，五〇〇円、後者が約七，九七一円であるから、各末寺平等に割り当られたとは思えないが、現在のお金に直して一寺二〇〇万円ほどの出費となる。

禅林婦人会の詰所は、魁寮移転費、建増新築費合わせて約二，二二四円全額が、禅林婦人会員の寄付金である。

境内地の拡充

大正六年（一九一七）十二月には、西山三派の分派独立が決まった。そこで、いよいよ境内地の拡張に踏み切ることとなった。翌年六月十日、京都府知事馬淵鋭太郎あてに境外所有地の南禅寺町字北ノ坊の田畑二,九七二坪の売却願が出されている。それによれば、この田畑は「当町光雲寺鹿ヶ谷町若王子に存在し、四面共他の所有地に挟まれる袋地にして、殊に傾斜せる湿地に候。収益は稍々反別平均小作料玄米一石にして此内地租公課等を差し引けば玄米相場を平均一石一八円とみつもり、全反別に於いて純益年収金百円内外に候」とされ売却予定価格は金三万五,六六四円、一坪一二円とされている。

この田畑を売却して買いたいとしているのは、総門内北側にあり、明治四年の上知令で上地された宅地三筆である。これには元癲狂院の土地が含まれている。坪数合計は五一五坪、地価合計五一一円七〇銭、買得予定価格は三万四,五〇一円、一坪六七円である。売却理由には風致上の理由のほか、「私立浄土宗西山派普通学寮の防火地として必要なるのみならず、同学寮の運動場として必須の地なり。現今月金十円の借地料を支払い運動場に使用せり」を挙げている。さらに、「先年西南隅に於いて一,六〇三坪の地を購入し境内に編入したる」と明らかにしている。

この宅地の売買は順調に行われ、同年七月二十二日には、禅林寺の土地となり、大正十五年（一九二六）十二月、聖峯中学維持財団設立の際、現金一万円とともに基本財産となった。第七十八世大空圭学（祖父江圭学）から出された「寺有土地処分許可願」によると、土地は「宅地　一五〇坪（地価一六五円、時価一万五，〇〇〇円）、三〇一坪（地価二八五円九〇銭、時価三万一〇〇円）六四坪（地価六〇円八〇銭、時価六，四〇〇円）となっている。坪数と地価は八年前と同じだが、時価はかなり値上がりしている。ただ、土地は「当禅林寺末寺一般に対し賦課せられたる浄土宗西山禅林寺派の宗費を以て購入」したとされている。

大正六年当時、近藤法主は既に健康を害していた。一月二十九日付の檀信徒あての書簡では、「普請モ可ナリデキ教学資金モ少々ナガラ永世ニデキ」「六十五歳ハ子供ヨリノ期望ナルモコレモ其年マデ参リコレニテ十分」「コレニテ浮世ノ勤メハ果タシマシタデ　先ヅ一段落」と記している。にもかかわらず、西山禅林寺派の分派が決まり、聖峯中学の構想上、運動場などの教育設備の充実に迫られ、大正七年、土地売買に踏み切った。これからは、自派でやっていかなければという思いと、勧学院以来の伝統を絶やしてはならないという並々ならぬ決意があったのだろう。

また、大正六年の米騒動が、この急な決定に影響を与えたかもしれない。

第一次大戦の軍需景気に伴い米の消費量が伸びた反面、人口流出で農村の労働力が減り、内地米の収穫高は減少した。それにもかかわらず、大正四年からは内地米が輸出されたため、大正六年から七年にかけて、在庫米が減少した。当時の地主制では、収穫のほとんどを占める小作米が地主に納入され、地主は米穀投機で利益を上げられたので、売り惜しみや買占めで相場を操作、米の値段はいくらでもあがる仕組みになっていたため、米相場が暴騰した。これに怒った民衆の暴動が米騒動である。近藤法主は、特に激しかった京都市内の暴動の様子を見て、寺院が地主であることの難しさを感じるとともに、田畑を売却、境内地を買う費用を捻出するべき好機と考えたのではないだろうか。もちろん、当時は予想だにされなかったことだが、戦後の社寺農地開放で、社寺教会その他の宗教団体が所有する農地は、自作地、小作地の別なく政府に買収される運命にあった。

近藤法主は、大正八年（一九一九）の聖峯中学の誕生、大正九年（一九二〇）二月の禅林宗学院創立まで見届けて、同年九月一日に遷化した。その膨大な著書は耆山文庫として図書館に保管されている。禅林寺では九月一日を耆山忌とし、その遺徳を偲んでいる。

政府の教育政策

社会事業の組織化と並んで、京都仏教界の業績として挙げられるのが、一般市民のための学校教育の充実である。はじめに、当時の文教政策と教育統制について簡単に説明しておく。

明治十九年（一八八六）、初代首相伊藤博文のもと、文部大臣森有礼は帝国大学令、小学校令、中学校令、師範学校令を発令した。中学校令では尋常中学五年、高等中学二年と定め、前者を小学校での普通教育より高等的な教育、後者を上級学校への進学機関とした。尋常中学は一府県に一校、高等中学は北海道、沖縄を除く全国を五つに分け、各学区に一校を置いた。高等中学は帝国大学進学の予備教育機関となる。

明治二十二年（一八八九）、大日本帝国憲法を発布、翌年に小学校令が改定され「道徳教育及国民教育ノ基礎並其生活ニ必須ナル普通ノ知識・技能ヲ授クルヲ以テ本旨トス」とその目的が明文化され、教科の筆頭に修身が据えられた。尋常小学校は三年か四年、高等小学校は二年から三年か四年と、土地の状況に応じて柔軟性がもたされ、そのうち尋常小学校を義務教育期間と明示した。

明治二十三年に教育勅語を発布、翌年には、小学校設備準則の第二条で「校舎ニハ天皇陛下及皇后陛下ノ御真影並教育ニ関スル勅語ノ謄本ヲ奉置スヘキ場所ヲ一定シ置クヲ要ス」と規定した。文部省が訓令で指導したため、日清戦争の最中には、小学校から幼稚園まで教育勅語の謄本と御真影が奉置されるようになった。ちなみに幼稚園は明治十六年九月、府が「小学校附属幼稚保育規則」を定め、府立女学校内に幼稚園を設けたのに始まる。明治二十五年の段階で府下に四ヵ所の幼稚園があった。

明治二十四年（一八九一）には、中学校令が改正され、宗教教育が禁止される。日清戦争直前の明治二十七年（一八九四）、高等中学校は高等学校に、尋常中学校は男子の高等普通教育を行う中学校（旧制中学）となり、高等女学校及び実業教育を施す実業学校と区別された。同年三月、文部省の省令で尋常中学校の教科課程は大きく変更された。英語の時間が激減、代わりに国語と歴史の時間が大幅に増加、国語は愛国心を育て、歴史教育の精神は国体の貴重なるを知らしめる、とますます国家主義が鮮明になり、官公立私立の学校への締め付けが厳しくなった。

大正五年（一九一六）末に登場した寺内内閣は平田東助を総裁に、教育者、官僚、軍人、政治家、財界人など各界の大物を集めて内閣直属の臨時教育会議を設置、国家思想の養成を強く打ち出した。その決議に基づいてつくられた大学令、高等学校令、中学校令では、教育の目的に「人格の陶冶及び国家思想の涵養」「国民道徳の充実・養成」を追加する。国民教化もいよいよ重視され、文部省は大正八年に社会教育課を設け、各府県に社会教育主事をおいた。

大正末期、軍縮によって打撃を受けた陸軍では、参謀本部が余った兵器と将校を各学校に送り込んで、教育の軍国主義化を進めようとした。大正十四年（一九二五）になると、男子中等学校には、軍縮で余剰人員となった現役将校が配属され、軍事教練が正式科目となった。大正十五年七月から小学校にも青年訓練所が設けられ、その学区で中学校に行っていない男子にも軍事訓練をさせた。軍部と文部省はこの軍事教練に合格した者は在営期間を一〇ヵ月にするという方針を打ち出し、これに対して学生団体からは反対運動が起こった。

このように、明治二十年代から大正時代を通して、教育勅語を柱に国家主義、軍国主義教育を国民に徹底させるという国家の文教政策は着実に進められていった。大正デモクラシーの影響もあり、私立学校は、比較的リベラルで自由な教育もできたとはいえ、このような国家統制の枠組みから外れることは不可能であり、宗教教育を行うことはできなかった。

聖峯中学の誕生

明治十年（一八七七）の浄土宗大会議で管長の鵜飼徹定は、宗門の隆盛は、新時代にふさわしい教師の養成を担う学校教育にかかっていると宣言した。浄土宗では明治九年に知恩院に華頂学校を設け、二十年に増上寺に浄土宗本学校を設立、後に宗教大学と改称した。

産業革命に伴い、実業界で働く人の需要が増加すると、国も私立学校を教育体系に組み込まざるを得なくなった。そこで明治三十二年（一八九九）八月、私立学校令を公布、同三十六年（一九〇三）には専門学校令を公布、官公立の専門学校とならんで私立学校が専門学校として公認されるようになった。

専門学校は、男子の場合、入学資格は中等学校卒業者、修学年限三年以上で高等の学術技芸を教授する学校をいい、教科を置く専門学校と農工商の実業専門学校に分かれた。このとき、宗教系学校は旧制専門学校に昇格した。すると、キリスト教に刺激された影響もあって、教団で一般の中学校や女学校を設立する動きが起こった。こうした一般市民を対象とする教育機関の設立は、市民の教育に多大な貢献をしつつ、京都を日本随一の文教都市に育てあげるのにも大きな役割を果たした。

大正七年（一九一八）、単科大学令が発布され、この旧制専門学校から大正十一年（一九二二）大学に昇格したのが龍谷大学で、戦後の学制改革により新制大学となった。

禅林寺の教育への取り組みは、浄土宗西山派の教育機関の設立から始まった。まず、明治二十九年（一八九六）六月に、浄土宗西山派普通寮を法国寺内に設立した。法国寺は東山五条にあった時宗の寺で、もと豊国寺と号した。後陽成天皇の「豊国」の額があり、秀吉が帰依した寺である。豊臣氏滅亡後は徳川幕府によって、豊の字を法に改めさせられた。法国寺は明治四十年に時宗・六条道場と合併、後に六条道場は山科区に移転した。

明治三十四年（一九〇一）五月、浄土宗西山派普通寮を禅林寺に移転、同年六月、粟生光明寺内の専門寮を私立浄土宗西山派専門寮とする。専門寮は後に西山専門学寮と改称され、戦後は西山短期大学となる。

普通寮の修業年限は三年、入学資格は尋常小学校卒業程度としたが、明治三十六年の専門学校令で法的に整備され、旧制専門学校として新たなスタートを切った。明治四十二年六月には、尋常中学校に倣って修業年限を五年に延長、普通学科は中学校令に準拠することに決められた。さらに同年十二月、二階建の西校舎を改築した。

ところが、二年後、再び修業年限を三年に短縮し、普通寮を普通学寮と改称した。これは推測だが、この当時は生徒を西山派の僧侶の子弟に限っていたため、五年は長すぎるという声があったのかもしれない。同年十月には、二階建東校舎を改築した。

その後、学寮は、勧学院の建物を教室、事務室、生徒寮として使用していたが、大正のはじめに、講堂と松之寮を除いて全面的に建て直し、聖峯中学に引き継がれることとなる。大正五年には、入学資格を高めて高等小学校卒業程度としたが、これだと最年少で一四歳で入学ということになる。

大正八年（一九一九）四月二十九日、西山禅林寺派が旧西山派より分派独立、普通学寮は浄土宗西山禅林寺派の経営となり、校名を聖峯中学と改称した。これを機会に組織を変更して修業年限を再び五年に戻し、学科課程、入学資格等すべて中学校令に準拠、教員を増聘した。さらに同年二月、卒業生が高等学校（旧高等中学校）に入学する際には、中学校第四学年修了者と同等以上の学力を有すると認定された。一般生徒の獲得のため、上級学校に進学する機関としての役割を備えたのである。

京都府では、東寺中学（現在の洛南高校）等とともに、聖峯中学を公立私立中学校に類する各種学校に分類している。これは、明治三十二年の文部省訓令第十二号に従い、宗教団体設立による各種学校には、例外的に学校の事業として宗教上の教育や儀式の執行が認められていたからである。

大正十年（一九二一）四月の新学年より、西山禅林寺派関係寺院以外の一般子弟の募集を始める。大正十三年には、講堂兼雨天体操場、二階建の新校舎一棟を増築した。先に述べたように、昭和二年（一九二七）一月、聖峯中学維持財団の設立が認可されたので、経営一切を財団に移管し、経営基盤を固めた。

聖峯中学は昭和二十三年（一九四八）の学制改革で聖峯高等学校と改称、昭和二十六年（一九五一）に閉校となり、生徒と教員は東山高校に吸収された。（史料編二十八参照）

勧学院講堂取り壊し問題

聖峯中学になって四年ほど経過した大正十二年十一月のことである。当時の第七十七世才空俊法（青井俊法）から、勧学院の講堂を取り壊し、本尊の文殊大士を伝法堂に移して合祀する願が京都府に出された。

その内容は、勧学院講堂（甘露殿）は、聖峯中学撃剣道場兼雨天体操場として使用しているが、「現今、教育に必要にして且つ適当なる施設を為さざるべからざるの事情に差迫り」取り壊し、本尊を伝法堂に合祀したいというものである。旧伝法堂は茶所として使用されていたが、明治の末に御影堂の傍から阿弥陀堂正面に移築、附属建物を近藤法主の私費で新築しており、この附属建物を伝法堂と呼んでいたと思われる。

同月五日の宗会で、講堂を関東大震災で罹災した禅林寺派円光寺の仮本堂に充当すべく、移築費は円光寺持ちとして移築することを決議した。円光寺の事情のほか、関東大震災復旧材料運搬鉄道割引の終了が十一月末日に迫っていたため、十一月八日、禅林寺の執事と録事が府庁に出願願書の準備中、十三日には移築請負人が屋根瓦を取り落とし始めたので、慌てて十五日に中止させた。二日後の十七日には府庁より電話があり、上京区役所に管長副申書を添えて二十日に願を出した。だが、府庁より書類不備で却下され、二十七日に再提出した。それによると、十一月十三日に毀したのは円光寺の住職が七日に取り壊しを命じて帰京したためで、監理不行き届きを謝ったうえで至急の許可を要望している。

ところが、十一月二十六日付『朝日新聞』京都付録（版）にこの講堂取り壊しの記事が出たため、初めてこの事実を知った末寺や禅林寺有志代表らが京都府知事に対して「由緒ある勧学院の講堂を末寺全体の許可も得ずに壊すとは何事か。当局を取り調べて処置せよ」と上申書を提出、厳しく糾弾した。

京都府は、本山当局に対して建物取毀に関する始末書の提出を命じ、十二月十九日に上記の経緯が京都府に提出された。結果、京都府は、講堂は由緒の上では非常に値打ちがあるものの、建物自体には文化財に指定するものでもない、と翌年一月に取り壊しを許可した。そこで、講堂を取り壊し、本尊文殊大士は当初の伝法堂ではなく画仙堂に併祀するも、今度は円光寺が移築を固辞し、取り壊した後の木材は放置されることとなる。

　許可を受けて大正十三年（一九二四）一月、校舎を改築して講堂兼雨天体操場が造られた。さらに同年七月二十三日付で「本派経営の聖峯中学用敷地として総本山禅林寺境内官有地の一部を左記及別紙図面の通り、使用致度候間御認可相成度此段願上候也」と管長事務取扱の酒見真功から京都府知事へ願が出されている。使用目的は校舎および運動場敷地、面積は、境内官有地総坪数四，七七五坪のうち七三四坪二合、期間は五〇年で使用料は無料として位置及建物配置構造に図面五枚がついている。そして九月二日、校舎の寄宿舎拡張のため在来分を移転している。

　このように、運動場や雨天体操場の確保を急いだのは、軍事教練の義務化が迫っていたためである。陸軍現役将校学校配属令が公布されたのは、翌大正十四年四月十一日である。これにより、軍縮で余剰となった陸軍現役将校が官立または公立の学校に配置され、軍事教練を行うこととなった。こういった将校を配属将校と呼んだ。

　私立学校については任意であったが、配属令公布の一〇日ほど前の四月二日、聖峯中学から京都府知事に陸軍現役将校配属申請書を提出している。学校教練を履修すると、卒業後の入営の際、幹部候補生（予備役の将校あるいは下士官）になる資格が得られるため、入学生確保のために希望したのである。軍国主義教育に応えるのが当然であり、任意という名の強制だったのだろう。配属将校の教練は学校長の指揮監督のもとに行われることになっており、聖峯中学の校長には陸軍士官学校出身者が就任している。

軍事教練は、体育施設がないとできない。青井管長のいう「教育に必要にして且つ適当なる施設を為さざるべからざるの事情」とは、これに円光寺の事情と学校経営上の動機が重なったもので、講堂取り壊しはそれが理由の勇み足だったとみるべきである。

ところで、解体された勧学院講堂はその後どうなったのか。昭和二年（一九二七）一月になって、禅林寺は京都府に元講堂再建の許可を出願、同年十二月十四日付で許可が出た。しかし、不況のため再建の見込みが立たず、放置された旧用材の腐食が進み、昭和四年の宗会でその取り扱いは「寺務所に一任す」となったため、昭和五年（一九三〇）六月三十日、第七十九世照空玄光（大西玄光）は京都府に境内建物除却願を出した。これに対し京都府からは照会があったらしく、七月九日に大西管長が出した返事が京都府文書に残っている。それには、

取毀て後八か年星霜を経て、木材等既に相当腐朽致し此の上放置せば一層其用を為さざる様に相成べき義に付き此際之を処分せんがために一旦境内仏堂より廃滅の許可を得、相当由緒なる建物なれば更に将来適当の時機に於て復興の出願をなし新用材を以て再建致度き方針に有之候也

とある。結局、講堂は再建されなかった。

禅林宗学院の開設

浄土宗西山派普通学寮が聖峯中学になり、一般家庭の子弟を積極的に受け入れるようになると、従来学寮が担ってきた西山派の教師の養成を主眼とする機関が必要になった。そこで、大正九年（一九

二〇）二月二十七日、禅林宗学院を創立する。宗学院の授業は瑞紫殿や、時には本堂でも行った。大正十一年（一九二二）に、禅林宗学院の学則を変更、初等科、高等科の二科制となる。

宗学院は授業料を徴収することなく、経費はすべて禅林寺の負担であった。この宗学院の運営に大きな援助となったのが、守家財団である。守家財団は大正五年（一九一六）、派内寺院の休務寺内に居住されていた守良蔵、ツル夫妻によって設立された。子どもに恵まれず、養子も亡くされた夫妻は、全財産を慈善と宗教教育に役立てることにされたのである。設立当時の基本財産は公債が四万円余り、現金が五一二円で、教育費にはその果実の六六パーセントを充当する規定になっていた。大正六年度の運用資金は一，九五四円にのぼっている。守家財団は平成八年（一九九六）に解散したが、守家法要は禅林寺の年中行事として今も二月六日に厳修されている。なお、御影堂南側石段の脇には、守家財団設立者記念碑が建てられている。

昭和に入ってからは、京都府に学事年報が提出されているので、宗学院の体制の一端を知ることができる。

昭和四年（一九二九）の学事年報によると、修業年限は初等科が五年、高等科が四年で授業時間は初等科が午後二時から三時、高等科が午前八時から正午となっている。入学資格は義務教育修了者となっているから、三年または四年の尋常小学校を卒業した者になる。生徒数は男五〇人、五クラスで教員は男一三人。年間収入は宗派寺務所からの補助一，二〇〇円のみである。当時の小学校の男子正教員の月給が一八円から二五円であるから、授業時間が短いとはいえ、教師の給与の安さが際立っている。

昭和四年といえば、ニューヨーク株式市場で株が大暴落、世界恐慌が勃発、これが日本に飛び火して、昭和大恐慌となった。翌五年、浜口雄幸内閣が幣価を切り下げることなく金解禁を行ったところ、激しい金の流出とドル買いに見舞われ、昭和六、七年の大不況を招いた。

禅林寺も大不況で年報どころではなかったためか、次の学事年報が提出されたのは、昭和八年である。それによると、教員数は各科六人ずつの一二人で、生徒数は男四九人（初等二九、高等二〇）。授業時間は初等が午後十二時四十分から午後二時半、高等が朝八時半から昼十二時半までと変更になっており、初等の授業時間が延長になっている。寺務所もよほど苦しかったのだろう、収入は宗派寺務所からの六〇〇円と半減、全て教師の給与に充当されている。宗学院長は無給、事務員、舎監、校医は聖峯中学と兼務という形で何とか不況を耐えている。昭和六年には禅林寺に学制委員会を設け、聖峯中学の存廃問題を協議するまでに至っている。

さすがにこの予算ではやっていけなかったのか、昭和九年の学事年報では、補助が一,二五〇円に増え、一,二〇〇円が教員の給与で、教員数が一〇人に減らされている。授業時間はまた変更され、初等が朝八時半から昼十二時半までで、高等が午後十二時半から十五時半。生徒数はやや減って初等二五、高等一八人となっている。なお、授業内容は宗乗、余乗、哲学、漢文、布教である。

五、暗黒の時代

ファシズムへの道

大正末期の軍縮をきっかけに、軍部が政党政治、議会に対する不満をつのらせ、軍部ファシストの登場に結びついた。昭和六年（一九三一）の三月と十月には陸軍青年将校によるクーデター未遂事件が起こっている。その延長線上にあるのが、昭和七年の血盟団事件、五・一五事件である。

昭和六年九月、関東軍が満州でことを起こして、満州を軍事占領した。満州事変の勃発である。日本政府と陸軍中央部は事変の不拡大の方針をとったものの、関東軍は聞く耳を持たず、その謀略と進撃を止めることはできなかった。関東軍に押し切られるかたちで、翌年には、政府も満州に新国家を建設、昭和九年には溥儀を皇帝とする満州国を成立させた。

この間、中国が国際連盟に提訴したため、昭和七年二月から六月までリットン調査団が派遣され、リットン報告を受けて、国際連盟で満州問題の審議が再開されると、日本は同年十二月、それを不服として国際連盟を脱退する。昭和九年十二月、岡田啓介内閣は軍縮を決めたワシントン条約を破棄、この頃には、陸軍が公然と政治に介入するようになっていた。結果、財閥は軍部と手を結び、ファシストに迎合、その資金源となる。こうして、日本のファシズムへの道は着々と進められていった。

経済的には、昭和二年（一九二七）三月、片岡直温蔵相の失言によって金融恐慌が起き、多くの中小銀行が倒産。その後の田中義一内閣は、中国出兵による陸軍費の増大や植民地経営費で財政膨張策をとるが、昭和四年（一九二九）には行き詰って再び不況になる。同年、ニューヨーク株式市場で株が大暴落、世界恐慌勃発。次の浜口内閣で行った金解禁が裏目に出て昭和六、七年の昭和大恐慌を招いた。物価は著しく低落、大企業は生産を制限して生き延びたが、中小企業や農業は原料高の製品安で塗炭の苦しみを味わった。失業者があふれ、「大学は出たけれど」という言葉が生まれたのもこの頃である。税収減で市町村の財政が破綻、昭和七年（一九三二）六月の調査で、全国七，三八四の小学校のうち、五五七校で先生の給料が未払いとなった。（『全集　日本の歴史』）

高橋是清蔵相（昭和十一年に二・二六事件で暗殺）は、円安を進めて輸出を拡大、財政膨張策で不況から脱した。公債を財源に軍事費の膨張で重化学工業を潤し、農村土木事業を行ったのである。高橋蔵相は不況から脱すれば財政緊縮策に変換するつもりだったが、軍費の増加には歯止めがかからず、軍の暴走を招いていく。昭和五年（一九三〇）に農林水産業の所得はＧＮＰの一七パーセントで就業人口は四七パーセントもあったにもかかわらず、農業が窮乏化、原料資源不足で工業化が志向されると貿易への依存度が増大、これが日本の侵略的政策を強く後押しすることとなる。

この頃の禅林寺の歴史をふり返ると、金融恐慌や昭和大恐慌に苦しみながらも、昭和三年に多宝塔を落成、同五年には善導大師一二五〇年大遠忌法要を執行、念願の図書館を新築した。昭和九年の室戸台風では、新築の御影堂以外の建物の瓦が吹き飛んでしまい、古社寺保存金の一部を借りて、その葺き替えを行っている。昭和十二年には、開山真紹僧都、第二世宗叡、第三世真如法親王の一〇五〇年、第五世深覚の九〇〇年遠忌法要を合わせて厳修した。教化事業としては、昭和五年、大正天皇即位大典で下賜された朝拝殿を利用して永観堂幼稚園を創立、聖峯中学や宗学院の教育の充実をはかってきた。

一方、昭和になると、宗教統制、思想統制が進む。日中戦争を境に寺院にとっても暗黒の時代が始まる。宗派は再び合同させられ、従前の寺院本来の活動はままならず、その後の日中戦争の泥沼化、太平洋戦争突入、敗戦に至るまで、国民精神総動員運動の参加、宗教家の思想動員、勤労動員、金属献納、献金等を先頭に立って実践、末寺に指示することに忙殺されるようになっていく。

当時の様子は昭和八年（一九三三）の聖峯中学の学事報告で知ることができる。

昭和に入ると聖峯中学の入学者数は年々減少し、昭和四年には新入生が一八人、全校生徒数は二〇九人だったが、昭和八年には新入生が七人、全校生徒数は九八人まで落ち込んだ。昭和十年には定員二一五に対して一三八と盛り返したものの、特に一年は一〇〇人の募集にわずか七人という寂しさであった。

訓育の方針では、宗教と国体の関係について「教育勅語を奉戴し、特に時勢の進運に着目し以て我国体の精華に就きて其の意義を痛感せしめ例を日常百般の事実丼に生活に取り以て之を緯とし更に此の反面より仏教教理の四恩の精神を会得せしむるに努めつつあり」と述べ、皇恩を仏教教理の四恩の一つとして捉えている。

「現下経済界の不況に鑑み旅行其他の積立金を徴するは其弊害多き」ために、修学旅行はやめ、その代わり、五月に全校生徒が天王山桜井の駅方面へ遠足に出かけ、天王山、桜井の駅、水無瀬の古戦場址などで戦績等の講話を聞いている。六月には野外教練、旧跡、仏閣、御陵等の参拝を行っている。第四、五学年は、十一月に三日間、第十六師団秋季演習に参加、宿営警戒戦闘動作等を学び、特に四、五年生は、学校付近でもたびたび野外教練を行い、戦闘教練、露営勤務等の動作等、軍事知識の会得に励んでいる。二月には府下乙訓郡柳谷観音と粟生光明寺に遠足に行き、「其の寺蹟に就て説明を受け又生徒の体育方面の効果有益なりしと認む」と記している。このように、寺院の参拝さえもお国のために精神と身体を鍛えるという大義なくして行えない時代になっていた。

校内の環境については、「運動場の一部を植物教材の為、園芸場として植物の種を蒔いている。校庭は古松鬱蒼として聳え尚、青桐、桜木等枝を交え教室の両側には目蓮繁茂して空気清澄なり。尚校庭に樅(もみ)十数本を移植し、躑躅(つつじ)も増植し校内の風致を増しつつあり」として、寺院の境内にある学校らしい緑豊かな環境を心がけていた。

第十六師団は伏見・深草にあり、その司令部の建物は現在、聖母女学院になっている。同師団は、昭和四年（一九二九）に満州に派遣され、昭和六年（一九三一）には満州事変が勃発している。昭和八年当時は留守団だったので、演習に参加できたのかも知れないが、高学年は入隊間近のため、厳しい訓練に励んでいたことがうかがえる。第十六師団は、日中戦争で南京攻略に参加、太平洋戦争が始まると南方に転戦、レイテ島でほぼ壊滅した。

国民精神総動員運動

昭和十二年（一九三七）七月、盧溝橋事件を契機に日中戦争が勃発した。日本は華北に侵攻、中国の抗日的態度に一撃を加えようとした。しかし、中国は国共合作（国民党と共産党の協力体制）を結び、激しく抵抗、泥沼の戦争に突入した。翌年、日本は広東と武漢を占領するも、予想外の戦争の長期化によって、実際には日本の侵攻はここまでしかもたなかった。国民政府は重慶に遷都、抗戦し、共産党は日本軍の占領地の後方でゲリラ戦を展開、日本は汪兆銘政権を南京につくったが、この日本の傀儡政権に中国民衆はそっぽを向いた。この日中戦争の行き詰まりが、日本に昭和十四年（一九三九）からの仏印（インドシナ）進駐を展開させ、これが原因で米英との対立を深め、昭和十六年十二月の太平洋戦争突入となる。

昭和十二年、臨戦下の教育体制の整備をめざして、教育審議会が発足、「日本人としての自覚、信念を基」とした「大国民的教育」の確立がはかられ、皇国民の錬成のために『国体の本義』が示された。

第一次近衛文磨内閣は、日中戦争開始に合わせて国民精神総動員運動を展開、同年十月には国民精神総動員中央連盟を結成し、仏教連合会もこれに加盟した。連盟の説明によると、国民精神総動員とは国民の精神を総動員するのではなく「国民精神」を総動員するという意味である。時局に合った特別なる「国民精神」ということだろう。中央連盟の委員の半数は民間人で、東京の有力新聞の編集局長が八名入っており、新聞、雑誌の全面協力体制になっていた。中央のねらいは、府県に民間組織たる地方連盟をおき、都市に支部を設け、都市は区町村に分会をつくり、区町村は町内に班を組織することにあり、これを地方実情即応主義と呼び全国に徹底をはかった。

翌十三年四月には、国家総動員法（戦争に際し、人的および物的資源を統制、動員、運用するための法律。政府が勅令によって戦時措置を行うことを可能にした）が公布され、民間の燃料、食料、衣料などほぼ全てのものが総動員の対象となった。日中戦争初期の段階で早くも国家総動員体制を実施しなければならないほど、日本経済は底が浅く、以後、国民生活は統制、窮乏の一途をたどる。それでも、日中戦争開始時の昭和十二年、十三年、十四年は、それ以後の苦しさから比べるとまだましだった。

地方実情即応主義には、全国にある宗教団体を活用するのが最も有効である。翌五月二十六日、文部省宗教局長から教派宗派各管長に対して通達が出た。その内容は、「支那事変が新段階に入りしに伴ひて推移する内外の状勢に対し、一般国民の認識を深めこの確実なる認識に基づく国民の積極的奮起を促し、八紘一宇の大理想の下に愈々堅忍持久の精神を固うして帝国所期の目的達成に邁進せしむべく教派宗派教団の本運動に関する組織内容を一層刷新充実し所属教師の指導督励に一段の努力を致されたきこと」というもので、この「八紘一宇の大理想の下に堅忍持久の精神」が「国民精神」に当たると思われる。

同時に、文部省宗教局長から京都府を通して各寺院へも通達が出されている。

その内容は「支那布教に関する計画準備を整え教師の奮起を促し、各教派宗派教団毎に具体的に計画を作成、宗教社会事業の拡充を図り且つ教化の対象を檀信徒に局限せず進んで社会各方面に向かい

適切なる特殊布教を講ずること」等とし、寺院教会では、

祭典法要等、各種行事説教講話の際に必ず時局の新段階に於ける意義を簡明にし、之に処すべき国民の心構及日常生活の上に実践すべき事項を説示すること、寺院教会における教師、檀信徒の結合を緊密にして、寺院教会が檀信徒修練の場所としての機能を一層発揮すること、土地の状況に応じ適切なる宗教社会事業及特殊布教を実施すること、戦死者遺族、出征軍人家族、傷痍者及帰郷軍人に対する慰藉及後援の持続に留意し愈々銃後の強化に努むること

というようなものである。この通達に応えて、第八十世普空朴聞（淵江朴聞）が、この年、慰問のために中国を訪れている。さかのぼれば、第一次大戦中の対華二十一ヵ条の要求には、当初の案に「布教権を認めろ」という要求が含まれていたこともあり、中国における布教は日本の仏教界の目指すところでもあった。

この通達に加えて、各宗派の宗務総長から成る宗教団体代表者協議会の開催が文部大臣名で命じられ、教化進展方策を諮問した。昭和十四年（一九三九）九月の協議会の答申では、教師が率先してこの運動に従事することを誓い、文部省や国民精神総動員中央連盟に対しては、各宗派が行う国民精神総動員運動への更なる援助を求め、説教資料の提供を要請している。市町村長に対しては、宗教家を市町村における国民精神総動員の委員に加え、出征軍人遺家族の保護については宗教団体と協議するよう求めるなど、国の方策に積極的に協力する姿勢を鮮明にしている。そして、銃後後援強化週間（昭和十四年十月三日〜九日）には、各宗で傷病軍人の平癒祈願及び出征軍人の武運長久祈願を行って

いる。

軍国教育の現状

国民精神総動員運動が具体的にどのように展開されたのか、再び聖峯中学の昭和十四年の学事報告でみてみよう。

この頃、聖峯中学の生徒数に大きな変化が起っていた。昭和十二年には、全校生徒数（五学年）が四七一人、昭和十三年には五一九人と編入者を中心に大きく生徒数を伸ばしている。生徒が増加したのは、内地にいた朝鮮半島出身や在住台湾人の子弟を多く受け入れたからである。学事報告には「内鮮融和の強調せらるる折柄、朝鮮人、満州人、台湾人の入学志願の望を出来得る限り寛容し鋭意融和訓育の実をあげつつあり」とあり、国策である融和政策に応じた処置であった。

朝鮮は、明治三十年（一八九七）、国号を朝鮮から大韓と改めたが、明治四十四年（一九一一）の韓国併合以降、終戦まで日本の支配下にあった。昭和十五年度の「京都府下の朝鮮人学生生徒の状況」（「京都府行政文書」京都府警察部の報告）によると、大学令による大学に在学する者一二一、専門学校に在学する者一五三、中等学校に在学する者一，五二七、合計一，八〇一人に及ぶ。府下在住の朝鮮人人口は、昭和元年末に八，四九七だったものが昭和十年末には四万二，〇〇〇余となり、年を追うごとに増え続け、昭和十五年六月末には六万九，〇〇〇余に達している。在住台湾人は、昭和十五年六月末現在で六〇四人、そのうち学生が四五九人である。同文書には、台湾人は朝鮮人と異なり、「毎月相当の学資金の送付を受け順調に学業に励みつつある」とある。これら在住外国人は、自らの手で教育機関をつくることは厳しく禁じられていたので、日本人の学校に入学せざるを得なかったという事情もあった。

当時の軍国教育は具体的にどのようなものであったか。

最も大切な科目は修身である。その目的は「国体の本義を明徴にし肇国の精神を熟知し皇国の臣民たるの信念を鞏固ならしめ特に東亜新秩序建設の時局に対する正確なる認識と自覚」とを持たせることである。毎朝ラジオ体操と建国体操を実施、生徒信条を唱和させる。生徒信条とは「一、我等は忠孝の本義を体し之を修め、武を練り滅私奉公以て皇道の実践を期す　一、我等は質実剛健廉恥を重んじ勤労を楽しみ報恩感謝以て信の生活に精進せん」の二条である。毎日の朝礼には皇居遥拝、伊勢神宮遥拝、故郷拝礼を欠かさない。毎週月曜日は国旗日（克己日）として国旗を掲揚すると同時に、克己心を養うことに努め、毎月一日の興亜奉公日には国旗掲揚式を行う。毎月二十五日、宗祖法然上人の御縁日には全職員、全生徒が禅林寺に参拝して「祖先崇拝の宗教的情操訓育」に励んでいる。

国民精神総動員運動として、「堅忍持久の精神涵養、困苦欠乏に耐ふる心身の練磨、皇威発揚並に戦勝祈願、出動将兵の歓送慰問、派遣軍人家族の慰問、傷痍軍人の慰問、殉国勇士遺骨の奉送迎其の他慰恤金送付等」を行う。

修学旅行は経費節減でなくなり、五年生だけが「伊勢大廟に参拝」し、「時局を荷負せんとする青年学徒の身心の鍛錬更に重大なることを痛感し、聖汗を流すことを大なる行事」とみなし、全校職員生徒が禅林寺、鴨川改修工事、近江神宮、淳和天皇御陵参道改修工事、橿原神宮に勤労奉仕をすることで、「修学旅行の目的を達すると共に時局下における心身の鍛錬」を行う。

宗教教育は、わずかに卒業前に宗教演習があるのみで、普段は学長の訓示講習、朝礼時の訓話または配属将校の戦争に関する講演あるいは本山当局又は諸名士を呼んでの講演を行っていた。配属将校の目が光るなかで、禅林寺当局の僧侶が修身の目的に合った話を生徒にしていたのである。五月二十七日の海軍紀念日には、日本海大海戦における日本の大勝利の講演を生徒に聞かせている。

興亜奉公日とは、昭和十四年に国民精神総動員委員会が決定したもので、「黎明に起床、特に戦場の労苦を偲び、皇国国民としての生活態度を反省、自粛自戒する日」で毎月一日と決められた。

聖峯中学には学友会の組織があり、その下に弁論、文芸、競技、籠球、庭球、剣道、射撃、野球、角力、卓球、蹴球、遠足等の各部を設けていた。心身を鍛えることに力を入れ、昭和十四年にはサッカー（蹴球）の全国大会で決勝進出を果たし、昭和十五年には、京都府代表として中等学校剣道大会に出場している。境内地にある運動場では狭すぎて、現在、門前にある元郵便局の北側の区域が聖峯中学の運動場として借りられていた。

教員は宗学院と兼任の教師と聖峯中学専任の教師に分かれ、給与は専任が平均一年九八二円、兼任は一年平均五一六円と開きがある。兼任の教師は宗派の僧侶が中心である。出征する教員もいたため、勤続年数は平均六年三ヵ月である。当時の校長は、陸軍士官学校、広島高師教師養成所出身で、昭和七年から教練は予備役ではなく現役の陸軍准尉が担当（昭和十三年には応召中）し、生徒増に合わせて立命館、早稲田、海軍兵学校、日本体育会体操学校、陸軍戸山学校出身の教員を五人増やしている。

戦争色は、年々濃厚になるばかりで、昭和十五年（一九四〇）の学事報告では、生徒数はさらに増え合計五七〇人に及ぶが「毎朝、宮城遥拝の直後、伊勢神宮の拝礼をなし、敬神宗祖の念を一層高め護国英霊に感謝のため将つまた勤労奉仕の徹底をはかるため、遠近をとわず神社、御陵、仏閣境内の清掃をし、記念日毎に護国神社に参拝し清掃。陸軍病院の慰問、清掃奉仕。食糧増産運動に従い小椋池の耕作地における耕作作業に奉仕」と、寺院の参拝はなくなり、食糧生産に従事し始める。小椋池は、京都盆地の中央部にあった巨椋池のことで、昭和十八年に干拓事業が完成している。

昭和十五年以降、学事報告は提出されていない。日中戦争以降は、役所も学校も報告どころではなかったのだろう。終戦まで授業は行われていたが、僧侶を含め教師は応召され、高学年は入隊する者も多かった。昭和十九年（一九四四）春以降は学徒勤労報国隊として軍需工場や強制疎開工事に動員され、防空演習に追われていたと思われる。

六、寺院を取り巻く環境

相次ぐ財団設立

この頃、禅林寺は聖峯中学護持財団に続き、財政基盤確立のために相次いで財団を立ち上げる。

昭和十四年（一九三九）には、浄土宗開宗七五〇年を記念して財団法人浄土宗西山禅林寺派護持会を設立した。京都府への認可申請では、その目的を「浄土宗西山禅林寺派総本山禅林寺及末刹寺院の維持及本派の教育布教の発展にかかわるに要する資材を供給する」としている。当時の末寺数は三二四ヵ寺である。

昭和十四年の収支決算では、歳入が七,四三八円一〇銭、歳出が三,一四〇円で、歳入の内訳は定期や信託が七五二円、その他は全て日中戦争の国債や勧業債券である。昭和十五年三月三十一日現在の資産、一七万三,〇〇〇円余すべてが基本財産で有価証券と銀行預金である。

財団設立の目的に「総本山禅林寺及末刹寺院の維持」を挙げているのも当然のことで、当時の寺院をめぐる財政は厳しかった。「節約と貯金奨励」という国策のもと、京都府では、昭和十三年七月二十一日から経済戦強調週間を実行しているが、その中には「生活の刷新（冠婚葬祭の簡素化）」が掲げられている。また、昭和十五年（一九四〇）七月七日に出た「奢侈品等製造販売禁止令」（通称「七・七禁令」）は西陣や室町の息の根をとめるものだった。

財団を設立しても、財政維持は困難を極めた。例えば、昭和十五年現在の聖峯中学維持財団の基本財産は、土地建物のほかは、金一万円だけである。毎年の禅林寺の補助金五,二〇〇円がなければ、とてもやっていけなかった。各種学校である聖峯中学は、他の私立中学に比べ、京都府からの補助金も少なく、軍人出身の校長をはじめ、僧侶以外の教師の給与が財政を圧迫した。昭和十三年の学事報告では、授業料五五円、入学金、入学検定料、寄宿生の月額寄宿料はそれぞれ一人三円で、禅林寺派の子弟は無料となっている。

禅林寺も苦しかったのだろう、昭和十四年四月に京都府に出した予算では、「経費節約」を理由に維持財団への五，二〇〇円の補助を四，〇〇〇円に減らしている。しかし、宗派の本山として国民精神総動員運動の率先実行が求められたのか、結局、減らすことが許されなかった。とはいえ、昭和十六年になると、三派合同の余波を受け、年額二，一〇〇円に減額となってしまう。

禅林寺の財政の悪化は、相当進んでいたようで、昭和十六年九月に京都府に提出した宗学院の新規則では、授業料の無償化をやめて入学検定料を三円、授業料を一年三〇円にするとした。宗学院は、聖峯中学と違い末寺の子弟を対象とした学校であるから、本山としては無償が当たり前であるが、宗派の合同によって経営がより厳しくなると予想したのだろう。しかし、同年十二月に京都府より授業料徴収認可申請書の添付を求められ、新規則は受理してもらえなかった。その結果、授業料の徴収はあきらめた。聖峯中学、宗学院両方の例から、京都府の宗教団体への締め付けが相当厳しかったことが分かる。

昭和十五年十二月には、永観堂幼稚園維持財団を設立した。こちらは、現金五，〇〇〇円を禅林婦人会が寄付して銀行に預け、国債五，三〇〇円と合わせ基本財産にしている。この国債もすべて日中戦争関連の国債である。

宗教団体法と宗派合同

第二次宗教法案（昭和二年案）が廃案になったあと、昭和四年に第一次宗教団体法案が第五六回帝国議会に提出された。この法案は、前案に比べて宗教団体の自治と保護を中心にし、監督事項は最小限にとどめられたので、仏教各宗派は、一日も早い成立を要望して請願を行った。昭和四年三月の仏教連合会主催の大会では、「宗教団体法案賛成の理由」として「教派、宗派、教団は、現在事実上一人格として国家社会に活動するに拘らず、現行制度では、之を宗教団体として適当なる法人とする途が無い。止むを得ず、各宗では宗派の維持財団、布教財団などを組織して、其の欠点を補充するに苦しんで居る。然るに本法に依り之を完全なる法人と為ることができる」とアピールしたが、結局審議未了となった。

昭和十四年（一九三九）四月になると、宗教団体の合併を念頭に、宗教の統制と戦争への奉仕を目的として宗教団体法がつくられ、翌年に施行された。この法律で初めて宗派や寺院が法人となることが認められ、税制面での優遇措置がとられた。第一次境内地処分法が成立したのもその一環である。一方で、宗教の教義の宣布、儀式の執行または宗教上の行事が安寧秩序を妨げまたは臣民たる義務にそむくときは、文部大臣はその制限、禁止、教師、布教者の業務の停止もでき、場合によっては、当該宗教団体の設立認可を取り消すことも可能になった。さらに、管長の就任には文部大臣の認可が必要とされた。

従前の宗派や寺院は、宗教団体法による宗派や寺院とみなされたが、宗制や規則を作成して同法施行後一年以内（昭和十六年三月三十一日まで）に文部大臣の認可を受けなければならなかった。そこで、その認可の期限を前にして、宗派合同の促進が行われたのである。

しかし、三派の合同は、昭和十六年三月までもつれ込んだ。「京都府行政文書」によると、禅林寺が禅林寺寺院規則を制定したのが昭和十六年三月三十一日である。本来なら、文部大臣の認可を受けるべき日であったが、実際は、翌十七年三月十九日、第八十一世顕空隆明（柴田隆明）が提出して三月三十一日に京都府より認可を受けている。合併に伴い、全国の寺院から一気に新規則が提出されたうえ、太平洋戦争も始まっており、役所が処理しきれなかったというのが実情のようである。

それによると、

境内地は一万一，一三三坪三合一勺

内訳　官有地　六，五三五坪九合三勺、このうち境内地　六，二五六坪六合六勺

塔頭　二七九坪二合七勺　民有地（禅林寺所有）四，五九七坪三合八勺

なお、境内地以外の官有地を譲ってくれるよう、申請中と記されている。

基本財産　六〇万八，六一三円三八銭

内訳　土地　一五万七，四六二円五五銭、建物　三八万八，九一五円六〇銭

有価証券　二万四，一〇〇円、積立　三万八，一三五円二三銭

となっている。土地を売却した場合、寺院は現金を持つことは許されず、売却代金で新たに土地を購入するか、それで公債を買うことに定められていた。この数字を見ると、明治の上知令の前には境内地が一万三一〇坪であったから、八〇〇坪ほど増加している。なお、この時の禅林寺直接の檀家数は五〇軒である。

宗派合同に伴って、護持財団の規則や宗学院規則の変更がされたほか、禅林宗学院は名称を宗学院に変更、初等科と高等科の二科制だったものが、初等科のみとなった。

境内地処分法

新しく提出された禅林寺規則で「境内地以外の官有地を譲ってくれるよう、申請中」となっているのは、昭和十五年（一九四〇）四月一日から施行された第一次境内地処分法に従って、境内地の譲与を申請中ということをさしている。同法の施行によって、明治の上知令で官有地第四種と定められ、その後の旧国有財産法と旧同法施行令によって寺院に無期限で無償で貸し付けられていた国有境内地は、施行後二年以内に申請すれば、寺院境内地処分審査会に諮問し当該寺院に譲与する、と定められたからである。

この第一次境内地処分法は、宗教団体法施行に伴って制定されたもので、寺院に境内地を譲与してその戦時下協力の活動を円滑に行わせる意図があった。しかし、寺院から申請があっても、戦況の激化によって事務的処理は滞り、終戦までに約三〇パーセントの処理にとどまった。禅林寺の場合も、実際に申請が認可された日時は、判然としない。

昭和二十一年（一九四六）に施行された日本国憲法では、政教の分離を宣言し、国は宗教に対して中立的立場を保ち、一切の保護、干渉を廃止、信教の自由を保障すべきであると明定された。

これにより、法の下の平等という民主主義のもと、また憲法第八十九条（公金を宗教団体に支出、又はその利用に供してはならない）の趣旨に基づき、国有境内地の無償貸付も続行することはできなくなった。しかし、元来、土地は寺院の所有であったことを考えると、社寺の無償使用の権利を取り上げるのは憲法で保障する財産権の没収になってしまう。そこで、翌昭和二十二年（一九四七）に第二次境内地処分法がつくられ、明治以降に国に取り上げられ又は寄付されたという確実な証拠がある場合は、元来の所有者に無償で返還されることになった。確実な証拠を紛失していた場合、時価の半額で譲渡できることに定められた。第一次境内地処分法で処理できなかった境内地の返還は、この第二次境内地処分法でようやく処理されたのである。

七、仏教の戦争協力

戦時下の仏教者の思想

昭和九年（一九三四）発行の『日本精神と日本仏教』という書物がある。「日本精神」にどれだけ仏教が深くかかわっているかを説いており、書いたのは宗教学者で社会福祉事業にも多大な功績を残した浄土宗の矢吹慶輝（一八七九―一九三九）である。この「日本精神」という語は、国民精神総動員運動にも頻出するが、いったいどういう精神なのだろうか。

矢吹は言う。明治の日本人は、産業、政治、経済、文化、教育、資源、どの分野でも自国が諸外国に劣っているという事実に打ちのめされた。殖産興業、富国強兵に邁進するには、たとえすべてが外国の真似で借り物から始めざるを得なくても、精神だけは日本のものだという強い気持ちが必要だった。その「日本精神」がたどりついたのが、日本を盟主とする大東亜共栄圏の建設だったのである。矢吹は仏教こそ「日本精神」であり、求心であれと次のように熱っぽく語っている。

然るに今、昭和の日本は、列強の一員として拡大せる領土を控へての求心であり、立憲帝国として普通選挙の実施されてゐる時代の求心であり、社会問題から来る、国内人心の分裂を防ぐための求心であり、世界的に目覚めた文化国民の求心であり、開化も自由も富強も皆試験ずみの求心であり、要するに政治も経済も、世界的日本が、如何に日本たる日本を建設するかの求心である

しかし、この八年後の太平洋戦争のさなかには「日本精神の中枢に仏教がある」というような主張は全く許されない状況になった。

私の手元に花山信勝著『日本の仏教』という小冊子がある。文部省教学局から昭和十七年五月に発行されたもので、昭和十二年の教化資料『国体の本義』の解説である。

『国体の本義』は、万世一系の天皇の系譜が国体でありそれを顕現させるのが国民の道であると説く。これに対して『日本の仏教』では古代から「仏教は、常に「鎮護国家」を以てその旗印とし、国家の安泰、国民の幸福を旨としてそれぞれの宗をおし弘めて来たのであり、将来も亦然あるべきである」と断じたうえで、「我が国体観の真義を絶対的に把持せしめた功は、仏教の我が日本国家へ奉じた最大の寄与であった」と述べる。つまり、天皇の系統を護ってきたのは仏教であり、今後も国体の

保護のために全力を尽くすと宣言しているのである。

法然が打ち建てた念仏による浄土往生信仰については、それまでの「護国経典の読誦や、真言秘密の祈禱法による国家鎮護が、今や男女貴賤、国民各自の心中に潜む懊悩の永遠的解脱を目指した「鎮護国家」の仏教と変はった」とよく分からない説明をし、「法然や親鸞が弥陀本願の救済に浴して念仏報謝の生活を営むことが、そのまま皇国の恩に酬い、国民として真実の大道を歩む所以と信じた」と結論づけている。まことにこのとおりならば、法然が後鳥羽上皇の怒りをかって流罪になるはずもなく、こじつけとしか言いようがない。

こうして、戦時下の仏教は慈悲と智恵を説くことを放棄した。もちろん、日清戦争の時には見られた怨親平等や捕虜撫恤は全く省みられなかった。

監視される宗教教化と動員

宗派の合同がなされて太平洋戦争が始まると、寺院に対して、それまでの傷痍軍人や遺族に対する軍事保護事業に重きを置いた活動から、国家総動員法に基いた、より直接的な協力が求められるようになってくる。代表的なものが資源回収である。

仏教各宗派は、昭和十三年（一九三八）から、日中戦争一周年ということで競って金属の献納運動を進めていた。寺院の仏具金物を全部献納した結果、灯籠や香炉などほとんどの仏具が金物から陶器に変わっていった。

昭和十六年（一九四一）十月、内務省地方局長、文部省宗教局長、商工省総務局長の連名で、金属回収として梵鐘の供出が通達された。これにより皇室に関係のあるもの、慶長末年以前の古いもの、銘文が有名であったり、形の優れたもの以外の梵鐘が供出されることとなった。京都府は五五五口、滋賀県は二,三五九口、近畿七府県で八,〇六〇口の鐘が供出された。京都府の数が少ないのは、各派本山、名刹寺院の鐘は除外されたためで、禅林寺の鐘も残された。その代わりと言っては何だが、遺徳を偲んで建立された耆山老師の銅像（立像）が供出された。現在、日展会員で高名な彫刻家江里敏明氏に依頼し、境内に平成十一年に建立した老師の胸像がある。

軍需産業に必要な原材料の輸入が途絶えたため、昭和十七年（一九四二）から、鉄や銅、アルミニウムなどの金属製品が政府によって強制的に買い上げられるようになる。それでも足りないためか、昭和十八年、京都府は金属類非常回収を実施している。この時は、銅像および銅碑は護国寺（東寺）の弘法大師像と霊山の木戸孝允像以外全部回収としたが、由緒のあるものは除かれた。

昭和十六年三月、治安維持法が改正された。予防拘禁制で国策非協力者の存在を許さない体制のうちに、大東亜共栄圏の建設、大政翼賛の国策が遂行され、宗教界でもそれに応えて昭和十六年六月、第一回宗教報国大会が開かれた。各宗派でも報国会の結成が進み、十一月には、浄土宗西山派報国会が発足、法要や布教大会のほか、末寺からの物資の献納や献納金を集める役割を果たした。私の手元には、軍機建造資金として金九〇円を報国会に献納した際の領収証が残っている。（史料編三十九参照）

昭和十九年八月八日、政府は戦時宗教教化活動強化方策要綱を定めた。翌月には文部省で大日本戦時宗教報国会の発会をみた。これには元の仏教連合会である大日本仏教会が参加している。

戦局が苛烈となるに従い、決戦下の重要文教政策として、科学動員、学徒動員、思想動員が実施された。この思想動員で重要な役割を果たしたのが宗教教化動員である。宗教家を動員して国民に積極的に働きかけ、戦意の昂揚をはからせようというのである。

京都府は、宗教都市の名に恥じないように宗教動員の実をあげようと、この運動に特に積極的であった。昭和十七年には、社寺課を事務所として京都府仏教会を立ち上げ、京都府の寺院住職を組織して、国家奉公に挺身させることとした。

昭和十九年の社寺課の記録「宗教家の教化動員に関する件」によると、三月四日、知事官舎に神仏基三教の在洛管長、本山住職並びに教団代表者を招致し、戦意昂揚懇談会を開いて、京都府の五大目標（軍需生産増強、食糧増産、貯蓄の増強、防空強化、戦意昂揚）に即応し強力な具体的運動を展開するように求め、京都府仏教会はその翌日に戦意昂揚決起大会を開催している。四月には、文部省教学局長が入洛、京都の各派の管長重役懇談会を開きさらに発破をかけている。

当時、京都府の特別高等警察課には宗教警察部があり、社寺課と連携して宗教団体の時局活動を厳しく監視していた。昭和十九年度の報告では、

「管下に中心を有する宗教団体は真宗東西両本願寺派、浄土宗、西山派、黄檗宗、臨済宗にして仏教各派大本山格寺院二十一門跡寺院十八由緒寺院十一にして又一灯園を初めとする宗教結社五九四にのぼり、夫々相当数の信教徒を擁し教線拡大活動を展開し居れるが、最近一般の宗教的

要求は極端なる現世利益主義に堕しその間に乗ずる新興宗教生長の家支部が急速なる教線拡大は注目すべき現象なり」とし、「有力宗教派にありては国家緊急の要請たる生産増強其他諸国策に寄与すべく教化運動の大綱を確立し之が実動乃至計画を見つつある現状なるが、一部の宗内に於ては確執的陋態財政の貧困等の事情により微温なる活動に終始し居れるものあり」

と述べている。

このように、戦時の本山は行政や警察の厳しい管理下にあった。

京都にも空襲が

昭和十六年（一九四一）七月二十五日、アメリカは日本の南部仏印進駐通告に対する報復として在米日本資産を凍結、八月、対日石油輸出を禁止した。もともと、仏印進駐は蘭印（オランダの東インド領、後のインドネシア）の石油資源確保が目的だった。日本の石油はアメリカと蘭印からの輸入にそのほとんどを依存しており、これがなくなれば戦争などできるはずもなかったのである。そのため、海軍では日米戦争は絶対に回避せよという反対論があったくらいである。もちろん、国民はそんなことは知らされず、船舶が枯渇したために朝鮮や台湾からの外米の輸入も途絶、この年四月から米が配給制になり、食糧事情が急速に悪化するなか、厳しい窮乏生活に耐えていた。十二月、ついに日本は太平洋戦争に突入する。

戦争開始直後は、マニラ占領、シンガポール陥落と破竹の勢いの日本軍だったが、昭和十七年六月のミッドウェー海戦の敗北を契機に、ガダルカナル島の敗北、昭和十九年（一九四四）のサイパン島の陥落へと戦況は悪化の一途をたどっていく。アメリカは制圧したサイパン島に基地を建設、ほぼ日本全土が空襲圏内に入った。

昭和十九年十一月、アメリカ軍の空爆が本格化する。昭和二十年の六月までに京都を除く六大都市（東京、大阪、名古屋、横浜、神戸、小倉）が壊滅的打撃を受け、六月以降、米軍の攻撃は中小の地方都市に移った。

京都には空襲がなかったという風説を信じている人も多い。京都市内に限れば死者は一〇〇人弱、府下全域でも約三〇〇人、落とされた爆弾の総トン数は約一四トンで、東京や大阪、名古屋に落とされた爆弾総トン数が一万トンを超えていたのに比して、極めて少なかったのは事実である。しかし、多数の無辜の命が一瞬にして奪われ、また爆撃がもとで障害を負ったり、後遺症に苦しみながら何の補償もなかったのは京都でも同じであった。

京都市内で死者が出た空襲は次の三ヵ所で、太秦以外の爆撃目標は不明である。

昭和二十年一月十六日、午後十一時、東山区馬町にB29から爆弾数発が投下。死者四一人、重軽傷者五六人、家屋損壊三〇〇戸。馬町空襲と呼ばれる。

四月十六日昼頃、右京区太秦にB29から爆弾数発が投下。死者二人、重軽傷者四八人。これは、三菱重工業の太秦工場が狙われた。

六月二十六日午前十時頃、上京区智恵光院通下長者町にB29から爆弾数発（五発とも七発とも）が投下。即死者四三人、重軽傷者六六人、被害家屋二九二戸、罹災者八五〇人という大きな被害が出た。(京都府立総合資料館『かくされていた空襲――京都空襲の体験と記録――』)西陣空襲と通称される。米軍の記録には、愛知県の航空機会社を第一目標にしていたのが、何らかの事情で変更した臨機目標だったとある。

いずれの場合も厳しい報道管制がしかれた。当時、京都で唯一の新聞だった『京都新聞』は、被害は軽微なものとしか伝えず、被災者には緘口令がしかれた。国民は、東京や大阪、名古屋などが爆撃で焼け野原になったことも、詳しくは知らされていなかった。

では、どうして京都に空襲が少なかったのか。アメリカが文化財を護るために空襲をしなかったと信じている人も多い。しかし、京都は原爆投下予定都市の候補であったことが、戦後アメリカの史料で明らかにされた。

アメリカが原子爆弾の開発を任務としたマンハッタン計画を開始したのは、昭和十七年(一九四二)八月である。原爆完成予定は二年後と定められた。計画は極秘に進められ、訓練基地はユタ州の砂漠に隠された。ポツダム宣言の三ヵ月前の四月二十七日、第一回目標選定委員会が開催され、人口集中地域で直径五キロメートル以上の広さがあること、すでに破壊された都市は除外することが決められた。五月十日からの第二回会議で京都、広島、横浜、小倉の四都市が候補となり、同月二十八日の第三回会議で京都、広島、新潟に変更。しかし、当時の陸軍長官が京都に反対、七月二十四日の最終決定で広島、小倉、新潟、長崎と決まったのである。

五月の第二回会議では、原爆と同型、同材料の模擬爆弾（パンプキン爆弾）の投下訓練を七月から開始することが決定された。この計画で、七月二十日から八月十四日までの間に、連日、合計四九発もの投下が行われ、近いところでは、七月二十四日に滋賀県石山の東洋レーヨン滋賀工場、二十九日に舞鶴海軍基地内の水雷工場がこの爆弾を受け、多数の死傷者を出している。アメリカは日本が降伏するまで原爆を落とし続ける計画であったから、降伏がもっと遅れていれば、次は京都に原爆が落とされてもおかしくなかったのである。

空襲下の寺院

馬町空襲の二ヵ月後の昭和二十年三月、京都市は戦時災害救助本部を設置、防空服を着用せずには外出しないように指導して、普段着のまま、公共交通機関を利用することはできなくなった。外出時には左肩に防空頭巾、右肩に救急品の入った袋を十字にかけるように指導された。いよいよ、京都市民もいつ爆撃があるか分からないという覚悟をして暮らさなければならなくなったのである。

四月、府社寺課は、東山一帯の社寺有林を横穴の坑木や防空壕の資材のため、一部伐採することを認可し、禅林寺にほど近い、蹴上のウエスティン都ホテルの横に大規模な防空壕の建設を計画している（ＣＤＩ編『京都庶民生活史』）。学校には防空壕が義務づけられていたから、禅林寺にも聖峯中学の生徒用に防空壕が掘られていたはずである。幸い、左京区に爆弾が落とされることはなかったが、京都市内でも、昭和十九年十一月以降はたびたび空襲警報が発令されていた。寺院は、消防ポンプや防火水槽の設置など防火対策に追われた。

西山禅林寺派の寺院では、愛知県、岐阜県と福井県の空襲被害が甚大であった。福井市は九六パーセントが焼失した。また広島の原爆投下時、爆心に位置していた慈仙寺は全壊、梶山仙齢住職夫妻をはじめ、檀信徒の半数が亡くなっている。

京都府では、昭和十八年（一九四三）に「国宝・重要美術品の防空施設整備要綱」に基いて文部省の補助金と府費で醍醐三宝院の宝物館を借り、監守を常置、絵画一二二点、彫刻三八点、文書一七点、工芸品一点、典籍五四帖、書翰七点、計二三八点の社寺の宝物を収蔵した。翌年には、仁和寺の宝物館に防護設備を施し、市内社寺所蔵の国宝を疎開収蔵させている。府では、宝物を分散疎開すべきという観点から、鞍馬寺や長岡天満宮にも収蔵しようと計画していたが、その前に終戦を迎えた。

寺院は、太平洋戦争中、様々なかたちで戦争協力を行ってきた。しかし、日本仏教の聖地が特攻隊基地になった事実を知る人は少ないと思うので、最後に記しておく。

昭和二十年五月から、敵機の本土上陸に備えて、秘密裡に進められていたのが比叡山上の特攻隊基地の建設である。滋賀海軍航空隊が比叡山ケーブルの施設を接収、建設資材がケーブルカーで運ばれた。機密を保持するため、比叡山の一般参拝は禁じられた。七月には比叡山の基地に特攻兵四〇人、基地建設者八〇人、総勢一二〇人が配備されて、麓の比叡山中学や山上の延暦寺の堂舎に滞在していた。山上に巨大なカタパルトを造り、そこから人間爆弾機「桜花」を発射させる計画だったのである。「桜花」とは何と哀しい名であろうか。幸い、この仏教の聖地から、若者が飛び立って散ることなく終戦を迎えた。

相次ぐ敗戦、玉砕で尊い人命が幾多も失われ、サイパン陥落に及んで、東条英機内閣は退陣を決意した。昭和十九年七月のことである。すでに二ヵ月前にはドイツが無条件降伏していた。参謀本部、軍は戦争続行を望んだが、天皇の重臣からは戦争終結の講和をソ連に求める動きが出始めた。しかし、有効な手を打てないままに、本土への空襲でさらに多くの人々が犠牲になった。昭和二十年七月二十六日、米、英、華三国は、ポツダム宣言を発表。八月六日、広島に原爆投下、八日にはソ連が宣戦布告、満州に侵攻を開始した。翌九日、長崎に原爆投下。和平の望みが絶たれた日本はついに無条件降伏をし、満州事変から数えて一四年にも及ぶ戦争がやっと終わったのである。

ここで、「終戦秘話」について記しておこう。『古寺巡礼京都・仁和寺』（淡交社一九七七）を一部引用する。

昭和二十年一月二十日、近衛文麿公が突然仁和寺に立ちよられた。当時、戦争は苛烈を極め、国民一億総戦死が叫ばれているときであったから、表向きは聖戦完遂と霊明殿参拝ということであった。参拝後、近衛公は黒書院にて岡本慈航門跡（第三十九代仁和寺門跡）と密談数刻におよんで辞去されたが、慈航門跡もほどなく自坊を出、ひそかに陽明文庫に向かわれた。

陽明文庫は近衛家の別荘で、仁和寺から数百米西方（右京区宇多野上ノ町）にある。近衛家伝来の美術品を保存する目的で設立されたものであるが、その邸内の茶室にこのとき四人の人が集った。即ち近衛公と岡田啓介、米内光政および岡本慈航門跡であった。議題の中心は日本の無条件降伏によって、連合軍より天皇の戦争責任を追求されたとき、皇室の安泰をいかにすればよいかであった。近衛公は「宇多法皇の先例にならって、陛下を仁和寺にお迎えし、落飾を願っては」ということであった。「まさか出家された天皇を、どうこうするとまでは連合軍もいうまい」というのが本旨であった。

それには千余年間、宇多法皇以来、皇族の入寺を迎えていた仁和寺が一番ふさわしいではないか、という近衛公の意見に論議は傾いた。

その後、仁和寺では陛下をお迎えする準備が岡本門跡の手でひそかに進められた。やがて八月十五日の終戦の日を迎えるに至った。連合国は日本の占領政策を推進するためには天皇を存置するのが有利と判断し、天皇の戦争責任は不問に付された。しかし近衛公等には逮捕令がくだされ、出頭の朝、公は毒を仰いで自殺された。岡本門跡は「もし陛下のご入御が実現していたとすれば、裕仁（ひろひと）をそのまま裕仁（ゆうにん）法皇と申し上げるつもりであった」と。

近衛文麿、岡田啓介、米内光政の各氏は、いずれもかって総理大臣であった。終戦時には元老として昭和天皇に使えていた。とくに岡田啓介氏は、二・二六事件の時の総理で、私の師匠が兼務住職をしていた福井市のわが宗派所属の成覚寺の檀家でもあった。

第九章　復興……現代の歩み

一、戦後の寺院

占領時代の政策

敗戦後、すぐに極度のインフレが起こる。占領軍の費用や戦時補償のため、紙幣乱発をしたためである。経済活動は停止、激しい物不足に復員兵と引き揚げ者による人口増加が加わって、食糧事情は戦中より悪化、日本中が食糧難に苦しんだ。

そんななかで、連合軍（実際はアメリカによる単独占領）による占領は、三段階の順序で進んだ。第一期が非軍事化、第二期が民主化改革、第三期が経済自立化である。

昭和二十年（一九四五）十月に発足した幣原喜重郎内閣に対して、マッカーサーは五大改革（選挙権付与による婦人の解放、労働組合結成の奨励、教育の自由主義化、秘密警察の廃止、経済の民主化）を指示する。これらによって、婦人参政権、教育基本法、学校教育法等が定められ、治安警察法、治安維持法、宗教団体法が廃止となる。治安警察法の廃止で、僧侶が政治活動をしても罰せられることはなくなった。

五大改革のうち、寺院の経済に大きな影響を与えたのが、二次にわたって行われた農地改革である。昭和二十六年（一九五一）に行われた第一次農地改革では、不在地主の全小作地と在村地主の五町歩（五ヘクタール）以上の土地が解放された。しかし、これでは不十分だとして、翌年の吉田茂内閣で第二次農地改革を断行、在村地主の一町歩（北海道は四町歩）を超える小作地を政府が買収、小作人に年賦で売却することになった。この農地改革で日本の農地の約九〇パーセントが自作地となる。ただし、宗教団体の所有する土地については、農地は自作地、小作地の両方が政府に買収されることになる。自作地が、宗教団体の経営維持上必須の場合は当分政府が賃貸し、小作地は僧侶が自作地として耕作する見込みがあるなら、売り渡すこととした。

農地改革は農業生産の復興に寄与したが、地主には大打撃となった。禅林寺は、第七十六世近藤法主の時代に小作地を売却して境内地を買得していたため影響はなかったが、広く土地を所有していた寺院の収入減は深刻だった。また、地主制の崩壊で檀信徒層を支えていた日本の農村社会は、大きく戦前と様相を変えていくことになる。

日本国憲法による保障

占領政策の実施機関であるＧＨＱ（連合国軍最高司令官総司令部）の宗教政策は、ポツダム宣言第十項「日本国民ノ間ニ於ケル民主主義的傾向ノ復活強化ニ対スル一切ノ障礙ヲ除去スベシ、言論、宗教及思想ノ自由並ニ基本的人権ノ尊重ハ確立セラルベシ」にのっとって行われた。

昭和二十年十二月、ＧＨＱは国家と神道の分離指令を出した。これにより政府の神社神道に対する保護・援助・監督が廃止され、文部省は『国体の本義』や『臣民の道』の頒布を禁止する。さらに同年大晦日、ＧＨＱは修身、日本歴史、地理の授業停止、教科書回収を命じた。国会で教育勅語、軍人勅諭や教育に関係する詔勅の廃止が決まるのは、昭和二十三年（一九四八）になってからのことである。

先に述べたように、昭和二十年（一九四五）に宗教団体法は廃止、ＧＨＱの勅令で宗教法人令が出される。これにより、昭和二十二年十二月十六日をもって西山派は解体、西山浄土宗、浄土宗西山禅林寺派、浄土宗西山深草派の三派となる。

昭和二十一年十一月三日、マッカーサー草案をもとにした日本国憲法が発布、翌年五月三日から施行された。新憲法はマッカーサーの三原則と呼ばれる、天皇制の存続、自衛権を含む完全な戦争放棄、封建制の廃止を特徴とする。この憲法で何人も侵すことのできない永久の権利として定められた基本的人権のうち、自由権として認められたのが、思想・良心の自由、信教の自由である。さらに第二十条では、政教分離が明確にされた。その全文は次のようなものである。

一、信教の自由は、何人に対してもこれを保障する。いかなる宗教団体も、国から特権を受け、又は政治上の権力を行使してはならない。

二、何人も、宗教上の行為、祝典、儀式又は行事に参加することを強制されない。
三、国及びその機関は、宗教教育その他いかなる宗教的活動もしてはならない。

この憲法によって、戦後の仏教は真の宗教活動の自由化を手にいれたが、それは同時に、連綿と続いてきた国家の庇護と体制依存からの決別を意味した。

昭和二十六年（一九五一）、四月、宗教法人令が廃止され宗教法人法が公布された。この法律によって、法人の設立は届出から認証に変わり、宗教団体に法人格が保障され、自由で自主的な活動ができるようになった。行政の介入する余地は極めて少なくなり、宗教法人の自治が最大限尊重されるようになった。昭和三十一年六月の時点で、包括団体の総数は三七七、そのうち仏教系は一七〇で、宗教法人令時に比べおよそ半減したことになる。宗教法人法によって、約半数の旧法人は解散、あるいは不認証になったことになる。ただ、宗教法人法によって、包括団体からの分離独立が容易になったため、清水寺、法隆寺、鞍馬寺、四天王寺など経済的に独立できる寺院の単立化が進んだ。

日本人がドン底の生活から這い上がることができたのは、たまたま隣国で戦争が起こったからである。昭和二十五年（一九五〇）に朝鮮戦争が勃発すると、アメリカが介入、日本は国連軍の出撃基地となって軍需景気に沸いた。

その三年ほど前からヨーロッパにおける冷戦構造が明確になっていたため、日本の戦略的重要性が高まり、この頃から始まった講和交渉で、アメリカは非軍事化から一転、日本の再軍備と沖縄、小笠原のアメリカ統治を要求した。時の首相吉田茂はこれに抵抗、朝鮮派兵と急激な最軍備を避け、長期的な再軍備を提案してアメリカを納得させ、翌年九月、サンフランシスコ講和条約と日米安全保障条約の締結に持ち込んだ。この条約で朝鮮の独立を承認、明治二十八年（一八九五）の下関条約以来、植民地としていた台湾を放棄する。昭和二十七年（一九五二）四月、サンフランシスコ講和条約が発効、日本の占領時代が終結する。

概して言えば、その後の日本は、高度経済成長時代、オイル・ショック、バブル経済、平成不況を通じて、ずっと親米、軽軍備化の経済中心主義の路線を歩んできた。二十一世紀を迎えた今日、軍備やイデオロギーに差があっても、それが国民のためか為政者のためかはともかく、どこの国でも経済の発展と安定が何よりも優先されるようになっている。

二、禅林寺の再出発

仏教の平和活動

昭和二十六年（一九五一）十月、京都宗教者平和運動協議会を結成（『中外日報』十・二十五）。太平洋戦争の協力への懺悔を内外に声明した。また、仏教者が集まって京都宗教者平和協議会（宗平協）が結成された。宗平協は様々な平和活動に取り組んだが、その功績の一つに昭和四十七年（一九七二）、京都空襲の情報収集に取り組み、京都に空襲があった事実を初めて発表したことがある。一部の教団は、過去の戦争協力への謝罪と反省を正式に表明し、心ある仏教者は平和運動（原水爆禁止運動、靖国神社問題など）を展開した。

禅林寺では、平成六年（一九九四）九月六日、原爆が投下された広島で「今次大戦全物故者追悼法要・世界平和祈念の念仏者のつどい」を行った。宗内から約三〇〇人の僧侶が参加、炎暑のなか、世界平和を祈念した。当時、宗務総長だった私は「平和への誓願」と題して、次のようなメッセージを奉読した。戦後五四年が過ぎ、戦争の記憶の風化が明らかな昨今、この誓いの重さをかみしめたい。

今次大戦の犠牲者は旧日本軍人・軍属二三〇万人、海外で戦争に巻き込まれて死亡した民間邦人約三〇万人、国内で空襲や原爆などの戦災に遭った死者約五〇万人にのぼると言われています。加えて、この戦いは、アジアをはじめとする世界の多くの人々に筆舌に尽くしがたい悲惨な犠牲をもたらしました。私たちは、彼我の別なく、この多くの犠牲者やその家族の方々の苦しみ、深い悲しみ、そして無念の思いに対し、深い反省とともに謹んで哀悼の詞を捧げたいと存じます。そして、この戦争によってもたらされた各国の人々の心の傷が少しでも癒えるようにただひたすら願うものであります。かつてわが西山末徒がこの戦争にどのようにかかわりあったか、結果的に戦争への加担をした事実を直視し、私たちは深い懺悔と再び過ちをくりかえさぬために、戦争の悲惨さ、空しさ、幾多の尊い犠牲者のあったことを風化させず、そして、平和の尊さを子々孫々に語り継がなければなりません。本日ここに集いし私たち念仏者は、宗祖、派祖両上人の教えにしたがって、ただ平和を願うだけでなく、この安寧平和を一人一人の努力によって築き守るため、日々精進することを誓い、平和への誓願といたします

荒廃から立ち上がる

終戦後、禅林寺も荒廃のなかから再出発する。戦後の混乱に加えて西山派が再び分派したこともあり、宗学院は解散された。昭和二十二年（一九四七）教育基本法が公布され、国民学校改め小学校と中学校の義務教育が始まった。翌年の学制改革で新制の高校が発足、聖峯中学を聖峯高等学校と改称、それに合わせて同年、宗学院を再開する。小中学校の義務教育化によって、学校の夏休みを利用して二十日間程度授業を行うこととした。

聖峯高校は寄宿舎を改造して研究室とし、職員組織を改めて存続しようとしたが、経済的な理由で三年後には廃校の憂き目を見た。昭和二十九年（一九五四）には宗学研究所を再開、宗学院と合わせて宗派末寺子弟の教育の道をつなぐことができた。昭和三十年（一九五五）には、永観堂幼稚園が学校法人として認可され、禅林寺の経営を離れることとなる。

太平洋戦争末期、伽藍は著しく荒廃した。終戦直後は経済的にも余裕がなく、阿弥陀堂、御影堂、鐘楼、瑞紫殿、釈迦堂などほとんどすべての建物や廊下が雨漏りし、檀信徒から修理費を勧募して何とか雨漏りの箇所だけを補修するというありさまであった。それでも、図書館、総門、土塀など少しずつ修理を施し、本山としての面目を一新していった。

昭和三十年、太平洋戦争末期に自ら畑を耕しつつ、本山にとどまり本尊を護り続けた第八十一世柴田法主が遷化、第八十二世軌空隆範（伊藤隆範）が跡を継いだ。新法主のもと、昭和三十六年（一九六一）の宗祖法然上人七五〇年大遠忌では、宗内が一体となって準備を進めた結果、折からの池田勇人内閣の国民所得倍増計画の達成など、日本が高度経済成長時代を迎えたことも幸いし、本堂に溢れんばかりの参詣者を迎えることができた。この大遠忌を機に、禅林寺では特別信徒を募った。現在も特別信徒会は教化と護持の組織である。また、江戸時代から続く六阿弥陀めぐりも復活、庶民信仰の伝統が続いている。

昭和三十九年（一九六四）には東海道新幹線が営業を開始、京都観光に訪れる人が増加し、京都市も寺院との提携に乗り出し始める。昭和四十五年（一九七〇）、流祖浄音上人七〇〇回忌の記念事業として聖峯中学跡に永観堂会館を建築、信徒の宿泊とともに大阪万博の観光客を呼び込むことに成功した。

みかえり運動の展開

戦前、日本人の生活の基盤は家族制度にあり、行動範囲も地域社会に限定されていた。節約、勤倹を美徳とし、家長や目上を敬い、その方針に従順に従った。この中に深く根づいていたのが先祖崇拝と仏教である。しかし、戦後、それが一変した。ＧＨＱが家族制度は日本の民主化を阻むものと位置づけ、国民の経済生活が活発化するにつれ、美徳とまでは言わないまでも消費が奨励されるようになる。核家族化、都市への人口集中が起こり、国民の精神構造に変化が生じてきた。先に述べたように、農地改革による地主層の消滅も檀信徒を支える農村社会を変貌させていった。

もともと檀家制度には、家族の秩序や親族の結合を保つという社会的役割が大きい。個人が教義によってその宗派を選びとったのではなく、先祖代々の家の宗教を踏襲している場合がほとんどである。残念なことに、檀家と寺院との信仰による結合は徐々に薄れていく傾向にあった。

家族のつながりが稀薄になり、地域での親族の結合の必要性そのものが薄れれば、檀家と寺院とは新しい絆を結んでいかなければならない。そこで、法然上人七五〇年大遠忌の盛り上がりを契機に、禅林寺派も青少年教化、檀信徒教化の促進、その強化運動を実施することとし、みかえり阿弥陀にちなんで「みかえり運動」と名づけ、昭和四十五年から展開し始めた。この年の十一月には、永観堂会館に寺庭婦人や青少年の指導者を一堂に集め、中央研修会を開催、望月信成氏を講師に招いて山越阿弥陀図の展観と解説を行っている。同時に寺庭婦人向けの講習会や布教師のための布教講究所を開催して、宗派を挙げて「みかえり運動」の展開に備えた。

「みかえり運動」のかいあって、昭和四十九年（一九七四）四月の浄土宗立教開宗八〇〇年法要の際は、本堂が全国からの檀信徒で埋め尽くされるほどの盛り上がりを見せた。

昭和五十一年（一九七六）には、西山上人生誕八〇〇年慶讃法要、昭和五十五年（一九八〇）には善導大師一三〇〇回大遠忌、昭和五十七年に法然上人生誕八五〇年慶讃大法要と、立て続けに遠忌を執行した。

昭和六十年（一九八五）、開かれた禅林寺を目指して「みかえり念仏行道会」を再開させた。かつては、宗学院の生徒が参加していた行事だったが学制の変更で途絶えていたもので、新たに檀信徒に参加を呼びかけることとした。「みかえり念仏行道会」は、阿弥陀如来が永観律師を先導されたという奇瑞にちなんで、二月十四日の夜に阿弥陀堂で念仏行道し、往時を偲ぶもので、現在も禅林寺の大切な年中行事である。

さらに、従来、初夏に行っていた寺宝の虫干会を紅葉の時期に変更、規模を大きくして寺宝展とし、展観することを始めた。禅林寺の所蔵する国宝、重要文化財の維持修理費の負担が大きく、何とか費用を捻出できないかと考えた末の窮余の策である。そこで、普段は博物館に寄託し通常拝観出来ない貴重な名品を里帰りさせ、特別寺宝展として紅葉の見ごろの一ヵ月余、一般の人々に広く仏教美術を観賞していただくことにした。また、境内の紅葉の整備に着手し、ことあるごとにマスコミに禅林寺の由緒を語り、寺宝展の内容を伝えるなど地道な努力を続けた結果、ＪＲのキャンペーンに取り上げられ、徐々に「紅葉の永観堂」の名が知れわたるようになっていく。

昭和六十三年（一九八八）には、開山真紹僧都一一〇〇年御遠忌を迎えた。この遠忌では長きにわたって、禅林寺の法灯を絶やさずに護り続けてこられた先徳に報恩感謝し、開山堂を改修、歴代法主廟を建立した。そのほか、経蔵、鶴寿台、位牌堂、法主居間、中門等の修復工事を行った。

この時、開山堂内に安置されている開山真紹僧都、二世宗叡僧正の二体の尊像の補修も行われたが、思いがけず、真紹僧都像の胎内からは文書、宗叡僧正像の胎内からは和紙に包んだ遺歯が発見された。文書は万治三年（一六六〇）四月二十五日の日付で、第四十三世圭道泰瓚が書き開山像に納めたものと知れた。それによると、「上人は荒廃した諸堂宇の再興を志し、客殿の屋根の修理、阿弥陀堂の須弥壇や柱への金や漆の塗り直し、学寮の新築などを進めた。また開山上人像がないため、一尺八寸の椅子座の尊像を新造し、みかえりのご本尊に伏して当山の繁栄と法流の興隆をこいねがう」とある。これは『禅林寺歴代造営並ニ寄附物ノ略記』の内容を裏付ける貴重な史料の発見であった。（史料編四十一参照）

紅葉の永観堂

昭和六十四年（一九八九）一月、昭和天皇が崩御。大不況から始まった昭和は、バブル経済で人々が沸くうちに終焉を迎えた。平成三年（一九九一）にはバブルが崩壊、日本経済は長い沈滞の年月を迎える。

平成五年（一九九三）、宗務総長に就任したばかりの私のところへ、関西電力から紅葉の夜間のライトアップをしないかというお誘いがあった。境内の秋の紅葉の美しさが少しずつ認知され出していた頃だった。私は、禅林寺の紅葉の新しい魅力を引き出す良い機会と思い、試験的にライトアップに踏み切ることにした。今でこそ、秋の京都と紅葉のライトアップは切っても切り離せない風物詩になっており、桜のライトアップさえ珍しくなくなったが、当時はどこの寺院もやっていなかった。最初は三日間だけのライトアップだったが、昼とは全く違う、幽玄かつ妖しいまでに美しい紅葉に私はすっかり魅了されてしまった。そこで、以後は思い切って約一ヵ月にわたる夜間拝観に踏み切った。その結果、「紅葉の永観堂」の名は全国的になっていった。（史料編四十二参照）

平成八年（一九九六）十月には、派祖西山証空上人の七五〇回大遠忌が五日間にわたって盛大に厳修された。幸い、連日好天に恵まれ、全国から六,〇〇〇人が随喜、西山証空上人の遺徳を讃えた。

私はこの大遠忌では、浄土宗西山三派が共同で、三派でなければできない事業をしようと心に決め、三派共同で『西山国師絵伝』の全六巻を限定複製出版した。『西山国師絵伝』は三条西実隆筆の詞書がある西山上人絵伝で、現存する絵伝の中では最古の優品である。巻子本六巻を収めた木箱の蓋裏の銘文によって、この絵伝が室町時代の享禄四年（一五三一）春に完成したことが知られる。本書の第五章で詳述したが、享禄四年といえば、宏善と実隆との交流が最も盛んな頃で、勧進聖の祐全が頻繁に接触していたことから、この絵伝も勧進に使われたものかもしれない。

同時に書籍の体裁で『西山国師絵伝』を発行、広く派内で西山上人の遺徳を偲ぶよすがとした。

さらに、この年、北門の旧宇都宮邸宅跡地の東側隣接地（二軒分で一五九坪）の借地権を購入し、駐車場を拡張、観光参拝客の増加に備えた。

平成十年（一九九八）四月二十五日、法然上人『選択本願念仏集』選述八〇〇年慶讃法要を営んだ。記念事業として、長らく本山の随身生の寮に利用されてきた魁寮が老朽化したのを機に、聖峯閣の新築に踏み切った。また、内部が荒廃し物置状態になっていた画仙堂を整備、障壁画を製作、美観を取り戻した。（史料編四十五など参照）

平成十二年（二〇〇〇）二月、私は禅林寺第八十八世法主として晋山、法灯を受け継いだ。二十一世紀を迎えるにあたり、職場の縁でつながる「職縁社会」から共通の好みの人で集まる「好縁社会」ができつつあることから、私は少数意見が排除され、人権問題が多発する時代になることを予測して憂いた。あれから十数年経って、私の予想をはるかに超える「好縁社会」になってしまった。

インターネットの普及で、特定意見の人だけが集まって、反対意見を攻撃する。人の好みや意見は変化するのが当たり前であるから、「好縁社会」の縁はとても弱い。「好縁社会」だけで生きている人は、そこからこぼれ落ちると、どうすればいいのか分からない。学生へのカルトからの勧誘があとを絶たず、実際にのめり込む若者が多いのも、信仰というより、「好縁社会」からはじき出された人に受け皿のかたちをとって新たな「好縁社会」を提供しているからではないか。

また、「ＩＴ社会」の発展で個人情報は一瞬のうちに拡散し、それは消去できない。宇宙飛行士が宇宙船からひとたび船外に放り出されたら、宇宙空間を永遠にさまよい続けると聞いたことがあるが、それと同じである。たしかに、インターネットの普及で非常に便利になった。しかし、ネットを使いこなしていると思っている人間のほうが、ネットの網に捕われ、そこから抜け出せなくなり、生身の人間として生きていくために必要な知性や理性、感情だけでなく、インターネットでは知ることができない情報を得る機会も失いつつあるように思われてならない。

現在の仏教の急務は、危険で脆弱な「好縁社会」に対して、寺院を中心に置く「仏縁社会」の構築である。寺院や僧侶は、地域への「仏縁社会」の輪を広げる努力を怠ってはいけないと思う。

平安時代から今日に至るまで、幾多の文化人が禅林寺を訪れ、仏像に祈りを捧げ、東山に抱かれるその清閑な佇まいを慈しんできた。境内も広大で、青い空の下で清冽な清水を愛でつつ、静謐に身を委ねて思索にふけり、創作意欲をかきたてられたり、癒されたりした。

平成の今日、「紅葉の永観堂」は、全国にその名を知られる。紅葉のシーズンには、たくさんの人々で賑わう。有り難いことだが、駆け足で観光するのではなく、できるだけじっくり拝観していただき「仏縁の絆」を結んでいただきたいと思う。古の人々がそうしたように、仏像の前では静かに拝む時間を持ってほしい。

禅林寺のご本尊で重要文化財である「みかえり阿弥陀如来」がお顔を左に向けておられるのは、「立撮即行」という姿である。これは、苦しんでいる人を見ると、即刻、救済に駆けつける阿弥陀さまの慈悲を表している。禅林寺を訪れることがあれば、ぜひ、ご本尊の近くまで行き、そのお姿からそれぞれに感じとってほしいと念じている。

「みかえり阿弥陀如来」のお姿を現代的に解釈するなら、参拝者自身に「みかえり」なさいと教えておられることになる。阿弥陀さまの前で、自分の来し方を振り返り、知らないうちに人に迷惑をかけ、それを許し助けてもらってきたことに気づく。そして、過去の態度や行為を悔い改め、次からは自分が周囲の困っている人たちに、温かい言葉をかけたり、手を差し伸べようと思う。実際、私たち凡人には長続きしない。しかし、「みかえり阿弥陀如来」はそんな私たちに「それでいい。何度でもやり直しなさい」と語りかけてくださっている、私はそう考えている。

ある時、浄土宗大本山増上寺第八十七世法主成田有恒（小説家寺内大吉）台下が「金のなる木の永観堂……」と評された。いささか品のない言葉だが、小説家らしい表現である。

もとより、平安時代から和歌にも詠まれた風光明眉な環境である。先哲の残したこの自然を護持し、次代へ継承していかねばならない。

近年、永観堂本山をはじめ各仏教々団は、多額の浄財を募り堂塔伽藍の修復を終え平成の大遠忌や各種法要を円成した。相も変らずの普請法要だ。そして、ポスト大遠忌や、これにつぐ大法要に向かっている。

今日の世情は、科学万能の物質文明が天災や人災によって、安心安全の神話は崩れ、負の遺産を子々孫々に残すこととなった。

一方、少子、高齢化や多死社会が進むなかで、家族や地域の関係が薄らぐ傾向にある。

旧態依然の仏教々団を評し、〝葬式仏教〟と揶揄されがちであるが、人生最後の看取りと、葬儀執行も私たちに課せられた重要な役割だ。

ただ時代の変遷とともに、その形式も変わり、対応しなければならない。つねに追随ではなく、先駆けであらねばならない。

いつの時代でも、教団改革が叫ばれ、信仰運動が生まれるが、長続きしない場合が多い。

戦後七〇年余、長寿社会では宗教に求められるものが変わってきた。現代人の悩みの一つに「生きがい」がある。

生きている人間の悩みや苦しみや不安にどう応えるのか。生きている人間が、より生きることに価値を見いだせるように、伝統教団は明確な示唆を与えなければならない。でなければ、魅力のないただの道徳的な教条主義を教え伝えるにすぎない。現世に転迷開悟の安心(あんじん)を明示してこそ、死後の厳粛な葬送がなりたつのである。今、人々は悩みや苦しみや不安から孤独感に落ち入り絆や愛を求め、目に見えない大いなるものにすがりたいと願う人々が殖えている。そうした背景からか、各地の世界文化遺産の旅や霊場巡礼が再びブームとなっているようだ。

私たちはこの迷える人々に、この人生をいかに充実して生きるかという「生きがい」の道標を明快にあたえなければならないのではないだろうか。

※追補

宗派管長を平成十七年（二〇〇五）に退山して早や一〇年余となる。本原稿の脱稿からも五年。

この間に世情はすっかり変貌し、超高齢化が、現代日本人の死生観を大きく変えた。かつては人生五〇年だったが、今や一〇〇年の時代に入ろうとしている。釈尊の説いた「生老病死」の四苦の「老」の次に、「老後」という段階ができた。

老後から「死」まで三、四〇年。死が遠くなり、ご先祖さまへの憶いも薄れがちである。

老後の「生きがい」とともに、この間に、いかに「看取り」「看取られる」かが喫緊の課題ではないだろうか。

第二部

史料編

史料編目次

一　禅林寺歴代一覧（太字は世数、和暦は入寂年を示す）

一　真紹　貞観十五年七月七日
二　宗叡　元慶八年三月二十六（二十八）日
三　真如　元慶五（八）年
四　安載（歳）
寛空　天禄三年二月六日
寛忠　貞元二年四月二（二十一）日
元果（杲）　長徳元年二月十七（二十七）日
明観　治安元年十月八日
五　深覚　長久四年九月十四日
覚源　治暦元年八月十八日
六　深観　永承五年六月十五日
七　永観　天永二年十一月二日
八　覚叡　天養元年十一月
九　永恵
一〇　珍海　仁平二年十一月二十三日
一一　円光東漸　建暦二年正月二十五日
一二　静遍　貞応三年四月二十日
一三　証空善恵　宝治元年十一月二十六日
一四　道誉　仁治元年九月五日
一五　道智　文永六年三月三日
一六　永空正覚　正嘉三年九月二日
一七　智空法興浄音
文永八年五月二十二日
一八　光空朝阿観智
正和二年六月十二日
一九　覚融行観　正中二年六月九日
二〇　覚願
二一　覚生　文永八年六月九日
二二　観意　貞和三年十月三十一日
二三　観教　康応元年四月二十日
二四　道覚浄弁　応永二年八月十五日
二五　識阿空寂　応永十三年十二月十日

二六　宏空円光　応永二十七年十一月七日
二七　光融妙静　正長元年二（三）月二十九日
二八　空端召運　寛正四年四月十四日
二九　在空栄運　文明四年五月八日
三〇　暁堂妙諌　延徳三年二月二十九日
三一　撮堂賢立　長享二年七月十三日
三二　天承祐音　永正二年九月二十二日
三三　一冲（沖）融舜
大永三（四）年十一月十八日
三四　舜叔宏善　弘治三年七月二十三日
三五　実空顕貞　永禄七年七月十三日
三六　智空甫叔　天正十四年六月二日
三七　杲（果）空俊式（弌）
元和九年九月二日
三八　頂空寿仙　元和四年二月十五日
三九　行空龍道　寛永十二年五月三日
四〇　真空久円　正保二年四月六日
四一　月空清感　慶長四年正月八日
四二　積峰慶善　明暦四年二月二十二日
四三　圭道泰瓚　寛文五年六月十日
四四　養空霊徹　延宝七年正月十三日
四五　寰空貞準　貞享二年三月二十二日
四六　是空回隆　宝永元年正月三日
四七　太空湖南　元禄十年十月
四八　天空助三　宝永七年十二月十六日
四九　三空普及　享保五年十一月四日
五〇　浣谿炬範　享保十年七月二十四日
五一　乙空恵海　享保九年八月六日
五二　台空阿三　享保九年九月二十四日
五三　演空良義　元文三年十一月二十九日
五四　霊空是堪（湛）
宝暦十一年七月二十二日
五五　英空灌龍　宝暦四年六月二十六日
五六　瑞空愿亮　明和元年三月十八日
五七　貫空巨道　明和五年七月二十八日
五八　盤空有倫　安永九年十月十八日

五九　霊空万瀏　天明七年十月四日
六〇　攀空泰準　寛政七年十一月二十七日
六一　綜空練耕　文化七年五月二十四日
六二　澹空旭応　文政四年三月二十日
六三　誠空義諦　天保三年正月三日
六四　実空俊瑞　天保十二年五月十七日
六五　水空洗懐　天保十二年九月六日
六六　観空照璘　嘉永元年七月二十五日
六七　仁空観識　安政二年九月二十二日
六八　恬空泰然　文久元年十一月二十六日
六九　万空霊円　文久二年十二月二十二日
七〇　淵空旭泉　慶応二年五月十七日
七一　徹空俊玉　明治十四年七月二十二日
七二　亀空観鏡　明治二十二年五月二十三日
七三　洪空基範　明治十八年六月七日
七四　恭空儼敬　明治二十四年四月二十八日
七五　範空亮辨　明治四十年九月二十六日
七六　超空亮厳　大正九年九月一日
七七　才空俊法　大正十三年六月十日
七八　大空圭学　昭和八年三月三十一日
七九　照空玄光　昭和十三年三月二十二日
八〇　普空朴聞　昭和十四年九月二十九日
八一　顕空隆明　昭和三十年正月三十日
八二　軌空隆範　昭和四十年三月二日
八三　然空準良　昭和四十二年九月十六日
八四　教空亮明　昭和六十一年五月十五日
八五　英空儼雄　平成六年二月六日
八六　鑁空観堂　平成二十二年四月七日
八七　東空準玄　平成十九年二月十一日
八八　徹空隆明
八九　修空善龍　平成二十四年二月十六日
九〇　恭空玄禮

※歴代の名称について、新しい出典から別の表記が発見されたので（　）で追補した。第一項、第二項とも常用漢字で表記したが、一部例外として龍、禮など旧字を用いた。

二　『禅林寺正選歴代記』と『前記』『後記』対照

当山第五十四世霊空是堪（一六七八～一七六一）の手になる『禅林寺正選歴代記』は、宝暦二年（一七五二）に成立、現在その写本が残されている。

これは、先に成立した『禅林寺歴代前記』『禅林寺歴代後記』の誤謬を訂正し、新たに歴代を選定する意図をもって作られた。

『前記』は室町時代中期まで、浄土宗西山流の人師の名前がない。『後記』には、浄土宗西山派の人師の名はある。ただし十七世紀初頭、戦国時代から徳川政権への移行期間における記述に問題があり、当時の西山流内部の継承のあり方に疑問をもったことから、正選の作業がなされた。

禅林寺世代を「正選」せねばならぬ理由は、次のように考えられる。禅林寺は藤原関雄の旧地をもって、空海の弟子真紹僧都によって開山創草された。真言・三論系の諸師による継承については、建立成立の原由に基づく限り法系を否定することはできない。しかし禅林寺を「永観堂」と俗称するほどに有名な永観律師の思想・著述・行跡を一方の軸とし、元祖の「選択集」に纏る「勅伝」巻第四十の静遍僧都の記述を他方の軸として、「浄土宗西山流総本寺」として禅林寺を位置づけた時代背景の中で、その使命を果たさねばならぬ要請に応えたのであろう。

以下、各書の歴代を掲載する。なお『禅林寺正選歴代記』には第五十五世以降の補記のある本が存在するが省略。

	禅林寺正選歴代記	禅林寺歴代前記	禅林寺歴代後記
1	開山真紹僧都	開山真紹僧都	開山真紹僧都
2	二世宗睿僧正	二世宗睿僧正	二世宗睿僧正
		真如天皇	
3	三世真如親王	三世寛空僧正	三世深覚僧正
4	四世安載内供	四世寛忠少僧都	四世深観僧都
5	五世深覚大僧正	五世元果大僧都	五世永観律師
6	六世深観大僧都	六世明観大法師	六世珍海已講
7	七世永観律師	七世保覚大僧正	七世良深権大僧都
8	八世覚睿阿闍梨	八世深観権少僧都	八世尊誉権僧都
9	九世永恵上人	九世覚源権僧正	九世覚誉権大僧都
10	十世珍海已講	十世義範僧都	十世道智僧正
11	十一世円光東漸大師	十一世永観律師	十一世永恵上人
12	十二世静遍僧都	十二世勝覚権僧正	十二世静遍僧都
13	十三世証空善恵上人	十三世覚睿阿闍梨	十三世証空善恵上人
14	十四世道誉僧正	十四世元海権大僧都	十四世法興浄音上人
15	十五世道智僧正	十五世良深権大僧都	十五世朝阿観智上人
16	十六世永空正覚上人	十六世尊誉権大僧都	十六世覚融行観上人

17	十七世法興浄音上人	十七世覚誉権大僧都	十七世観教上人
18	十八世朝阿観智上人	十八世勝賢僧正	十八世識阿上人
19	十九世覚融行観上人	十九世道智僧正	十九世正覚輔律師
20	二十世覚願上人	二十世静遍僧都	二十世覚願上人
21	二十一世覚生上人	二十一世覚生上人	二十一世撮堂賢立上人
22	二十二世観意上人	二十二世道範僧都	二十二世天承祐音上人
23	二十三世観教上人	二十三世成賢権僧正	二十三世一冲融舜上人
24	二十四世道覚浄弁上人	二十四世道教権少僧都	二十四世舜叔宏善上人
25	二十五世識阿上人	二十五世正覚輔律師	二十五世実空顕貞上人
26	二十六世円光上人	二十六世憲深権僧正	二十六世超月幽隆上人
27	二十七世光融妙静上人	二十七世実深僧正	二十七世明空真鏡上人
28	二十八世空遄召運上人	二十八世実勝大法印	二十八世智空甫叔上人
29	二十九世在空栄運上人	二十九世頼瑜法印	二十九世沢良上人
30	三十世妙諫上人	三十世聖雲親王	三十世果空俊式上人
31	三十一世撮堂賢立上人	三十一世覚願上人	三十一世頂空寿仙上人
32	三十二世天承祐音上人	三十二世観意上人	三十二世諫空舜有上人
33	三十三世一冲融舜上人	三十三世聖尊親王	三十三世空眼行清上人
34	三十四世舜叔宏善上人	三十四世弘顕権大僧都	三十四世道空俊長上人

35	三十五世実空顕貞上人	三十五世広済	三十五世快空祈践上人
36	三十六世智空甫叔上人	三十六世広鑁	三十六世行空龍道上人
37	三十七世果空俊式上人	三十七世広喜	三十七世澄空寿全上人
38	三十八世頂空寿仙上人	三十八世円慈和尚	三十八世泰空政山上人
39	三十九世行空龍道上人	三十九世撮堂賢立上人	三十九世真空久円上人
40	四十世真空久円上人	四十世天承祐音上人	四十世月空清感上人
41	四十一世月空清感上人	四十一世沖融上人	四十一世積峯慶善上人
42	四十二世積峰慶善上人	四十二世舜叔宏善上人	四十二世圭道泰瓚上人
43	四十三世圭道泰瓚上人	四十三世実空顕貞上人	四十三世養空霊徹上人
44	四十四世養空霊徹上人	四十四世明空真鏡上人	四十四世寰空貞準上人
45	四十五世寰空貞準上人	四十五世超月幽隆上人	四十五世是空回隆上人
46	四十六世是空回隆上人	四十六世智空甫叔上人	四十六世太空湖南上人
47	四十七世太空湖南上人	四十七世沢良上人	四十七世天空助三上人
48	四十八世天空助三上人	四十八世果空俊式上人	四十八世三空普及上人
49	四十九世三空普及上人	四十九世頂空寿仙上人	
50	五十世浣谿炬範上人	五十世諌空舜有上人	
51	五十一世乙空恵海上人	五十一世空眼行清上人	
52	五十二世台空阿三上人	五十二世行空龍道上人	

53	54	55	56	57
五十三世演空良義上人	五十四世霊空是堪上人			
五十三世真空久円上人	五十四世月空清感上人	五十五世積峯慶善上人	五十六世圭道泰瓚上人	五十七世養空霊徹上人

三　禅林寺年表

和暦	西暦	禅林寺	参考事項
承和　二	八三五		三月、空海、高野山にて入定。
仁寿　三	八五三	十月、真紹、藤原関雄の故居を買い取り、禅林寺の敷地にあてる。	七月、円珍（智証大師）、渡唐の途につく。
斉衡　二（三）	八五五（六）	真紹、仁明天皇の聖恩報謝のため一堂を建立して五仏を安置。	五月、東大寺大仏の仏頭落ちる。
貞観　四	八六二	宗叡、真如法親王に随侍して入唐（同七年帰国）。	
五	八六三	九月、清和天皇より鎮護国家の道場として勅額を賜い、「禅林寺」と名づける。	
一〇	八六八	真紹、「禅林寺式」一五ヵ条を定める。禅林寺を弟子宗叡に譲る。	
一五	八七三	真紹遷化（七七歳）。	
元慶　一	八七七	陽成天皇の勅により、山城国愛宕郡公田四町を禅林寺に施入。仏殿を造立し、勅願寺とする。	元慶寺を勅願寺とする。
五	八八一	真如法親王、渡印の途中、羅闍国（マレー半島）に寂す（貞観八年遷化説あり）。	在原行平、初めて奨学院を置く。
七	八八三	宗叡、峯斅に禅林寺を譲ることを定める（東宝記）。	

八	八八四	宗叡遷化（七六歳）。	
正暦　四	九九三	この年、禅林寺罹火。	八月、慈覚大師門徒と智証大師門徒争う。翌年にかけて疫病流行。
長元　六	一〇三三	永観生まれる。	
長久　三	一〇四二	聖命、愛宕郡下粟田里・下山田里・山根里の地を禅林寺に施入。	三月、延暦寺僧徒、園城寺円満院を焼打ち。
永承　二	一〇四七	深観、勅を奉じて請雨法を修す。	六月、諸国旱害。
天喜　五	一〇五七	永観、平等院の番論義の選者として満座の人を信伏させる。	この頃、末法思想、浄土思想盛んとなる。
延久　四	一〇七二	永観、東大寺別当光明山寺を去り、禅林寺に東南院を興す。	
五	一〇七三	五月、後三条法皇崩御、御骨を禅林寺に安置し、中陰の尊忌を営む。宝塔を供建。	
永保　二	一〇八二	二月十五日、永観、念仏行道の時、壇上の弥陀、みかえりの相を感得。	十月、熊野の僧徒、神輿を奉じて入京、強訴する。
承徳　一	一〇九七	永観、寺内に薬王院を建て、施療所を設ける。	
二	一〇九八	永観、律師に任ぜられる。	二月、京都大火。
康和　二	一一〇〇	五月、永観、東大寺別当に補せられる。	

四	一一〇二	永観、東大寺別当を辞す。	九月、東大寺衆徒、興福寺衆徒の狼藉を訴える。
天仁　一	一一〇八	八月、永観、東山に迎講を修す。	延暦・園城両寺の衆徒強訴。源平二氏に衆徒の入京を防がせる。
天永　二	一一一一	十一月二日、永観遷化（七九歳）。	
長承　二	一一三三	宗祖法然生まれる。	
仁平　二	一一五二	珍海（『決定往生集』の著者）遷化。	
承安　五	一一七五	浄土宗立教開宗。	
治承　一	一一七七	派祖西山証空生まれる。	六月、清盛、平氏打倒の計画を知り、藤原成親らを捕える。
建久　一	一一九〇	証空、法然の室に入る。	二月、歌僧西行、京都に歿す（七三歳）。
三	一一九二		源頼朝、鎌倉幕府を開く。
九	一一九八	源頼朝、禅林寺に詣で、『大般若経』を寄進。供米三六〇石を付し、以来、定式となる。法然『選択本願念仏集』を撰す。	栄西『興禅護国論』を著わす。
建永　一	一二〇六	法然、証空に定義を口伝する。	十一月、高弁（明恵）、高山寺を創建。
建暦　二	一二一二	正月、法然遷化（八〇歳）。『選択本願念仏集』開版。	明恵、『摧邪輪』を著わす。鴨長明『方丈記』成る。
建保　五	一二一七	静遍、仁和寺経蔵より善導大師『般舟讃』発見。	

	六	一二一八	九月、静遍、『続選択文義要鈔』を編述。	この頃『宇治拾遺物語』成る。
承久	三	一二二一	十月、静遍、後高倉院の院宣により禅林寺に住す。	五月、後鳥羽上皇、京都守護伊賀光季を討ち北条義時追討の院宣を下す（承久の乱）。
貞応	三	一二二四	四月、静遍遷化（貞応二年とも。五九歳）。証空、禅林寺を相続すと伝えられる。	八月、専修念仏禁止される。この年、親鸞『教行信証』成る。
嘉禄	三	一二二七		六月、比叡山の衆徒により法然の大谷墓堂が破却されようとし、門弟たちは法然の遺骨を掘り出して嵯峨へ移す（嘉禄の法難）。
安貞	二	一二二八	法然の遺身、信空らによって西山の粟生にて荼毘に付される。	
寛喜	一	一二二九	三月、証空、当麻寺に参詣、田地を不断念仏料として寄進。	
嘉禎	一	一二三五	この頃、阿弥陀堂建立。	僧弁円、入宋。
	三	一二三七	九月、証空、当麻曼陀羅を善光寺に納める。	
宝治	一	一二四七	十一月、証空遷化（七一歳）。	八月、北条時頼、道元を招く。
建長	五	一二五三	正覚、二尊院に転住。禅林寺に浄音を迎える。	四月、日蓮、日蓮宗を立つ。
弘長	一	一二六一	浄音、仁和寺西谷の新光明寺に隠棲（西谷流祖）。	
文永	一	一二六四		後嵯峨院、禅林寺の南部に離宮禅林寺殿を新造、移り住む。

正応　四	一二九一		亀山法皇、離宮禅林寺殿を寺とし、南禅寺を開創。
嘉暦年間	一三二六〜二九	堂宇大いに荒廃す。永観の霊告を蒙り、覚願・覚生・観意の各世代、四方に勧募し復興を図る。	
暦応　二	一三三九	足利尊氏、出雲国淀新庄の地頭職を寄進。	秋、北畠親房『神皇正統記』を著わす。
明徳　三	一三九二		後亀山天皇、京都に還り、神器を後小松天皇に授け南北朝合一なる。
応永年間	一三九四〜四二八	後小松帝の母通陽門院厳子、資を投じて当山堂塔を修理。	
文安　四	一四四七	禅林寺本「融通念仏勧進帳」製作される。	
寛正　二	一四六一	後花園天皇、二重楼門を建立。	幕府、天龍寺に勘合符を与え、僧堂建造費を朝鮮に募る。
四	一四六三	この頃より同六年にかけて禅林寺本「融通念仏縁起」製作か。	
応仁年間	一四六七〜六九	応仁の乱起こり、全山被災、烏有に帰す。	
文明　四	一四七二	この頃より明応六年（一四九七）頃にかけて堂宇殿舎を復興。後土御門天皇、御影堂再建。後柏原天皇、方丈（釈迦堂）、書院、客殿を建立、筋塀を築く。	この頃、加賀一向一揆をはじめ土一揆頻発す。

明応　七	一四九八	勅願寺勅裁の記念法要を厳修。	
永正　一	一五〇四	臥龍廊建立。	十月、徳政条目を頒示。
一四	一五一七	宏善、曼陀羅を講ず。	
享禄　一	一五二八	南禅寺と寺領を争う。	
天文　五	一五三六		叡山の徒、法華一揆を破る（天文法華の乱）。
一一	一五四二	宏善の依頼により、三条西公條、禅林寺縁起（再建勧進帳）を記す。	朝廷より法華宗二一ヵ寺の帰洛・再興が許される。
弘治　三	一五五七	顕貞、琳賢を招き、曼陀羅を描かせる（顕貞曼陀羅）。	
永禄　三	一五六〇	勧学院設置の綸旨を賜う。	幕府、ガスパル・ビレラらに布教を許す。 五月、桶狭間の戦い。
一〇	一五六七	甫叔、退山しようとするも正親町天皇より御留めの綸旨を賜う。	八月、ポルトガル船、長崎に来航。
一二	一五六九	織田信長、南禅寺理道・禅林寺深海らに南蛮寺僧との法論を命ず。	信長、耶蘇会士ルイス・フロイスの京都在住を許可。
元亀　三	一五七二	甫叔、正親町天皇より当流学席の綸旨を賜う。	前年、信長、比叡山焼打ち。
天正　一	一五七三	豊臣秀吉、愛宕郡鹿ヶ谷村において四三石の寺領を給し、境内門前除地。	七月、足利義昭、槇島城で信長に降り、室町幕府滅亡。
七	一五七九		法華・浄土宗徒の対論（安土宗論）。

慶長　一	一五九六	鐘鋳成就。鐘楼堂建立。この頃、檀林設置。甫叔、七条袈裟を勅賜、後奈良天皇の朱印を賜う。	
二	一五九七	庫裏再建。	一月、秀吉、再度朝鮮に出兵。
五	一六〇〇	本堂（御影堂）建立。	九月、石田三成ら関ヶ原に徳川家康の軍と戦い、大敗を喫す。
八	一六〇三		二月、徳川家康、征夷大将軍に任ぜられ、江戸に幕府を開く。
一二	一六〇七	豊臣秀頼の命により、河村久目斎、建保曼陀羅を修復し当寺に寄進。阿弥陀堂を四天王寺より移建。	十二月、西笑承兌歿（六〇歳）。
元和　一	一六一五	七月、家康、「浄土宗西山派諸法度条目九条」一巻ならびに寺領の朱印を付与。	五月、大坂落城、秀頼、淀君ら自殺（大坂夏の陣）。
寛文　二	一六六二	泰瓚、紫衣の許可を江戸城に訴え、翌年再訴して着紫参内を得る。	伊藤仁斎、京都に古義堂を開塾。
五	一六六五	泰瓚、重ねて常紫衣を願い、滞留して夏に至り病を得、六月遷化（四九歳）。十月、霊徹、先代の志願を継ぎ、柳営拝勤の時、常紫衣の許可を得て還る。	七月、幕府、諸宗寺院法度を制定。十月、不受不施派弾圧。
延宝　五	一六七七	但州公、安堵状を添え五〇石を供し、永く寺産とする。	

貞享　二	一六八五	名弥陀（後の六阿弥陀信仰）・四十八願寺（禅林寺二十六願）参りの庶民信仰が盛んと、案内記『京羽二重』にある。	
宝永　八	一七一一	宗祖法然上人五〇〇回年大遠忌法要厳修。	
享保　一	一七一六		享保の改革始まる。
享保　七	一七二二	経蔵建立。	
寛保　二	一七四二		公事方御定書制定。
延享　一	一七四四	中門建立。	
延享　三	一七四六	派祖証空上人五〇〇年大遠忌法要厳修。	
宝暦　二	一七五二	『禅林寺正選歴代記』成る。	
三	一七五三	祖師堂建立。	
四	一七五四	鐘楼再建。	
一四	一七六四	八月、祖廟堂再建。	
寛政　七	一七九五	派祖証空上人の報恩のため加号執奏を三条西家へ内奏願い出る。	七月、円山応挙歿（六三歳）。
八	一七九六	派祖証空上人の五五〇年大遠忌に際し、光格天皇より鑑知国師の加号を賜う。	
文化　八	一八一一	唐門再建（文政十三年説）。法然上人六〇〇年大遠忌法要厳修。	

文政一一	一八二八	講堂再建。	十月、高橋景保、図書をシーボルトに与え捕えられる。
天保一一	一八四〇	この頃、総門建立。	五月、幕府、蘭字の使用、蘭書翻訳書の流布を取り締まる。
嘉永　一	一八四八	門前から白川筋まで道路できる。	
五	一八五二	使者の間再建。	六月、ロシア軍艦下田に来航、漂流民を降して去る。
万延　一	一八六〇	この頃、御居間建立。	一月、咸臨丸アメリカに出航。三月、桜田門外の変おこる。
慶応　二	一八六六	日ノ岡峠と十条の撲殺場の二ヵ所に名号石を建てる。療病院・癲狂院の設立。弁天堂再建。	農民一揆、打ち毀し激化。
明治　一	一八六八		明治維新。三月、神仏判然令発布。排仏棄釈の気運盛んとなる。
三	一八七〇	西山・鎮西両派合同。単一の大教院の管轄に属す（大教宣布）。	
九	一八七六	西山・鎮西両派へ再び分派。西山派は〈西谷義〉光明寺・禅林寺、〈深草義〉誓願寺・円福寺の四本山となる。	転宗・転派の自由が許され、諸派別立おこる。
一三	一八八〇	高祖善導大師一二〇〇年大遠忌法要厳修。	
一四	一八八一	講堂詰所設置。	

一八	一八八五	七月、浄土宗西山派宗制が認可。内務省より、古刹由緒顕著なるをもって五〇〇円を下賜。	
二八	一八九五	瑞紫殿再建。祖廟堂建増。	四月、日清講和条約調印。独・露・仏、三国干渉。
四一	一九〇八	禅林婦人会結成、全国二七支部、一万五,〇〇〇人の会員。超空亮厳、京都護国団長として社会教化。守家教学財団設立。	十一月、天理教の独立を認可。
大正　二	一九一三	御影堂竣工。四月、宗祖法然上人七〇〇年大遠忌法要厳修。	
三	一九一四	画仙堂竣工。	第一次世界大戦始まる。
八	一九一九	西山派から西山禅林寺派へ分派独立。西山派普通学寮を聖峯中学と改称。大正天皇即位御大典建造物の下賜、朝拝殿と記念名称。	
一〇	一九二一	西山教義研究会発足。	仏教連合会、宗教法制ならびに僧侶被選挙権問題の遂行を計るため、各府県に支部設立。
一三	一九二四	四月、浄土宗立教開宗七五〇年法要厳修。	
昭和　三	一九二八	禅林婦人会創立二〇周年記念大会。多宝塔、鎮守堂落成式。十一月、天皇即位大祀奉慶法要謹修。	十一月、天皇裕仁、京都御所の紫宸殿で即位の大礼。
五	一九三〇	善導大師一二五〇年大遠忌法要修行。永観堂幼稚園設立認可。	昭和恐慌激化。

七	一九三二	伝来の『大般若経』破損のため新調し、七月、六阿弥陀功徳日に初転読を行う。四月、宗祖法然上人降誕八〇〇年大法要厳修。	一月、上海事変おこる。五月、五・一五事件おこる。
九	一九三四	四月、大殿において釈尊降誕二五〇〇年記念大授戒会を奉修。	三月、満州国帝政実施、溥儀の皇帝即位式挙行。
一〇	一九三五	金生亨太郎氏、禅林耆山文庫へ漢籍一七〇部約一,七〇〇冊寄進。万霊講発足。納骨堂建立。	十二月、大本教事件、不敬罪容疑で三〇名検挙。
一二	一九三七		七月、日中戦争始まる。
一三	一九三八	四月、開山真紹僧都・第二世宗叡僧正・第三世真如法親王の一〇五〇年、第五世深覚僧正の九〇〇年遠忌法要を厳修。	四月、国家総動員法公布。
一四	一九三九	四月、浄土宗立教開宗七五〇年記念護持財団を設立。	五月、ノモンハン事件おこる。十二月、朝鮮人名を日本式にする「創氏改名」を公布。
一六	一九四一	一月、台湾に西山派台湾南支開教事務所、六月、上海別院を設立。文部省寺院規則により三派協議会で合同を決議。十一月、浄土宗西山派報国会発足。	仏教各宗派で合同、一三宗二八派となる。十二月、太平洋戦争始まる。
二〇	一九四五	派祖証空上人七〇〇年大遠忌法要を厳修。	八月、太平洋戦争終わる。
二一	一九四六		五月、日本国憲法公布。
三六	一九六一	宗祖法然上人七五〇年大遠忌法要を厳修。	

四〇	一九六五	八月、当麻曼陀羅相承、伝灯大導師は然空準良。	
四五	一九七〇	三月、永観堂会館竣工。五月、流祖西谷浄音上人七五〇年大遠忌法要を厳修。	三月、日本万国博覧会（大阪万博）開催。
四八	一九七三		三月、方広寺大仏殿焼失。
四九	一九七四	五月、浄土宗立教開宗八〇〇年法要厳修。	
五一	一九七六	十一月、派祖証空上人生誕八〇〇年法要厳修。全国青年僧総結集。	一月、放火により平安神宮全焼。六月、民法改正公布。
五四	一九七九	十一月、高祖善導大師一三〇〇年記念「友好訪中代表団」派遣。	六月、元号法公布、施行。
五五	一九八〇	高祖善導大師一三〇〇年大遠忌法要厳修。	十月、一三回国勢調査。
五七	一九八二	四月、宗祖法然上人生誕八五〇年慶讃法要厳修。	
六一	一九八六	九月、彼岸法要会、ＮＨＫ総合ＴＶで放映。ゲスト女優新珠三千代。	四月、男女雇用機会均等法施行。天皇在位六〇年記念式典開催。
六三	一九八八	開山真紹僧都一一〇〇年遠忌法要厳修。	
六四 平成 一	一九八九		一月、昭和天皇逝去、新元号は平成。
六	一九九四	九月、広島平和記念公園で「今次大戦全物故者追悼法要」及び「世界平和祈念の念仏者のつどい」を厳修。	

七	一九九五		一月、阪神・淡路大震災がおこる。六月、松本サリン事件発生。
八	一九九六	派祖証空上人七五〇年大遠忌法要厳修。「京都・永観堂禅林寺の名宝」展開催。十月、佐久間顕一筆「千仏合掌童子」千仏洞に奉納。	
十	一九九八	『選択集』撰述八〇〇年法要厳修。十月、関口雄揮筆「立体障壁画」画仙堂に奉納。	二月、長野五輪開催。
一一	一九九九	全国寺庭婦人会二〇周年。十二月末、古舘伊知郎「お経」テーマにミレニアムカウントダウン公演。	六月、男女共同参画社会基本法公布。八月、国旗・国歌法が成立。
一三	二〇〇一	四月、総門完成。	
一五	二〇〇三	十月、関口雄揮筆襖絵「二河白道」を釈迦堂に奉納。	三月、イラク戦争おこる。
一六	二〇〇四	十月、関口雄揮筆襖絵「菩提樹」「沙羅双樹」を釈迦堂に奉納。	五月、裁判員法が成立。
一八	二〇〇六	九月、阿弥陀堂修復。	
二〇	二〇〇八		九月、リーマン・ショック発生。
二三	二〇一一	四月、宗祖法然上人八〇〇年大遠忌法要厳修。	三月、東日本大震災おこる。

※出典は『京都・永観堂禅林寺の名宝』（淡交社刊・平成八年四月）を底本とし、記述を追加後補した。

四　法然上人・証空上人関係年表（和暦を省略）

時代	法然	証空
平安	一一三三年四月七日、法然、誕生。父は漆間時国。	
	一一四一年、法然（九歳）、父漆間時国、夜討ちに遭い死去。菩提寺の観覚の弟子となる。	
	一一四五年（一説に一一四七年）、法然（一三歳）、比叡山に登り源光に師事する。	
	一一四七年十一月、法然（一五歳）、出家、受戒する。	
	一一五〇年九月、法然（一八歳）、西塔黒谷の叡空の室に入る。	
	一一五六年、法然（二四歳）、求法のために嵯峨の清凉寺に参籠し、その後南都に学匠を訪ねる。	
	一一七五年、法然（四三歳）、比叡山を去り東山吉水に移る。	
		一一七七年十一月九日、証空、誕生。父は源親季。
		一一八五年三月、証空（九歳）、源通親の猶子となる。

鎌倉	
一一八六年、法然（五四歳）、天台僧顕真らと浄土宗義上の問答をする。（大原問答）	
	一一九〇年四月、証空（一四歳）、法然（五八歳）の室に入る。
一一九八年一月、法然（六六歳）、『選択本願念仏集』を撰す。証空（二二歳）、勘文の役を務める。	
	一一九九年、証空（二三歳）、法然に代わり九条兼実邸で『選択本願念仏集』を講じる。
一二〇四年十一月七日、法然（七二歳）、『七箇条制誡』を制し証空（二八歳）、その第四位に署名する。	
一二〇七年三月、法然（七五歳）、住蓮、安楽のことで連座して、念仏停止され讃岐に流される。四月、兼実、没す。十二月、法然、勅免を受けて、摂津の勝尾寺に入る。	
	一二〇九年、証空（三三歳）、河内磯長の太子御陵において願蓮に天台止観を学ぶ。
	一二一一年一月十四日、証空（三五歳）、西山往生院の水田一所を買う。四月二十三日、太子御陵に二重塔を建て仏舎利を納める。

一二一二年一月二十五日、法然（八〇歳）入寂。

法然上人像
南北朝時代　広島　光明寺

一二一二年一月十四日、証空（三六歳）、西山水谷の田を売得する。

一二一三年、証空（三七歳）、慈円の譲りを受けて、西山善峰寺北尾往生院に住す。

一二一五年五月二十九日、証空（三九歳）、『観経玄義分自筆御鈔』を開講、講所は各地にわたる。十一月、松尾房を譲り受ける。

一二一六年五月二十八日、証空（四〇歳）、『序分義自筆御鈔』を開講。

一二一七年、証空（四一歳）、夏、仁和寺経蔵より善導の『般舟讃』を発見。（発見者は一説に静遍）

一二一九年九月、証空（四三歳）、『定善義自筆御鈔』を開講。

一二二〇年五月、証空（四四歳）、『散善義自筆御鈔』を開講。

一二二一年八月、証空（四五歳）、『観念法門自筆御鈔』を開講。十二月、西山善峰寺北尾往生院に不断念仏を始行する。道覚法親王西山に入る。

一二二二年、証空（四六歳）、貞応年間に美濃善恵寺及び美濃関浄性寺を開基する。

証空上人思惟像
室町時代　永観堂禅林寺

一二二三年、証空（四七歳）、『当麻曼荼羅註記』を述作。

一二二四年六月二十一日、証空（四八歳）、西山で『往生礼讃自筆御鈔』を開講。

一二二五年九月、証空（四九歳）、慈円の臨終善知識となる。

一二二七年七月、山僧の遠流訴に対し、藤原定家、証空（五一歳）のために訴状を公家に出す。同年八月、証空、西園寺公経の北山邸において念仏を勧進する。

一二二九年三月二十六日、証空（五三歳）、当麻寺に参詣して田地を不断念仏供料として寄進。関東奥州に遊化する。

一二三〇年、証空（五四歳）、西山三鈷寺に塔を建て供養する。

一二三一年十二月、証空（五五歳）、山城国乙訓郡石原の地一所を買得する。

一二三二年、証空（五六歳）、貞永年間に信州善光寺に参詣途中、浄蓮寺・武州鶏木光明寺を開基、または中興する。

一二三五年十二月二十日、証空（五九歳）、九条道家の請に赴く。

一二四一年、証空（六五歳）、武庫川に浄橋寺を開基する。

	一二四二年九月十八日、証空（六六歳）、九条道家に授戒する。
	一二四三年二月一日、証空（六七歳）、西山において門弟等が三部経等を頓写・供養し、来迎仏の胎内に納める。
	一二四四年九月、浄橋寺の梵鐘鋳造なる。
	一二四七年、証空（七一歳）、道覚法親王のために『鎮勧用心』を述べる。十一月二十二日、菩薩戒の四戒三勧、『観経』の観仏念仏両宗を説く。同月二十三日夜、『定散料簡義』を述べる。同月二十六日、辰の刻、『阿弥陀経』を読誦する。修行六念の法門を述べ午の刻、洛南白川遣迎院で入寂。

※出典は『布教概論』（浄土宗西山禅林寺派教学部刊・平成七年十二月）

五　『洛東禅林寺略記』概要・抜粋

この略記は奥付に「当山五十七世貫空上人代集録」「明和三丙戌春二月」と記され、明和三年（一七六六）成立とある。写本は、京都市下京区の末慶寺所蔵の本を、小松隆真（当時の執事長。私は曾孫にあたる）が書写したもので、B5版三十六ページからなる。

編者名などの記録はないが、文面から第五十七世貫空巨道代、明和元年（一七六四）以降の人師と考えられる。文中に出てくる衆頭や当役の名称から、寺の執事の筆であろう。ただし一部異筆の後補がある。

今日の史観からいえば、造作者名は真偽が疑われる点も多々ある。例えば仏画において、恵心僧都筆、円光大師、弘法大師自作など。襖絵においても散見される。

当時は、伝承されてきた事柄や、著名な人師を掲示することで、権威や評価を高めたのだろう。

また、品減りも忠実に記載されており、応仁の乱後の当山の「資財帳」と目されるもので、後世の研究者のために、一部の影印を掲載することとした。

なお不掲載部分の項目は以下のとおり（括弧内は著者による注記）。第二で挙げられる「山内十二境」は、禅林十二境の名で知られる。

第一　寺格権与（ケンヨ）志（はじめに）

一、開基　一、勅願所　一、御朱印地　一、中興永観律師　一、顧本尊　一、浄土宗西山惣本山　一、学席檀林之綸旨　一、東照神君賜㆓浄土西山一流之御条目於当山㆒　一、参内地（御所）　一、参府独札（江戸城）

第二　山内古跡志

一、律師種植菩提樹　一、聖衆来迎松　一悲田梅　一、巌垣楓（イハカキモミヂ）　一、山内十二境（聖衆松、悲田梅、黄鶯瀑、通天桜、臥龍廊、礙雲閣、烟漏巒、凝睇楼、白蓮池、幽樵蹊、濯錦泉、紫雲扉〈※今日、往時の面影を留めぬ〉）

第三　諸堂仏像等志

◎本堂　一、回顧本尊　○南壇　一、十一面観世音　一、永観律師　一、倍舎利塔　一、立像地蔵尊　一、位牌壇地蔵尊　○北壇　一、大曼陀羅　一、清和天皇尊像　一、法如比丘尼影　一、後門釈尊　一、外陣賓頭盧

◎祖師堂　一、円光大師　一、善導大師　一、西山国師　○東壇　一、行観、西谷、甫叔、顕貞、各上人像

一、西三条家位牌　○西壇　一、開山真紹僧都千体弥陀仏、杲空、龍道、養空、泰瓚各上人像

一、四天王像　一、聯二枚　一、後門釈尊

◎客殿　一、本尊釈迦立像、脇士、文殊、普賢、天子御代々尊牌、将軍御代々尊牌、明石侯代々霊牌、略記掛板

◎鎮守九社　◎伝授堂（省略）　◎文庫（省略）　◎祖廟　◎講堂（省略）

洛東禅林寺畧記

明和三丙戌春三月集録
明治四十三年五月　写之

四　古畫志

客殿

一南上壇間仙人　一床廬山瀑布　一次間巖松
　右古法眼元信舎弟狩野雅楽助正信筆
一中之間佛壇菊　一南二枚柳　一北二枚丹楓
一次間鳴戸
　右狩野宗匠古法眼大炊助元信筆剃髪號永仙住法眼信
一北之間梅花戴安道乗舟　一次間竹虎
　右ハ源四良永徳筆永徳者古法眼次男民部少輔正永嫡
　子ニ古法眼孫也
一杉戸九枚　皆是永徳筆也

小方丈

一違棚上墨繡蒲桃　古法眼筆
一大腰障子拾芦鯉一年魚　土佐光信筆
一床小障子四枚同下ノ二枚　土佐光信筆
一ラン間ツバメ子ズミスゞミ　探幽筆
一西湖並松鵲等　演空上人代　雪舟等月筆
一杉戸三枚　永徳筆
一山杉繪金屛風　一双　土佐光信筆
一柳鵲散箔屛風　一双　永徳筆
　明石侯松巖院殿寄附
一唐人鹿狩中屛風　一双　雲谷等顔筆
一柳雛金二枚屛風　隻　永徳筆
一押繪六枚屛風　一双　海北友松筆
一伊呂波屛風　一双　近衛三藐院殿御筆　墨繪檜原
一色紙屛風　一双　青蓮院尊朝法親王御筆　繪土佐光信筆
　右二種文庫ニアリ
　此外雪舟及古法眼等画入蔵中者甚多矣別記アリ

五　山内支院現存七宇

智福院　歸命院　松岳庵　真善院　某師並是也
花月庵　井正庵　信行律院　北之坊是也
外ニ東南院　某王院　永観律師ノ時猶在長明発心集ニモ
出タリ

六　當山堂舍興廢志

一自萬衞創建至後二条院乾元吾山陵夷不可具記也

一九十五代後醍醐帝嘉暦年中堂舍大就荒蕪　第二十世覺額上人夢裡蒙永觀律師靈告而大募緣事興復

一百一代後小松帝應永之初諸堂並傾側大内義弘有感于本尊威神因欲大修造焉無幾戰死于泉南堺以故不果歷數年天下大治　後小松院御母儀通陽門院悉加修補復古　第廿六世四光上人代也　西三条道遙院殿ノ記ニ見ヘタリ

一百四代後土御門院應仁之乱有戰于東岩倉山阜勢從南禪及當山之麓進從山上類飛火于岩巖石旅火南禪燧矣當山梵堂宇為之敗壞焉從茲亦九世在空上人至第三十一世撮堂上人堂舍断復旧時於中興焉有司奉敕致勧進之疏遂募緣四方也

一宣秀卿御教書云故在空上人興禪林之業築開淨土謂肆其人雖去其跡不絶令專道俗之勧化　明應七年六月三日右中辨　禪林寺無量院衆僧中

七　古今大檀越志

一應永之初當山管領大内京兆禪門義弘　領九州及…

一應永之主　後小松院御母儀　通陽門院

公忠（撮小路内大臣）─ 実冬（後三条太政大臣）─ 公冬（後柳河右大臣）─ 実量（後三条左大臣）─ 公敦（龍翔院右大臣）

通陽門院（後小松院御母儀）

宝泉院（後小松院上﨟）

実右

楊巖院（後柏原院上﨟）

倚念寺（後花園院女御代）

従二位

一請和天皇賜定額寄公田等之事具如上記了

一當山地主藤原関雄　号造道玄棄居士　仁壽三年癸酉二月五日逝※（十四日）読史備要

永觀律師代○林泉暑記云延久五年五月七日崩

一人王七十一代　後三条院御收骨

御壽四十　同十七日庚申火葬禅林寺開南東安御骨於禅林寺○歴代編年集全同之○名勝志亦載之○于今有五輪石塔中興永観律師代也

一源大将軍頼朝公　大般若経寄附建久之年頼朝御墨頼家證判被寄讀誦料一　来鑑出

一本堂並古曼荼羅施主　豊臣幕下　河村久目衛

尾之津島人慶長十之年十月十七日卒号聚集院歓悦宗悦居士　妻号岳松院華月妙春禅定尼名牌在本堂

一祖堂再建施主　沙弥宗喜　姓名不知　市土蔵中有画像　恐是豊臣幕下大名之入道ナラン

一足利将軍家寄附功等アリ

一豊臣太閤寄附沈金膳　果空上人拝領

一東照権現元和年中賜御黒印従台徳院殿御朱印以下九

一傳授堂建立並悪心曼陀羅施主　並河志摩守　喜庵

寛永元甲子六月六日逝法諱居光院殿華岳宗栄大禅定門　彼家代々名牌石塔妙心寺塔頭金牛院ニアリ即先祖建立之寺也　○傳授堂嘉慶像アリ

明石候代々　江戸屋敷総明

一松巖院殿光山徹源大居士　元祖　但馬守従四位下兼遠江神図直良公　寛卑上人代　延宝六年戊午六月廿六日逝　葬當山　寒林

具足屏風提重等具並飲水引幕水引打敷等料并箱類寄附　○大居士者東照神君之孫曽城主于越前之大野為母儀長寿院殿建寺乃名之請養空叟敏上人為住持既信其道至養空應之號當山院崇五十石寺領養空寂乃大守播州明石城奉遷命而葬當山

一大慈院殿萬岳光厳大居士　第二代　若狭守直明公　享保六年辛丑四月廿一日逝　葬明石長寿院庭林

一寂體院殿真光浄影大居士　第三代　但馬守直常公　延享元年甲子正月　日逝　葬長寿院

一徳本院殿観誉惠満默雄大居士　第四代　左兵衛督　宝暦十四年甲申三月廿三日逝　葬于江府幡随院

一本尊前大卓施主　勢州桑名城主松平越中守殿慶安四年極月逝号ニ大鏡院殿前四品玄蓮社定誉一法大居士
貞準上人代

高家
一大友近江守殿　屋敷筋違

一同
畠山紀伊守殿　麻布市部町

御旗本
一舩越式部殿　毎年胡麻油佛供料寄附　築地御堂後

一同
春日左太郎殿　四ッ谷新屋敷

一同
永井助十郎殿　本庄鐘撞堂向

一同
永井半左エ門殿　市谷念佛坂

一同
松野六郎兵衛殿　本誓願寺前

右七軒合有墓所毎忌届有之　○入院登府各五本入持参同訊之　○毎年年頭書遣　○御用上京之砌登諸有之

八　中古制札志

九　詩歌及古筆志

（省略）

十　堂舎現存志

一凝眺楼　中古御加行楼　○後花園院寛正三年壬午造　○奉勅御追　○本二階楼門也　二十九世在空上人代

一客殿　後土御門院明応之年造　但将軍三家備　三十四世宏善上人代成　三十二世祐音上人代

一祖師堂　正親町院慶長五年造　○御孫宗喜一建之也　宗喜ノ影像ハ在方丈慶長七壬子十二月十六日卒寿七十一才　重空上人代

一弥陀堂　慶長十二年従洛和移当山　○施主川村日久齋　古堂ハ寄ス万年寺　同　代

一傳法堂　寛永年中造　施主並河青庵志摩守　龍道上人代

一浄厨　寛永年中造　同　代

一浴室　寛永年中造　同　代

一文庫　泰賢上人代請入修造　一切経貞準上人代　同　代

一小方丈　寛文年中造　伏見城中御殿ヲ頂戴下中傳　養空上人代

一講堂　慶安年中造　○至宝暦年中移今之地　瑞空上人代　○額同筆　○聯是堪上人筆　清盛上人代

一唐門　萬應年中造　積誉上人代

一衆寮　五字　古代門前西側又至同西南ヲ至南辺従又廊下ヲ歴今祖廟ノ辺西ノ一側北ハ表裏二側都合拾四軒　寮ハ撮蓮上人以来漸々造之寓今ハ賤ニ寮数亦易地於北陸瑞空上人代也　○梅寮　○櫻寮　○松寮　○杉寮　○竹寮

一衆頭寮　再建宝暦年中　瑞空上人代

一講堂側茶食所　慶安年中造　清盛上人代

一祖廟　山上ニアリ　天皇後三条院御廟所　貫空上人代改為講組　泰賢上人代

一凌雲廊橋　傳法堂ノ橋　○寛永年中　龍道上人代

一鐘楼　寛永年中再建　○古楼果空上人代造　其鐘三空上人代以銅少故新造古楼並鐘河内若王寺遺之今時鐘是

一鎮守拝殿　堪上人代所鋳造　栗空上人代成　三空上人代改如今時　三空上人代
一鎮守社并鳥居　寛文年中造　泰登上人代
一臥龍廊　寛文年中修造　演空上人代修復成　同代
一玄関　隆龍上人代再成　三空上人代
一中門　聯瑞空上人筆　三空上人代
一門同屋　同代
一総門　明徳年中造　完善上人代
一裏門　永禄年中造　右之物門也木下手七先祖ノ寄附即今南叔上人之従姓ニ　南叔上人代

一本堂納所寮　三空上人代
一水屋　石柱　古代
一祖師堂後門堂司寮　古代
一茶之間帳場　一宇　古代
一玄関次膳棚并紫台　古代
一紫寮門　宝暦年中　聯瑞空上人筆　瑞空上人代
一台所北長屋　宝暦年中新造　同代
一撰待場　古代
一土蔵　一ケ所宝物入隆竜上人代修造　竜道上人代
一土蔵　穀物入隆竜上人代修造　同代

一居間六帖敷　一宇明和元年申五月新造　貫空上人代
一元祖廟并石垣ハ山上ヨリ下ろし地開再院　公儀ハ新造也　同代
一行灯部屋　茶之間北
一薪小屋
一陽殿
一石搭下水屋　沈浅上人代
一所化寮水屋　瑞空上人代
一用達所　十二ケ所　霊空上人代

明和三丙戌春二月
当山五十七世貫空上人代集録
右ノ古本此度寺ニ蔵ス　明治四十二年五月
小松隆良人
之ヲ写ス

六　幻の楼門、実在した！

『洛東禅林寺略記』第二に山内十二境が紹介されている。一般には禅林十二境と呼ばれるもので、山内の勝景十二を数えて、『本朝文粋』『雍州府志』『山州名勝志』などの十二詩が賛として記されている。

このうち凝睇楼は、「凝睇楼、中古称加行楼、後花園院寛正三年壬午造、奉勅勧進、本二階楼門也」と書かれ、第二十九世在空上人（文明四年〈一四七二〉五月示寂）代の寛正三年（一四六二）建立の楼門である。『略記』に詩文は入っていないが、『扶桑名勝詩集』には「日晴天静上高楼　古画山川対雨眸　頃刻奇観千変象　成春成夏又成秋」とある。

この楼門は、各種の絵図には見当たらず、その礎石も分からなかった。

禅林寺の堂塔伽藍は応仁の乱（一四六七〜七七）で烏有に帰したと記録がある。寛正三年建立のこの楼門も、応仁の乱で焼滅したと考えられる。

再建の記録としては、天文十一年（一五四二）三条西公条筆『禅林寺縁起』がある。本堂などの修造の勧進帳に「本堂上葺幷に二階楼門を修理し精舎を建立して二世安楽の願をいのらん」とある。ただしこの部分は後年作成と考えられる。

楼門の存立を明確にできる伽藍絵図がある。『禅林寺境内図』一幅で、総門、中門を入り、庫裡に至る右側南北に建っている。安永九年（一七八〇）成立の『都名所図会』に楼門は見当たらず、応仁の乱以降再建され、十八世紀前半まで存立したのだろう。

最近、古書の一片を発見した。文化壬申（文化九年〈一八一二〉）仲秋、禅林寺院監（現在の執事長）玉潾（第六十二代澹空旭応の弟子）による、楼門再建の勧進状である。

文化八年（一八一一）は法然上人六〇〇年忌の年で、遠忌記念に三度再建を計画した。勧進の結果は、文献には不詳であり、明治四年（一八七一）京都府に提出された境内図には無く、現在に至る。

まさに、一時期の幻の楼門であった。

『禅林寺境内図』。描かれる景観は『都名所図会』に近いが、中央に楼門が見える。

楼門再建勧進状

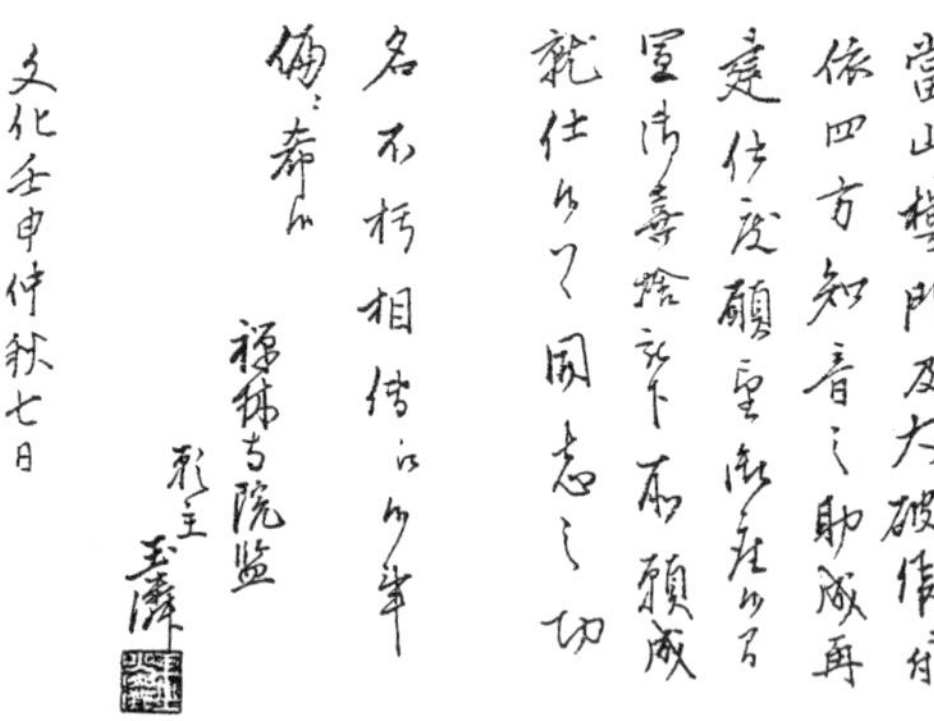

当山楼門及大破損ニ付、
依四方知音之助成、再
建仕度願望御座候間、
宜御喜捨被下候、所願成
就仕候ハヽ、同志之功
名不朽、相伝江候事
偏ニ希候
禅林寺院監
願主
玉潾
文化壬申仲秋七日

七　聖衆来迎山永観 堂顧 本尊略 縁起

当山顧　本尊ハ人皇四十五代聖武天皇南都東大寺大仏建立供養の
折から一人の老翁化現し大仏の尊容を拝見して梵唄歌讃す其声へ微
妙にして諸人感心せずといふことなし法事既に終れハ後戸より出ると見へしがこの
本尊を残し置て西空に化し去ぬ　帝叡感ありて宣けるハ彼老翁こそ
阿弥陀如来の化現にしてミづから本地の仏身を留め置我国の衆生を
西方浄　土に導きたまふ大悲方便うたがふへからずと禁裏に仏殿をかまへ
尊重供養したまひけるか玉躰限りある理を叡慮有て末代結縁の
ために東大寺の重宝に備へ給ふ其後　白川　院の御宇に永観　律師
東大寺勧　進職に補せられ三年住職の折から此本尊を信仰有て御
預の　勅許を蒙り敬礼供養し念誦怠り給ハず三年の期ミちて本尊
に別れを惜みミづから負たてまつりて当山へ帰り給ふ処に南都の
大衆大に憤てかゝる霊像を他所にうつし奉らんや急ぎとり
かへさんと木幡山まで追来り既に引奪はんとせしこと度々なるに
不思議や本尊ハ小児の母の背に負れたることくに律師の背をはなれ給ハず
大衆ハせんかたなく立帰り此由奏聞に及けれバ永観有縁の本尊にや
ありけん感応の冥慮はかりかたしとて永代律師に給ハりける其後当山に

安置し奉て霊験ます〳〵あらたなり去程に永保二年二月十五日の晨朝に律師道場に入て念仏行道し給へハ本尊ハいつとなく壇上よりをり律師に先だちてめぐらせ給ふ律師感涙にたへず乾角にてしバし躊躇し給へバ本尊ハ左に顧て永観遅しと告させ給ふ律師掌を合せ宣けるハ願くハ其姿を永代に留めさせ給ひ末世の衆生を済度たまへとの心中の祈願に応じ給ふより顧本尊と号し奉るものなり永観律師ハ光孝天皇の王胤中納言国経の息にして当山深観僧都の弟子たり其行状幷に奇瑞のくハしき事ハ諸伝に明かなり爰に聖衆来迎の松と申ハ律師念仏三昧に入せたまへバ聖衆来迎して松の梢に列り給ふ名木なり又悲田梅と申ハ律師慈悲の余り庭木の梅実をとり病人にあたへたまへハ病苦をのかれけるより諸人其志を感じて悲田梅と名付しとかや松梅両木とも其念残今に朽せず律師ハ天永二年十一月二日を以て来迎の紫雲に乗して〈其紫雲の気扉にうつり消さらす紫雲の妻戸と称して久しく伝へしを応仁の乱山上岩倉の軍に磐石の為に打やふられぬ〉阿弥陀仏の現れ西空に帰り給ふより当山ハ聖衆来迎の霊地現身往生の妙場なりとて諸人結縁の為に参詣今にいたりて絶す

洛東本山禅林寺

堂司

八　『禅林寺蔵中画鋪並ニ具度目録』『禅林寺歴代造営並ニ寄附ノ物略記』

二つの内題をもつ史料が一冊にまとめられた冊子本である。

両書は同筆で、後補の書き込み以外はすべて一人の手になる。奥付はないが、第五十四世霊空是堪上人を「延享二ノ春六十八歳退二隠ス信行菴一」と記し、その寂年に触れていないことから、『禅林寺正選歴代記』の著者でもある霊空是堪上人（一六七八～一七六二）の時期、延享二年（一七四五）以降の作であろう。

『禅林寺蔵中画鋪並ニ具度目録』は、その名が示すように禅林寺が所蔵する画像及び法器の目録となっている。なお画像目録の末尾には、行観上人像について別筆の書き込みがあり、「文政七年甲申夏六月朔日　衆頭恬澄当役秀禅」と署名が見える。当山の重要な史料であり、後世の研究者のために、写真版で示すこととする。

『禅林寺歴代造営並ニ寄附ノ物略記』は、開山真紹僧都より第五十四世霊空是堪上人に至る歴代記で、仏堂や寺宝の造営寄進、不動産売買などが記録されている。第三十九世行空龍道上人の記事は特に多く、「衆頭（寮）古帳」の内容が見える。（通史編第六章参照）

△禪林寺藏中畫鋪並具度目錄

一大曼陀羅一軸　大坂河村久目齋宗悦居士寄附
　保元年中南圓堂化尼所織委如縁起
一中曼陀羅一軸　當山顯貞上人寄附
　南都名畫琳賢筆西三條稱名院　銘文
一小曼陀羅一軸　丹州並河志摩守竒菴寄附
　惠心僧都筆
一三尊彌陀一軸　思恭筆　表具修補天空上人
　表具中縁古渡沙巾風袋同斷
一來迎三尊彌陀一幅　表具修補天空上人
　惠心僧都筆
一來迎一尊彌陀一幅　惠心僧都筆
一来迎一尊彌陀一幅　同惠心筆
一西大寺曼陀羅中尊一幅　南都金屋孫九良寄附
一山越三尊彌陀一幅　惠心僧都筆
一三尊釋迦一幅　栁子厚筆
一後門釋迦三尊一幅　狩野越前守元信筆
一朱衣釋迦一幅　思恭筆
一後門釋迦一幅　唐筆
一發遣釋迦一幅　恭贇上人寄附
一藥師佛像一幅　惠心僧都筆
一延命地藏尊一幅　弘法大師筆
一地藏尊像一幅　惠心僧都筆
一普賢菩薩像一幅　表具修補天空上人
一不動三尊一幅　智證大師筆
一十三佛像一幅　元來二幅之處龍道和尚代紛失
一二十五菩薩一幅　惠心僧都筆　表具修補天空
一十大弟子像一幅　惠心僧都筆養空和尚寄附
一十六羅漢像一幅　養空和尚寄附

一千手觀音三幅對　唐筆　養空和尚寄附
一十六善神仁幅　巨勢金岡筆
　靜遍僧都代將軍頼朝公寄附　此表具施主應永
　十五年戊正月改繕具後近代三空和尚代正德
　五年三月伊丹常榮表具修補
一十六善神一幅　表具養空和尚延寶元年修補
一圖戒本尊　天正八年秀英寄附
一善導大師像一幅　唐筆
一十界圖　表具養空和尚
一善導大師鏡御影一幅　筑前福岡常念寺桂空寄附
　眞空和尚代表具惣地金襴中縁赤地金襴一文字竹屋町切
一圓光大師鏡御影一幅　恭贇和尚寄附
　惣地福壽銀襴中縁赤地雲龍金襴
一圓光大師眞筆名號一幅　表具惣地赤古金襴中縁
　白地金襴養空和尚表具
一西山上人名號　是空上人寄附
　表具惣縁紫地綾中縁銀襴
一中將法如剃髪三尊梵字一幅
　惣地悉縫運琴唐草　表具修補天空上人
一運繪十二幅　古法眼元信筆　添翰在方丈
　表具養空和尚
一決定往生集一帙　圓光大師眞筆
　眞空和尚代勢州山田盛廣院住持恭空政山寄附
一妙玄釋籤三巻　圓光大師所持本
　此本與書久安四年戊辰六月校行模施主良鑒　今秀
　久安七十七代後白河院曆号圓光大師十六歳之時校行
一一乗要決三巻　西山上人所持本
　表紙安樂菴切　傳聞誓願寺一世策傳上人号安樂菴
　彼寺塔頭竹林院上人中興之寺也是古織地多出於茲故名之
一無量壽經宗要一巻　西谷上人所持本西山上人眞筆

一 六字名號　後陽成院宸翰　一幅
表具、惣地紫紗、金中縁淺黄金襴、桐模様
一 一枚起請　南都興福寺法務一乗院門跡尊勢上人筆
表具ニ記云、正應三年三月十一日當山堂司念空善哲寄附
此寄附載積峰和尚代、然則正應年号ハ九十一代伏見院ノ年号
年代遥遠ニ書誤、永應ヲ為正應
一 鎮勸用心　一軸　大覺寺二品法親王性眞筆
天空代、四條法雲寺寛空寄附
一 紺紙金泥大般若經半本十巻　皇桐筥ニ入
將軍頼朝公寄附、六百巻亂世紛失之餘
一 永觀律師眞筆名號　石摺一幅　三空普及和尚寄附
光明后宮筆
一 紺紙金泥六字名号　一幅　南楚和尚筆
歸命院准清寄附

一 永觀律師像　一幅　律師自筆、或云土佐將監光元筆
一 慈恵僧正像　一幅　土佐將監光元筆
色紙形ニ有賛、記云、橘在烈法名尊敬奉賛
一 子昂縫字　一幅
一 俊成卿和歌　一幅
一 西山上人遺戒像　一幅　眞空和尚代　天空上人寄附
一 大涅槃像　一幅　唐筆
一 小涅槃像　一幅　兆殿司筆
一 近衛龍山公和歌　一軸　甫叔上人代
近衛家十七世晴嗣公、法名東求院龍山公、賦叔母吳壽院
積峰上人寄附　憂告詠歌甫叔上人
一 周三詩　一軸
一 墨繪觀音　一幅　黙菴筆　外題狩野永眞
普及和尚代　合田厚元寄附
一 曼陀羅縁起　一軸　淨金剛院開山道觀證恵上人筆
原亮上人作、役者是潜口入道主、河内交野郡甲斐

一 春日明神本地像　一幅　田村性人竹内道英寄附
一 北野天満宮神影　一幅
一 西山上人像　一幅　表鋳天空上人寄附
一 西谷上人像　一幅　表具天空上人
一 行觀上人像　一幅
一 豊臣大閤像　一幅　従衆中表具修補
一 撮堂上人像　一幅
一 融舜上人像　一幅
一 頂空上人像　一幅
一 宏善上人像　一幅
一 奥準上人像　一幅
一 湖南上人像　一幅

八段　行觀上人影像一幀、香氣醜裝、拙盡難備、珍藏且失、住文軸茲丁　上人五百回
之遠諱辰、當山末院西谷事念手自宏賢、慨上人之尊像闕如、余聞之衆議
許可、舊佐手化旨、許諾改擬、報恩授與事念手
文政七年甲申夏六月朔日　衆頭恬澄當役秀禅

○法器類
一 信舎利寶塔　並須彌壇　湖南和尚代、井筒屋宗恩寄附
一 龍形舎利塔　火炎形舎利塔二基一筐ニ入
紫色舎利一粒、白色三粒、青色一粒、古来有之處、三空和尚
代開帳之時、青色一粒、紫色一粒、白色一粒紛失ス、又一塔、闍光大
師火葬骨並蓮生骨有之、同時開帳之時紛失ス
右恒範上人代、享保七壬寅三月開帳之時式部改之
一 融通大念佛縁起　一筥
縁起二巻、畫師土佐光信、縁起ノ詞書ハ當時之公家衆將軍
家御寄合書、表紙蜀江錦　此本大二巻之外ニ勧進帳一
巻手跡何人ナリヤ、文字清艶、奥書、文安四年三月日、今度文安
百三代後花園院年号及三百年餘ニ、又此外念佛所作帳一巻
當山甫叔上人代勧化ヲ授大念佛所作之帳ニ　右合四巻一筥ニ
土佐守光信ハ土佐守廣周ノ子、土佐守光茂ノ父ニテ、後花園院ノ人

一持蓮華　一箇　永観律師所持
朱塗笥ニ入、右笥内袋白地金襴明暦四年三月十
五日安宅清兵衛道金寄附ス、外袋普及和尚代伏見御
奉行建部内匠頭殿与方寄附　古織雲龍切
一磬　一箇
一鸚鵡硯　大硯箱ニ入
後白河法皇御物　伝言法皇法華経書写之時毎度
唱南無妙法蓮華経之時応声同唱故名鸚鵡硯ト
一伊呂波屏風一双　近衛左大臣信尋公法名三藐院
殿筆　表具破損箱亦朽損ス、霊空和尚代新改ス
一歌仙　六枚　同三藐院殿筆　六枚寄附其前桂ニ
于鎮守拝殿ニ、拝殿廃壊之後入蔵中ニ、或言龍山公筆ト誤リ
一色紙屏風一双　青蓮院尊朝法親王筆
尊朝親王ハ正親町院御子実ハ伏見院後孫安養院式部
卿邦輔親王男、其師青蓮院尊円親王ハ伏見院第
五皇子母ハ播磨局、後衛門督娘、其手跡相伝為千字
祐助。尊道。慈済。道円。義円。義快。尊応。尊伝。
尊鎮。尊朝
一唐大華瓶　一対
一龍大華瓶　一対　延宝八年佛光寺隠居清空寄附
一青磁大華瓶　一対　慶長七年木村宗宜寄附
一唐金大香爐　一箇　古来無蓋
一瀬戸焼龍香爐　一箇　寛文三年尾州名護屋船入町
大口次良兵衛寄附
一唐朱沉金香臺　一箇
一黒塗小香臺　在方丈
一鏧臺　一箇　在方丈
一持蓮華　一箇　帰命院清入寄附
一硯　箱共一箇

一唐三具足　一具　在食堂
一唐大鏧　一箇　一同輪　一箇
一大鏧　一箇　一同鏧臺　在本堂　近代愚亮和尚代繕改塗直ス
一唐鐃　一箇　一唐鈸　一双
一鐃　一箇　一鈸　一双　在方丈
一無頭扣鐘　一対
一同無頭扣鐘　一対
一伏鐘　一挺　在方丈
一眞鍮華籠　一箇　方丈大和尚所持
一眞鍮華籠　九十二枚
龍道和尚代古牒ニ云華籠七十六、三條与三右衛門寄進
一假細工華籠　十一
龍道和尚代古帳ニ五十二ト、代々紛失乎
一華幔　七枚
一湯瓶　五ツ　内一ハ無蓋龍道和尚已前紛失ス
内一ハ圭導和尚代善導忌紛失ス
一朱塗食鉢　二箇　同杓子二本
一朱塗大菓子盆　一箇
一經机　百十三脚　圭導和尚代　内一脚ハ在無頭寮
一大般若經　六百巻六函　肥前国横尾宗悦寄附ス
普及和尚代
一同大般若經　六百巻六函　知恩院門前藤屋藤四良
入道休感寄附ス、華箭六ツ捧六本。鐶二ツ　炬乾和尚代
一三部經　六函納之、文禄四年八月小嶋亭斎寓ニ華清
浄蓮寄進ス、代々紛失之後当時　大経上巻八十一巻
下巻八十六巻　観経六十六巻　弥陀経七十四巻　右
巻数享保十六年四條紙屋浄順修補ス元来百部乎
一法華經　一部函入
一三部經　一部函入
一法華經　十部函入　西院村貞壽寄進
一三部經　十部函入　同人寄進

一 頓写経函 一十九 作々紛失之残
一 百八遍大念珠 一連 念珠大サ一顆五寸 珠ハ少々散失ス
一 百八遍小念珠 一連
一 毘面ノ火鉢 三脚
一 休臺 一脚 鑵。濯子。水指。皆具唐金ニ
一 履 二十足 作々損失ス 今ハ出世履六足並ニ篦棒衆中ヨリ寄附

印板
一 曼陀羅注記ノ印板八十四枚 河原町通奈良屋町丁子屋清円
一 往生要集印板九十二枚 恭質和尚作ニ寄附ス
一 義継譜印板十三枚 貞準和尚ノ寄附
一 行観ノ選択集私鈔印板三十三枚
一 西山上人縁起印板箱入 霊空和尚ノ法脈寄附 委ハ如シ函記

コラム　論義問答と学寮

通史編第六章一で触れたように、江戸時代には、禅林寺と智積院の間で論義問答が活発に行われた。絹漉（きぬごし）し豆腐（禅林寺）と木綿豆腐（智積院）に例えられた両寺は、それぞれに宗義を学ぶ環境、つまり学寮が整っていた。

『禅林寺歴代造営並ニ寄附物略記』には多くの学寮の名があり、下に掲載した絵図にも描かれる。近代になり、禅林寺派の学寮は禅林宗学院へと発展した。（通史編第八章四）

一方、智積院の学寮は、全盛期には七〇余りを数えた。しかし明治三年（一八七〇）には三七に減り、その後も空寮の売却が進んだ。明治二十四年（一八九一）六月に五棟を売却、最終的には南杉寮のみが残ったという。（村山正栄『智積院史』による）

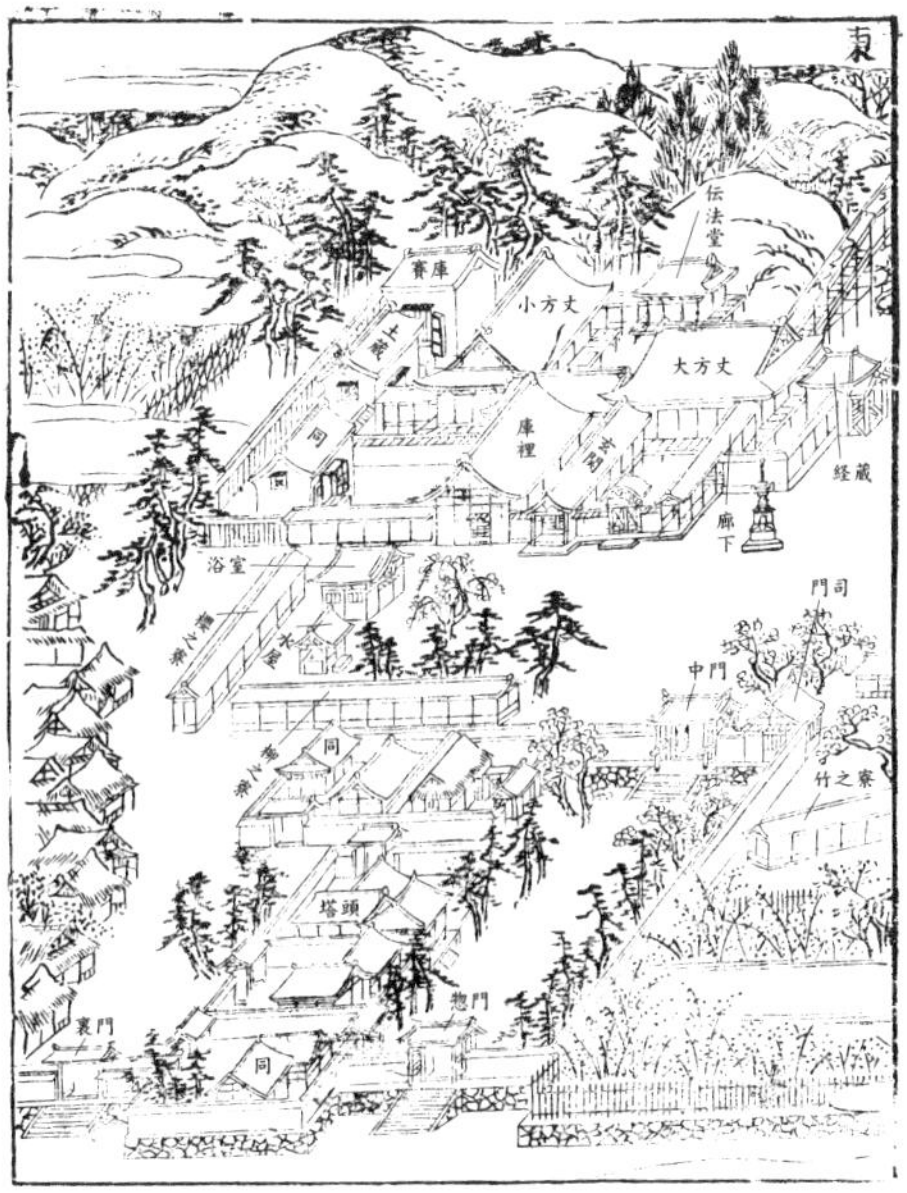

九　系図（東京大学史料編纂所編『読史備要』などによる）

藤原関雄・藤原良房

○北家藤原氏

- 房前（藤原氏四家ヨリ）
  - 鳥養—小黒麿—葛野麿
    - 常嗣
    - 氏宗
  - 永手—家依
  - 真楯—内麿
    - 真夏（日野家へ）—関雄（第五子）
    - 冬嗣
      - 長良
        - 国経
        - 遠経—良範—純友（有馬、大村諸氏へ）
        - 高子（清和女御　陽成母）
      - 良房（忠仁公）
        - 基経（昭宣公　長良子）
          - 仲平（枇杷大臣）
          - 忠平（貞信公）
          - 頼子（清和女御）
          - 妹子（清和女御）
          - 温子（宇多后）
          - 穏子（醍醐后　朱雀、村上母）
        - 明子（文徳女御　清和母）
      - 良相（西三條）
        - 多賀幾子（文徳女御）
        - 多美子（清和女御）
  - 清河
  - 魚名（安達、秋田、大友、小弐諸氏へ）
  - 楓麿—園人

藤原関雄、真紹僧都へ東山の閑居を譲る。（通史編第一章）

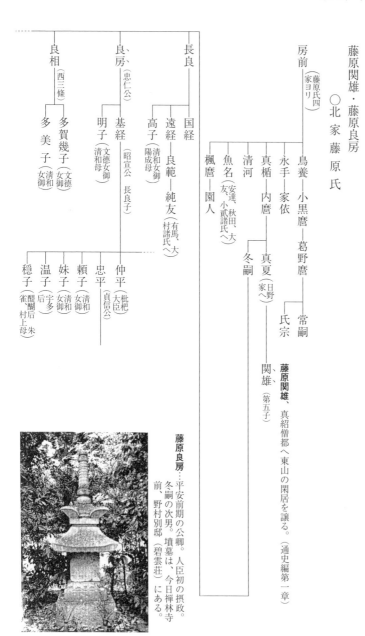

藤原良房…平安前期の公卿。人臣初の摂政。冬嗣の次男。墳墓は、今日禅林寺前、野村別邸（碧雲荘）にある。

○日野家　廣橋　柳原　烏丸

（北家藤原氏ヨリ）

内麿―真夏―浜雄―家宗（日野）…（六代略）…有信―実光―資長―兼光

有信―有範―親鸞（本願寺祖）

本願寺開祖親鸞につながる。

○越前松平氏

忠直…

忠昌…

直政…

直基…

（通史編第六章参照）→直良―直明―直常―直純―直泰―直之―直周―斉韶＝斉宣―慶憲―直致―直徳（播磨明石）

直泰―直周

斉韶―慶憲

山科言継

○山科家

実教（山科祖）（徳大寺公親男）＝教成―教房…（六代略）…顕言―言国―言綱―言継―言経―言緒―言総＝言行―持言…（五代略）…言知＝言成―言縄―言綏―家言―言泰（山科）

言継 ←（通史編第五章に散見する人物）

言泰（二十八代）、現在衣紋道の宗家（白川通、永観堂前下る）

○浄土宗系譜

法然
- 証空
  - 一遍―時宗
  - 立信―浄土宗西山深草派
  - 浄音
    - 浄土宗西山禅林寺派
    - 浄土宗西山光明寺派
  - （浄土宗西山深草派・浄土宗西山禅林寺派・浄土宗西山光明寺派）―浄土宗西山派
    - 浄土宗西山深草派
    - 浄土宗西山禅林寺派
    - 西山浄土宗
- 弁長―良忠―良暁―聖冏―聖聡
  - 存応
  - 尊照
  - （存応・尊照）―浄土宗
- 親鸞―浄土真宗

十　真紹僧都と高雄神護寺の名鐘

神護寺の梵鐘には、鐘身に長文の陽鋳銘（文字を浮き出させた銘）がある。それによれば、空海の孫弟子にあたる真紹僧都が、師の実恵の神護寺の梵鐘が形小、音窄（さく）であるため、新たに銅鐘鋳造を発願したが入寂したという。

梵鐘　平安時代（貞観17年）鋼鋳造　国宝
高148.0cm　口径80.5cm

真紹の遺志を継いだ和気彝範（つねのり）が、貞観十七年（八七五）に鋳工の志我部海継（しがべうみつぐ）に製作させ、梵鐘は完成した。細身で撞座（つき）の位置が高く、大振りな龍頭（りゅうず）が撞座と同じ方向を向くなど、平安時代前期の特徴をよく示した名鐘である。

ちなみに、刻まれた銘文は、撰名が菅原是善、序詞が橘広相（ひろみ）、書が藤原敏行と当代一流の人師の手になる。世に「三哲之鐘」、「三絶の鐘」と言われ、現在は国宝に指定されている。

十一　宗叡僧正の功業

当山第二世の宗叡僧正（元慶八年〈八八四〉三月二十六〈二十八〉日、七六歳寂）は、禅林寺僧正と称された。比叡山で義真・円珍に学び、真紹僧都から密教を学ぶ。入唐して天台・真言を修めて帰国（入唐八家の一人）。清和天皇の尊信を受け、東寺長者に補任された。

入唐の砌、多くの品目を将来したと記されているが疑わしい。ただ典籍については、多くの文献から一三四点と伝えるが、関係寺院へ移されたものもあり、すべてを確認できていない。現存する著述に『胎蔵次第・後入唐伝』『悉曇私記』など。

宗叡僧正入唐将来して只今に禅林寺に現在せる品目

一、角龍模様古金襴九条袈裟　（旧国宝）　壱　領

世に禅林寺ぎれ、と称する物、大唐十八世懿宗皇帝より下賜

一、舎利、鍍金制龍塔に安置仏舎利

一、遮那三尊　慈恩寺より将来

一、両　部　曼　荼　羅　　双　幅

一、十一面観世音坐像銅印度仏

一、磬　（国　宝）　壱　個

磬として珍らしき輪廓の優雅典麗なる形式による、中央には開敷蓮華の撞坐があり、周囲は一面に蓮華唐草の文様で埋められ紐の坐は蓮華の蕾から成る（両面同様）甚だ美麗なるものである。

これは昭和十三年、宗叡僧正一五〇〇年の遠忌にあたり、報恩のため『禅林寺縁由』が禅林寺文書伝道部から発行され、その末尾の記述である。

本文は「禅林寺縁由、開山真紹僧都伝、宗叡の伝」からなる二二ページの小冊子である。

古来私たちの歴史書は、仏像、仏画、絵画、典籍に「恵心僧都作（筆）」などと古代のその宗派と関わりなく著名人を記入すれば、価値ある逸品としてまかり通った。

今日は一級史料においても、科学的実証主義による時代考証から、これまでの評価が違っている。

宗叡僧正入唐将来品についても、真偽に疑問がある。

大唐懿宗皇帝より下賜の「九条袈裟」について『禅林寺歴代造営並寄附物略記』には次のように見える。

遺古金襴角龍模様九条袈裟古代為開山真紹之遺物後世為二世宗睿遺物　是渡唐之時唐懿宗皇帝所賜
此説為是乎視釈書第三宗睿伝可知

国宝「磬」は、今日東京国立博物館に寄託されている国宝金銅蓮華文磬で、楽器から仏具として取り入れられた。表裏に薄肉彫りで表された華麗な唐草文様は典雅。平安後期の特徴を表している。（口絵参照）

『悉曇私記（林記）』は唐の智広の『悉曇字記』を釈した註書。邦人の手になる類書中最古のものに属す。「林記」の名は禅林寺の「林」に由来する。享保十七年の刊本が伝わり、『続真言宗全書』第二十八巻に翻刻紹介されている。二巻。

悉曇とは梵語を記するため用いられる書体の一。平安期には入唐八家らが学習した。今日では研究者の他には、守護札や塔婆、石塔などに記するため学習されているに過ぎない。

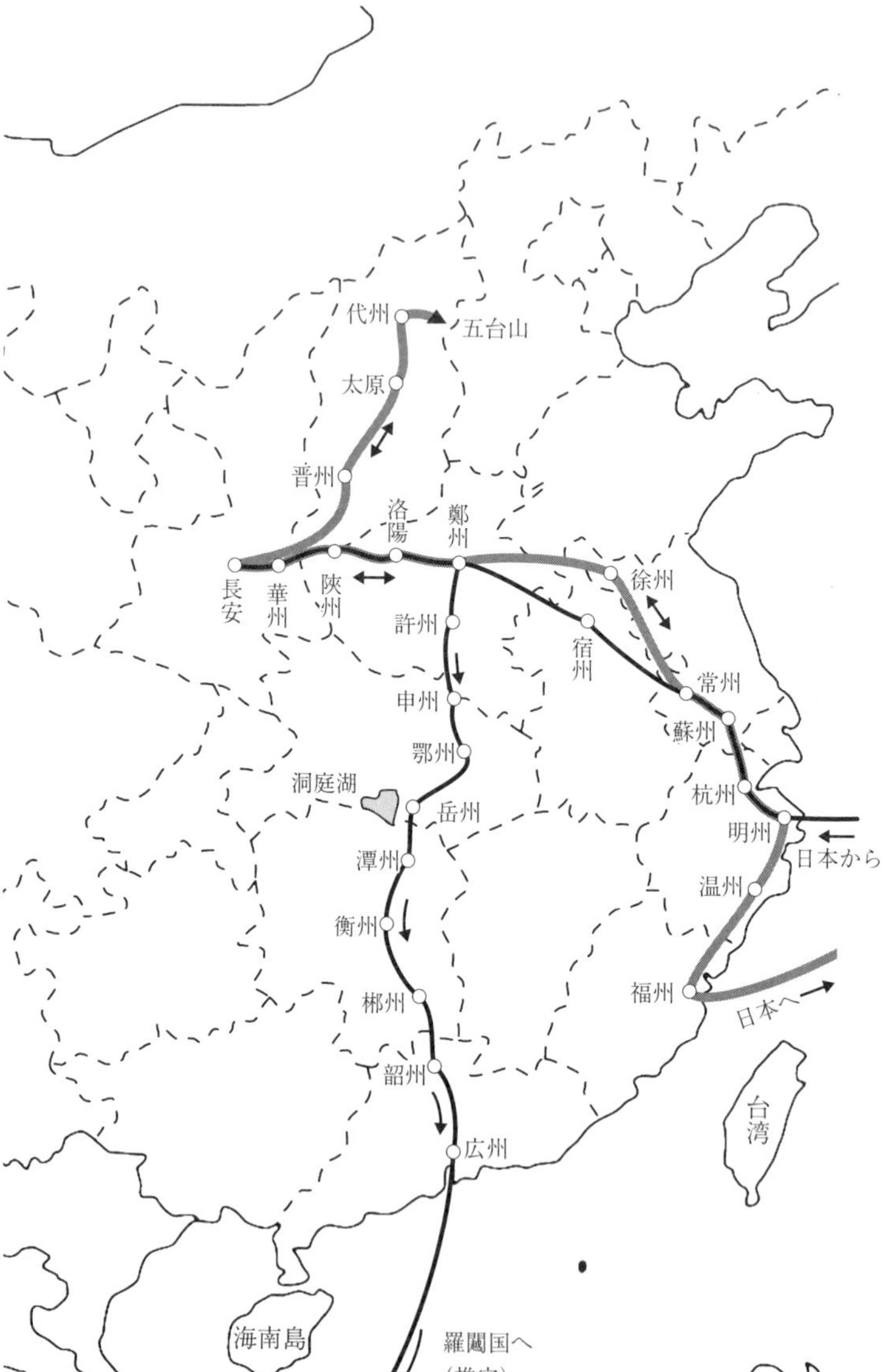

宗叡僧正入唐の経路
真如法親王の経路

十二　永観『往生講式（私記）』の伝来、および養福寺本について

今日、現存する『往生講式』の書題、および所在について調査すると、一座七門の内容は原則的にほとんど変わらないが、書題としては『往生講式』の他に、『往生講私記』、あるいは『阿弥陀講式』などと別称されてきたことが知られる。

大谷旭雄「永観」（『浄土仏教の思想七　永観・珍海・覚鑁』）では、次のように解説する。なお、養福寺本（写真）にも書写年次はない。

> 次に『往生講私記』と題するものとしては大原三千院内の円融蔵（第四箱、俳諧式）に嘉元四年（一三〇六）の書写本、および文明十一年（一五七九）に書写の一軸が所蔵され、また、妙法院には天正七年（一五七九）に覚永が書写した一本と、足利期の書写本とが所蔵されているという。なお、東大寺図書館および、龍谷大図書館には書写年次を記していない一軸がそれぞれ所蔵されている。

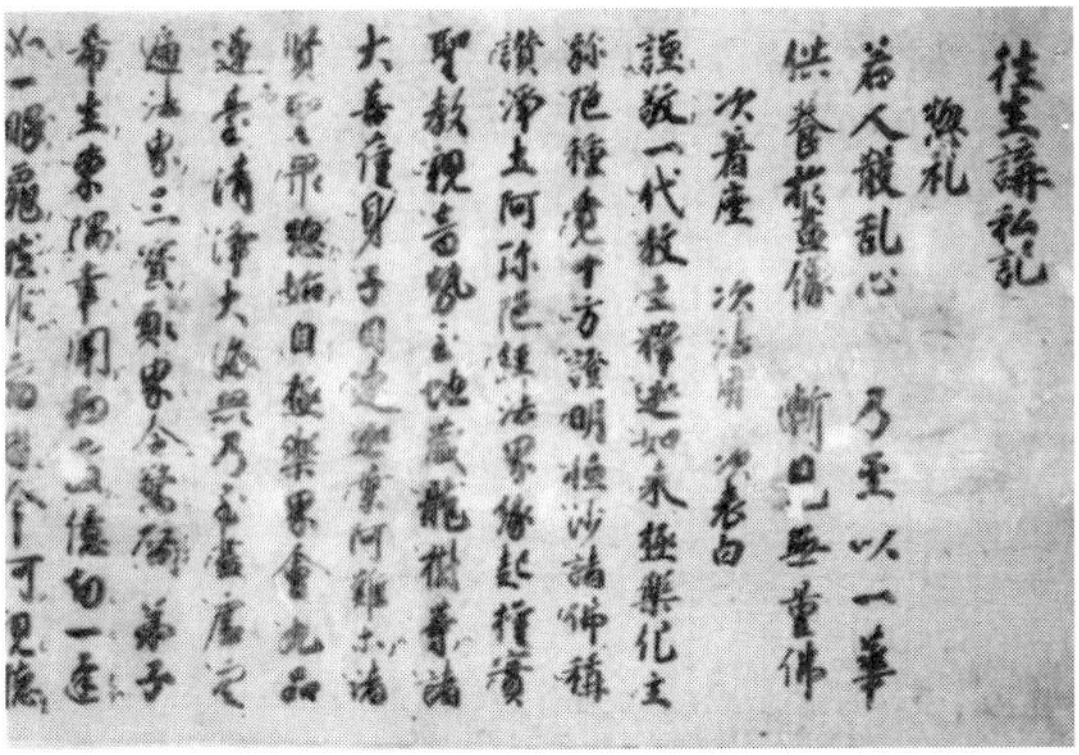

『往生講私記』養福寺本一軸
法量　紙高30.5cm　長さ7.98m

十三　永観律師業績のシンボル

永観律師は、生涯数多くの著作を世に出している。当時の教学の第一人者であった。

一方、東大寺別当時代以来堂塔伽藍の建立や修造にも手腕を発揮した、一大企業家でもある。そのシンボルが、大仏殿の尊前にあり、創建以来の法灯をともし続けてきた金銅八角大灯籠の修造である。

総高一三尺（四六二センチ）の大灯籠の頂上の宝珠は、宝相華唐草の請花（うけばな）のうえにある。そこに

　康和三歳次辛巳（一一〇一）十一月二日己未

　別当前権律師永観修造畢

と自刻した修造の鐫銘（せんめい）がのこされている。

八角大灯籠

同灯籠の扉火袋・音声菩薩像

十四　知られざる「永観律師」の余光

永観律師の行実は、通史編第二章「真言から念仏へ」の「一、中興永観律師」と、第六章「徳川時代に生きる」の「四、みかえり阿弥陀の出開帳」に記述している。

この「みかえり阿弥陀」信仰は、永観堂禅林寺が、浄土宗西山派西谷流の総本山として、末寺をもち、それぞれの寺院の教化伝道によって流布した。

『洛陽名所集』『京童』（いずれも一六五八年）をはじめとする名所記や、地誌などが開板されて以来、顧眄（こべん）弥陀の信仰という表現のもと、永観律師の念仏信仰は、江戸、大坂、尾張の大都市をはじめ、諸国へ急速に伝わった。

江戸開帳の翌年享和元年（一八〇一）五月二十八日、江戸冨沢町より山形屋兵助が入洛し次のような申し立てを行ってきている。

「昨年江戸表にて、顧（みかえり）本尊開帳のとき念仏講をつくり、その講元となったが、今後つづけて行うため、山主が開眼し裏書したご本尊の画像と山主の寿像の作製を願いでた」

それには寺町円福寺の陶空上人が賛を入れ、念仏講名簿の序文を認め、百万辺数珠の母珠に名号を彫り山主が寄付をしている。

念仏講の継続の代償として、永代毎年盆供糧として金二〇〇疋宛奉納すること、なお掛銭は積み上げののち寺へ寄附することが約束されたが、いつまで続いたのだろうか。

そして、「みかえり阿弥陀」信仰は歌舞伎の世界にも登場する。

元禄元年（一六九九）大坂で岩井半四郎座が、『永観堂みかえり本尊』を初演している（『歌舞伎年表』）。また、宝永四年（一七〇七）三月、江戸山村座で津打治兵衛作『けいせい顧本尊』と題して、五幕十場で上演されている。これは、中将姫伝説と永観律師をたくみに組み合せ舞台化したものである。

一方、いつの時代からか越中（富山県）八尾の祭礼で「ホリキノミッツノヨーカンボウ」と曳山の掛け声があり、今も伝わっているそうだ（成瀬昌示著『越中八尾細杷（こまざらえ）』）。漢字をあてれば、「法力密意乃永観坊」となる。どのような形で伝承されたのか分らないが、仏法の奥義を悟った法力自在の永観律師の思想信仰が転じて祭礼の掛け声となったのではあるまいか。

永観律師像（絹本着色）

この八尾の祭礼「越中おわら」の起源は、江戸時代の元禄期にさかのぼる。

二百十日に当たる「風」の日に天を鎮め豊穣を祈る「風の盆」行事であるという。

その中心となるのが、浄土真宗本願寺派・聞名寺（富山県富山市八尾町今町）で、正応三年（一二九〇）本願寺三世覚如が開基した。

聞名寺ははじめ美濃（岐阜県南部）にあり、やがて飛騨（同北部）そして越中（富山県）へと末寺ともども北上する。その数六三ヵ寺が点在していたと記されている。この動きは、念仏集団が北進したもので、門信徒十数万といわれた。

美濃地方にはわが教団も教線を張り、今日も四五ヵ寺が存立している。当然この時代にも交流があり、永観律師の念仏信仰が、聞名寺の念仏集団に影響を与えたと思われる。

同寺に寺宝、融通念仏絵巻二巻（室町期肉筆本・県重文）がある。禅林寺には、伝土佐光信筆の融通念仏縁起二巻（国・重文）がある。

この絵巻は、天台声明の発祥の地、大原来迎院の良忍が阿弥陀如来から融通念仏を授けられ、その功徳を教化に勧め、人々がそれによって霊験を受けるという内容を絵画化したもの。永徳二年（一三八二）大念仏寺良鎮が勧進してつくった知恩院本をはじめ、清凉寺本応永二十一年（一四一四）、など幾本かの肉筆本が作成され流布している。明徳元年（一三九〇）と応永年間の二度の開版がある。禅林寺本はこの明徳本にのっとり作成されている。

聞名寺所蔵の絵巻は披閲できていないが、禅林寺本がその底本ではないかと想像する。

近年は、秋の彼岸会に、大原三千院において、この聞名寺講中が〝風の盆〟の踊りを奉納している。

〝風の盆〟は、陽が落ちて、町に特設のぼんぼりの灯が輝く時刻、聞名寺や町の中心が人波で埋まる。地方（じかた）、男衆、女衆の一団は一一グループがあり、黒い法被姿の男衆、あでやかな揃いの浴衣の女衆が町内に繰り出して、随所に盆おどりの輪が夜を徹してひろがる。

聞名寺講中のグループの〝風の盆〟は、最後に「南無阿弥陀仏、おわら阿弥陀仏」で終わるという。

十五　御扶持人棟梁・弁慶の出自と臥龍廊

かつて、私の知人で京絵師の安川如風氏から、禅林寺にある弁慶家の墓と弁慶家について詳細が分かれば教えてもらえないか、というお手紙と資料をいただいた。安川氏の親戚である弁慶家は、すでに途絶えてしまったのだという。そこで、私も興味をもって弁慶家について調べてみた。従来の禅林寺の墓録には記されていない人物なので、やや長くなるが、この機会に紹介しておきたい。

禅林寺の墓地には、弁慶仁右衛門の碑と、弁慶家の墓九基がある。

弁慶家は、室町時代から将軍家の作事を勤め、内裏の修造にも携わった京都の名門棟梁の家である。延徳元年（一四八九）には東山殿（足利義政）会所拡張工事に参加し（『蔭涼軒日録』）、永禄二年（一五五九）には弁慶新五郎が北野天満宮大工職（だいくしき）を相続している。（『北野天満宮史料　古文書』）

その弁慶家が大工でありながら扶持を得るようになった経緯は、江戸時代の約三百年間京都大工頭を勤めた中井家を抜きにしては語れない。黒川道祐の随筆『遠碧軒記』はそのあたりの事情を「中井主永は橘氏にて、近江侍と云。公儀の大工役は、今の主永までにて三代なり。弁慶小左衛門は京の大工にて、古より代々公方家の大工にて、大和より古き家なり。されども、大和が威勢の時に下につくなり」と述べている。

中井藤右衛門正清（一五六五〜一六一九）は法隆寺大工の出身で、父とともに豊臣家の作事に従事していたが、関ヶ原の戦いを機に徳川家康との関係を深めていったとされる。家康にその腕をかわれて重用され、大工としては異例の従四位下にまで昇進した人物である。正清は慶長期の築城ブームに乗って、緻密なグランドデザインを行い、優れた職人を組織化、大量の人員を投入して、彼らを統率、大規模な建築を次々と完成させていっ

禅林十二境の一つに数えられる臥龍廊

た。彼が手がけた作事は、二条城、駿府城、名古屋城、増上寺、日光東照宮、内裏と全国に及ぶ。道祐の言う「大和」とは、この大和守中井正清のことである。

　中井正清と同時代を生き、その配下で大棟梁として存分に腕をふるったのが、弁慶仁右衛門である。弁慶家は代々、仁右衛門、あるいは小左衛門を名乗っている。

　弁慶家の由緒については、「小給地方由緒寄帳」（『史籍雑纂』第三巻）に次のように見える。弁慶仁右衛門は天正の頃、家康に召し抱えられ、駿府城の築城に従事し、文禄二年（一五九三）に一〇〇石を拝領し朱印状もいただいた。大坂の陣では陣小屋も建てた。しかし、駿府城が焼けたときに朱印状も焼けてしまったので、仁右衛門の息子の弁慶小左衛門が、秀忠に願い出て朱印状を再発行してもらったという。

　拝領の一〇〇石は近江甲賀郡針村という村で、『甲賀郡志』では、慶長五年（一六〇〇）長束正家が滅んで針村が家康の料地となり、その一〇分の三が弁慶氏に与えられ、慶応四年（一八六八）に大津裁判所の管治となるまで継続したとある。

ところで、『洛東禅林寺略記』には、臥龍廊が寛文年中（一六六一～一六七三）に修造されたとある（建立は永正元年〈一五〇四〉）。寛文年中といえば、三代中井主永のもと、弁慶小左衛門が活躍した時期と合致する。臥龍廊は「棟梁苦心の作、その技のみせどころ」であり、「平凡な棟梁、大工ではできない」と評される（建築家・近藤豊氏）この美しい建造物に弁慶小左衛門が関わったのではないか。

なお、臥龍廊は昭和十一年（一九三六）三月、開山上人遠忌記念に大修理が行われた。（『禅林』二十四巻三号）

コラム　異彩を放った人師、稲村修道師

稲村修道師は、大正時代から昭和の初期にかけ、宗派の情報紙『禅林』の編集と、一般寺院啓蒙の小論文を執筆している。

その一例を列記すると、第一巻一号には「仏教倫理概説」、同二号に「婦人の宗教」、第二巻三号「春宵閑話」、同四号「教訓いろは四十七首」、同五号「四聖教化の態度」、第三巻五号「皇室と禅林寺」などである。

第五巻一二号をもって編集をしりぞく（大正六年〈一九一七〉十二月）。自坊は兵庫県小野市市場町、来迎寺の住職でもあり、地元で「農村教化協会」を発足組織化。昭和三年（一九二八）には衆議院議員選挙に出馬、四，五〇〇票を獲得したが落選する。

他に、大正二年（一九一三）『禅林寺誌』を本山より出版、法然上人七〇〇年遠忌には「禅林寺の歌」を作詞。『布教百笑話』『大蔵経物語』などを著す。他方、童話作家としても名を残した、まさに八面六臂の活躍をした人師である。

十六　洛陽六阿弥陀巡拝

洛陽六阿弥陀めぐり（一番　真正極楽寺〈真如堂〉、二番　禅林寺〈永観堂〉、三番　清水寺、四番　安祥院、五番　安養寺、六番　誓願寺）は、木食正禅養阿（一六八八～一七六三）が阿弥陀仏の霊感を受けて、享保二年（一七一七）に発願したとされる。

木食上人と敬われる僧は複数いるが　穀物を絶って木実だけを食する修行を積んだ人のことをいう。木食正禅養阿は高野山で修行ののち、京都で念仏勧進聖となった。五条坂にある安祥院の開基、狸谷不動尊の開創、真如堂の金銅阿弥陀仏の造立のほか、享保二十一年（一七三六）から三ヵ年間に及ぶ日岡峠の改修、渋谷街道の修復など、土木社会事業を多く手がけたことで知られる。（『拾遺都名所図会』）念仏聖として養阿を慕う人は非常に多く、日岡峠の改修に必要な費用を托鉢で捻出した。（『安祥院文書』）

残念なことに、この洛陽六阿弥陀めぐりがいつごろ盛んになったかは、よく分かっていない。江戸で人気があった江戸六阿弥陀（行基菩薩が一本の木から彫って、六ヵ所の寺に安置したとされる六体の阿弥陀を、春秋彼岸に巡拝する。江戸っ子の行楽として人気をを博した）の影響を受けたものだろうか。養阿が活躍した享保年代に、真如堂の仏像との縁で盛んになったのだろうか。

一番の真如堂から六番の誓願寺まで徒歩で参ろうとすると、ちょうど真如堂の阿弥陀如来を太陽の昇る頃にお参りすれば、誓願寺の阿弥陀如来を拝む頃には、日が沈む時間になっているとされる。五番の安養寺は新京極にあり、通称さかれんげといい、浄土宗西山禅林寺派の寺院である。誓願寺と同様、明治のはじめ、広大な境内を上知されて今に至る。巡拝（信仰）の最後は繁華街の誓願寺、疲れを癒す遊の場である。

功徳日は毎年変わることがなく、月に一度で、この功徳日まいりを三年三ヵ月怠らずに行じれば、無病息災、家運繁昌、諸願成就と功徳をうることまことに高く大なりと教えられ、有縁無縁の精霊の追善回向を行えば、わが身の往生安楽がかなえられるのも必定と説かれている。

この洛陽六阿弥陀巡拝は現在まで途切れることなく続けられ、功徳日には善男善女がお参りになる。禅林寺では法主が各功徳日にふさわしい内容の法話を行っている。

各功徳日と功徳の内容は次のようなものである。

一番	東山　**真正極楽寺** **真如堂**	〒六〇六―八四一四　京都市左京区浄土寺真如町八二 電話（〇七五）七七一―〇九一五 「錦林車庫」又は「真如堂前」西へ一〇〇m
二番	東山　**禅林寺** **永観堂**	〒六〇六―八四四五　京都市左京区永観堂町四八 電話（〇七五）七六一―〇〇〇七 「南禅寺・永観堂道」東へ二〇〇m又は「東天王町」南へ三〇〇m
三番	東山　**清水寺**	〒六〇五―〇八六二　京都市東山区清水一丁目二九四 電話（〇七五）五五一―一二三四 「清水道」又は「五条坂」東へ四〇〇m
四番	五条坂　**安祥院** 日　限　**木食寺**	〒六〇五―〇八六四　京都市東山区東大路東入遊行前町五六〇 電話（〇七五）五六一―〇六五五 「五条坂」東へ一〇〇m

五番	新京極　**安養寺** さかれんげ	〒六〇四―八〇四六　京都市中京区新京極通蛸薬師下る東側町五一一 電話（〇七五）二二一―四八五〇 「四条河原町」北西二〇〇m
六番	新京極　**誓願寺**	〒六〇四―八〇三五　京都市中京区新京極桜之町四五三 電話（〇七五）二二一―〇九五八 「河原町三条」南西一五〇m

功徳日（毎年かわることなし）

正月十五日	仏を六万体つくるにむかう
二月　八日	五重の塔を一万たつるにむかう
三月十四日	七堂がらんをたつるにむかう
四月十四日	九万六千人の僧に施しするにむかう
五月十八日	父母を千度供養するにむかう
六月十九日	風呂を一万度たくにむかう
七月十四日	塔婆を八万四千たつるにむかう
八月十五日	万燈を八万度ともすにむかう
九月十八日	一切経を八万度よむにむかう
十月　八日	三千人の僧に衣服を一万度施にむかう
十一月廿四日	施行を六万度するにむかう
十二月廿四日	法華経を三万部書写するにむかう

十七　禅林寺経蔵（千仏洞）建立時の『蔵経賛』

禅林寺の経蔵は、享保七年（一七二二）に建立された。その際に作られたものが、『蔵経賛』である。

なお経蔵は、平成八年（一九九六）十月に、宝物展示室に改装された。中国人の葛新民画伯による天井画は、中国敦煌壁画を模写した「飛天図」。また佐久間顗一画伯による壁画は、三方に「雲中合掌童子」の群像が千体描かれ、千仏洞と命名された。

（印）　蔵経賛幷序

法王啓運住世八十為物説法蘊八十千応病与薬無所不療鶴林之後慶喜結集貝葉真文布満五天豈翅汗牛充棟而已乎仏法東漸迨至支那歴代三蔵転梵成漢錦綉背面嚼飯与人只僅五千余巻耳惜哉不全来也実是為千載之遺憾矣吾之　欽明清世仏法始至于此王臣士庶傾首帰崇卒土咸沾未聞之益其之全盛也不減支竺矣噫呼世之相後二千余年地之相去十万里程雖不親見金色身此経所在可謂霊山大会儼然不散也真可尊焉禅林講寺一代蔵経洛下某氏曽所寄附学者取為博覧之資衆信敬為滅罪之要其功大哉頃有沙弥蓮入者造護法神像及経架以補其闕矣予主于斯山数歳今逢此盛事喜叙本末且作

賛曰

牟尼陳唱　法鼓雷鳴　六十四種　頻伽梵声
慶喜能聴　結集已成　慧灯照世　人天得明
漸歴支竺　遠渉海瀛　扶桑之幸　法門之栄
五千余巻　玉軸此盈　利見天下　啓迪群情
仏日雖没　余輝瑩瑩　生在末法　歓遇斯経
冀加聖力　永護法城

　維時享保七年龍集壬寅秋八月日

聖來山禅林講寺沙門浣谿炬範誌（印）（印）

十八　禅林寺、三つの梵鐘のなぞ

本山では、過去三度の梵鐘鋳造の記録がある。最初は文禄五年丙申（一五九六）中秋二十五日、大工藤原国吉、法号了空翁（金石録）の造作である。法量は、高さ一三四センチ、口径七五センチの小型であった。それが、いかなる経緯であったか分からないが、末寺の府下精華町下狛の若王寺に移されている。

現存の梵鐘は三代目で、寛保三年（一七四三）癸亥孟夏仏誕日、冶工西村左近藤原邦欽作の高さ一八〇センチ、口径一〇〇センチである。

その鐘銘并序を要約してみると面白い。

（前文省略）宝永戊子（一七〇八）、三空和尚（第四十九世）は、先の文禄丙申に杲空和尚（第三十七世）が鋳造した鐘は、二尺五寸で小さく貧弱であるとして、改めて信者吉谷定行、多大の助力を得て三尺（口径）の梵鐘を鋳造した（二代目）。しかし、この鐘の雅韻（音色）は至って悪く、人びとは落歎した。

貧道（第五十四世霊空是堪）挂錫（住職となる）のはじめから、更鋳の志をもっていた。信徒森田保苗らの浄財を得て悉く完成した。

（以下省略）

そして、鐘銘文を入れ、法行尽きることなしと結んでいる。

現在の禅林寺鐘楼

十九　俊鳳上人の道蹟と創建の内野祥光寺の盛衰について

俊鳳妙瑞は

空と号し、また蔡華道人と称した。正徳四年（一七一九）四月十五日京都西陣に生れ、智恵光院元実について剃髪（一一歳）し、洛の常楽寺景空の室に入り、東山禅林寺に掛錫し（一四歳）演空より宗戒両脈をうけ（一八歳）、元文三年（二五歳）四月、三聚十重四十八軽戒を自受誓戒し、いらい、天明七年（一七八二）七四歳で示寂するまで、生涯を念仏と円戒の弘通にささげた、生粋の西谷流の人である。その師が、しばしば、深草流の人に誤まられたのは、師が、教義上は、名体不二の口称を唱導する顕意の義に傾倒したこと、あるいは、自流西谷の僧尼を、学解に停滞して称名を軽んじ、偽書を伝習する輩と称して批判したこと等によるが、それらの理由のうちにも、既に、時流に敏感な、実践的な師の風格がうかがわれる。

さて、師の道蹟をみるに、真言・禅・天台・鎮西・時宗の広範囲に及んでいる。

自流西山においては、余宗の人師とのさかんな交際に比して、多くの名が記されていない。法戒両脈を西谷義の禅林寺演空にうけまた、『蔡華遺訓』には、「祥光寺は余の創建する所にして、先師の慈蔭に酬い上る所以なり。因て、先師（西谷義・洛常楽寺景空）を推して開山第一祖と為す」といいながら、『略年譜』にあらわれる西谷の人物は、この演空のほかに、『西方径路』に序分をよせた、檀林美濃立政寺の貫空と、のちに（安永七年五月・六五歳）、師を立政寺の後董に慫慂（師応ぜす）した、美濃明台寺主とを記すだけである。ちなみに、立政寺貫空は、のち禅林寺に晋んだ人であるが、その立政寺会下における講録は、俊鳳の撰により『遊学題講雑林』二巻となっている。また、西谷におけるとは逆に、当時、教団の実状として、西谷・深草互融の時代であったためか、深草流の、京都円福寺広鳳は、師を三州法蔵寺に董せしめ、次いで本山円福寺に晋めようと推したが、「紫緋ノ法服ハ我ガ素懐ニ非ズ、弊衣瓦鉢以テ道ヲ修スルニ足ル、請フ我ガ為メニ再ビ高慮ヲ労スルコト勿レ」と応じなかった。師の戒学の門下に、『西山深草復興記』の著者朝空大周、『円頓戒秘鍵』の著者演冏大光、および、三河妙福寺慧照ら逸材の名がみえている。ここで問題とすべきは、これだけ他流の学僧が雲集した師のもとへ、なぜ自流西谷の門侶が集まらなかったのであろうか。もとより、伝記そのものが、特定の視点から書かれたきらいはあるが、前述の通り、師の激しい性行や学風に由来するところ大といわねばならぬ。

さて、師の伝道教化の実際はどうであったかというと、延享二年（三二歳）洛東紫雲山（黒谷）下に東林軒を構え、宝暦五年（四二歳）六月十九日には、洛の内野に祥光寺を創建した。また宝暦十二年（四九歳）十一月、東都芝日輪寺の塔頭宝珠院を再興して、蔡華堂と称し、東都における教化の拠点としたほか、その前後を通じて、京都における仮寓を蔡華庵と称した模様であるが、その跡は詳細には知り難い。その間、江戸と京都の間を往来し、あるいは蓮華勝会・授戒を開き、あるいは法座を設けて課仏を激誓するなど、化導に寧日なき有様であった（上田良準「俊鳳妙瑞の生涯」『西山学報』一五・一六より抜粋）。

今其著書に付て見れば

其行実に関するもの

俊鳳和尚行業事実　二巻　宝幢妙識選

其宗学に関するもの

選択集順正記　四巻　写本

西方径路　二巻　宝暦十一年出版

禅林寺疑相弁変　一巻　写本天明五年

蔡華随筆　二巻）

閑言語　一巻）

安心弁惑　一巻
即便往生義
願行具足義　合本　未見
大乗円戒に関するもの
一略述大乗戒義　二巻　天明二年著
一浄土円戒弁疑　二巻　安永六年著
一同書講録　三巻　写本安永九年著
一菩薩重軽略解　一巻
一菩薩行事略記　一巻
一菩薩学則要記　一巻　安永十年著
一祥光寺日用略記　一巻　宝暦七年著
一大戒増暉篇　一巻
一天台戒疏折衷　一巻
一東林教戒　一巻　未見
禅学に関するもの
一宝鏡三昧妄想　一巻　未見
教義史に関するもの
一西山覆古篇　一巻　写本
師一代の著書は其他にも数多かりしが如きも今は唯現存する者や、書目の記載ある者のみを挙ぐ（井ノ口泰温「俊鳳上人の行実と学説」『西山学報』四〈抜粋〉）。
付記、その他「俊鳳上人名号一幅」「血脈譜・円頓・十通・両部・別口伝」上人直筆及び法弟俊玉上人の「祥光寺開山勧進帳」一帖（大塚霊雲師所持）。

ちなみに、大塚霊雲師及び著者の法脈系譜は、十一代さかのぼれば俊鳳妙端。四代目は徹空俊玉（天華。通史編第七章参照）に辿りつく。いずれの人師も多大の業績を残した。

祥光寺

『拾遺都名所図会』巻一に「……開基は俊鳳和尚なり。此人専修念仏の法味を都鄙に勧めければ、四方の道俗歩を運び、脱法の聴衆群集して稲麻のごとし。遂に宝暦年中此寺を草創して、常行念仏の道場とはなしぬ」と紹介している。

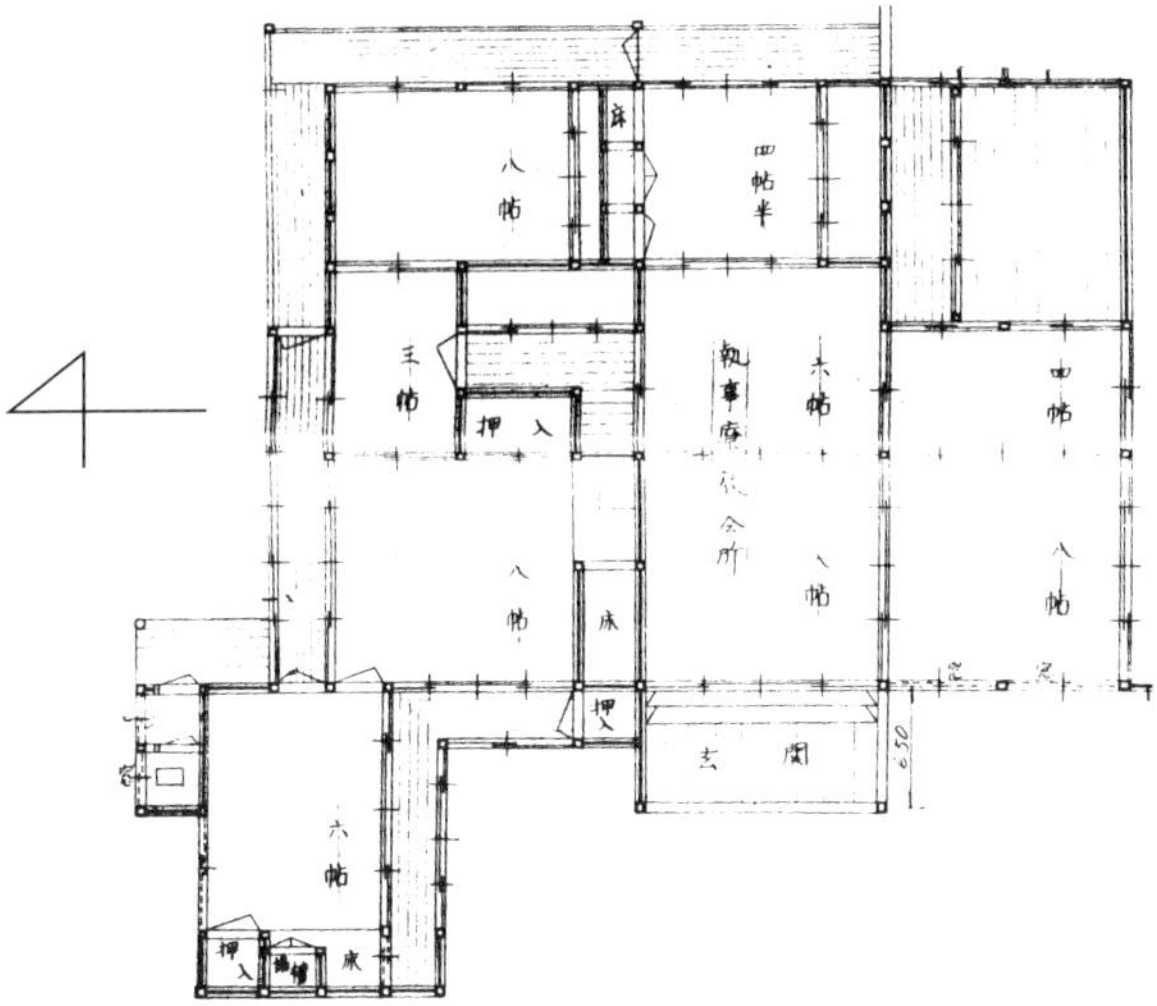

祥光寺から移された教会所
（現在の宗務庁舎西南の一角に位置にあった）

古来平安京大内裏があったところ一帯を内野と呼んでいる。祥光寺は内野六番町（上京区千本出水上ル福島町）に俊鳳妙瑞が創建した。

○不動産

境内地約三五五坪、墓地二五坪

○建物

本堂兼庫裡、居間、玄関式台、狭屋之間、山門、抱家二、計七点（一部は伏見宮家の建物）

○宝物

本尊阿弥陀如来一体、銅像釈迦誕生仏一体、坐像地蔵菩薩一体、坐像両大師一（ママ）（二）体、厨子入烏枢沙摩明王一体、立像石地菩薩一体、坐像阿弥陀仏一体、厨子入弁財天女一体、以上計八点

○什物

過去帳一点、大黒天厨子入一体、聯（俊鳳上人筆）一点、百万返念珠箱入一点、施餓鬼棚一台はじめ仏具類等計五九点

明治二十七年十一月二十三日付の什宝物田畑財産届が、兼務者として法類の帰命院住職高橋泰忍から、浄土宗西山派管長山本観純殿宛に提出されている。

家屋は明治二十八年禅林寺に移転された。教会所（信徒休憩所）で、七間に五間、宝暦五年（一七五五）五月建立、木造入母屋風瓦葺（五四坪余）と記録されている。のちこの建物は寺務所として、昭和五十八年ごろまで使用された。

写真の阿弥陀仏（坐像二尺八寸）と、観音・勢至菩薩（坐像二尺）は、家屋の本山移転のころに、京都市南区吉祥院南落合町、持宝寺へ山門とともに譲渡されている。

なお、観音・勢至菩薩坐像は、さきの資財帖には見当たらないが、坐像両大師一（二）体と記載されるものの間違いではないか。

ところで祥光寺の寺籍は、明治二十八年（一八九五）ごろ福井県吉田郡円山東村平岡山へ移され、内野祥光寺は約一四〇年の歴史を閉じるが、処理された財産は、如何程福井の祥光寺へ移されたか不詳である。

祥光寺　掛錫の人師（出典明記以外は禅林寺『年譜録』）

内野時代

○**俊鳳**　宝暦五年（一七五五）創建。四二歳。祥光寺開山　○蔡空俊鳳上人羆空妙瑞大和尚　天明七年（一七八七）十月二十一日寂。墓所は、上京区出水通千本西入ル六番町浄土宗徳雲寺にある。

○**瑞空宝雲**　岐阜来昌寺十一世（『私たちの寺院調査』）による。安永三年（一七七四）祥光寺にて寂。

○**宝幢妙識（幟）**　第二世　○龍華宝幢上人高空妙幟大和尚　文化十年（一八一三）六月四日寂。

○**大忍妙悟**　鹿ヶ谷安楽寺過去帖による。

第三世　○幻空大忍上人徹空妙悟老和尚　文化十二年（一八一五）九月五日寂。

○**聞證（澄）妙修**　文化十二年（一八一五）看住願。三年後病気隠居願。

第四世　○徳華聞澄上人見空妙修老和尚　文政八年（一八二五）十月十二日寂。

○**俊戒**　文化十五年（一八一八）五月看住願。天保六年（一八三五）退院。第五世法号不詳。

○**俊興**　文化十三年（一八二九）ごろ祥光寺役僧。鹿ヶ谷安楽寺兼務。天保十四年（一八四三）十一月寂。

○**俊玉**　天保十四年（一八四三）十二月留守居申付。弘化五年（一八四八）本住免許。慶応二年（一八六六）本山第七十一世として晋山。第六世徹空俊玉上人天華大和尚。明治十四年七月二十二日寂。

○**仁空観識**　入寺年代不詳。祥光寺へ隠退。嘉永元年（一八四八）十一月本山第六十七世として晋山。

第七世仁空観識上人。安政二年（一八五五）九月二十二日寂。

○**玉洲**　弘化四年（一八四七）俊玉の弟子、祥光寺資として入寺。

以後、幕末から明治初期にかけての動乱の時期、祥光寺は住職定まらず、荒廃の寸前であっただろう。記録に出て来るのは、明治二十五年からである。時流に翻弄され、異彩を放った俊鳳の寺跡は皆無となった。
○**髙橋泰山**　明治二十七年（一八九四）兼務退住。北海道沼貝寺へ。
○**髙橋泰忍**　帰命院住職、兼務住職　明治二十七年（一八九四）。翌年寺籍を福井県へ移す。

福井時代

福井県吉田郡円山東村下四ッ居の住所へ。
○**髙橋泰忍**　明治二十八年（一八九五）寺籍を移す。大正二年（一九一三）五月四日住職拝命。同八年十月三日解任。昭和四年（一九二九）六月二十五日再就任。同七年十二月二日寂。
○**髙橋泰龍**　大正八年（一九一九）十月三日住職拝命。昭和四年六月二十二日退任。同十一年八月一日兼務住職。同十二年四月十日退任。同十五年五月二十三日兼職住職申請。
○**杉山東漸**　昭和十二年（一九三七）四月十日住職。同十五年五月三日退任。
○**上田泰眼**　昭和十六年（一九四一）三月二十九日代務就任。同二十六年十一月十五日寂。
この代に、福井市志比口町三一ノ二平岡山に移転。

先の戦争（昭和二十年七月の福井空襲）や昭和二十三年（一九四八）六月の福井大震災で被災する。
○**白崎顕道**　昭和二十七年（一九五〇）二月十三日住職拝命。寺焼失のため仮住所、福井市小山谷町五ノ十九の私宅へ寺籍を移す。昭和二十八年九月四日、祥光寺設立認可。昭和四十三年四月十八日寂。
○**杉山龍乗**　白崎顕道老齢のため、福井市足羽三ノ二ノ二八、法興寺に仮寺務所を移す。
一方、祥光寺飛躍の計画が突如わき起こる。

昭和十五年六月十五日付で髙橋泰龍が寺号移転許可願書をはじめとする八葉の書類を申請した。

当時の社会状勢は、風雲急にて先の戦争勃発前夜であった。何故この状況下で書類が出されたのか、机上のプランで終わったのか。この史料を垣間見る。

移転先は、当時東京府北多摩郡神代村大字下仙川七六七番地（今の東京都調布市仙川町）で、甲州街道と京王電鉄が並行に走る仙川駅付近である。施設は宅地五七七坪、本堂木造瓦葺四間（間口）五間（奥行）一棟、庫裡木造瓦葺四棟八〇坪で、仏具、什物等保有物一切も、「広瀬光明会」（編者注、山崎弁栄の光明会の支部か不詳）を主宰する広瀬省三郎がすべてを提供、加えて、広瀬氏が毎年一，〇〇〇円を寄付する代わりに、伏見宮家尊牌及び広瀬家の先祖を祀って欲しい（編者注。伏見宮家の関わりのある者か）とある。この念仏信仰組織と祥光寺を合併するというのだ。

一方、祥光寺側は、本尊阿弥陀如来丈八尺坐像一軀、両脇士（高祖、宗祖大師）坐像二軀、歴代の過去帳の四点を移し、永遠存立の方策として、財団法人化を計画し社会救済事業を行おうとのことだった。

だが、その後の進渉状況の記録なく、空しく霧散したようだ。

大阪時代

○**髙橋泰龍**　昭和十四年（一九三九）八月、大阪堺福王寺特命住職就任。同十六年頃、大阪市福島区江成町一五四に祥光寺再建。同四十九年四月八日寂。

ここに祥光寺の法灯は消え去った。一方で、北陸地方宗務支所（当時前田順一支所長）から「祥光寺の由緒を鑑みて、将来は何らかの形で復興させたいとの地元寺院の願い」があり、現在法興寺（杉山光寿住職）が特命住職として、寺院番号一一八祥光寺として、有名無実ながら存在している。

二十　天保九年宗門人別御改帳

天保九年（一八三八）に松尾大社社務所に提出されたもの。

葛野郡松尾谷村（現在の京都市西京区）の寿光寺は、明治の排仏毀釈で廃寺となり、本尊は来迎寺（西京区松尾井戸町）に移されている。

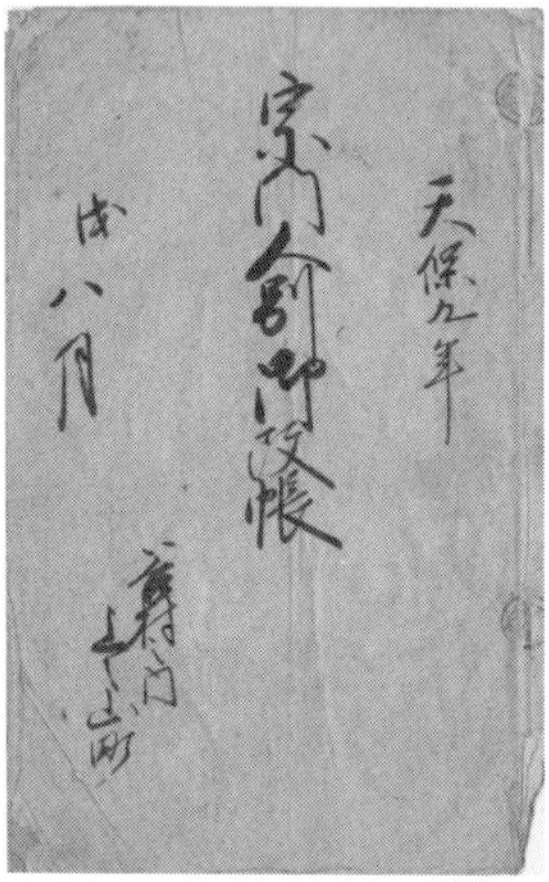

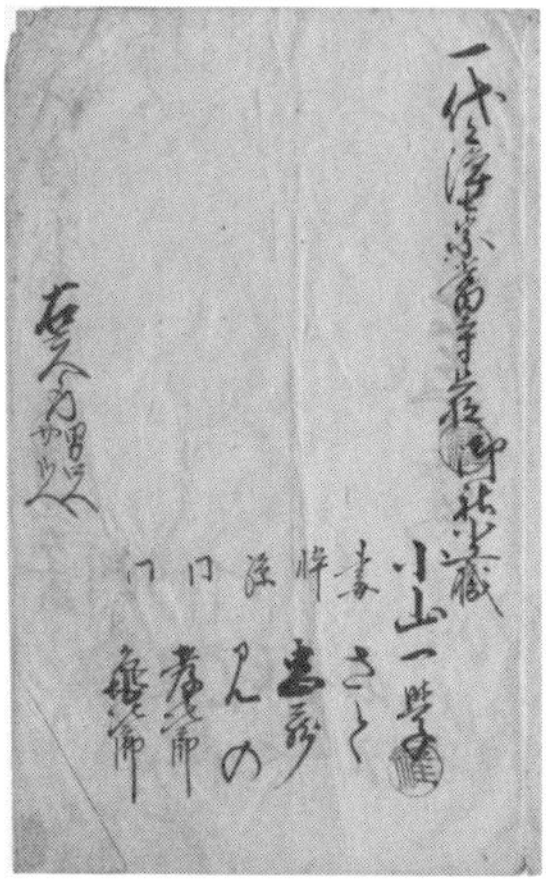

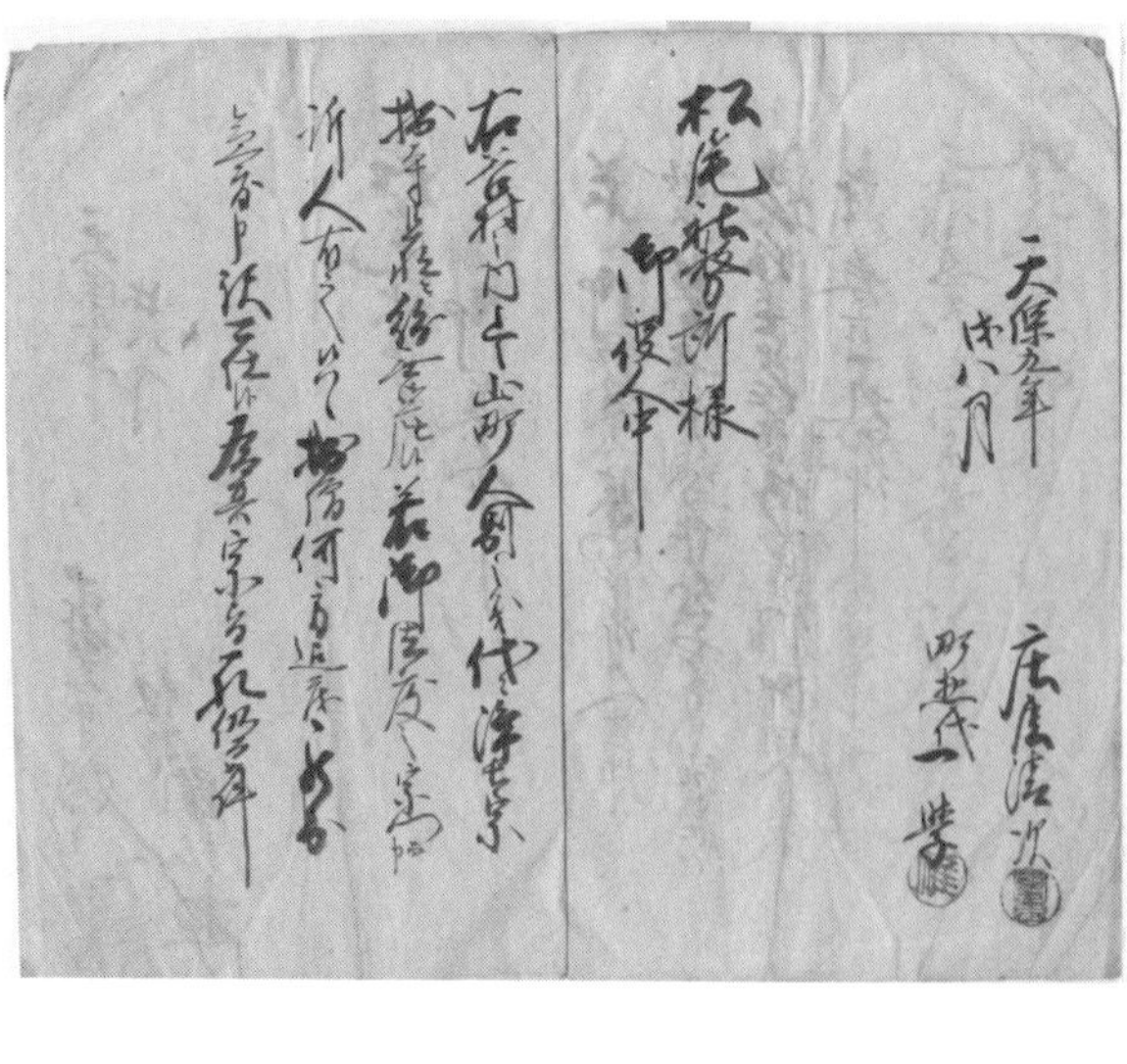

二十一　禅林寺御本尊の京都御所・江戸城での御開帳

通史編第六章四で述べたように、江戸時代には禅林寺の御本尊「みかえり阿弥陀如来」の御開帳がたびたび行われた。

その中でも、明和五年（一七六八）は、十月十二日に禁裏・仙洞御所への御参内、さらに十一月十九日に江戸城への御参内が実現している。

その様子について『年譜録』の記事を元に復元。また残された参内図を掲載する。なお、参内図は、実際のルートなどが朱書きされている。朱書きルートは破線で、朱書き文字はゴチック体で示した。

○京都御所での御開帳

明和五年（一七六八）八月二十三日、第五十八世盤空有倫上人が晋山した。その五日後の二十八日、御所参内を願い出ている。本来は六月九日の予定だったとある。

御所からは十月六日に返答があり、同月十二日が参内と決まる。翌日には御本尊の寸法を尋ねており、御開帳の準備に入ったことが分かる。

八月廿八日　以十念寺大典侍殿江顧本尊参内願出願書等品書具有別記　本来六月九日御内々本尊参内仰之趣別記有之

十月六日　参内之儀蒙十二日巳上刻之仰也　此趣達伝奏置　六日蒙仰之宸　翌七日従町口大判事本尊寸法
幷御坐後光竪横寸法尋来

御参内は、以下のような列を組んで行われることとなった。なお、禅林寺が当初準備した内容から大幅な変更があり、行列の人数も減らされた。

行列従此方之分皆相止従御所行列甚減少也
二人杖簗麻上下帯刀／同　三人素袍／同／同　一僧洒水任克上人／花瓶散杖　四人白木長櫃白張／同／同／同　二人倉掛白張／同／同　同長
櫃白張同／同　倉掛白張／同　柄香呂邃道上人　本尊御宝輦白張同／同／同　倉掛白張／同　手替奴素袍／同　乗輿六尺／六人／伴僧西
堂両人　沓持一人　長柄一人　行者典膳／式部病気不参　後対両人　供同／同／同／同／同／同六人　笠籠四荷　釣台一指　押両人
右行列三御所同断

十月十二日の当日、御本尊はまず京極の誓願寺に入る（誓願寺の案内を兼ねていた）。北門から本堂に移り、西門から出て寺町通を御所へ向かった。

御所での御本尊は美しく荘厳される。別紙には、仙洞御所内での進列ルートが示されている。唐破風の門より廊下を進み、いったん休息所に入った後、南にある間で開帳された様子が窺える。

対して、御所側からは黄金をはじめとする供物が献じられた。なお「百十九代緋天女皇」とは、百十九代天皇（光格天皇）の後見役を務めていた、百十七代後桜町天皇（緋宮）を指す。

出山十二日卯之上刻自二誓願寺北門一至二本堂一中休又出立自ハ西門出上二寺町一　兼誓願寺江案内
本尊於御所荘厳金襴巻物十本借用シ　右新台上四方皆嚢　針数本絲巻用意
前札其俱燭台二本木地香呂一口新調火不銷用意　山主乗輿内置キ服紗掛侍者上殿ス　此香呂今本尊左方ニ常置也
百十九代緋天女皇御所　黄金一枚一台　鏡餅一重一台　蒸ムシ菓子一台　干菓子一台
（中略）
禁裏御所内東宮御所　銀二枚一台　大典侍金百匹　局方三百匹　光照院宮金百匹　惣女中金千匹　女院御
所十八日銀五枚一台　蒸菓子一台　干菓子一台　唐金花瓶一口　此花瓶今本尊右方置日日供花　宸君御方伏見院宮方
金百匹

永観律師像は、禁裏御所以外の三御所で開帳された
と記されている。

永観律師無台直金襴敷無別荘厳　禁裏御所ニ不出也
女院御所金百匹　蒸菓子一台　干菓子一台
准后御所銀三枚一台　蒸菓子一台　干菓子一台
二宮御方金百匹
三御所共供奉僧中江蒸菓子大文庫一器賜之

禁裏御所での開帳は次のように記されている。

幕末（慶応年間）の京都御所周辺図

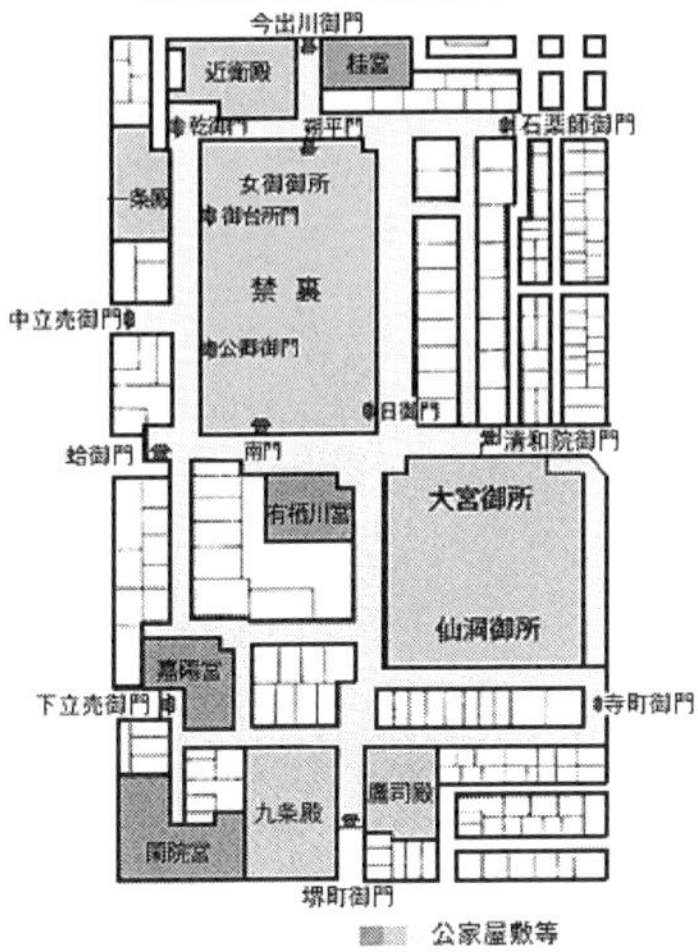

※環境省ホームページより引用
https://www.env.go.jp/garden/kyotogyoen/1_intro/history.html

禁裏御所ニテ三太夫内右京太夫挨拶有之
禁裏御所参江内ニ本尊奉ハベシレ安二宝輦内一外ニ安メハ荘厳シテ特外見不宜　又禁裏御所ニハ永観律師長櫃モ入置　本尊而已荘厳
余宝物祖師等停止也

御所での御開帳を終えた後、御本尊は十念寺に移り、二十八日まで結縁の法事が行われた。禅林寺に帰山したのは十月二十九日とあるが、翌日には江戸に出発することになる。

十二日晩酉刻入ニ十念寺従十三日為結縁至二十七日未上刻拝了　二十八日巳上刻戒名供養施餓鬼法事了　直ニ放生会供了　門中惣出　所化有合　廿九日巳上刻帰山

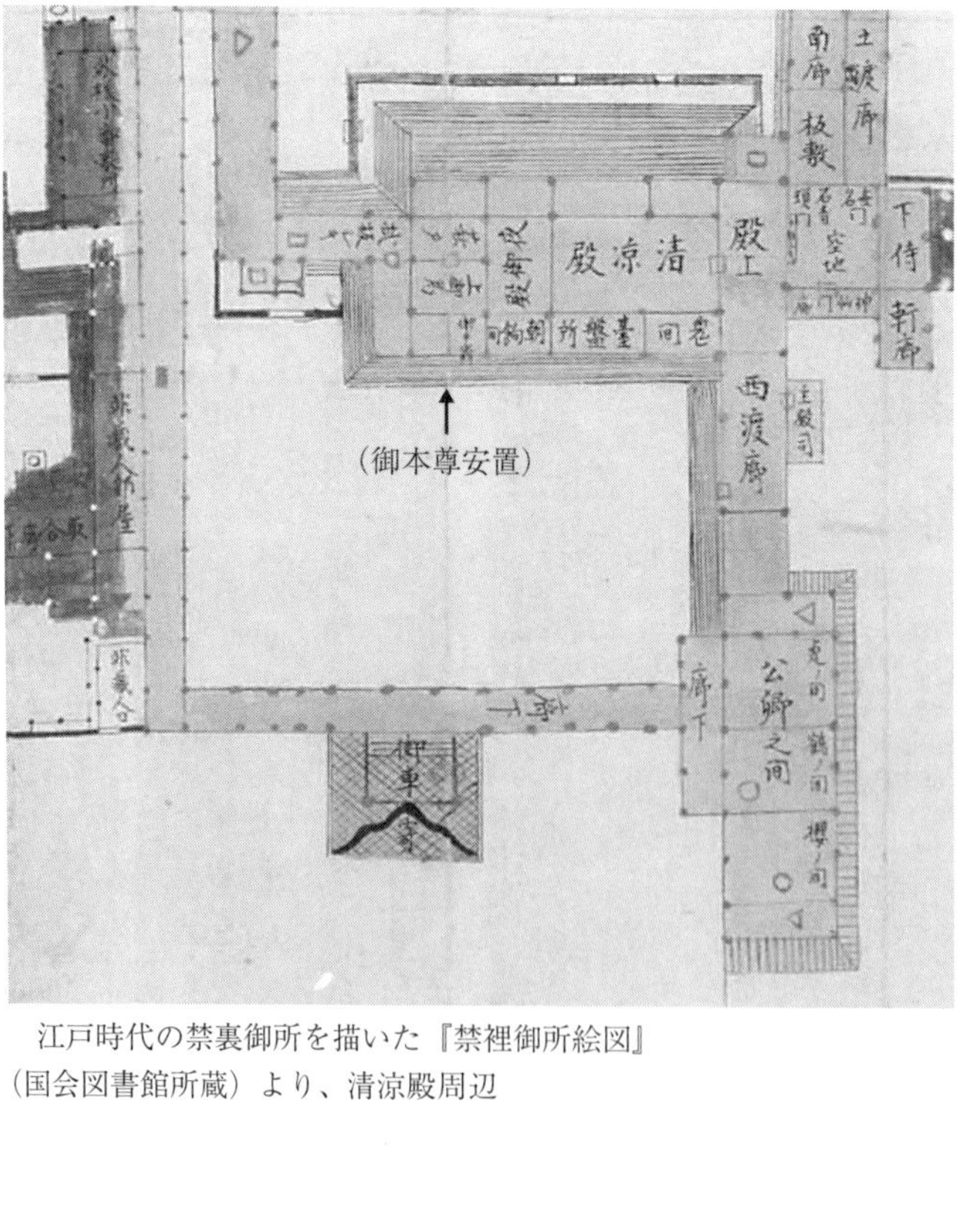

江戸時代の禁裏御所を描いた『禁裡御所絵図』（国会図書館所蔵）より、清涼殿周辺

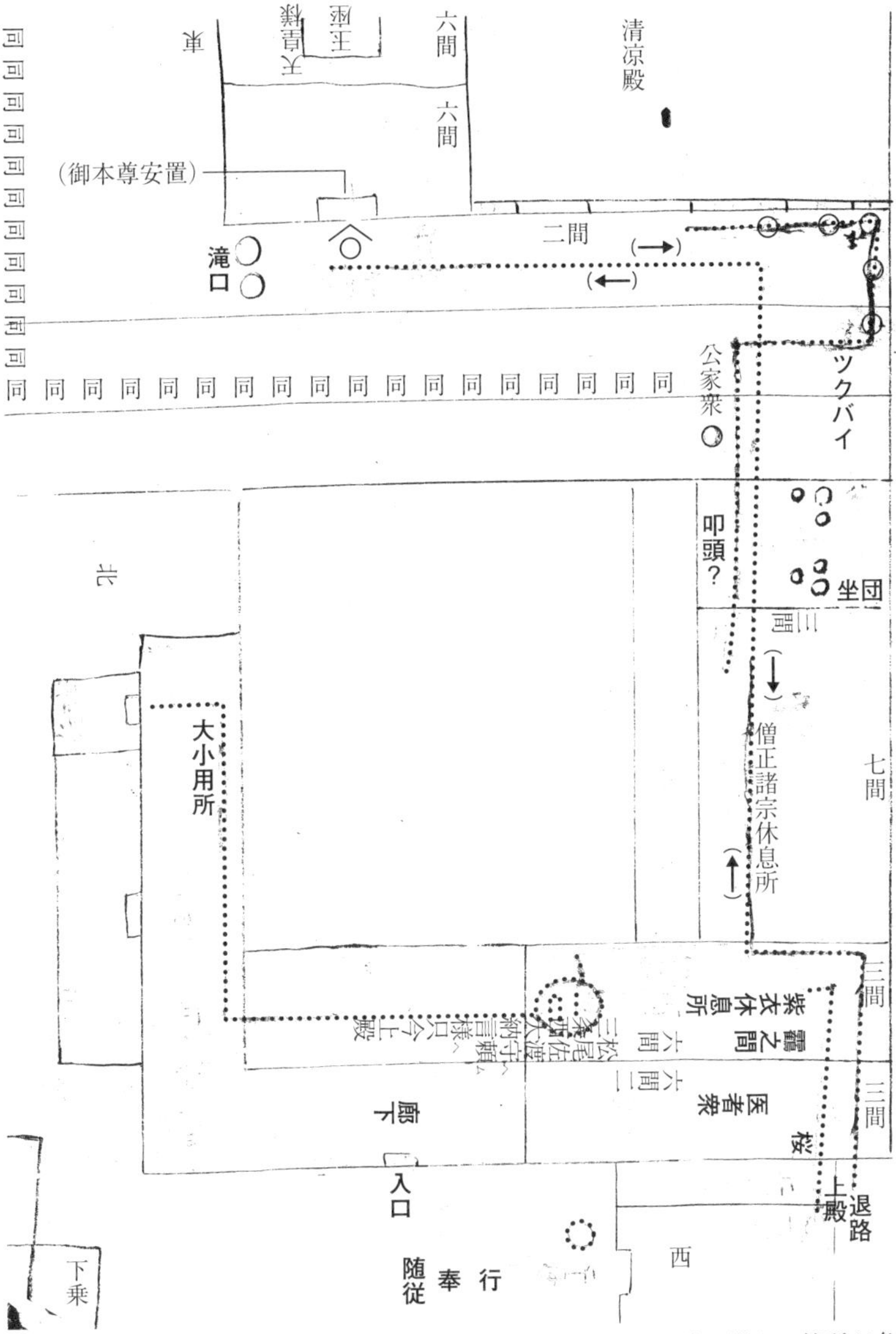

禁裏御所御開帳の経路図。経路は朱書きで、掲載図版では判読の難しい箇所が多い。右下の桜之間から隣の靏之間に入り、案内を待って右上方向に進み、中央上の清涼殿では、萩戸の玉座前で御開帳されたと思われる

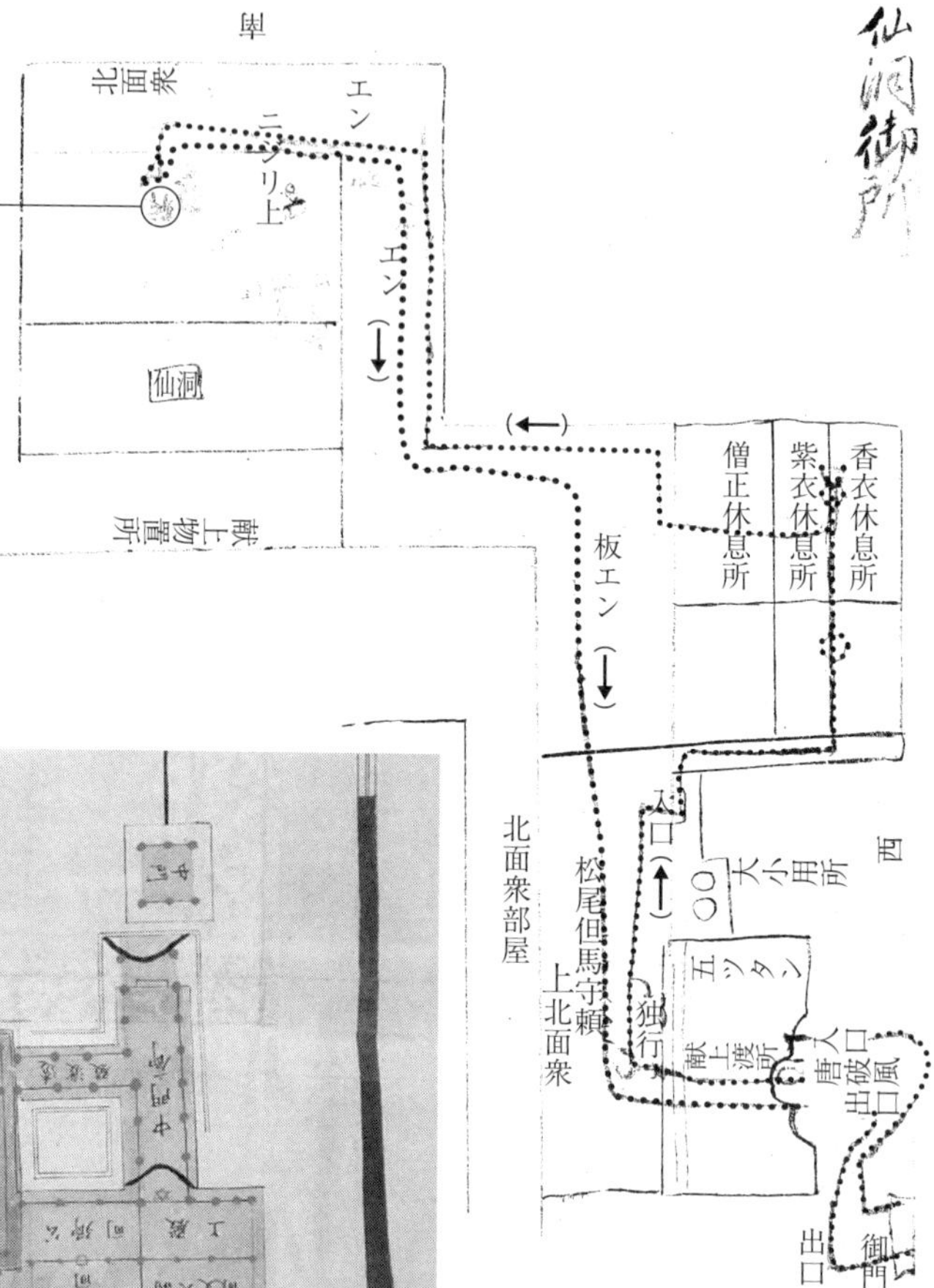

仙洞御所御開帳の経路図。朱書きの文字が判読できないが、ルートは明瞭

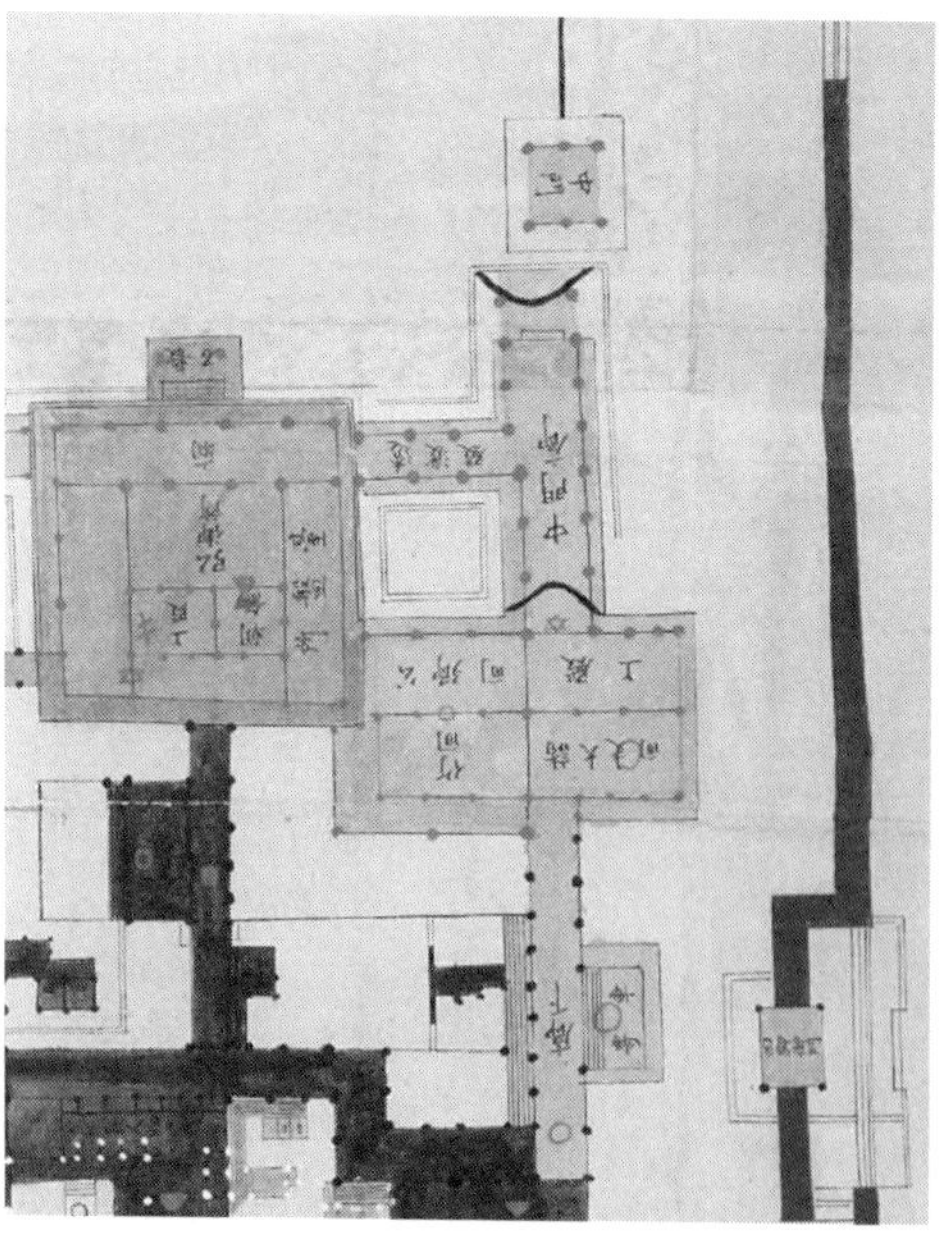

江戸時代の仙洞御所を描いた『禁裡御所絵図』（国会図書館所蔵）より部分掲載

○江戸城での御開帳

『年譜録』によれば、江戸城御開帳の記事は十月末に始まる。この日に関東へと出発し、大津を経て石部（滋賀県栗東市）で一泊、東海道を桑名に進んでいる。桑名港より、太守の船（禅林寺大檀越、明石城主松平伊豆守の船）にて、海路江戸に向かう。

供回など随行者の名も見える。また進物は、琥珀糖や風呂敷、数珠のように重いものを避けると記される。その代わりに塩瀬の服（袱）紗や絹製のタバコ入れと、軽いものが選ばれ、江戸からの土産物も、浅草海苔などをあげている。

十月晦日　関東発駕朝七ツ時　大津中食　至石部止宿　往来東海道七里半　渡海桑名太守之舩　宿浄土寺　網代（関東迄渡切金子手附渡ス）
京都附出並宿々帳面相二調ニ十日前先触出之式了　世話如二常例一人馬ニ共触有之也
供廻麟能（方丈役者）律道郭堂（侍者）荷物宰領林庄七郎式部支度銀百目先格也
関東進物琥珀糖（十三分包）五筥風呂敷（三十枚大巾）其外数珠等見合　又於江戸可相調十本入金物

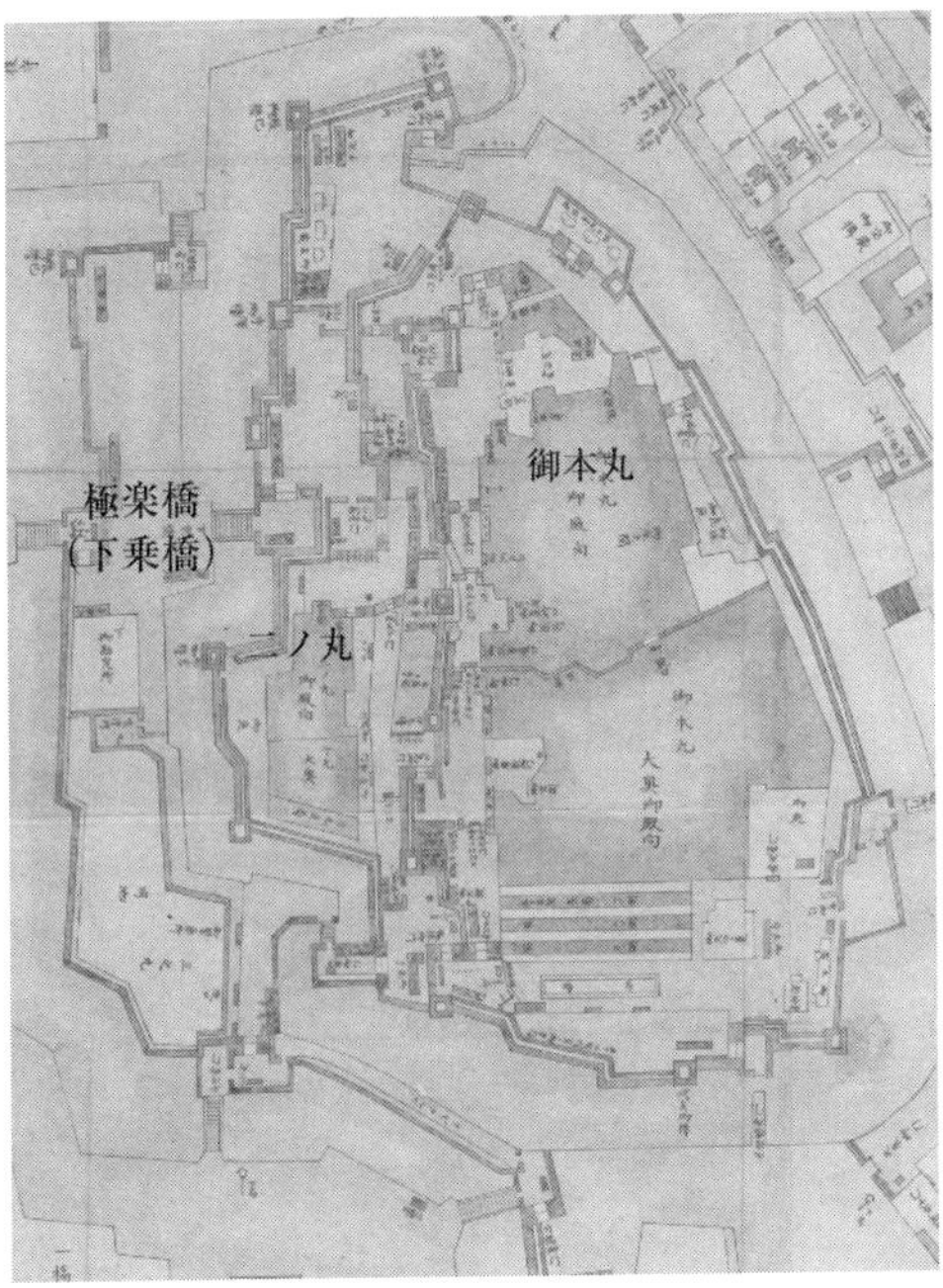

国立国会図書館所蔵
『江戸城図』を一部加工

打紐附等也　然進物類道中重荷物上下共
無用　京塩瀬服紗類絹地タバコ入荷軽物
可考　自江戸土産浅草苔タハコ（ママ）入江戸紫
縮緬類也

江戸到着は十一月九日。すぐに交渉役の役者が、幕府方と接触する。この月前半の担当は松平伊賀守（松平忠順。上田藩藩主、当時の寺社奉行）であった。

十一日に、江戸城登城を十五日とする通達があり、十五日朝には増上寺を出発しているが、第十代将軍徳川家治の前で開帳することはできず、いったん引きあげている。

十五日朝六ツ時登城惣下馬一切指置　極
楽橋前下乗　従レ是随従僧侶之外献上長持
至二御玄関前一狭箱長柄等無用也　玄関向
見附番衆有之故式部京都禅林寺断　山主

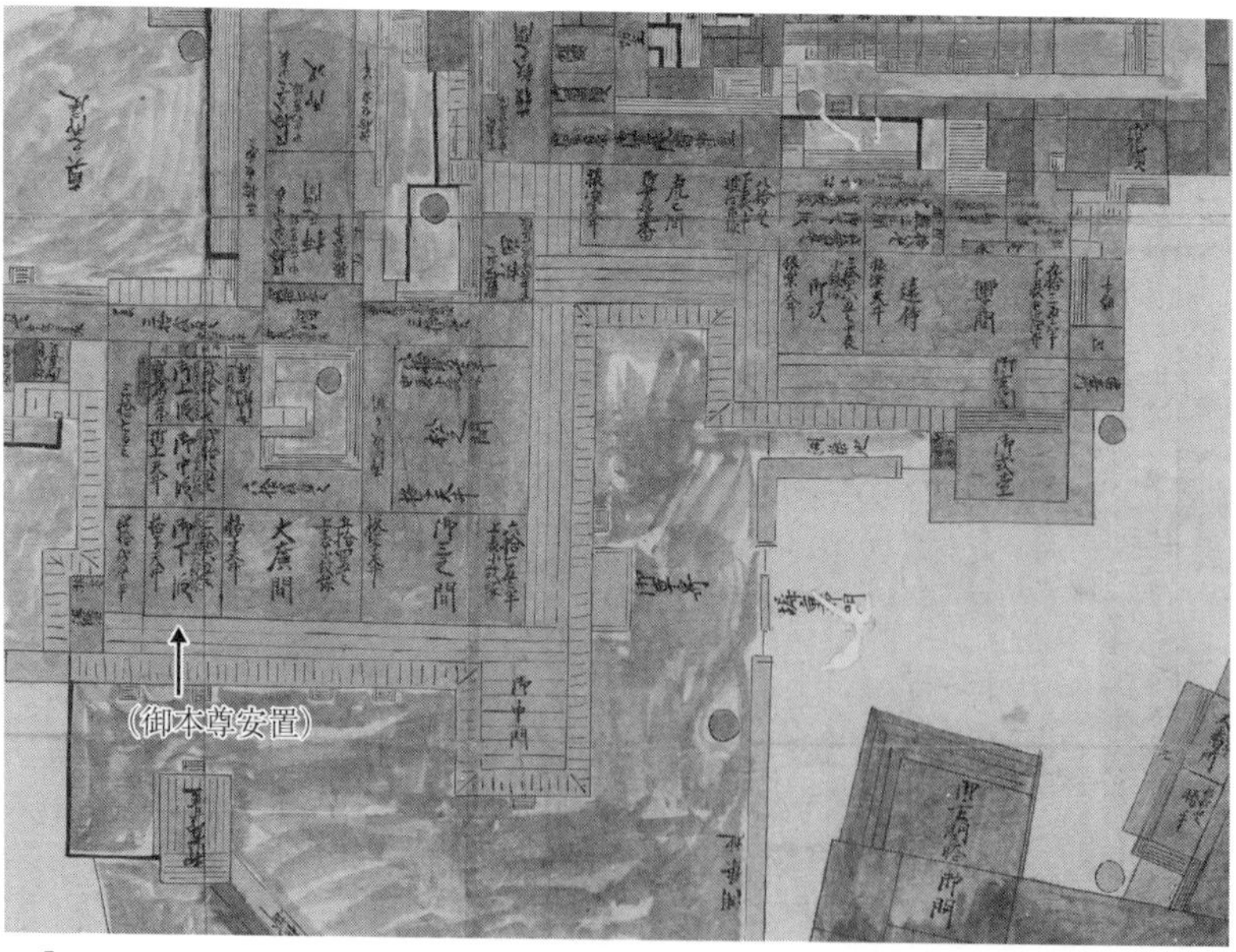

『江戸城本丸表方明細図』（国立国会図書館所蔵）より部分掲載。なお極楽橋（極楽門、つまり大手三ノ門の下乗橋）は二の丸の手前で、そこから本丸まで徒歩で移動した

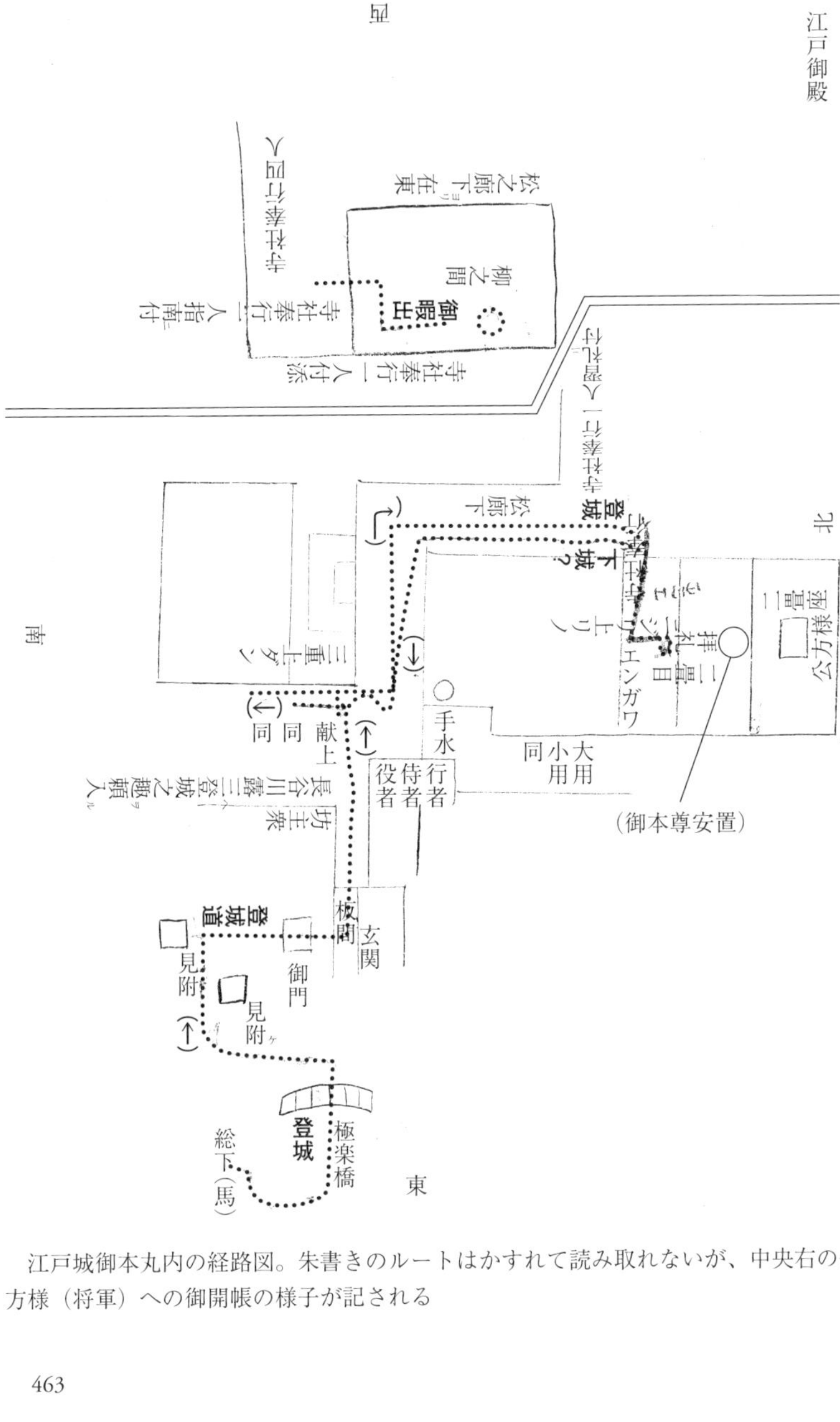

江戸城御本丸内の経路図。朱書きのルートはかすれて読み取れないが、中央右の公方様（将軍）への御開帳の様子が記される

黙礼板敷通畳上江不昇也　至松間献上前坐　長谷川露三頼置不出合及難渋頼他坊衆　松平伊賀守様江
只今禅林寺登城仕案内坊衆献上持参暫有　習礼等如別記
御老中　松平右近将監　松平右京太夫　松平周防守　阿部伊予守
寺社　土井大碩頭　牧野越中守　松平伊賀守　土岐美濃守

その後再び交渉が続けられ、十八日に松平伊賀守より、明日十九日に登城と伝えられた。次のように記されており、十九日に松の間に入りすぐに習礼（予行練習）を行い、その後将軍の前で御開帳、時服を拝領した。その際のルートが図面に残されており、「二畳目拝礼ニジリアガリ」と、披露の様子が記されている。登城は、寺社奉行と坊衆（茶坊主）の尽力で、どうにか実現したものであった。城を出た後は、すぐに老中、寺社奉行、若年寄などにお礼参りを行っている。

十一月十九日　十八日伊賀守殿切紙参　明十九日登城五ツ時高輪発駕如十五日夜　八ツ時出立正明六ツ時松間扣坊衆江頼松平伊賀守様江案内追附習礼始　初松平伊賀守殿暇計申、此上意申、也　伊賀守殿始終懸引致、　又時服拝領品扇子開此時服也　頂戴之躰致　也
正御暇之辰柳間　松平右近将監殿御出暇計申平伏　直次間立帰暫　坊衆二人時服奥　広蓋乗昇持参　土岐美濃守殿只今御時服申、又如習礼　出頂戴躰致帰次間扣惣躰黙礼　下城時服目通ナカラ御玄関出立

なお、尾張中納言（尾張藩九代藩主の徳川宗睦）からも御開帳の申し出があり、二十三日に竹腰山城守の屋敷

で披露された。そして二十五日に江戸を出発、昼夜を問わぬ強行軍で十二月三日の明け方に名護屋西光院（現在は名古屋市昭和区。禅林寺派）に到着。尾張藩の老中や寺社役にお礼参りの後、五日に名護屋を出発、大垣、守山に泊り七日に帰山した。

十二月八日に京都の所司代と町奉行に報告され、御開帳は無事に終了した。ただし莫大な借金が残され、「本尊様之借金也」と記されている。

帰山後門中役中ヨリ山主借受之印形申請度願所折節役者他行故熟談之上ニテ可レ及決答ト申置
其後善導忌刻一老来迎寺申サル所ハ此九貫五百目ハ山主大和尚ノ非二借銀一就二本尊参内一之故本尊様之借金也　各
別回向又開帳之刻　以余銀可償之ト申渡置候
然レドモ利息ハ当山主ヨリ両度結算刻年々払立少モ利息不足無之也

二十二　禅林寺獅子門歴代句碑について

御影堂の南方、阿弥陀堂参道の脇に通称「鶯鳴の滝」がある。滝つぼ付近は羊歯や草におおわれ、夏も少しひんやりして、そこはかとなく幽谷の気を感じる場所である。この谷間の斜面に群立しているのが、「獅子門歴代句碑」といわれるもので、大小三二にも及ぶ。

俳聖松尾芭蕉（一六四四〜一六九四）には多くの門人がいた。そのなかでも「其道を継ぐ十哲の門人」ありといわれ、宝井其角、服部嵐雪、向井去来、森川許六、各務支考らが挙げられる。獅子門は、この十哲の一人各務支考（一六六五〜一七三一）に始まる流派で、支考の別号の獅子老人、獅子庵にちなんでその名がある。支考は美濃生まれで、後年は美濃を中心に活躍、歴代の宗匠に美濃在住者が多く、美濃派とも呼ばれた。道統系譜は芭蕉が一世、支考を二世とし、現在まで続く。この歴代の宗匠の句碑が獅子門歴代句碑である。従って、芭蕉の有名な「古池や蛙飛込む水の音」や支考の句「牛呵る声に鴫たつ夕べ哉」の句碑もある。

第三十二世の高橋清斗氏によると、獅子門歴代句碑が禅林寺に建立されるようになったいきさつは次のようなものである。

芭蕉の没後一〇〇年余、享和の末に第七世白寿坊が俳諧弘通と師恩感謝の念で建碑を発願した。彼は弟子で八世を継ぐことになる風廬坊を補佐に、京都に一ヵ月滞在して建立地を選定した。それから東西諸国を二年近く行脚して浄財を集め、文化三年（一八〇六）三月十七日、一世の芭蕉から六世の是什坊まで六師の建碑にこぎつけた。

この六基は斜面に並んで建てられ、「永観堂連塔」と呼ばれたが、現在は永観堂幼稚園のグラウンド整備の

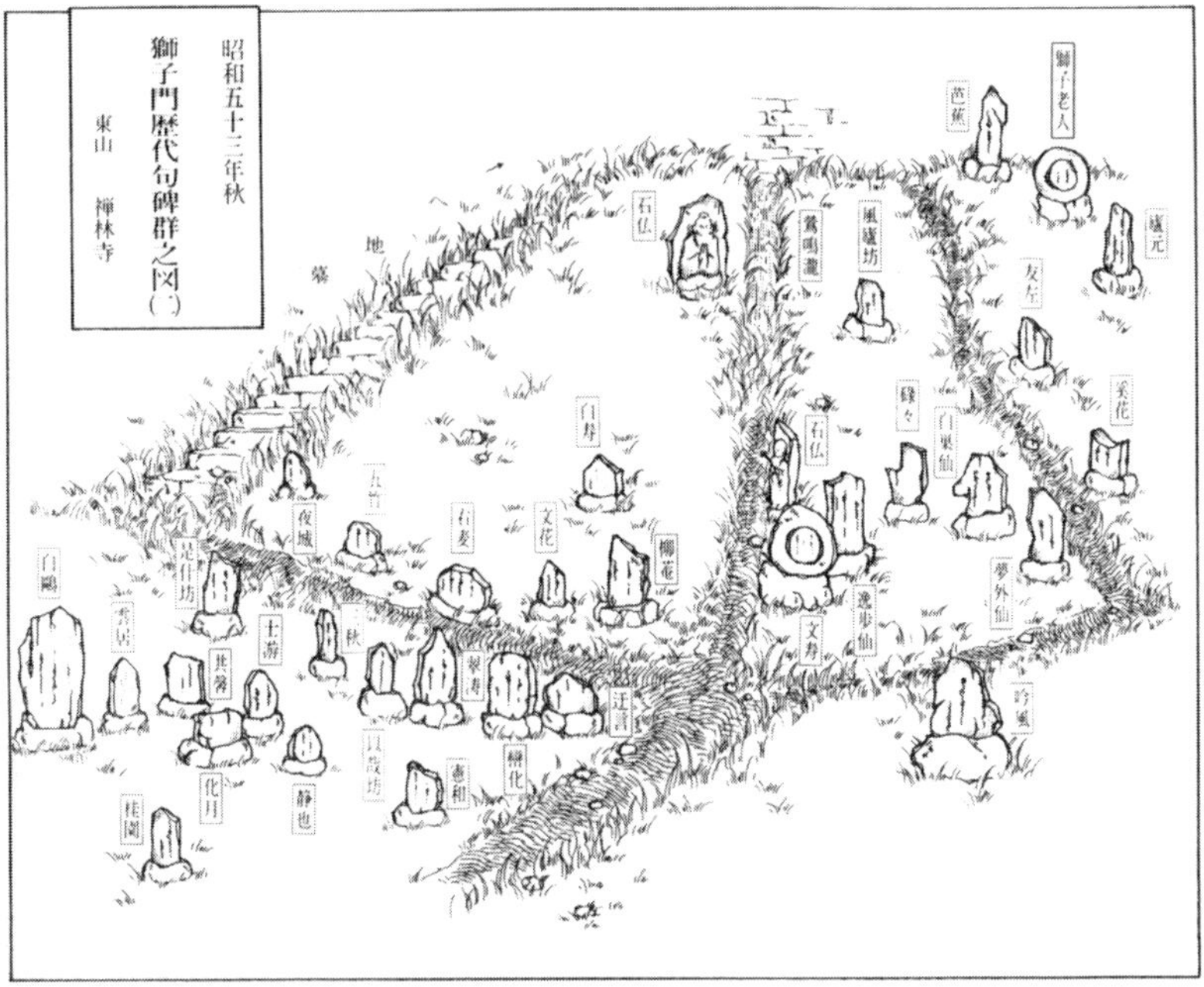

ため一部の碑は他の場所に移されている。その後、天保六年（一八三五）には第九世の発願で、第七世と第八世の碑が建った。天保十二年（一八四一）三月十二日には、第十一世の奚花坊が禅林寺で芭蕉翁一五〇回忌を営んでいる。ついで、弘化四年（一八四七）には、第十一世が、第九世から第十一世までの句碑を建立した。獅子門の道統を引き継いだ宗匠によって、歴代の句碑が建て継がれてきたのである。

その間、日清戦争前夜の明治二十六年（一八九三）には、芭蕉翁二〇〇回忌を営んでいる。戦後、第三十二世高橋清斗翁が長らく途絶えていた歴代句碑の建立を発願、昭和二十五年（一九五〇）には、句碑を調査、二基の紛失を発見、句碑の補修を行った。昭和三十一年、紛失の二基を再建、「獅子門歴代句碑」と刻まれた石標柱を建立している。同年十一月十八日、第二十三世から第三十一世までの一一基を建て添え、同月二十三日、禅林寺で除幕式を執行、記念俳句大会を行った。

記念俳句大会で詠まれたのは、連句である。連句は複数の人々が一座して、五七五の長句と七七の短句を交互に付けていき、共同で一定の句数の作品をつくる。奉納のために連句を巻く本式の席には、厳しい作法が定められている。連句の最初の句を発句といい、発句が独立したのが今日の俳句である。この大会では、五十韻といって五十句が詠まれた。

発句は、清斗翁の「十一基句碑立ち紅葉のとばり解く」で二句が「月ある方に飛べる色鳥」、三句が「秋惜しむ一竿軽く身は痩せて」で四句が「有料道路の清き直線」と付けられている。この四句は、天力という雅号で禅林寺の法主（伊藤隆範第八十二世）が詠んだものである。第三句は前句から転じ、「て、に、にて」等で終わると約束があり、第四句は無季語で軽くさらりとつけるものとされる。挙句は「咲き揃ふ花の下なる句碑何基」に「永観堂の長閑なる庭」と付けられて終わっている。この五十韻は、瑞紫殿の「除幕式俳諧奉額」に残されている。

獅子門はその後、第四十一世大野鵠士宗匠まで継がれている。

二十三　『両山諸国末寺鑑』（養福寺本）について

養福寺蔵『両山諸国末寺鑑』は、禅林寺、光明寺両山に所属する寺院の本末関係を国別に記したものである。

養福寺本の書誌は、写本大本一冊、縦二六センチ、横一八センチ、袋綴じで料紙は楮紙、墨付六五ページ、全巻一筆。

この『両山諸国末寺鑑』は、元禄二年（一六八九）、同三年の公儀の命により、禅林寺本山が、寺社方鉄砲吟味のため手形証文を作成提出させられたものである（図2）。養福寺本は、天明八年（一七八八）五月、養福寺白空（十三世）の書写とある（図4）。

当然本山には、この写本の原本があり、かつて閲覧したことがある。木箱に入った立派な装丁であった記憶があるが、法量などは失念した。

この写本は各国の寺院について、釣線で本末関係を示している（図1）。ただし孫末、塔頭、新末の明記なく、また後補された寺などの書入れがある。「直末」から「西新末」までの累計「都合千二百三拾」とある（図3）が、照合はでき

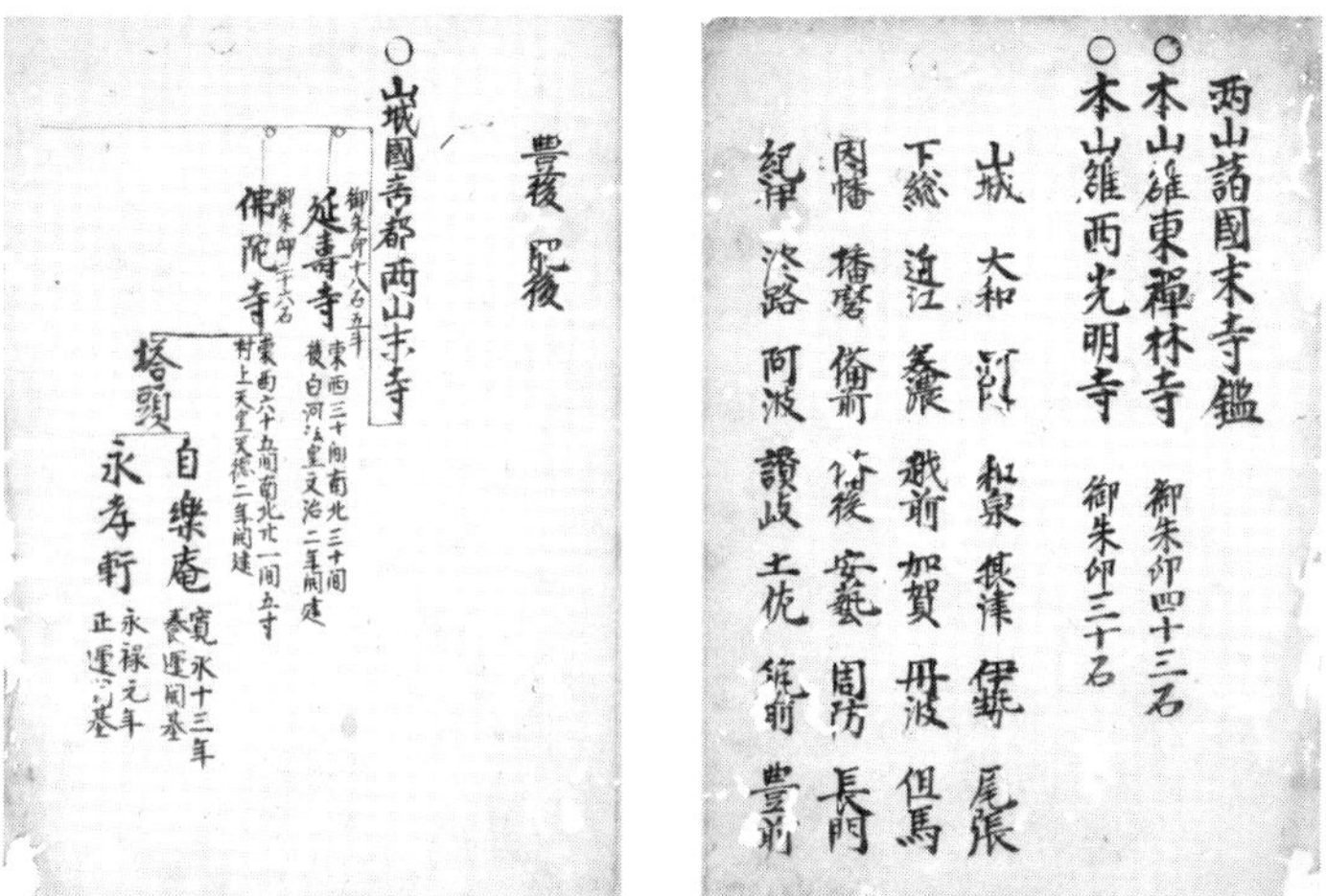

図1　養福寺本巻頭。国名の次に、図のように本末関係が記される

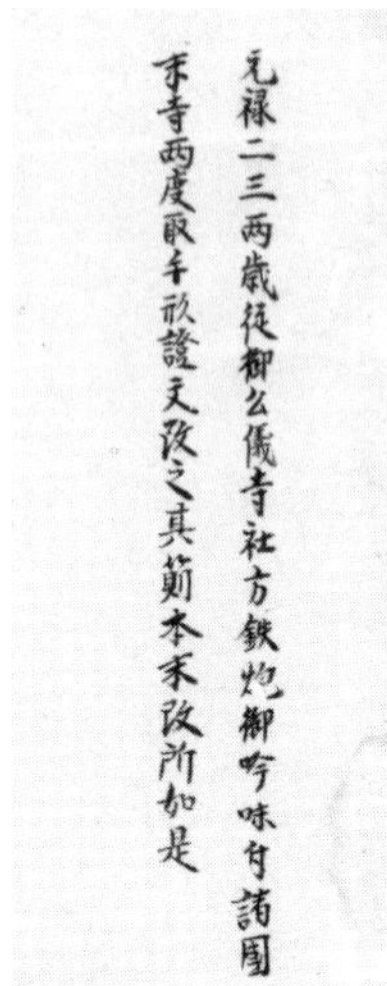
元禄二三両歳従御公儀寺社方鉄炮御吟味有諸國
末寺両度取手形證文改之其節本末改所如是

図２　原書の奥書

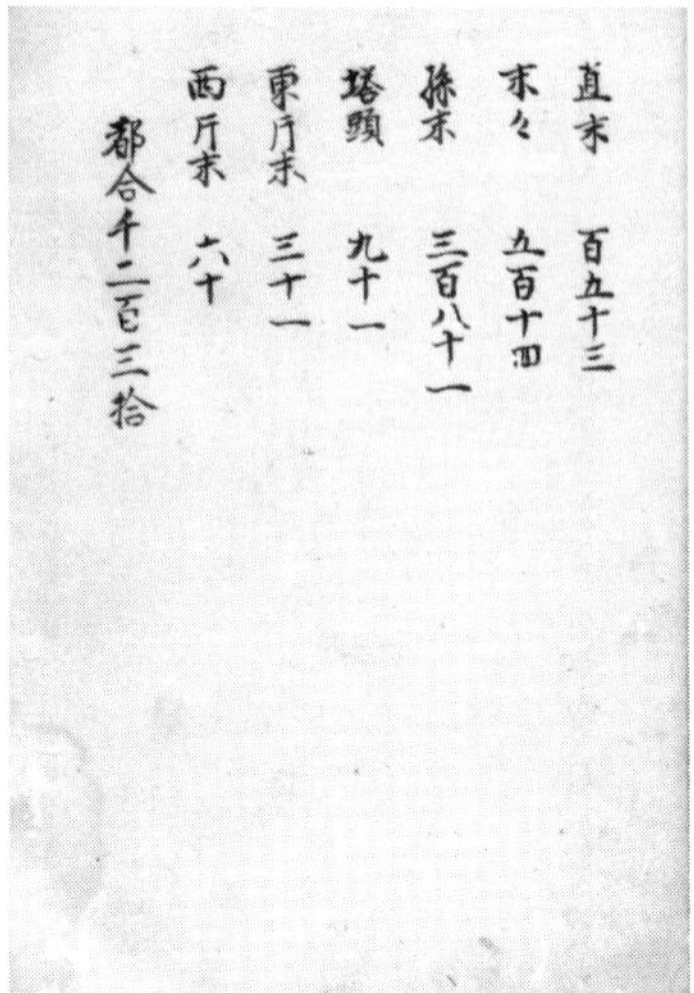
直末　百五十三
末々　五百十四
孫末　三百八十一
塔頭　九十一
東斤末　三十一
西斤末　六十
都合千二百三拾

図３　巻末に総数を記す

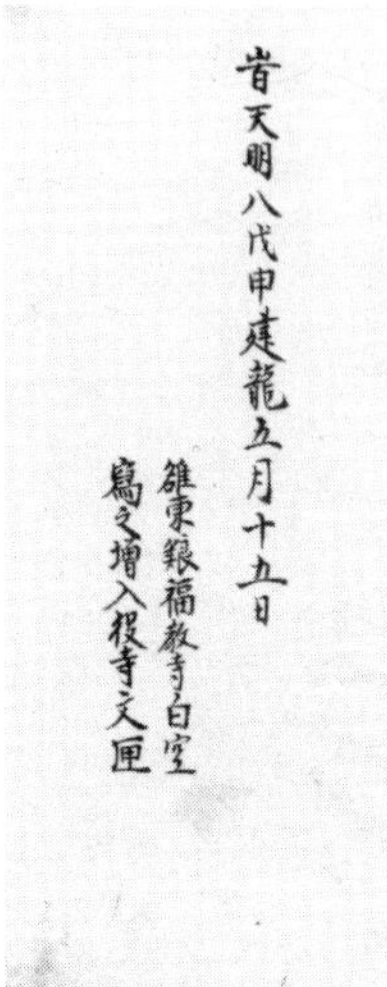
旹天明八戊申建龍五月十五日
雒東粮福教寺白堂
寫之増入很寺文匣

図４　養福寺本奥付

ない。

一部判明した寺院を示しておこう。

山城（京都）両山末三五ヵ寺、東新末（禅林寺）一八ヵ寺、西新末（光明寺）六〇ヵ寺。紀伊（和歌山）両山末六〇ヵ寺、末々（総上記六〇ヵ寺の末寺）一一〇ヵ寺、播磨（兵庫）両山末三一ヵ寺、孫末一八ヵ寺、東新末五ヵ寺。尾張（愛知）、美濃（岐阜）などは、檀林の末寺の表記はあるが、両本山との関係は判別不能である。

なお、九品寺本『両本山禅林寺・光明寺諸末寺法末寺院牒』（『西山禅林学報』二六　二〇〇〇による）は、文政十三年（一八三〇）三月、栄空恵恂の書写本とされる。元禄四年（一六九一）、洛中常楽寺第十九代述空の写本を、弟子が次々と受け継いだもので、一部加筆されている。そのためか、養福寺本と比較すると、国名や各寺の順序に多少の相違があるが、寺院はほぼ同じで、江戸期の一般的な寺院名簿といえる。

ちなみに鉄砲改は、当初は関八州の私有の鉄砲を検査するための部署で、貞享四年（一六八七）に設置された。

二十四　京都西山門中寺院の輪番法要と権限

江戸時代、派祖西山上人の顕彰と報恩のために、京都にある東本山（禅林寺）と西本山（光明寺）の両山末寺の寺院が毎年、西山上人の御祥忌を輪番で修行した。この時代、京都門中寺院は、両山末といわれ東西両本山の共通の末寺であった。これが現在まで続く京都西山門中の始まりである。ちなみに、平成二十七年は私の自坊養福寺が輪番をつとめた。二七年に一回の勝縁である。

門中寺院は、次の二七ヵ寺である。瑞泉寺、更雀寺、仏光寺、等善寺、休務寺、来迎寺、西林寺、※金泉寺、※誓弘寺、※十念寺、※仏陀寺、矢田寺、養福寺、※艮立院、※万年寺、西念寺、※延寿寺、末慶寺、※満福寺、光林寺、光明院、専求寺、中堂寺、大蔵寺、※宗徳寺、善長寺、※善徳寺　※は現在光明寺本山の末寺

この輪番法要が最初に営まれたのは、元禄五年（一六九二）木屋町三条の瑞泉寺である。その後、京都に天変地異があったときも、禁門の変で市内が大きな被害を受けたときも、欠かさず続けられた。法要の日時は、それぞれの寺院の都合で旧暦の三月、八月、九月など区々であったが、近年は十月に執行されている。門中寺院の順番は議定録によっているが、住職の遷化や転住で後継住職が決まるのに時間がかかる時などは、翌年の当番寺院と交替で修行した。

江戸時代を通じて欠かさず勤められた輪番法要も、延享三年（一七四六）にはなかった。西山上人五〇〇年大遠忌の年に当たり、本山への出勤奉仕と重なったため、申し合わせて取りやめたと思われる。

寛政八年（一七九六）、西山上人五五〇回忌にあたり、両本山がそれぞれ朝廷に諡号の奏請をして光格天皇

より鑑知国師を賜った。ところが、勅書をどちらの寺に置くかで争論が起きた。最終的に諡号勅書は両本山に拝承し、永久に守護することで和解した。そこで、両本山から預かるかたちで、京都門中が責任をもって綸旨を保管し、毎年の西山上人の御祥忌を輪番で厳修していくことを再確認した。この諡号勅書は、現在も当番寺院が大切に保管し、毎年の法要修了後、当番組寺立ち会いの上、翌年の当番寺院へ国師絵像、縁起絵巻や法具などとともに大切に引き継がれている。

ところが、残念なことに、門中紛議のために、明治八年より十三年までこの法要が途絶えた。本書の第七章で詳述したが、排仏棄釈の余波で境内地をめぐる紛争が起こったこと、明治九年（一八七六）の増上寺の大教院閉鎖に伴い、西山・鎮西両派へと分派し、西山派は光明寺、禅林寺、誓願寺、円福寺の四本山となったことなども影響したのだろう。この時の紛議で常楽寺が脱退することになった。

なお、『京都永観堂禅林寺文書』には、京都六役、門中役者、門中総代という寺院が登場する。いずれも先の二八（二七）ヵ寺から選ばれている。京都門中から役者を六寺選出し、その中の一寺が門中総代をつとめていた。いずれの文書も南禅寺との境や道路、建物の新築等の取り決めに関するもので、本山の重要事項の決定に京都門中寺院が大きく関わっていたことが分かる。この権限は、地方寺院住職の任命権にも及んでいる。その起源は一般に徳川時代の頃からといわれているが、具体的な史料は見当たらない。

両山には、京都門中だけでなく総門中寺院が定められていた。『京都永観堂禅林寺文書』には、天明五年（一七八五）付の「総門中連判請書」が収録されている。内容は、ありていにいうと、昨今の僧侶の風紀の乱れ（特に女性関係）の指摘に対して、「今後は気をつけます」と両山の役者に誓っている。この文書の最後は、この誓いを「若失却仕、及違犯、御公辺御沙汰ニ茂相成候趣ニ聞候ハバ、本人之罪過者、本山幷組寺へモ御咎相掛候ニ付、其已前ニ寺御取上被為仰付候間、各寺此旨急度相心得、承知印形可差上者也」となっている。罪が公儀に知れることになれば、組寺と本山に迷惑がかかるので、その前に寺に処分を下されても構わないとしている。この文書の総門中には、京都門中以外にも、融雲寺、九品寺、一音寺、大通寺などが加わっている。

　この文書に出てくる組寺であるが、御祥忌は輪番寺院住職のほかに、組寺が法要を担当する。地域別に東西に分かれ、それぞれ上、中、下組と六組に分けられ、その組内の老僧が組頭となる。組寺には組寺規約があり、住職が隠居や転住、遷化した際には、その寺の後継者の選定には組寺が立ち会い、組頭から規約を読み聞かされ、組内の和合、法要出勤等を諭される。

　明治になると、本山法主の遷化、隠居に当たっては、本山から使僧が京都門中に伺いに立ち、法臘の長い僧侶の上から五人（上五と呼ばれた）が合議の上、本山法主を推薦決定した。したがって、京都門中の寺院の中から直接本山の法主に上がる例は、大正時代まではなかった。

（久我儼雄述『京都西山門中および等善寺伝聞記』の一部抜粋）

　明治十七年（一八八四）太政官第十九号布達により、浄土宗西山派の宗制が認可され、両山共通の末寺もいずれかの本山に所属した。また、管長、法主もそれぞれの本山の一宗公選となり、地方行政も確立し、今日の宗制宗規の原形となった。

光格天皇御綸旨

勅垂法盛徳傳知大業弥天善慧國師
者専修次祖寛元宗師避塵五観息化
衆夢編述惟富利済無籌折衷顕密専
美于当世研覈難易馳誉于弥天先朝
所褒今復何論是歳丙辰遭五百五十
忌辰遺風猶昌正宗無絶朕嘉乃徳更
加徽号日彌天善慧
鑑知国師

寛政八年八月二十四日

二十五　祖師堂（御影堂）建立、法然上人七〇〇年大遠忌裏ばなし

法然上人七〇〇年大遠忌を記念して編纂された稲村修道師の『禅林寺誌』には、御影堂（祖師堂）について「明治四十二年（一九〇九）十一月三日、明治天皇天長の佳節を以て再建起工式を挙げ、大正二年三月一日竣工せる所の大殿にして、旧堂は明応六年後土御門天皇御再建以来数次の修繕を歴て遂に傾倒せり」とある。

しかし真実は、旧堂を浄土宗の寺院、塩竈山上徳寺（京都市下京区富小路通五条下ル）に移築したのである。そのことは上徳寺に残る記録からも明らかであり、今も上徳寺の本堂として大切に保存されている。（史料編二十六）

なぜ、旧御影堂が「傾倒」したことにされたのか。御影堂を本山にふさわしい規模の建物にしようと、法然上人七〇〇年大遠忌記念事業として、建て替えが計画され、竣工した。上徳寺への移築を明らかにすることで、御影堂の建て替えは急を要するものではなかったという事実が明るみに出るのを恐れたと思われる。

『社寺明細帳付録』には、「明治四十二年六月二十一日願　明治四十二年七月一日改築許可　祖師堂（境内仏堂）建坪合計一九九坪二合九勺、桁行七丈四寸　梁行六丈五寸　脇壇　桁行七丈四寸　梁行一丈　向拝　桁行三丈八寸　浜椽（四方共出）六尺三寸」とある。ところが、竣工日の欄は空欄になっている。これは改築ではなくて新築となったからで、京都府には、大正二年（一九一三）十二月三日に、位牌堂と廊下の新築と同日付で、建築完成御届が出されている。（京都府行政文書）

このあたりは、はじめは改築の予定であったが、途中でそれが変更になったと考えられる。これについては、大正二年十二月三日に「位牌所幷に廊下」の建築落成届が京都府に提出されているが、その中に祖師堂改築に

関して次のように書かれている。

「祖師堂　一九九坪二合九勺余　工費拾万七千円」として、祖師堂改築は明治四十二年七月一日に認可。工事を進行するに伴い、祖師堂位置変更のため（旧堂は南面だったが、西面に建て替え）従来の廊下は使えなくなり、新しく造り、その傍らに位牌堂を造ることとした。工費が「一万六百八拾七円四拾八銭」。

この「祖師堂位置変更」が、先に述べた、上徳寺の本堂として生まれ変わったことを意味するのではないか。上徳寺の史料によれば、本堂再建起工式が明治四十二年三月十二日、上棟式が翌明治四十三年七月十五日挙行、さらに竣工式については、「本堂再建工事竣工シ明治四十四年十一月二十四日入仏、落成式並ニ慶讃法要並ニ大師七百年御遠忌大会執行」とし、「右本堂ハ東山、西山派永観堂ノ御影堂ナリシガ当山住職及檀信徒協議ノ決議ニ依リソレヲ買ヒ受ケ茲ニ改築サレシモノニシテ創立后約参百年ヲ経過セシ古刹ナリ」とある。禅林寺の祖師堂の改築認可がおりたのが、明治四十二年七月のことなので、上徳寺への移築がいつ決定されたかは明らかではないが、時期的には一致する。また、この竣工式には禅林寺法主も特別請待されている。

ところで、「位牌所幷に廊下」は明治四十五年七月十八日に、七月十四日付の大森鐘一京都府知事あてで、管長加藤観海の副書とともに建築願を出しており、それには七月六日付の詳細な見積書が添付されている。見積額は一万六八七円四八銭八厘、諸雑費五四二円五一銭二厘、計一万一,二三〇円である。この時の収入見込書は次のようなものである。

収入見込五,六五〇円（末寺五百余寺よりの寄付）、二,五八〇円が信徒よりの寄付、三,〇〇〇円が祖師堂建築予備金一万五,〇〇〇円より支出で、合計一万一,二三〇円となっている。建築の認可は大正元年八月七日におりている。

さらに、京都府への建築完成届は大正二年十二月三日に出されている。それによれば、位牌所の広さは一六坪四分五厘、廊下は五つで坪合計が六八坪一分九厘、興味深いことに、かかった費用は、見積りと寸分違わない一万六八七円四八銭八厘となっている。

この収入見込によると、祖師堂の建築資金の予備費は明治四十五年七月現在、一万五,〇〇〇円は余分にあったことが分かる。上徳寺の竣工式が前年の明治四十四年十一月であるから、上徳寺が禅林寺に支払った費用がそれに含まれていたのだろうか。

『禅林』誌（大正五年〈一九一六〉四月）によれば、同年三月二十七日に遷化された養福寺第二十七世志知住元師は、布教師として長年活動するとともに、四十余年にわたって本山寺務の要職に就いていた。御影堂再建、御遠忌準備局の任にあたり、最終的には本山顧問であった。

そのため、養福寺には各種の史料が残されている。しかし、遠忌事業の支出額（告示）にある御影堂その他の追加施設の建設工事費一六万七,四〇〇余円は、どのようにして募財したのか分からない。

そこで『禅林』誌（創刊は大正三年〈一九一四〉十一月）のバックナンバーがほぼ揃っているので、調べてみた。しかし、宗学者の論文や、一般投稿の記事など、その時代を反映する内容のみで、宗務に関する情報は僅少であった。

分かったことは、一定の賦課金と、寺債の発行がすでに決議されていたということである。具体的なことは出てこないが、大正三年に利子払一,三二二円八六銭、償還金一,五三五円三一五銭、大正六年（一九一七）八月の第十五回門末協議会開催の第三号案に、建築割当額及第二賦課金未納分完納に関する件、第四号案負債償却方法とある。どのような決議になったかは不明である。

記事の最後に「決議日の詳細なるものは末刹各寺へ一部づゝ既に配附せられあれば、最早煩しく再録の必要を認めざれば本誌に唯議会の模様を報道するに止めぬ。請諒」と、今日の情報化社会では考えられない思考である。

その後の『禅林』では、大正十四年、同十五年、昭和三年の号に、寺債券償還当選番号と寺院名が、六月に一六件、十二月に一六件それぞれ記載されている。

昭和七年（一九三二）一月、第八回宗議会が開かれ、議事案のなかで寺債償還金一，八〇〇円とあり、二七年にわたる寺債の償還はすべて完了したと記される。逆算すれば、明治三十九年（一九〇六）ごろに寺債発行が建議されたことになる。寺債は一口いくらで、総口数も分からない。大事業なので原資はいくらあったのか、寺債以外に各寺院への賦課金を徴収したのか、不明である。

上徳寺からの冥加金、明治二十七年（一八九四）一月の光明寺本山との裁判での弁償金一万円、大正六年十二月の光明寺本山との末寺分派に対する御供え金二万円も原資となったのだろう。

私の手元には、この明治四十四年の法然上人七〇〇年大遠忌における、告示された支出額、計算書が残されている。以下にそれを掲げる。

支出額　告示

金拾六万七千四百五十三円六十一銭四厘　建築工事費
金八千百七拾弐円四拾弐銭　修繕費
金弐万弐千六百四十一円四十九銭六厘　遠忌費

金六千百五円七十銭　　施主家直檀寄付ノ仏具物品価格
金七千円　千円講　教場新築
金八千円　府下寺院キフ幷ニ二円講　教職員室幷寄宿舎二階建　新築
金五千三百五十円　婦人会キフ　婦人会本部新築
金四千円　　南禅寺旧墓地買収費
金壱万四千五百四十二円　　癲狂院敷地買収費
金弐千円　青嵐会幷ニ有志者キフ　黄鳥瀑新設費
金三百円　法主持　蓮池サラヱ費
金三百五十円　鎌田氏キフ　門前樹木植付幷樹木代
金三百三十五円　法主持　巌垣堂移築費
金百十五円　法主持　柴納屋移築費
金六十円　西福寺且中キフ　南禅寺インクライン傍石票代
金七百円　塚本氏キフ　白川筋二条橋東詰道路拡築地買収費
　計金弐拾四万七千八百三円廿三銭

計算書（未決）

控
金六百五拾八円五拾銭　竣工式賀金

金弐千五百弐円拾九銭五厘　仝　支払金

差引

金千八百四拾三円六拾九銭五厘　不足

金壱万弐千百四拾四円拾六銭六厘　遠忌純志納金

金四百四拾九円八拾銭　同　雑収入

計金壱万弐千五百九拾三円九拾六銭六厘

金弐万弐千七百五拾六円四拾八銭　遠忌費支払高

金弐千三百拾壱円三拾壱銭七厘　遠忌付帯修繕費

計金弐万五千六拾七円九拾七銭

差引

金壱万弐千四百七拾四円四厘　不足

出入計算書

金千八百四拾三円六拾九銭五厘　竣工式不足金

金壱万弐千四百七拾四円四厘　遠忌不足金

計金壱万四千三百拾七円六拾九銭九厘　総不足金

また、この不足金の補充については、次の書面がある。

右不足補充

金八千円	木村久兵ヱ借入
金三千五拾円	土地部　補助
金六百円	養福寺　借入
金五百円	源寛明　借入
金五百円	和田準然　借入
金五百円	伊藤歓道　借入
金千円	小松隆真　借入

計金壱万四千百五拾円

差引金百六拾七円六拾九銭九厘　不足

大正二年六月三十日

現在の禅林寺祖師堂（御影堂）

二十六　傾倒したはずの祖師堂（御影堂）、今も「世継地蔵・上徳寺」で健在

先述の祖師堂（御影堂）は、京都市下京区富小路通五条下る本塩竈町五五六、上徳寺の本堂として現存している。

山門前の京都市の駒札にもその由来が書かれ、教育委員会の文化財担当の方も、良い建造物で、将来指定文化財となるのではないかと述べている。

『洛東禅林寺略記』によれば、この祖師堂（御影堂）は慶長五年（一六〇〇）正親町天皇の命にて沙弥宗喜が再建（杲空代）。後に修復を重ね、回廊の擬宝珠の銘から、第五十六世瑞空愿亮代の宝暦十年（一七六〇）六月頃の建造物と考えられる。

現在の上徳寺本堂

二十七　熱血の人・近藤耆山管長

第七十六世法主近藤亮厳（耆山和上）は、通史編第八章四「大正時代の禅林寺」に記述のとおり、近代の中興の祖と仰ぐべき数々の鴻蹟を残している。

大正九年（一九二〇）九月一日遷化ののち、『一夢録』を稲村修道師が編輯、禅林寺文書伝道部より発行している。

内容は、晋山式開門偈にはじまり、本山行事、地方巡教、四季の移ろいが漢詩で綴られている。続いて、耆山老師の生涯の履歴が書かれ、逸話では、当時のマスコミ（日出新聞、大阪時事新報、中外日報、大阪朝日新聞）がそれぞれ高僧の大往生を追悼している。最後に、主治医土屋栄吉の病牀日録が記録されている。

○耆山和上の思い出話

『禅林』（大正十五年〈一九二六〉九月号）に掲載された〝耆山余光〟から、耆山和上在世の往事を追想しよう。

耆山翁は、錫を本山に移されて以来、大殿（御影堂、祖師堂）の改築、禅林婦人会の設立、守家財団の設置、東西両本山分属事件の処理、宗祖大師七〇〇年大遠忌奉修など、目覚しい活躍は、中興永観律師以来の大徳であるといえる。

耆山翁は、学徳兼備であり、何事も熟慮し、その上、勇猛果敢に事を決した、豪僧ともいえる人師で、他面、まれに見る政治家でもあった。その一例を引くと、京都市の市制が施行された際に、本山一帯は南禅寺町であったが、それを永観堂町に町名変更させたことが挙げられる。

淵江朴聞師（第八十世法主）は「明治二十二年御影堂（大殿）改築協議会の時、その中枢人物であった師は、西石垣（四条下る）の八百伝楼上に陣取り、密議を交わしたことは誰も知るまい」と書き残している。

なるほど総本山にふさわしい大殿建立の秘話がそこにあったのか。さすがの豪僧も、自らの終焉は予測できず、残された負債は、全寺院が寺債にて補い、老翁の衣鉢をついだのだ。

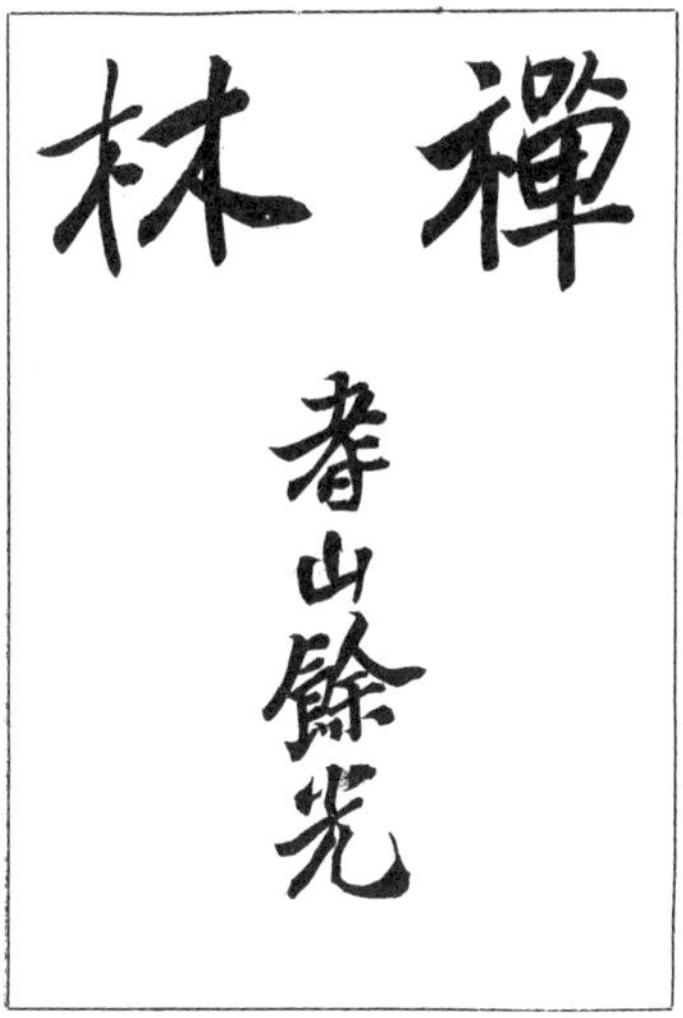

○寫　眞……耆山老師……
○冠　頭　言……
○陽明學者としての耆山上人……稲村　修道
○耆山老師の逸事……倉橋　旭靜
○西村七平氏臨終の後に……
記憶に存したるまゝを……福田靜處
○白雲居詩偈……遺　稿
○耆山老和尚摘筆……富田　溪仙
○恩師の面影……倉内寅次郎

○思出の種々……西山　眞空
○耆山老師の德を偲びて……淵江　朴文
○八　面　鏡……小木曾松濤生
○上人を憶ふ……佐々木準紹
○耆山老師の先手……根來　光空
○老師七回忌に當りて……北川伊三郎
○平凡的三事……井口　照文
○老師閑話……柴田　嘿厓
○書面數種……
○さもしび……遺弟亮觀

『禪林』表紙と目次。「淵江朴文（聞）」と「柴田嘿厓（崖）」は誤植。

二十八　聖峯中学校の顛末と後日譚（通史編第八章四などの参考史料）

わが宗派の子弟教育機関は、明治三十四年（一九〇一）四月、西山派普通学寮として設置された。その後、一般家庭の子弟をも受け入れようと、大正八年（一九一九）四月聖峯中学と改称、翌年一月文部省から私立聖峯中学が認定指定された。

これは、通史編第七章五にある東西本山の紛争となり、分派の遠因ともなる。

昭和に入り、世界経済市場の大恐慌は、禅林寺にまで影響を与え、聖峯中学の存続を協議するまでに至ったが、この不況をのり越え、昭和十三年（一九三八）には生徒数五一九人に達した。これは、国策である融和政策に応じ、朝鮮、台湾の子弟を多く受け入れたからである。ある年度では、これらの子弟がクラスの半数を占める程であった。

だが、先の大戦、そして戦後に至っては学校経営は貧窮のどん底に入る。

昭和二十三年（一九四八）学制改革で高校となるも、打解策を講じることなく、昭和二十五年（一九五〇）の宗派議会で、救済策として全国一般寺院からの補助金を醸出することとなった。具体的には「寺院等級口数、一口金五円の割にて寄附形式で募る。また、教師の特別寄附に対しては、賞典規則依り、僧階を晋む（僧都位千円以上、僧正位二千円以上）」であった。いくら集まったのか、記録がないので分からないが、いずれ負債の補塡に

聖峯中学校跡記念碑

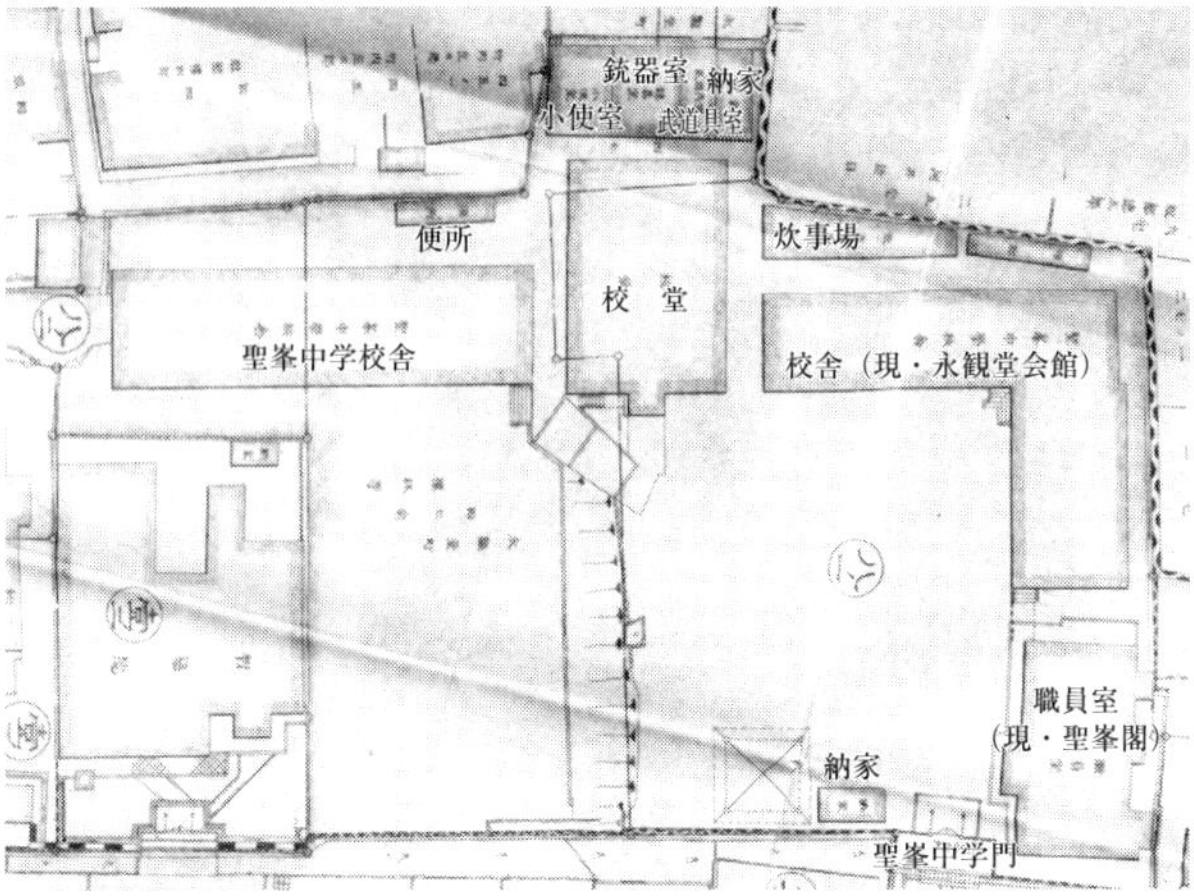

往時の聖峯中学の青写真

使われたと思われる。

この年度の六、八、十月には、財団理事会や対策委員会などが再三開催されたが妙案なく、翌年三月末をもって聖峯高等学校は閉校となり、在学生徒、教職員の一部は東山高等学校に吸収された。

昭和二十六年（一九五一）七月、理事会において、西校舎、講堂、備品の売却が決まり、競売が実現したのは、昭和三十年（一九五五）七月十一日で、落札金額は、三九万八、〇〇〇円であった。

平成五年（一九九三）に入り、聖峯中学卒業生有志が発起人となり、「母校の面影に記念碑を建て、栄光の跡を後世に留めたい」と資金をあつめて記念碑が建立された。

そこに刻まれたのは校歌で、当時の世相を反映して、戦争を謳歌する表現がある。

当時私は宗務総長であり、各所より批判の意見を聞き、今日の宗門の考えを記念碑の脇に駒札で掲げた。その要旨は、「校歌の歌詞は、過去の歴史の一齣であって、教団として是認するものではない。わが宗派は念仏信仰をもって人々に生きる力を与え、人類の福祉と恒久平和に貢献すべく歩んでいる」と宣明にした文言を誌しておいた。

二十九　禅林寺と光明寺の訴訟における判決正本（通史編第七章五の参考史料）

判決正本

判決正本

京都府乙訓郡乙訓村字粟生光明寺住職
原告　菅原精空
右訴訟代理人辯護士
奥繁三郎
京都府京都市上京區南禪寺町禪林寺住職
被告　清水範空
右訴訟代理人辯護士
櫻井一久

右當事者間ノ末寺編入並ニ違約金反求事件ニ付當地方裁
判所ハ判決スルコト左ノ如シ
原告ノ請求ハ之ヲ棄却ス

一
二

原告ハ被告ニ對シ金壹万圓ヲ辨償ス可シ
本訴及反訴ノ訴訟費用ハ共ニ原告ノ負擔トス

明治廿六年十二月廿八日
京都地方裁判所民事部
裁判長判事　加太邦憲
判事　河村松三郎

判事　横山寛平
原本ニ依リ此正本ヲ作ルモノ也
京都地方裁判所
明治廿七年一月廿三日
裁判所書記　甲斐三郎八

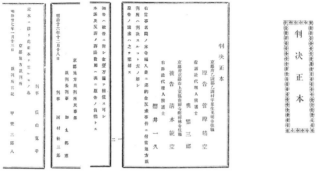

判決期日、内容、および被告・原告名記載部分（抜粋）詳細は通史編296～297ページ参照

右契約ニ依レハ五十九ヶ寺ノ撰擇權ハ原告ニ屬スルヲ以
テ原告ハ明治二十六年七月ヨリ九月上旬ニ渉リ三十二ヶ
寺ヲ撰定シテ被告ノ末寺ニ編入シタリ其餘本訴請求ノ寺
院二十七ヶ寺卽チ
京都府葛野郡衣笠村大字等持院
念佛寺
同府同郡花園村大字字多野

印空菴
同府同郡嵯峨村大字下嵯峨
寶樹寺
同府同郡衣笠村大字大北山
法音寺
同府同郡小野鄕村大字杉坂
地藏院
同府紀伊郡吉祥院村大字吉祥院
成就院
同府京都市下京區油小路通木津屋橋下ル不動堂
明王院
同府南桑田郡大井村大字並河

五
六

正福寺
大阪府島上郡芥川村
觀音寺
同府能勢郡東能勢村大字余野
遊仙寺
岡山縣岡山市大雲寺町
大雲寺
岐阜縣山縣郡巖美村大字岩井
普全菴
同縣方縣郡古津村
清藏菴
同縣加茂郡八百津町

貴淨院
奈良縣葛上郡大安寺村大字大安寺
地藏堂
同縣同郡辰市村大字東九條
來迎寺
同縣同郡平和村大字井戸野
常福寺
和歌山縣名草郡東山東村大字黒岩
安養寺
岐阜縣山縣郡北春近村大字中屋
藥師菴
和歌山縣名草郡山口村大字瀧畑

七
八

常願寺
福岡縣仲津郡稗田村字菩見
長命院
同縣企救郡城野村字丸ヶ口
福相寺
大分縣大野郡大野市村字木儞鎭山
淨德寺
同縣大分郡中判田村
明道寺
山口縣豐浦郡吉賀村
正安寺
同縣同郡高山村

行傳寺
和歌山縣名草郡西山東村大字伊太祈曾
佛法寺
備豫備寺トシテ
岐阜縣羽栗郡竹ヶ鼻町
正法寺
同縣武儀郡乾村大字日永
東林寺
京都府京都市下京區梅ヶ小路通櫛笥西入八條町
蓮華寺

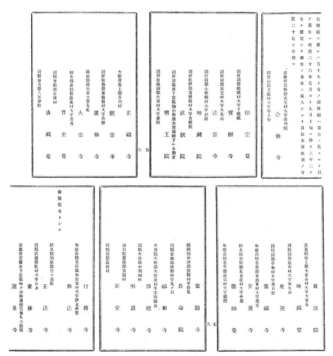

禅林寺が受け入れを拒絶した二七ヵ寺。現在、念仏寺、法音寺、地蔵院、成就院と、予備寺の正法寺、東林寺は禅林寺に所属。他は光明寺に属するが、所在不詳が七ヵ寺ある

三十　紀州檀林総持寺傘下一六〇ヵ寺　両山末寺から光明寺本山へ所属

（通史編第七章五の参考史料）

この東西両本山の間の分末事件の淵源は、明治期までさかのぼる。

当時、東西両本山の子弟教育は、各地域に宗務支院、分校が置かれ、初等教育を受け僧侶の第一関門である出家得度のため、所依の経典である三部経及び御疏要文の訓読の試験が行われていた。

そして得度が認められると、掛錫願（僧籍遍入）を出し僧侶となる。

その後、法臘（僧侶になってからの年数をいう）三年以上、下等学課卒業の者に法脈伝家（加行）の許可が得られる。法臘六年以上で、論義の出題に合格した者に転衣願によって、黒衣から香衣の衣の着用が認められる。学業は入学手続によって許可され、定められた学科を宗学本校（東西本山）に入校し履修する。年限については特に明記なくわからない。一級から八級の階位とそれぞれの課目を修得するのである。

だが資質に地域格差が生じ、その弊害が長年論じられてきた。今日でも法脈相（伝）承会に、経文すら充分に読めない者が受け資格を得ようとする。そこで明治十三年十月、全国の末寺を東西に分轄し、各山に寺務、学務を置き檀林住職を主任とし教法の隆昌を計った。

しかし、依然として教育制度問題で内紛していた。

対立の真因は、次のようであろう。

今風にいえば、教育制度の対立とは、宗内の旧守派と改革派の意見の相異であった。

この期の普通学寮の学力は住職の適格性に主眼がおかれ、語学力に乏しく卒業しても社会的に役立たない。

また、普通学寮を認定中学へ移行することによって、在俗の子族を広く受け入れ徴兵猶予の上、高等学校への道を求めようとする。

守旧派は、立派な僧侶の育成を求め、片や改革派は、学士の道を撰び社会に広むべきだというのであった。

大正六年十二月十一日より五日間、第八回宗議会が開催された。

提出された議案は五議案で、予算・決算案と規則改正案であった。とくに問題となったのは学寮規則の改正で、普通学寮の修業年限を五年、専門学寮の修業年限を三年とする案である。

この制度の改正の狙いは、普通学寮を認定中学に、専門学寮を専門学校令に依る専門学校にしようというものであったが、過去に幾多の改革への伏線があり、審議未了となる。

加えて、この学寮問題が火種となって、各山分立問題が起こり、急遽各山分立が決議された。その結果、その議会提出の各案は廃案となった。

今日は、情報化の時代、いかなる組織でも透明性が求められる。

大正時代は、平然と隠蔽がまかり通り、ご都合主義が横行していた。宗派分派（分立）の決議がなされた第八回宗議会（大正六年十二月十一日）を受け、門末協議会（大正六年十二月二十三日、東本山のみの決定機関）が開かれ追認したが、広報誌たる『禅林』十二月号には「各山分立に関する重要案件であれど、然れども今は尚ほ其の詳細を漏すの機にあらざるを以て、暫く緘黙を守り置くこととせり」としている。

この結果、紀州檀林総持寺傘下一六〇余ヵ寺が光明寺本山へ所属したのである。

三十一　離脱した名刹寺院

○安楽寺（左京区鹿ヶ谷御所ノ段町）

かつて法然上人の念仏道場があった。上人の弟子住蓮房、安楽房に感化された後鳥羽上皇の宮人が尼になると、上皇は憤激し、両弟子を殺した上、法然上人を土佐に流罪とした。それ以降は荒廃していたが、江戸時代に再建された。禅林寺膝下の名刹である。昭和四十六年（一九七一）、池田円暁住職（当時）は、「延宝八年（一六八〇）徳川幕府により強制的に従属させられた本末関係から〝ひとりだち〟する」と宣言、宗派離脱をした。

同師は宗派の学問の碩学であった。

『都名所図会』より安楽寺

○吉祥院・天満宮（南区吉祥院政所町）

天満宮の祭神は菅原道真（八四五～九〇三）。道真の祖父清公が遣唐使として渡航中に、同船していた伝教大師最澄が吉祥天女を祈って波を鎮めたため、帰朝後自邸内に吉祥院を建立した。後に道真の霊を祀るため天満宮が建立された。昭和初期の寺院名簿には記載されていた。

吉祥院の建物は天満宮の一隅にあった。第八十九世善龍法主より、平成五年（一九九三）二月伝聞を得た。それによると、「かつては地元吉祥院氏子寺院（八ヵ寺）で管理されていた。寺宝に大般若経六百巻あり、近年まで転読会を厳修した」という。なお、鋳造年代不詳であるが、文献によると道真ゆかりの梵鐘があった。鐘銘回文は左記の通りである。

科限非器　遠覃是仁　和心播響
応手成因　他利弘誓　我帰至真
魔降伏刀　剣解推輪

『都名所図会』より吉祥院天満宮

○秋篠寺（奈良市秋篠町）

宝亀十一年（七八〇）の開創。法相宗に属したが、平安初期から真言密教へ移る。

境内六，〇〇〇坪、本堂は国宝で、仏像伎芸天像は鎌倉期運慶の作と伝えられ、その美形に魅了され参拝に

秋篠寺　国宝の本堂

訪れる人が多い。

ところがこの寺は、昭和初期には、禅林寺の地方本山というべき立政（りゅうしょう）寺（岐阜市西荘、十四世紀の正平年間開創）の末寺であった。本山からいえば孫末である。なぜこのようなこととなったのか。恐らく、当時の堀内瑞善住職が、我が宗派の法脈とつながる人師であったためと思われる。

第二次世界大戦後の宗教行政の改革で、宗教法人令が昭和二十一年（一九四六）に制定され、ついで昭和二十六年（一九五一）四月、宗教法人法が公布施行された。

この時に秋篠寺は宗派から離脱、単立法人となった。

その後、福王寺（大阪府堺市黒土町）の加納瑞暁住職も、同寺を秋篠寺に移し、昭和五十五年（一九八〇）頃に離脱した経緯がある。

◯その他

超勝寺（大阪府南河内郡千早赤阪村水分）は、昭和四十四年（一九六九）刊『全国寺院名鑑』（全日本仏教会発行）には、当派の所属とある。しかし当時の行政当局の不手際から、宗派台帳から消え去ることとなる。

滋賀県下においても、真野祥聚寺、野洲浄光寺は名簿から除外されている。

逆に、昭和初期本派関係寺院であったが、戦後の宗教法人法施行で正式所属した寺院がある。

京都でいえば、天台宗妙法院末で本町通にある専定院、専称寺、浄心寺。府下では浄土宗佐太来迎寺末の慶

照寺（京田辺市普賢寺）、正福寺（京田辺市三山木）、極楽寺（精華町祐稲）がある。

養福寺第十三世白空圭洲上人が写した『両山諸国末寺鑑』（史料二十三）によれば、禅林寺本山、光明寺本山を併せて一，二三〇ヵ寺とある。現今、誓願寺本山を加えて、西山三派でほぼ同数となるのではないか。その分減少したこととなる。

附記　宗教法人法について

最近、お金や住職をめぐるさまざまな事件がマスコミに登場する。税金、寺宝紛失または財産処分の問題や、寺と本山あるいは檀家とのトラブルなどがある。昔は、俗世間のことに関わらなかった伝統があった。今日ではそれは許されない。檀信徒の教化に加えて、宗教法人たる寺院を適確に運営していくことが求められている。

昭和二十一年（一九四六）公布された日本国憲法第二十条一項によって、信教の自由が保障されている。そのもとで法人格を与えられた宗教団体を宗教法人というのである。

宗教的喜びが、布教活動の源泉となり、より有効にするため同信同行の者が集まって一つの団体を作り、その目的達成のため礼拝施設や、色々の行為を行う。この遂行のため法律が必要となる。宗教法人法はそのため制定された法律である。

宗教法人の特色は、民法、刑法などの枠内で認可主義に基づく法人で、伝統的な慣習は尊重され、各法人規制の総則にある目的行為（教義の公布、儀式執行、檀信徒教化育成など）は、侵されることはない。同法の根底は性善説から成り立っていて、自由な宗教活動ができるが、これが裏目に出て問題を起こすこととなる。

さらに特色としては、同法人法に二種類がある。一つは一般寺院（単立宗教団体）と、もう一つは、この単位宗教団体を包括する宗派などの包括宗教団体である。主に宗派と本山を兼ねる場合（宗・本一体）が多い。共通の目的をもった二種類の団体が一つの組織体となっているのである。

しかし被包括宗教団体（一般寺院）が包括宗教団体から離脱したり、脱退することは自由で、宗教法人法は、本山も末寺も法律上は同格であるとしている。（通史編第七章五項関連）

三十二　歴代上人墓

過去に何度か整理された形跡がある。一部は墓地境内の上段、中段に集約された模様で、入口の下段には、近世、近代の無縫塔（上人墓）が点在しているが、墓碑銘の判読できないものもある。第三十七世杲空俊式上人墓が最も古く、近年まで歴代上人墓は不揃であった。そこで、昭和六十三年（一九八八）開山真紹僧都一一〇〇年遠忌記念に、境内入口正面に禅林寺歴代上人之墓を建立、霊標碑に今日までの歴代上人の法号を刻込した。

墓　誌　銘

開山真紹僧都は、貞観五年清和天皇の勅額を賜い、この地に密乗の自行化他の道場を建立さる。これ我が禅林寺の濫觴なり。

数代ののち、永観律師南都東大寺より入山。初め三論を学すも、浄教を選び念仏信仰の道を歩まる。

顧えり弥陀の奇瑞を感得されしこと夙に有名で、又師の選述拾因は西方指南の書なり。

爾来、歴代龍象いで、やがて吉水の流れを汲み念仏を弘通す。

とくに証空、浄音両上人の法流を招請し、今当山の宗風となす浄教の総本山なり。

遺風餘烈は四方に盈溢するも、応仁の乱の兵火は当山に及び諸堂宇烏有に帰す。

以後、歴代伝々の諸上人は、宗義宣揚と寺門興隆に専念さる。

依って昨今輪奐の美悉く整う。

然るに歴代上人の墓碑、幾星霜を経た今日、有為成壊を免ることを得ず。

今年、開山上人千百年遠忌の際会を機に、諸上人の尊霊を合祀し、以て報恩謝徳の一念に燃ゆ。

希くば永世歴代上人の霊位、倍増法楽を求受されんと念願するもの也。

昭和六十三年四月　仏歓喜日

総本山禅林寺第八十五世　英　空　儼　雄　敬白

歴代上人墓（左右）

境内墓地を俯瞰

三十三　禅林寺境内の主な墓録

松平直良　徳川家康の孫。福井藩主松平秀康の子。明石松平家の祖。禅林寺の大檀越。延宝六年（一六七八）歿。七五歳。（史料編九）
山辺雪居　江戸後期の俳人。別号雲林。文化九年（一八一二）歿。四七歳。
坂内義雄　昭和期の実業家。京都新聞会長・そごう百貨店社長。昭和三十五年（一九六〇）歿。
河村謙二　昭和期。京都府立医大名誉教授。昭和四十六年（一九七一）歿。六八歳。
藤原源作（石敢）　江戸後期・明治期の近江商人。明治三十三年（一九〇〇）歿。
津田梅南　江戸後期の詩人。
三角槐陰　江戸後期・明治期の医者・国学者。明治二十四年（一八九一）歿。六四歳。
木下順庵　朱子学者。京都生まれ。松永尺五に学び、加賀前田家に仕えた後、徳川綱吉の侍講になる。元禄十一年（一六九八）歿。七八歳。その他にも木下一族の墓が並ぶ。
木下巽軒　江戸中期の儒者。順庵の孫。寛保二年（一七四二）歿。
久保秋雪　華族烏丸家の家令、後に京都府士族。漢詩を藤井竹外に学ぶ。明治十年（一八七七）歿。五四歳。
清水雷首　江戸後期の儒者。明和三年（一七六六）歿。五一歳。
與津雅因　江戸中期の俳人。山口羅人に学ぶ。安永六年（一七七七）歿。
榊原正勝　江戸中期の有職故実家。京都の人。紀州大納言徳川綱教公に仕える。宝暦四年（一七五四）歿。八六歳。

坂口　昂　明治・大正期の歴史学者。京大教授。昭和三年（一九二八）歿。

三宅叙民　江戸前期の儒者。元禄五年（一六九二）歿。四八歳。

淵　岡山　日本の陽明学の祖中江藤樹（一六〇八～四八）の高弟。会津出身。藤樹の弟子で最も著名なのは熊沢蕃山であるが、岡山は藤樹の学問を最もよく受け継ぎ広めた。正保元年（一六四四）藤樹に入門、延宝二年（一六七四）に京都葭屋町元誓願寺下るに、京都学館と呼ばれる塾を開き、藤樹の学を祖述した。その学は京都をはじめ、江戸、熊本、会津に広がった。元来、藤樹門に集まった人々は専門の学者になるより、人格陶冶をその目的としたため、岡山の学問も、富裕な町民の間に広まり、「心学」と称された。伯養、葭郷、章甫は岡山の子で、それぞれ禅林寺に墓がある。貞享三年（一六八六）歿。五〇歳。

高橋正順　江戸後期の画家。仏画を得意とした。明治九年（一八七六）歿。七四歳。

宮崎筠圃　尾張の人。幼少から神童とされた。両親とともに京都に移り、父佐藤春助（宮崎古崖）が、伊藤仁斎の長男伊藤東崖の京都堀川塾に入門。子の筠圃も東崖に学んだ。『近世畸人伝』には、五八歳で東山永観堂に葬られるとある。禅林寺には宮崎筠圃の父、宮崎古崖及び母の墓もある。安永四年（一七七五）歿。

稀鈍　僧稀鈍は大塩平八郎の門人。頼山陽とも親しかった。医師・小石元瑞（一七八四～一八四九）のカルテ『処治録』（一八二九～四八）には大塩中斎（平八郎）の名があり、たびたび診療を受けていた。元瑞のところには大塩の書画も残され、師を通じて弟子と交友が生まれたのだろう。元瑞が残した文書（究理堂文書）には、稀鈍から小石宛ての手紙がある。「永観堂客僧」と記され、禅林寺に滞在していたことがあるらしい。年代的には旭応の頃にあたる。文政八年（一八二五）歿。三五歳。田能村竹田の『竹田荘師友画録』は、元瑞が僧稀鈍の葬儀万端をとり行ったことに触れ、「人情滔滔として日に衰え月に薄れるのさい、その友誼の厚きこと此の如し、歎羨せざるべけんや」と称えている。

三十四　小森桃塢の墓

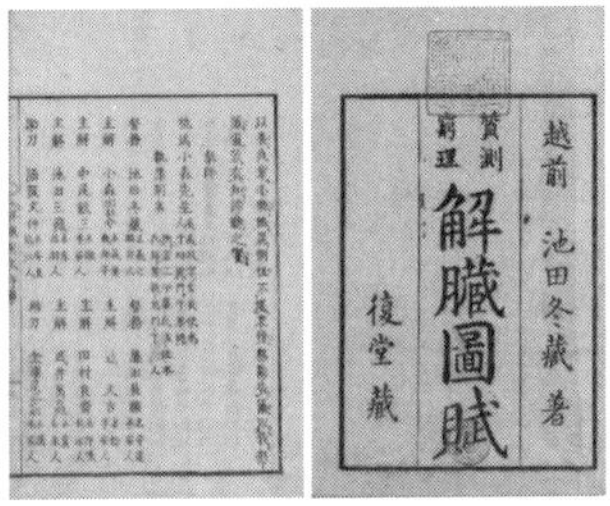

池田冬蔵『解臓図賦』。桃塢による文政四年の解剖を記したもの。
国立国会図書館蔵

小森桃塢は漢蘭方医。天明二年（一七八二）現在の大垣市に生まれ、伏見の小森義晴の養子となり伏見で育つ。一四歳で第六章旭応の項で触れた江馬蘭斎に師事した後に帰洛、海上随鷗に師事。文化六年（一八〇六）、二八歳で京都で医業を開く。文化九年（一八一二）、自身第一回目の解剖を行い、『解観大意』を残す。文化十一年に京都に移り、宮廷医となって、多くの門人を養成。

文政四年（一八二一）京都で刑屍を解剖。この解剖は、「京都の解剖史上、最後にして最大の壮挙とされ、解剖従事者七三名、同門参観者一一名、他門参観者四九名、計一三三名にも達した」（杉立義一『京の医師跡探訪』）という。門人の池田冬蔵が『解臓図賦』を著している。

山脇東洋の宝暦四年（一七五四）の解剖以来、京都での解剖としては一六番目にあたるが、この数は同期間の全国の解剖数に匹敵し、桃塢が京都蘭学の黄金期の頂点にあった人と知れる。

文政九年（一八二六）シーボルトは、江戸参府の往路と帰路京都に泊まり、小森桃塢、新宮凉庭らと会い、親しく時を過ごした。桃塢はシーボルトに解剖図巻を送り、この解剖図巻は今もオランダ・ライデンの民族学博物館にあるという。

文政十三年（一八三〇）に作られた『医家大相撲』には、西の関脇に小森桃塢、小結に新宮凉庭、前頭に小石元瑞がいる。天保十四年、六二歳で歿す。禅林寺には、彼と妻、子の小森桃郭の墓が並ぶ。

三十五　柏木如亭の墓発見！

柏木如亭は漢詩人、画家。江戸の人。幕府小普請方大工棟梁の家に生まれ、一七歳で後を継ぐ。市川寛斎の江湖詩社に参加、詩人として注目される存在になる。寛政五年（一七九三）最初の詩集を刊行、三一歳で家督を譲り、諸国遊歴の旅に出る。以後、京都で亡くなるまで、生涯、漂泊の詩人として過ごす。

如亭は、文化五年（一八〇八）の冬に入京し、讃岐高松の遊歴を経て、文化八年（一八一一）の春には再び京都に戻り、陰陽頭土御門（安倍）の屋敷に寄寓する。この頃、頼山陽、浦上春琴、医師の小石元瑞、田能村竹田らと知り合う。

その後も諸国を遍歴し、文政二年（一八一九）に京都で客死した。亡くなったとき、無一文だったため、浦上春琴が残された文具や書籍を売って、何とか葬式を出した。棺は藤蔓で結わえただけの粗末なものだったという。

数年後、小石元瑞が友の死をいたみ、私費を投じて禅林寺に墓を建てた。田能村竹田の『竹田荘師友画録』に「山人（如亭）の死後数年、その葬、帰する所無し。小石元瑞これを聞き、詩人の窮、此に至るを憫み、眥を弃てて地を東山永観堂の側に買ひ、厚くこれを葬り、石をその上に立つ」と記している。

小石元瑞が如亭の墓をつくった年は不明だが、僧稀鈍を葬ったのは、文政八年である。二人の墓石はどちらも自然石で場所も近い。稀鈍と同時期に柏木如亭の墓をつくったのではないだろうか。

柏木如亭の墓については、後日譚がある。戦争中、寺内が荒れたことと墓石が自然石であったことが災いし、戦後、如亭の墓の所在が不明になっていた。昭和六十一年（一九八六）になって、柏木如亭を卒論のテーマに選んだ女子学生が禅林寺を訪れて、如亭の墓が斜面の土に埋もれているのを見つけたのである。

これが公表されると、著名なフランス文学者の生田耕作京大名誉教授の未亡人の生田かおるさんが代表をつとめる「日本文化研究会」が立ち上がり、偉大な詩人の痛ましい末路が哀れでならないと、墓の再興を決意された。

当時、私は禅林寺の執事長であったが、これに協力して、平成十年（一九九八）三月、「如亭山人埋骨処」と刻まれた墓碑を再興、開眼供養を行なった。

柏木如亭の残した詩の評価は近年ますます高く、熱心な如亭ファンが今も禅林寺を訪れてお参りしてくださる。

最後に、私の好きな如亭の漢詩をあげておく。水に映る色彩が胸をうつ。

　水中ノ花影

繁花如火欲焼舟　又瘂玻璃一半流
移棹驚看紅忽砕　不知樹本在崖頭
（繁花、火の如く、舟を焼かんと欲し、又、瘂む、玻璃一半の流れ。
棹を移して驚き看る、紅の忽ち砕くるを。知らず、樹はもと崖頭に在るを）

三十六　京都療病院の設立（通史編第七章の参考史料）

○明治四年（一八七一）京都市中の医師は、「西洋医流」一三五人、「西洋支那折衷」一一二人、「支那医流」二九二人の総計五三九人だった。

○療病院建設は天華、礼巌、雲巌の三名が発起人となり、資金募集のため「勧諭方」を設けた。西山派からも建仁寺町常行庵舜龍、安養寺玉淵、裏町宝蔵寺藤天、下森金泉寺教空が名を列ね、清水成就院忍慶、東本願寺掛所岡崎大乗坊、黒谷勢至堂円教、鹿苑寺貫宗ら二五人（のち六七人）が任命された（『京都府立医科大学八十年史』）。

療病院建営の告諭

療病院ヲ運営シ広ク衆庶之病難ヲ救フハ人民御保全之御趣意ヲ遵奉スル一端ニシテ今日可務之急タリ　開府以来其儀ヲ尽ストイヘトモ良医ノ其任ニ堪ルヲ得サルト費用ノ莫大ナルヲ以イマタ挙行フ事ヲ得ス　然ル処此頃別紙之通入費ヲ助テ速ニ療病院建営之儀願出ル向有之其志可感賞事ニ付近々世界ヲ穿鑿シ良医雇入療病院創業ニ及フヘシ　有志之輩此意ヲ躰シ官民相助ケ是ヲ成就スルニオキテハ世人ノ為メ其功業実ニ莫大ナルヘシ

右之通山城国中エ無洩相達スル者也

辛未十月　京都府

粟田口療病院開院式

ヨンケルと其筆蹟

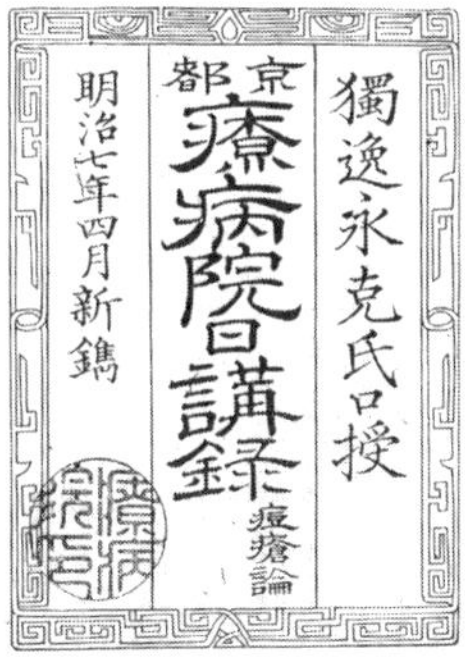

獨逸永克氏口授

京都療病院講録　痘瘡論

明治七年四月新鐫

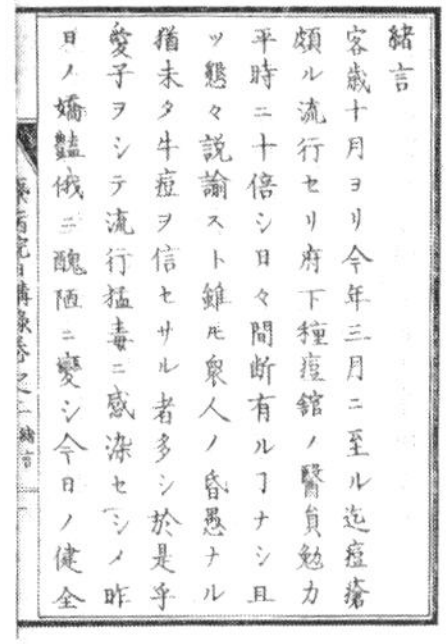

緒言

客歳十月ヨリ今年三月ニ至ル迄痘瘡頗ル流行セリ府下種痘館ノ醫員勉力平時ニ十倍シ日々間断有ル丁ナシ且ツ懇々説諭スト雖モ衆人ノ昏愚ナル猶未タ牛痘ヲ信セサル者多シ於是乎愛子ヲシテ流行猛毒ニ感染セシメ昨日ノ嬌艶俄ニ醜陋ニ變シ今日ノ健全

円山公園　吉水温泉

入院患者急増のため、
木屋町御池にも設置

三十七　『永観堂修営発願有志録』

左記の『永観堂修営発願有志録』は、明治十三年（一八八〇）五月厳修された高祖善導大師一二〇〇年御遠忌法要を迎えるためのものであった。

浄財はいくら集まったか記録にないが、『本山禅林寺年譜録』によると、明治十年に本堂屋根の大規模修理、明治十三年に本尊を御影堂に合殿、高祖（善導大師）忌前諸堂修理（五，〇〇〇円余）、三月本堂彩色・畳・建具・本尊金貼付完成、釈迦堂屋根葺替、襖・畳すべて新調するとある。

夫れ永観堂禅林寺は　文徳天皇斎衡二年真紹僧都上レ表所二創建一奉レ祈二宝祚一鎮護国家之道場也清和天皇勅願寺と為し定額して禅林寺と名け給ふ第二世宗叡僧正住世に曁ひて御帰崇彌増公田四町を賜り七堂伽藍輪煥巍々結構なる事書籍に見えたり其後永観律師躅を継て東大寺大勧進職に補任せられ三年功終りしかば賞として禁中御安置の聖武天皇護持之弥陀尊一躯を賜ふ〈今安置の顧」尊像是なり〉日夜恭敬専修念仏怠り玉はず永保二年二月十五日暁に慈顧の相を感徳在く

て殿堂荘厳美を尽せしも応仁の兵乱に罹り堂舎破却或は灰燼し一時に敗壊荒蕪の境とはなりぬ茲に因て文明年中之頃衆僧再興の力を竭し通陽門院大に修造を加へられ又明応年間には後柏原院天皇御修営を加へ玉ひしより殿堂漸く備れり抑現今の仏殿は往昔摂州四天王寺に在て曼陀羅堂たりしが慶長年中将軍秀頼公の願として四天王寺再造在しに此堂安置の曼陀羅は当麻化尼の作三幅の中の一軸なり洛東禅林寺は当麻と名を同ふする当時曼多羅（ママ）の妙旨法門を宣揚せらる浄土宗西山上人止住弘法の霊場なれば此の曼多羅（ママ）及ひ殿宇と共に彼の寺に寄附すべしとの命令あれば幕下河村久目斎と称する者厳命を拝承して速に殿堂此山に移して修造成就せり爾来顧相の尊像を安置し右檀に曼陀羅を掲て不断供養怠る事なし然に星霜歴に従ひ仏殿破損に及ひ瓦落雨漏甚しく霊像の道場見るに堪へず有志輩輿議して修補を加へんとす茲に於て四方有志の緇素に募りて共に発願して資財を助んことを請ふ冀バ善男善女一紙半銭の信施を喜捨あらんことを世間猶言ずや積善の家には余慶ありと宜哉然ば則ち共に此勝縁の因を結び一世必阿耨多羅三藐三菩提を得んことを伏而乞衆庶至誠の聚る所功を不日に期せんと至心懇禱以て勝縁を募るとしかいふ

洛東禅林寺
永観堂修営
明治十年三月　発願有志輩敬白（印）

三十八　幻に終わった西山派「教会講社」の組織化

明治維新に入り、新政府の神道中心主義により、仏教々団は大打撃を被った。
わが教団も起死回生のため衆議を聚め「浄土宗西山派改定宗制規則」を決め、明治十八年六月二十八日、管長山本観純は、内務卿伯爵山縣有朋宛に認可願を提出、認可された。
その中で特長的なのは、第三章布教方法の第四条「教会講社組織方法並に寺院と関係の事」があり、一九欵（カン）まで細目の規定がある。要約すると、以下の内容である。

僧侶及檀信徒を統摂して一（ヒトツ）の社会となす。

浄土宗西山派教会と称し、各寺の住職を教会長とし、檀信徒を会衆とする。

結社の会員は、一寺を一講社とし、何寺教社と名づけ、五〇戸以上一〇〇戸以下を大組とし、その中一〇戸以上二〇戸以下を小組とする。講社中篤信の者二名以上を選んで教会周旋長とし講内を取り締まる、大組には年長者三名を組長、小組には一名を小長とし組内をまとめる。会衆は〝安心起行〟を奉じ異教を信仰せず、会中の制規順守する事の誓約書を提出させる。

各教会は例月三回以上の説教、小組毎に各戸輪番で月一回以上の法筵を開いて、会長（住職）臨席して、仏祖及父母等の忌日の勤行をつとめ、終って安心の領否を質し講員との交流をはかる。

本山例年の法要には、総社員を勧誘引率して参拝、本山と檀信徒の交誼を親密にすべし。社員の旅費は、平素応分の積立法を設くべし。

そして、社中死亡あれば、一組内、一社会中互に交通し信義をもって葬事を助け、追弔すべし。社員の死亡者は倶会一処の常楽を与えんため、法名、遺髪、白骨等を本山へ送り、宗祖の本廟に納め、法名は教会霊名簿に記載し、法主の回願あるべし。

この組織がいかに拡大発展したのか、以後の史料はみあたらない。明治二十五年六月追加細目（一九欸）が朱書されているが、その後宗制規則にも出てこない。

会衆の記標を各家の門戸に掲げ、社員へ表牌（図版）を与えるとあるのは、昭和の大戦のとき、「出征兵士之家」「大日本帝国婦人会」の記標を各家に掲げた事例や、「本門仏立講（のち宗）」の名札を思いだす。

寺院が徳川幕藩体制の一翼を荷っていた「宗門人別改帳」の廃止によって、人々の管理が瓦解したので、新たな組織化が必要であった。

各家で輪番で法筵を開き、互いに信心を確かめ合うというのは、台頭した新宗教の座談会の原型ではないか。

表

淨土宗西山派敎會社
何府縣何國第何番組
淨土宗西山派教會社
第何號
年月日

裏

何府縣何國何郡何町村
何寺信徒
何府縣何國何郡何町村
華士族平民
苗字名
或ハ父母兄弟子姪等

經四寸八分
横一寸八分

淨土宗
西山派
何寺教會社
何之誰

念仏教団は既してゆるやかな宗風で、仏の慈悲により摂受させる。他の教えを悪法と断じくじき、心服させ入信させる折伏とは対照的で、この組織は急速な進展がみられず挫折したのではないか。

三十九　仏教の戦争協力（通史編第八章七の参考史料）

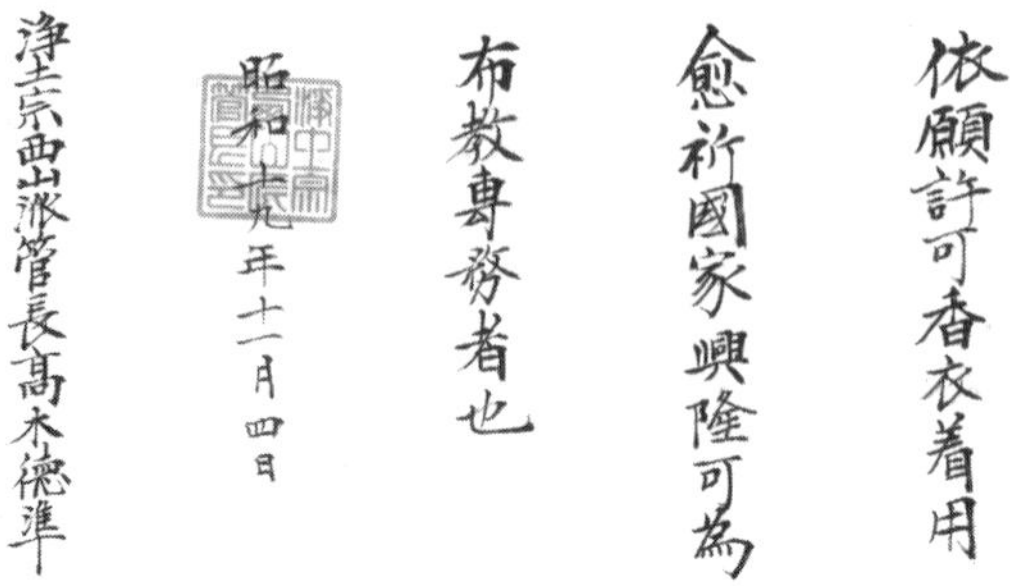
依願許可香衣着用
愈祈國家興隆可為
布教専務者也
昭和十九年十一月四日
浄土宗西山派管長高木徳準

香衣着用許可の辞令。「国家興隆」のためと、目的が一変した

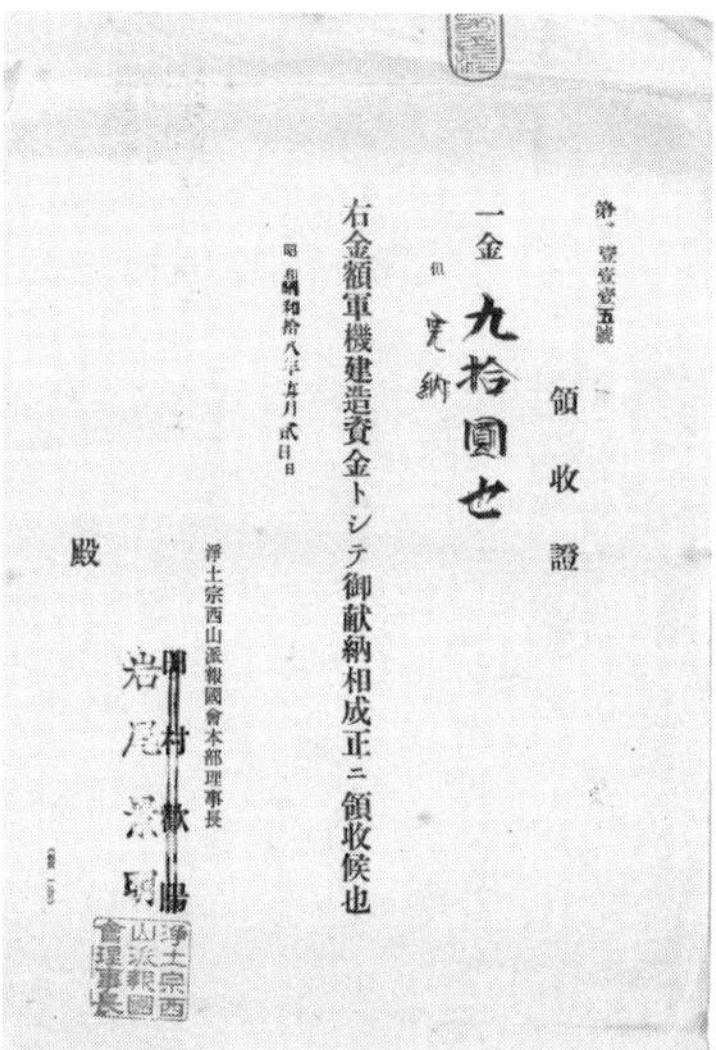
領收證
一金　九拾圓也
但　完納
右金額軍機建造資金トシテ御獻納相成正ニ領收候也
昭和拾八年五月貳日
淨土宗西山派報國會本部理事長
岡村歡勝
岩尾宗明　殿

「浄土宗西山派報国会」による、軍機建造資金調達の領収証

敵國降伏を祈願
忠靈塔建設基金獻納
＝於平安神宮前＝

大詔奉戴一周年

世界の鬼畜！米英に對し宣戰を布告せられ、畏くも大詔を渙發賜ふてこゝに一ケ年、一億國民の等しく忘事出來得ぬ十二月八日、この日米英撃滅の決意に燃えたつ市部會員は午前七時、東山二條、妙傳寺本山に集合し〝敵國降伏大祈願〟と大書せる幟を先頭に隊伍を整へて平安神宮前に行進なし一同整列、宮城遙拜修拔の儀があつて、會員を代表し淨土宗西山派管長井ノ口泰温猊下の玉串奉奠あり一同赤心敵國降伏の大祈願をなし、その決意を表明するため晋頭朗々と會員信條を朗讀し終つて拜禮し祈願會を終了、更に第二部行事に移り午前九時より京都市公會に於て〝京都府佛教會大會〟を開催

國民儀禮の後、宣言及び皇軍將兵へ感謝決議をなし、續いて眞宗本願寺派管長大谷派光照猊下の時局講演に一同必勝の決意を愈々昂め萬才奉唱の後解散したのである。

此の大會に於て緊急動議により護國の英靈に感謝の誠を捧げるために會員即時一圓づゝの據出にて忠靈塔建設基金に獻納することになり、金壹千四百六拾七圓を其の筋へ獻納した、なほ市內支部に呼應し郡支部に於ても適宜有意義なる記念行事を擧行し必勝信念を昂揚した。

在京各管長等が
神宮に戰捷祈願

昭和十八年一月八日在京の淨土宗管長郁芳隨圓、同西山派管長井ノ口泰温、黄檗宗管長山田玉田、眞宗木邊派管長木邊孝慈の各宗管長（眞宗東西兩本願寺の管長は都合により連枝を代理）その他各門跡、本會理事等四十五名は、神宮に、玉體安穩戰捷完遂を祈願參拜のため伊勢路に向ひ、山田驛前に隊伍を整へて豊受大神宮、皇大神宮の大前に恭しく祈願をこめ御神樂を奉納し一同感激して夕刻歸洛した。

昭和17年（1942）12月８日、京都府仏教会の敵国降伏大祈願が行われた。浄土宗西山派管長が代表して玉串を奉奠している。その後に開催された大会では、忠霊塔建設基金への献納が決議された。

また翌年１月８日には、伊勢神宮で戦勝祈願を行った

殉國英靈和讚

英霊供養塔

殉國英霊和讃

作者　平山哲堂

皈命頂礼ミホトケの　御前に祀る殉国の
御霊の主は先つ頃　戦雲たゞよう其さ中
召集令に止むなくも　生きて皈らぬ悲しさを
胸に秘めつゝ父や母　妻子眷属打捨てて
国を放れて幾百里　海山越る幾千里

命さゝげて国の為　西に東に北南
炎熱焼くが如き日も　寒冷骨を刺す時も
死出の山路を攀登り　三途の川を打渡り
戦の場に臨みては　心ならずも号令の
進め〳〵の其の声に　吾を忘れて無我夢中
敵陣目がけて突入し　敵艦上に体当り

屍は積んで山となり　血潮は流れて河を為す
修羅の巷に吾や先　人や先にとちり〳〵に
秋の木の葉の散る如く　異国の露と消えはてぬ
（詩吟）春風秋雨能咲レ花　春雨秋風又散レ花
昨日知音今日仇　人間萬事似二斯花一

『殉国英霊和讃』。昭和24年（1949）、光明寺系の寺院から発行された

国家安泰祈願の拝詞

国家安泰祈願の拝詞

掛まくも畏き　　大神の御前に謹み畏みも白さく

現世に人とし生きる幸いは、大神の神慮のまにまに人々相睦み相助けて各自その生業に勤しみ、世の為人の為にまめまめしく立ち働きてその本分を全うし、一体和の世界を実現することにこそあれ

然れども、今世界の相はこの大神慮に副えるものに非ず、殊に我国に於ては今次の大戦に敗れてよりこの方、国民の多くは永き歴史の間に培いたる日本人の真精神を失いて外来の思想に惑い、無批判に唯物思想を盲信する者多く、皇国の伝統たる大和の心を忘れて徒に対立と抗争に明け暮れ、甚だしきは国家の体制を徒に変革せんとする企てをすらなせるありて、現状のままに推移せんか国を危うくする事態の発生も虞なきにあらざるなり

斯くては海外よりの侮りを受け、世界的対立と抗争の過中に巻き込まれてその激流に押し流されんも計り難く、国歩の艱難と危機は正に今にありと言うべし。

この時に当りわれらは国家の現状とその前途に想いを致し、今こそ全国民が各自の主義

『戦没者慰霊・国家安泰祈願の拝詞』。皇国史観を守るよう訴える内容

四十　特別寺宝展の開催

『延喜式』図書寮式の規定にのっとり、禅林寺では七月上旬の一定期間、曝涼（虫払）を行う。古典籍や掛軸などの寺宝を虫干している。

それを、私が本山に関係するようになってからは、秋のシーズンに行う形で、寺宝展として一般に供覧した。特に昭和五十二年（一九七七）からは、通常は博物館や美術館に寄託している国宝・重要文化財や貴重な品々なども展示、時には著名美術家の出陣を仰いで、本格的な特別寺宝展を企画した。

今日では、境内のライトアップなどによる夜間拝観を交えて開催。広報に力を注ぎ、メディアの取材などにより、〝もみぢの永観堂〟の知名度は、全国的にさらに高まった。

なお、近年の主な寺宝展には以下のとおり。

○平成五年（一九九三）十二月十一日～同六年二月十三日、ソウル、大韓民国湖巌ギャラリーにて、「高麗仏画特別展」を開催、禅林寺より重要文化財の阿弥陀如来坐像一点、阿弥陀如来立像一点を出陣した。

○平成八年（一九九六）には「京都・永観堂禅林寺の名宝」展を開催。大阪市立美術館、東京池袋の東武美術館で、みかえり阿弥陀立像の出開帳が行われた（通史編第六章四参照）。

○平成十年（一九九八）八月二十七日～九月二十日には、法然上人『選択本願念仏集』撰述八〇〇年記念「京都・永観堂禅林寺展」を、千葉そごう美術館で開催した。

四十一　祖師像胎内から文書と遺歯が発見される

開山真紹僧都千百年遠忌法要（昭和六十三年〈一九八八〉）を控え、その前年、修復中だった祖師像胎内から文書と遺歯が見つかった（通史編第九章二参照）。

修復された真紹僧都像（祖師像）

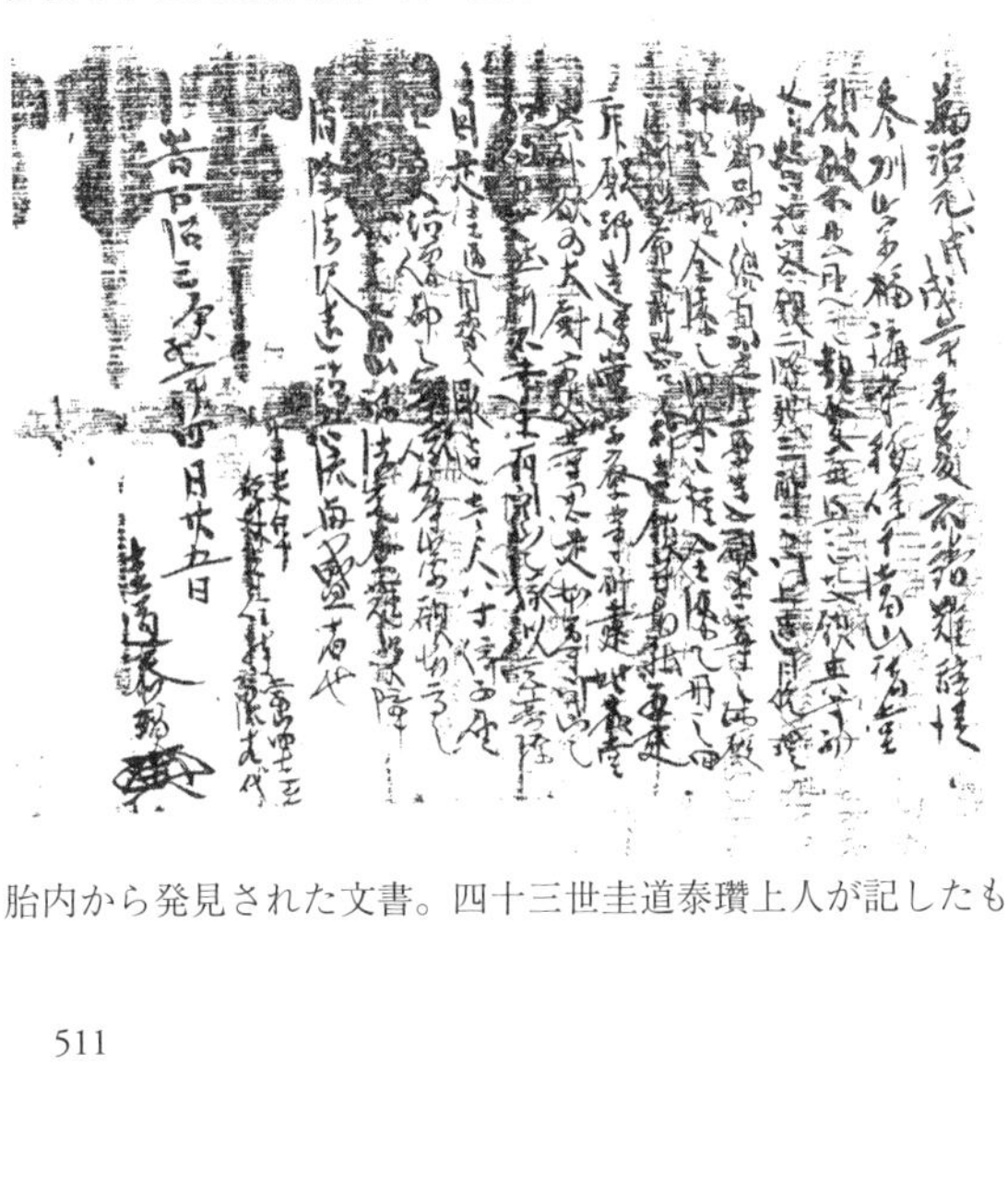

胎内から発見された文書。四十三世圭道泰瓚上人が記したもの

四十二　借屋人（故宇都宮シュク相続人）との立退調停

この土地、建物は境内北門塀にそって位置した。かつてあった癲狂院（精神病院）の看護師寮を、大正九年七月一日、宇都宮熊大と賃借契約を結んだもので、昭和六十一年九月まで下宿人七名が居住していた。契約賃借人死亡のため相続人（一三名）協議し、賃借権を「近為」漬物商（上京区千本五辻上ル）に譲渡したいと、賃貸人（禅林寺）に許可を得てきた。

本山としては、第三者への処分は認めない。対価を払ってまで買い取る意思はないと応じた。結果、借地法にもとづき、賃借権譲渡許可を京都地方裁判所に申し立てた（昭和六十三年四月七日）ので、規則にもとづき宗派の議会の承認を得て対応し、以下の如き和解となった。

和解条項

一　申立人らと相手方は、別紙物件目録（一）記載の土地（以下「本件土地」という。）にかかる本件賃貸借契約を合意解除する。

二　申立人らは相手方に対し、別紙物件目録（二）記載の建物（以下「本件建物」という。）を金二一〇〇万円で売渡し、相手方はこれを買い受ける。

三　申立人らは相手方に対し、本件建物につき、平成二年八月八日売買を原因とする所有権移転登記手続をする。但し、登記手続費用は相手方の負担とする。

四　相手方は申立人らに対し、本件建物の引渡し及び本件土地の明渡しを平成二年八月三一日まで猶予する。

物件目録（一）

京都市左京区永観堂町四一番及び同町四一番一
宅地
地積（公簿）三九八・五七㎡（一二〇・七八坪）

旧看護師寮

物件目録（二）

一、京都市左京区永観堂町四壱番地
家屋番号　四壱番壱
木造瓦葺弐階建居宅
壱階　壱八・弐参㎡
弐階　壱参・七七㎡

二、右同所同番地
家屋番号　四壱番
木造瓦葺弐階建居宅
壱階　壱五壱・八弐㎡
弐階　壱〇弐・六四㎡

京都市中京区両替町通丸太町下ル船越メディカルビル二階
右申立人ら代理人弁護士　藤井正大

京都市左京区永観堂町四八番地
相手方　禅林寺
代表者代表役員　丹羽観堂

大阪市北区西天満六丁目七番二号　梅新東ビル四階
右相手方代理人弁護士　松本俊正

京都市下京区塩小路通猪熊東入志水町一三二
右相手方復代理人弁護士　松本裕子

和解調書

事件の表示	昭和（平成） 六三年（借チ）第 七 号
期日	平成 二年 八月 八日 午前（後） 三時 〇〇分
場所	京都地方裁判所
裁判官	孝橋　宏　京都地方裁判所
裁判所書記官	松田和彦
当事者の出頭状況等	申立人代理人　藤井正大 相手方禅林寺代理人　松本俊正 各出頭
民訴法第一四三条第一項第四号の事項	[redacted]

手続の要領等

当事者間に左記のとおり和解成立

当事者の表示

別紙のとおり

申立の表示

本件申立書、申立人らの昭和六三年七月四日付、同年八月一〇日付の各準備書面、並びに平成元年九月二一日付上申書に各記載の趣旨及び申立の理由のとおりであるから、該記載をここに引用する。

和解条項

別紙のとおり

裁判所

裁判所書記官　松田和彦（印）

「手続の要領等」の記載の末尾に、裁判所書記官が署名押印又は記名押印すること。

最高裁印　七号

右は正本である。

平成二年八月一三日

京都地方裁判所

裁判所書記官　松田和彦（印）

最高裁印　一二号

五　相手方は申立人ら対し、前項の期日限り、本件建物の引渡し及び本件土地の明渡しを受けるのと引換えに第二項の代金二〇〇〇万円及び和解金として金一億八〇〇〇万円の合計金一億一，〇〇〇万円を申立人ら代理人方事務所へ持参又は送金して支払う。

六　申立人らは相手方に対し、第四項の期日限り、前項の金員の支払を受けるのと引換えに、本件建物を引渡し、本件土地を明渡す。（以下省略）

四十三　ライトアップの先駆け、永観堂！

今日、多くの有名寺社が、夜の観光客のためライトアップを行い、春秋の古都の夜を楽しませている。その先駆けを作ったのは、紅葉の名所・禅林寺である。

平安建都一二〇〇年記念（平成五年〈一九九三〉）のとき、関西電力株式会社京都支店より、メープル・イン・ナイト「かんでん光のファンタジー」を永観堂境内で行いたいとの申し入れがあった。

私が執事長のときで、同年十一月十九日から二十一日の夜、境内は無料開放された。

電力会社の趣旨は、「日頃の感謝を込めて、美しい紅葉のライトアップで、あでやかに輝くもみじの素晴らしさを満喫していただこう」というもの。

とりわけ、多宝塔からのレーザー光線、池の周辺のスモッグの演出、加えてＢＧＭのみやびな音色が、異次元のひと時を人々に与え、まさに極楽浄土の感を呈した。

前日のマスコミのプレビューもあってか、連日超満員の盛況であった。

レーザー光線で境内を彩る

四十四　日中友好世界平和大法会

平成八年（一九九六）三月五日、中国北京市広済寺において、中国仏教協会と日本の宗教専門紙中外日報社共催による、「第二次世界大戦終結五十周年記念・日中友好世界平和大法会」が厳修され、訪中団代表として出席、下記の「表白文」を奉呈した。

北京、広済寺に入る一行

広済寺大雄宝殿にて奉呈

表白文

敬って　大聖・釈尊　三世十方　一切の三宝に申し上げます
本日　ここ中国仏教協会本部の北京・広済寺に
日中両国の仏教徒が一堂に会して
「祈祷　日中友好世界平和法要」を営みます
ふり返りますと
日中仏教交流は一千四百年という歴史を重ね
日中文化交流の基本は仏教交流だといってもよいほど
日中両国の友好は　永く深い交流の絆で結ばれています
しかし　悲しいことに五十年前のそのファシズム戦争では
日中両国人民に深い災難と犠牲をもたらし
多くの尊いいのちが失われてしまいました
私たちは　この歴史的な教訓をいつまでも忘れません
第二次世界大戦終結後の五十一年目の新春にあたり
今ここに　私たち日本仏教徒は
歴史を忘れず　戦争に反対し
日中両国人民と両国仏教徒の永遠なる友好交流を深め
アジアと世界の平和　人類の幸福を目指し
日中両国　両国民と仏教界の永遠なる友好交流を深め
アジアと世界の平和　人類の幸福のために
精進することを誓います

一九九六年三月五日

第二次世界大戦終結五十周年記念
「祈祷　日中友好世界平和大法会」訪中団代表
浄土宗西山禅林寺派
宗務総長　五十嵐　隆明

四十五　画仙堂の建立と、関口画伯による「浄土変相図」奉納

画仙堂は、禅宗風総欅造りの木造建築で、大正三年（一九一四）に京都画壇の重鎮、鈴木松僊により建立。鈴木画伯による天井画「雲龍図」ともに奉納された。

著者が偶然、丸善の古書展で発見した「画仙堂建築設計内訳明細書」によると、名古屋市の伊藤平左衛門が請け負い、見積りは「一、金七千四百三拾九円五銭五厘」となっている。

平成十年（一九九八）十一月、日展会員関口雄揮画伯が、画仙堂に畢生の大作、自然の風光を通した立体的障壁画、現代の「浄土変相図」を制作奉納された。

画仙堂設計図

鈴木松僊画伯による雲龍図

関口雄揮画伯よりの奉納式

関口画伯の師は、巨匠東山魁夷画伯であり、その流れは円山派の祖・円山応挙。奇しくも、墨痕鮮やかな天井画「雲龍図」を描いた鈴木画伯も、父・松年、祖父・百年とさかのぼれば応挙にたどりつく。

四十六　本山「茶室」の行方

永観堂に茶室が造られた経緯は、昭和三十二年（一九五七）にさかのぼる。真宗仏光寺派の本山、仏光寺にあった茶室を、室町の華都美染工・畑山房毅氏の斡旋により寄贈を受けた。そして総本山禅林寺の釈迦堂南の庭園に、宗祖法然上人七五〇年遠忌事業、境内整備計画の一環として移築された。然空準良上人（第八十三世法主）が、当時は宗務長の職にあり、これを推進した。

命名は御本尊「みかえり阿弥陀如来」に因んで「顧庵」と称し、昭和三十三年（一九五八）四月十二日に、総本山第八十二世・軌空隆範猊下のもと盛大に茶室開きが行われた。爾来、本山の風光の一助となっていた。

養福寺に移設された茶室「望叡亭」

昭和四十年（一九六五）十二月の大晦日、全国民間放送連合会で放映された「ゆく歳くる歳」は、東京の日本テレビをキーステーションとし、総合司会は俳優の山村聡であったが、関西はこの茶室で喜劇役者曾我廼家五郎八が出演した。なお、千家十職の一つ釜師大西清右衛門氏（休務寺檀家）の手になる、在銘「永観堂」釜が、茶席竣工・遠忌記念として寄進された。

ところが、平成二十三年（二〇一一）宗祖上人八〇〇年遠忌の佳節を前に、茶室が撤去されることとなった。当時関わった拙寺としては忍びがたく、その古材を活かし、養福寺に同年七月十二日に供待所を建立。霊峰比叡山の麓に位置するので、「望叡亭」と命名した。

四十七　主な参考文献

○禅林寺所蔵本、禅林寺関連書籍

『禅林寺歴代前記』（史料編二参照）
『禅林寺歴代後記』（史料編二参照）
『禅林寺正選歴代記』（史料編二参照）
『本山禅林寺年譜録』（通史編、史料編に適宜引用）
『禅林寺蔵中画舗並具度目録』（史料編八参照）
『禅林寺歴代造営並寄附物略記』（通史編に引用、史料編八参照）
『洛東禅林寺略記』（史料編五参照）
稲村修道編『禅林寺誌』（法藏館　一九一三）
近藤亮厳『一夢録』稲村修道編（禅林寺文書伝道部　一九二〇）
宇高良哲、福田行慈、中野正明編『京都永観堂禅林寺文書』（文化書院　一九九二）
『京都・永観堂禅林寺の名宝』（展覧会図録　一九九六）
『古寺巡礼京都二三　禅林寺』（淡交社　一九七八）

○叢書類

竹内理三編『平安遺文』『鎌倉遺文』（東京堂出版）（文書番号、元の文書名を附記）
塙保己一編『群書類従』（『初例抄』、『類聚雑例』、『大鏡裏書』、『諸門跡譜』、三条西実隆『高野参詣日記』、『天下南禅寺記』、『職事補任』、『常楽記』、三条西公条『三塔巡礼記』、『よろづの御のり』、九条稙通『嵯峨記』、里村紹巴『紹巴富士見道記』）
続群書類従完成会編『続群書類従』（仁空実導『仁空置文』、『二尊院縁起』、『仁和寺御日次記』）同補遺（『お湯殿上日記』）
国書刊行会編『続々群書類従』（智灯『弘法大師弟子伝』、平行親『行親記』）
国書刊行会編『新群書類従』（『後奈良院御拾骨之記』）
東京大学史料編纂所編『大日本古記録』（藤原実資『小右記』、藤原道長『御堂関白記』、藤原兼経『岡屋関白記』、藤原経光『民経記』、藤原基平『深心院関白記』、藤原実躬『実躬卿記』、三条公忠『後愚昧記』）
臨川書店『増補史料大成』（藤原資房『春記』、藤原宗忠『中右記』、平経高『平戸記』、甘露寺親長『親長卿記』、中御門宣胤『宣胤卿記』、『花園天皇宸記』）
臨川書店『続史料大成』（近衛政家『後法興院記』、『後奈良天皇宸記』）
国文学研究資料館デジタルアーカイブ（『東大寺要録』、『僧綱補任』、『蔭凉軒日録』、三条西公条『吉野詣記』、『平安人物志』など多数）
岩波書店『日本古典文学大系』（『太平記』、『近世随筆集』、『戴恩記』）
岩波書店『新日本古典文学大系』（『古今和歌集』、『続日本紀』、『本朝文粋』、『古事談』、『発心集』）
岩波書店『日本思想大系』（『本朝往生伝』）
吉川弘文館『新訂増補国史大系』（『日本三代実録』、『日本紀略』、

『扶桑略記』、『本朝世紀』、『吾妻鏡』、『尊卑分脈』、『日本高僧伝要文抄』、『武家年代記裏書』）
大蔵出版『大正新修大蔵経』（『仏説温室洗浴衆僧経』、永観『往生講式』、凝然『浄土法門源流章』）
山喜房佛書林『浄土宗全書』（永観『往生拾因』、鸞宿編『浄土伝灯総系譜』、聖聡『当麻曼陀羅疏』）
仏書刊行会『大日本仏教全書』（『一身阿闍梨補任次第』、『三井続灯記』、『寺門伝記補録』）
臨川書店『新修京都叢書』（水雲堂孤松子『京羽二重』、山本泰順『洛陽名所集』、黒川道祐『日次記事』、黒川道祐『近畿歴覧記』、秋里籬島『京内まいり』）

○引用典籍類

『大安寺伽藍縁起并流記資材帳』（『大日本古文書』編年文書二）
重源『南無阿弥陀仏作善集』（東京大学史料編纂所編『平安鎌倉記録典籍集』八木書店　二〇〇七）
信瑞『明義進行集』（『仏教古典叢書』六　中外出版）
静遍『続選択文義要鈔』（『仏教古典叢書』四　中外出版）
静遍『秘宗文疑要』（『真言宗全書』二十二）
静見『法水分流記』（仏教史学会編『戊午叢書』一　仏教史学会　一九一八）
仁空実導『西山上人縁起』（『国文東方仏教叢書』第一輯第五巻　国文東方仏教叢書刊行会　一九二五）
藤原定家『明月記』（国書刊行会　一九一一～一二）
『伝法灌頂血脈譜』（『園城寺文書』第七巻）
黒川道祐『雍州府志』（宗政五十緒校訂　岩波文庫　二〇〇二）
三条西実隆『実隆公記』（続群書類従完成会　一九三一～六七）
成尋『五山伝』（『改定史籍集覧』二十六　一九〇二）
『後小松院宸記』（『列聖全集　宸記集上巻』列聖全集編纂会　一九一七）
大宮長興『長興宿禰記』（『史料纂集古記録編』八木書店　一九九八）
『仁和寺諸院家記』（『仁和寺史料　寺誌編』吉川弘文館　二〇一三）
山科言継『言継卿記』（国書刊行会　一九一一～一二）
ルイス・フロイス著、松田毅一・川崎桃太訳『日本史』豊臣秀吉編1・2（中央公論社　一九七七）
ハビアン著、海老沢有道訳『南蛮寺興廃記』（平凡社東洋文庫　一九六四）
『京都御役所向大概覚書』（岩生成一監修　岡田信子ほか校訂　清文堂出版　一九七三　一九八八復刊）
石山寺文化財綜合調査団『石山寺の研究　校倉聖教・古文書篇』（法藏館　一九八一）
厳助『厳助往年記』（『史籍集覧』二十五　近藤出版部　一九二六）
梵舜『梵舜日記』（国会図書館所蔵写本）
桜井景雄、藤井学編『南禅寺文書』（南禅寺宗務本所　一九七四）
舟橋秀賢『慶長日件録』（日本古典全集刊行会　一九三九）
井原西鶴『本朝桜陰比事』（麻生磯次、冨士昭雄訳注『決定版対訳西鶴全集』明治書院　一九九三）

木下順庵『錦里文集』（木下一雄『錦里文集　付木下順庵評伝』国書刊行会　一九八二）
木村蒹葭堂『蒹葭堂日記』（水田紀久、野口隆、有坂道子編『完本蒹葭堂日記』藝華書院　二〇〇九）
田能村竹田『竹田荘師友画録』（『田能村竹田全集』第一巻）
白井華陽『画乗要略』（早稲田大学図書館所蔵本）
江馬蘭斎『好蘭斎漫筆』（早稲田大学図書館所蔵本）
浜松歌国『摂陽奇観』（『浪速叢書』一　浪速叢書刊行会　一九二六）
岡田溪志『摂陽群談』（『大日本地誌大系』第二十五巻　雄山閣　一九三〇）
『あすならふ』（大阪市史編纂所編『近世大坂風聞集』大阪市史料調査会　一九八八）
高柳真三、石井良助編『御触書寛保集成』（岩波書店　一九五八）
本島知辰（月堂）『月堂見聞集』（『続日本随筆大成』別巻三　吉川弘文館　一九八二）
坂内直頼『山城四季物語』（『続日本随筆大成』別巻一一　吉川弘文館　一九八三）
寺島良安『和漢三才図会』（平凡社東洋文庫　一九八五～一九九一）
『西国伊勢道中巡礼日記』（『姫路市史』第七巻上　一九九八）
村上素道編『蓮月尼全集』（思文閣出版　一九二七）
妻木忠太編『木戸孝允日記』二（早川良吉　一九三二）
妻木忠太編『木戸孝允遺稿集』（泰山房　一九四二）
宗叡『悉曇私記』（『続真言宗全書』第二十八巻　一九八七）
北野天満宮史料刊行会編『北野天満宮史料　古文書』（北野天満宮　一九七八）
黒川道祐『遠碧軒記』（『日本随筆大成』第一期第十巻　吉川弘文館　新装版　一九九三）
「小給地方由緒寄帳」（『史籍雑纂』第三巻「家伝史料巻之五」一九一一）
揖斐高訳注『柏木如亭詩集』一・二（平凡社東洋文庫　二〇一七）

○研究書・辞典など

東京大学史料編纂所編『読史備要』（内外書籍　一九三三　講談社より一九六六復刊）
富賀鹿蔵『観心寺史要』（大日本楠公会　一九三一）
平岡定海『日本寺院史の研究』（吉川弘文館　一九八一）
桑原隲蔵『東洋史説苑』（弘文堂　一九二七）
新村出『高丘親王の御事蹟』（六大新報社　一九四二）
平凡社編『寺院神社大事典　京都・山城』（平凡社　一九九七）
大谷旭雄・坂上雅翁・吉田宏哲著『浄土仏教の思想』第七巻（講談社　一九九三）
栂尾祥雲『日本密教学道史』（高野山大学出版部　一九四二　高野山大学密教文化研究所より『栂尾祥雲全集』第六巻として一九八二復刊）
中村直勝『荘園の研究』（中村直勝著作集　第四巻）」（淡交社　一九七八）
高木豊『平安時代法華仏教史研究』（平楽寺書店　一九七三）
佐和隆研『醍醐寺』社寺シリーズ1（東洋文化社　一九七六）

国立歴史民俗博物館編『日本荘園資料』（吉川弘文館　一九九八）
『新修大津市史』（大津市　一九七八〜八七）
佐和隆研『密教辞典』（法蔵館　一九七五）
田中久夫『鎌倉仏教』教育社歴史新書（教育社　一九八〇）
元興寺文化財研究所編集『日本浄土曼荼羅の研究―智光曼荼羅・当麻曼荼羅・清海曼荼羅を中心として』（中央公論美術出版　一九八七）
天台宗寺門派御遠忌事務局編『園城寺之研究』（天台宗寺門派御遠忌事務局　一九三一　思文閣出版より一九七八復刊）
渋谷慈鎧編『日本天台宗年表』（渋谷慈鎧　一九三八　訂正版が第一書房より一九九九刊）
橋本政宣編『公家事典』（吉川弘文館　二〇一〇）
森英純『白木の聖者　西山上人の生涯』（西山専門学校　一九四八）
『新修島根県史』通史編一（島根県　一九六五）
角川書店『日本地名大辞典』第三十二巻（一九七九）
佐藤進一『中世の法と国家』（東京大学出版会　一九六五）
稲垣真哲「禅林寺古文書の解説」（『西山禅林学報』第四号　一九五八）
青木茂著『新修尾道市史』（尾道市役所　一九七一〜七七）
細川武稔『京都の寺社と室町幕府』（吉川弘文館　二〇一〇）
久保尚文『越中富山　山野川湊の中世史』（桂書房　二〇〇八）
久保尚文『越中中世史の研究』（桂書房　一九八七）
前島康彦『太田氏の研究』関東武士研究叢書第三巻（名著出版　一九七五）

福尾猛市郎『大内義隆』人物叢書十六（吉川弘文館　一九八九）
桜井景雄『南禅寺史』（大本山南禅寺　一九四〇）
桜井景雄『続南禅寺史』（大本山南禅寺　一九五四）
横井清『室町時代の一皇族の生涯』（講談社学術文庫　二〇〇二　一九七九年出版『看聞御記「王者」と「衆庶」のはざまにて』の改題）
田代尚光『融通念仏縁起之研究』（名著出版　一九七六）
融通念仏宗教学研究所編『融通念仏信仰の歴史と美術――論考編――』（二〇〇〇）
今谷明『京都・一五四七年』（平凡社　一九八八）
今谷明・高埜利彦編『中近世の宗教と国家』（岩田書院　一九九八）
平凡社編『寺院神社大事典　京都・山城』（平凡社　一九九七）
平凡社編『寺院神社大事典　大和・紀伊』（平凡社　一九九七）
金岡秀友編『古寺名刹大辞典』新装版（東京堂出版　一九九二）
矢部文載編『宇治郡名勝誌』（福井源次郎　一八九八）
宗形金風『宇治誌』（郊外社　一九三八）
林屋辰三郎・藤岡謙二郎編『宇治市史　2』（宇治市役所　一九七四）
今谷明『武家と天皇――王権をめぐる相剋』（岩波新書　一九九三）
金子金次郎『連歌師と紀行』（桜楓社　一九九〇）
海老沢有道『切支丹史の研究』（畝傍書房　一九四二　新人物往来社より一九七一復刊）
土井忠生他編訳『邦訳日葡辞書』（岩波書店　一九八〇）

宮家準『熊野修験』（吉川弘文館　一九九二）
榊義孝『興教大師覚鑁研究』（春秋社　一九九二）
稲垣真哲「西山論議形式に就て」（『西山禅林学報』第四号　一九五八）
中村真一郎『頼山陽とその時代』（中央公論社　一九七一）
中村真一郎『木村蒹葭堂のサロン』（新潮社　二〇〇〇）
江馬文書研究会編『江馬細香来簡集』（思文閣出版　一九八八）
滋賀県教育会編『近江人物志』（文泉堂　一九一七）
比留間尚『江戸町人の研究』第二巻（吉川弘文館　二〇〇六）
長谷川匡俊『近世の地方寺院と庶民信仰』（岩田書院　二〇〇七）
京都市編『京都の歴史』第七巻・第八巻（一九七四～七五）
小川原正道『大教院の研究――明治初期宗教行政の展開と挫折』（慶應義塾大学出版会　二〇〇四）
京都府立総合資料館編『京都府百年の資料　宗教編』（京都府　一九七二）
京都府医師会編『京都の医学史　本文篇』（思文閣出版　一九八〇）
土屋栄吉「東山天華翁と其事蹟」（『医譚』十一　一九四一）
京都府編『京都府誌』（京都府　一九一五）
吉田久一『日本近代仏教社会史研究』（吉川弘文館　一九六四）
大蔵省管財局編『社寺境内地処分誌』（大蔵財務協会　一九五四）
文化庁『明治以降宗教制度百年史』（文化庁文化部宗務課　一九七〇）
田中緑紅『明治文化と明石博高翁』（明石博高翁顕彰会　一九四二）
柏原祐泉『日本仏教史　近代』第四巻（吉川弘文館　一九九〇）
「三教会同につきて京都各宗協議会」（『中外日報』一九一二・二・十六）
『全集　日本の歴史』第十四巻（小学館　二〇〇九）
矢吹慶輝『日本精神と日本仏教』（仏教聯合会　一九三五）
花山信勝「日本の仏教」（『国体の本義解説叢書』第十一　一九四三）
CDI編『京都庶民生活史』（京都信用金庫　一九七三）
志水清編『原爆爆心地』（日本放送出版協会　一九六九）
『古寺巡礼京都・仁和寺』（淡交社　一九七七）
村山正栄『智積院史』（弘法大師遠忌事務局　一九三四　歴史図書社より一九七七復刊）
成瀬昌示『越中八尾細杷』（言叢社　一九九三）
甲賀郡教育会編『甲賀郡志』（水口町　一九二六）
上田良準「俊鳳妙瑞の生涯」（『西山学報』一五・一六　一九六四）
井ノ口泰温「俊鳳上人の行実と学説」（『西山学報』四　一九三一）
久我儼雄『京都西山門中および等善寺伝聞記』（等善寺　一九七九）
杉立義一『増補版　京の医師跡探訪』（思文閣出版　一九九一）
『京都府立医科大学八十年史』（京都府立医科大学創立八十周年記念事業委員会　一九五五）

あとがき

仏書出版の伝統ある「法藏館」と禅林寺との関わりは、大正の初期に遡る。西村七平（七兵衛）氏が大正三年（一九一四）十一月、禅林寺と浄土宗西山禅林寺派の広報『禅林』誌創刊以来、昭和四年三月号まで編輯発行をされた。

また、大正期唯一の『禅林寺誌』（大正二年四月、稲村修道編）の刊行、平成六年四月、西山国師七五〇年遠忌記念として、西山三派遠忌記念事業委員会を立ちあげ、西宮生瀬の浄橋寺所蔵の『西山国師絵伝六巻（兵庫県指定文化財）』の巻子本（限定一五セット）及び普及版複製作をお願いしたこと。平成十九年十月には、拙著『自分らしく生きる』の出版の労を煩わした。

これらの縁から今回本著『京都 永観堂禅林寺史』の出版をお願いした。原稿本文は、平成二十四年八月完成していたが、史料編が繁雑でその作成が遅れに遅れ、加えて拙僧の加齢による身体の不調から今回ようやく長年に亘る構想を私家版として上梓の運びとなった。

法藏館西村七兵衛会長、西村明高社長、編集部の戸城三千代編集長はじめ秋月俊也氏、渡部亮一氏、五十嵐隆幸の方々には大変ご苦労をおかけした。御礼申し上げる。

なお、史料収集や編集には銀匙社の助力を得たことを申し添え、感謝しあとがきとする。　合掌

洛北　養福精舎隠栖　五十嵐　隆　明

平成二十九年臘月

五十嵐隆明（いがらし・りゅうみょう）

1933年京都府に生まれる
龍谷大学文学部卒業
総本山禅林寺第八十八世法主
浄土宗西山禅林寺派元管長
浄土宗西山禅林寺・宗派宗務総長・禅林寺執事長・各種役員を歴任
学校法人永観堂学園
　永観堂幼稚園元総裁・理事長
社会福祉法人同和園理事長
養福寺名誉住職

著書『自分らしく生きる―他力への道』（法藏館）
著書『老僧が語る・京の仏教うらおもて』（思文閣出版）
共著『いま聞きたいこの人の教育観21』
共著『京都永観堂禅林寺の名宝』
共著『西山国師絵伝』（法藏館）
編集『浄土宗西山教旨』（禅林寺派宗務所）
編集『布教概論』（禅林寺派宗務所）
編集『曼陀羅相承』（禅林寺派宗務所）
編集『同和園七十年史』（社会福祉法人同和園）
その他論文・目録・編集など多数。

京都 永観堂禅林寺史

二〇一八年一月二〇日　初版第一刷発行

著　者　五十嵐隆明
発行者　西村明高
発行所　株式会社 法藏館
　京都市下京区正面通烏丸東入
　郵便番号　六〇〇-八一五三
　電話　〇七五-三四三-〇〇三〇（編集）
　　　　〇七五-三四三-五六五六（営業）

装幀者　山崎 登
印刷　立生株式会社・製本　新日本製本株式会社

ISBN 978-4-8318-7711-6 C3021

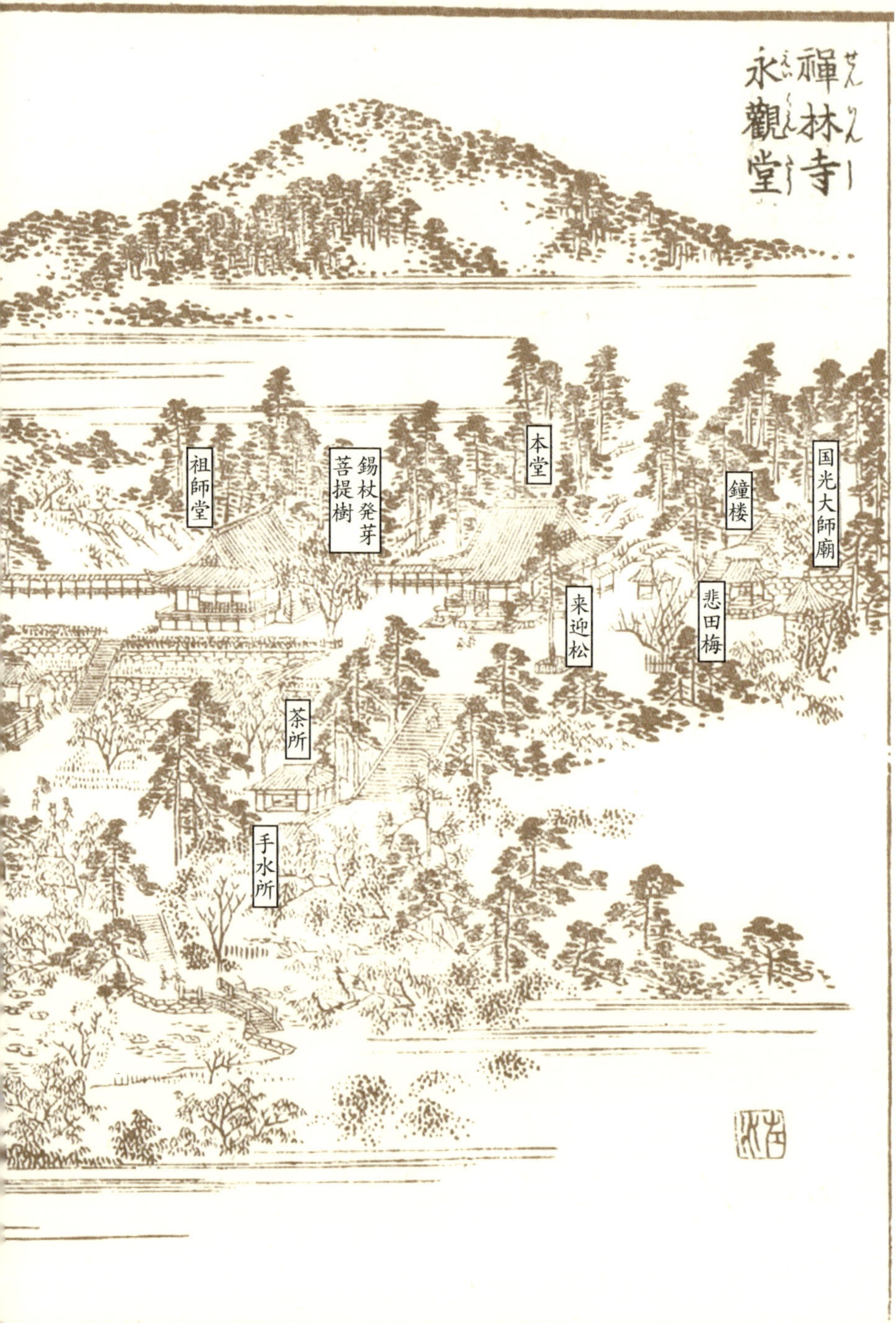

禅林寺境内図（『花洛名勝図会』）

元治元年（1864）刊行。禅林寺は、第三冊『東山の部』に見える。